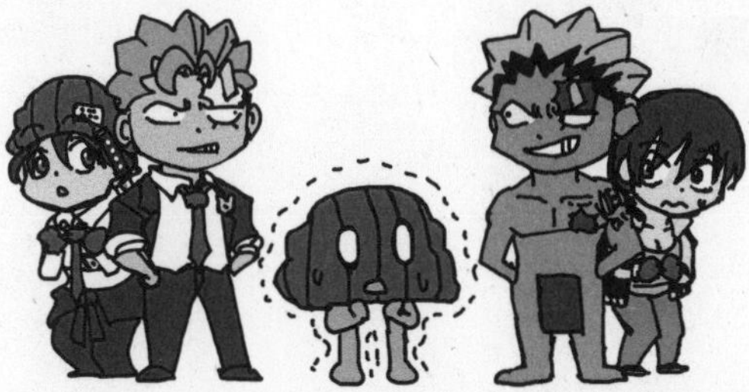

戸塚慶文
Yoshifumi Tozuka

---

Für einige Kapitel und als Vorbereitung für diesen Band habe ich seit langer Zeit zum ersten Mal wieder meinen One Shot »UNDEAD+UNLUCK« hervorgekramt und gelesen. Nur dank dieser beiden Figuren, Andy und Fuko, bin ich überhaupt da angekommen, wo ich jetzt im Leben stehe, und ich kann euch gar nicht sagen, wie dankbar ich dafür bin. Ich bin unglaublich froh und glücklich, diese beiden Charaktere getroffen zu haben.

Übrigens erwies sich das »+«-Zeichen in der Mitte des Titels als nicht besonders geeignet für die Einbindung in Hashtags, darum habe ich es für die finale Publikation wieder rausgestrichen.

UNDEAD UNLUCK

**Wir produzieren nachhaltig**

- Klimaneutrales Produkt
- Papiere aus nachhaltigen und kontrollierten Quellen
- Hergestellt in Europa

FSC www.fsc.org
MIX
Papier aus verantwortungsvollen Quellen
FSC® C083411

CARLSEN MANGA

Aus dem Japanischen von Martin Gericke


**Die Handlung dieser Geschichte ist frei erfunden. Ähnlichkeiten mit lebenden Personen, realen Organisationen oder Ereignissen sind rein zufällig und unbeabsichtigt.**

Redaktion: Anne Berling
Textbearbeitung: Nina Kroesing
Herstellung: Björn Liebchen

ISBN: 978-3-551-71058-1

**Carlsen Manga! News – jeden Monat neu per E-Mail!**
**www.carlsenmanga.de**
**www.carlsen.de**

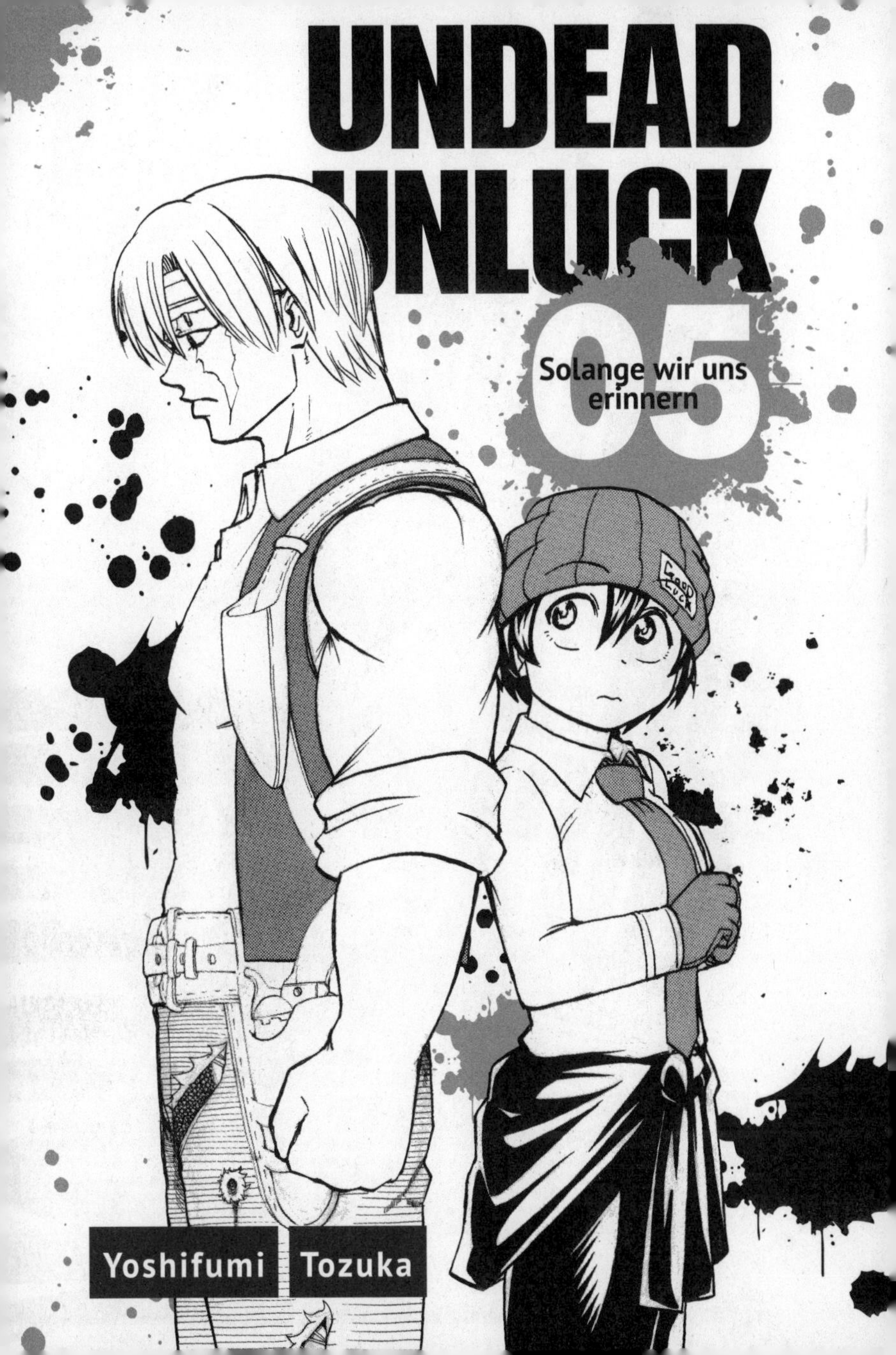
UNDEAD UNLUCK
05
Solange wir uns erinnern
Yoshifumi Tozuka
GOOD LUCK

# CHARAKTERE

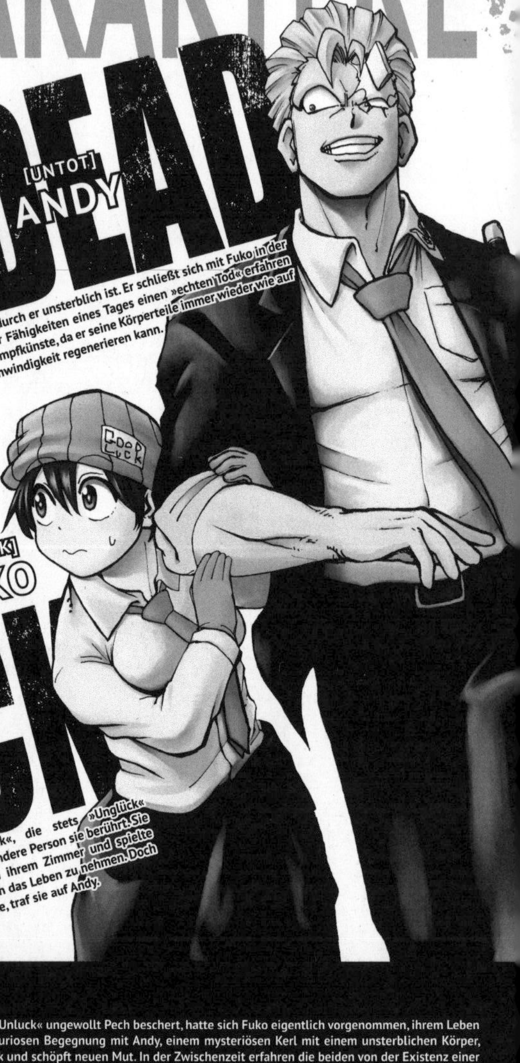

## UNDEAD

[UNTOT]
ANDY

Besitzt die Fähigkeit »Undead«, wodurch er unsterblich ist. Er schließt sich mit Fuko in der Hoffnung zusammen, mithilfe ihrer Fähigkeiten eines Tages einen »echten Tod« erfahren zu können. Besitzt erstaunliche Kampfkünste, da er seine Körperteile immer wieder wie auf Knopfdruck und in rasender Geschwindigkeit regenerieren kann.

## UN LUCK

[UNGLÜCK]
FUKO

Besitzt die Fähigkeit »Unluck«, die stets »Unglück« heraufbeschwört, sobald eine andere Person sie berührt. Sie lebte lange zurückgezogen in ihrem Zimmer und spielte bereits mit dem Gedanken, sich das Leben zu nehmen. Doch bevor es dazu kommen konnte, traf sie auf Andy.

## STORY

Da sie anderen Menschen mit ihrem »Unluck« ungewollt Pech beschert, hatte sich Fuko eigentlich vorgenommen, ihrem Leben ein Ende zu setzen. Doch nach der kuriosen Begegnung mit Andy, einem mysteriösen Kerl mit einem unsterblichen Körper, gewinnt sie ihren Lebenswillen zurück und schöpft neuen Mut. In der Zwischenzeit erfahren die beiden von der Existenz einer Organisation, der Union, welche sogenannte UMA (unidentifizierte, mysteriöse Arten) und andere unbekannte Phänomene aufspürt und in Gewahrsam nimmt. In der Union gibt es einen runden Tisch, der auf zehn Mitglieder begrenzt ist und an dem die Negatoren sich versammeln. Andy und Fuko beschließen sich der Union anzuschließen und besiegen dafür zwei der bisherigen Mitglieder, um sich einen Platz an besagtem Tisch zu sichern. Dort erfahren sie auch den Grund für die Existenz der Union: Es gilt, die vom Schöpfer auferlegten Quests zu lösen und gegen ihn zu rebellieren. Später tritt auch ein Junge namens Chikara der Union bei. Doch kurz darauf zeigt Billy sein wahres Gesicht und etabliert sich als Boss einer rivalisierenden Organisation namens »Under«. Mithilfe seiner Komplizen versucht er den runden Tisch in seine Fänge zu bekommen!

[UNWAHRHEIT]
SHEN
UN
TRUTH

[UNGERECHTIGKEIT]
JUIZ
UN
JUSTICE

[UNBERÜHRBARKEIT]
TATJANA
UN
TOUCHABLE

[KEINE NÄHEREN ANGABEN]
PHIL
UN
TER VERSCHLUSS

[UNAUFHALTSAMKEIT]
TOP
UN
STOPPABLE

[UNZERBRECHLICHKEIT]
ISSHIN
UN
BREAKABLE

[UNBEWEGLICHKEIT]
CHI-
KARA
UN
MOVE

[KEINE NÄHEREN ANGABEN]
NICO
UN
TER VERSCHLUSS

# UNION

ORGANISATION ZUR KONTROLLE UND ÜBERWACHUNG VON UNBESTÄTIGTEN UND UNIDENTIFIZIERTEN ARTEN

Die Organisation, die UMAs, sogenannte unidentifizierte, mysteriöse Arten aufspürt, in Gewahrsam nimmt, kontrolliert und verwaltet. Insgesamt zehn Negatoren bilden die Union. Andy und Fuko schlossen sich einem speziellen Einsatzteam an, das aus den folgenden Personen besteht. Ihr Ziel ist es, Gott, den Erschaffer der Regeln, zu vernichten.

# UNDER

Eine Organisation, in der jedes Mitglied seine ganz eigenen Interessen verfolgt und die dennoch durch ein gemeinsames Ziel zusammengehalten wird. Sie versammeln sowohl Negatoren als auch Artefakte unter sich.

[UNHEILBARKEIT]
RIP
UN
REPAIR

[KEINE NÄHEREN ANGABEN]
BILLY
UN
TERSUCHUNG LÄUFT

# UNDEAD UNLUCK

アンデッドアンラック

## INHALT 05

## Solang wir uns erinnern

## No. 035
## Diese Welt, in der wir leben

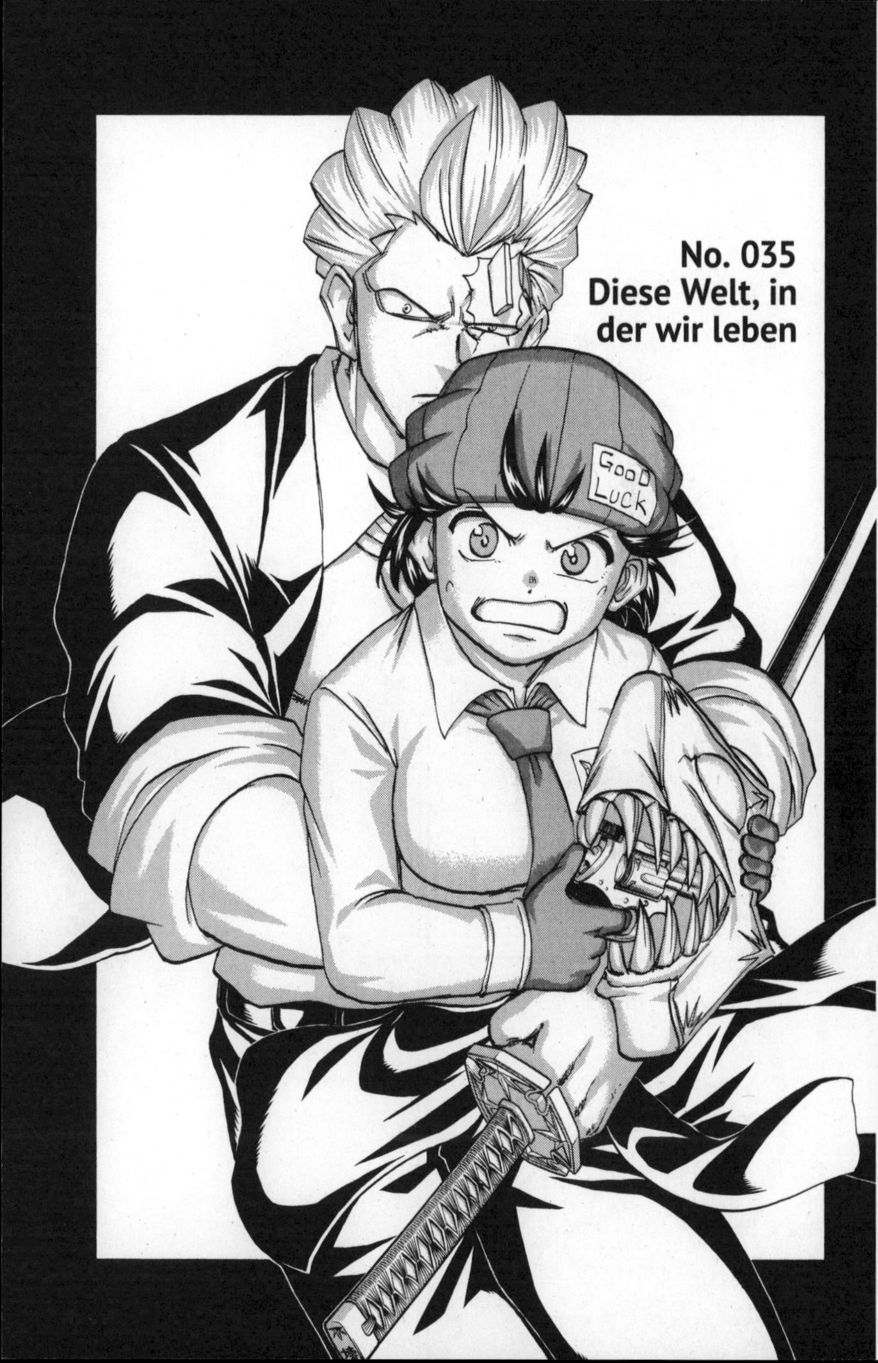

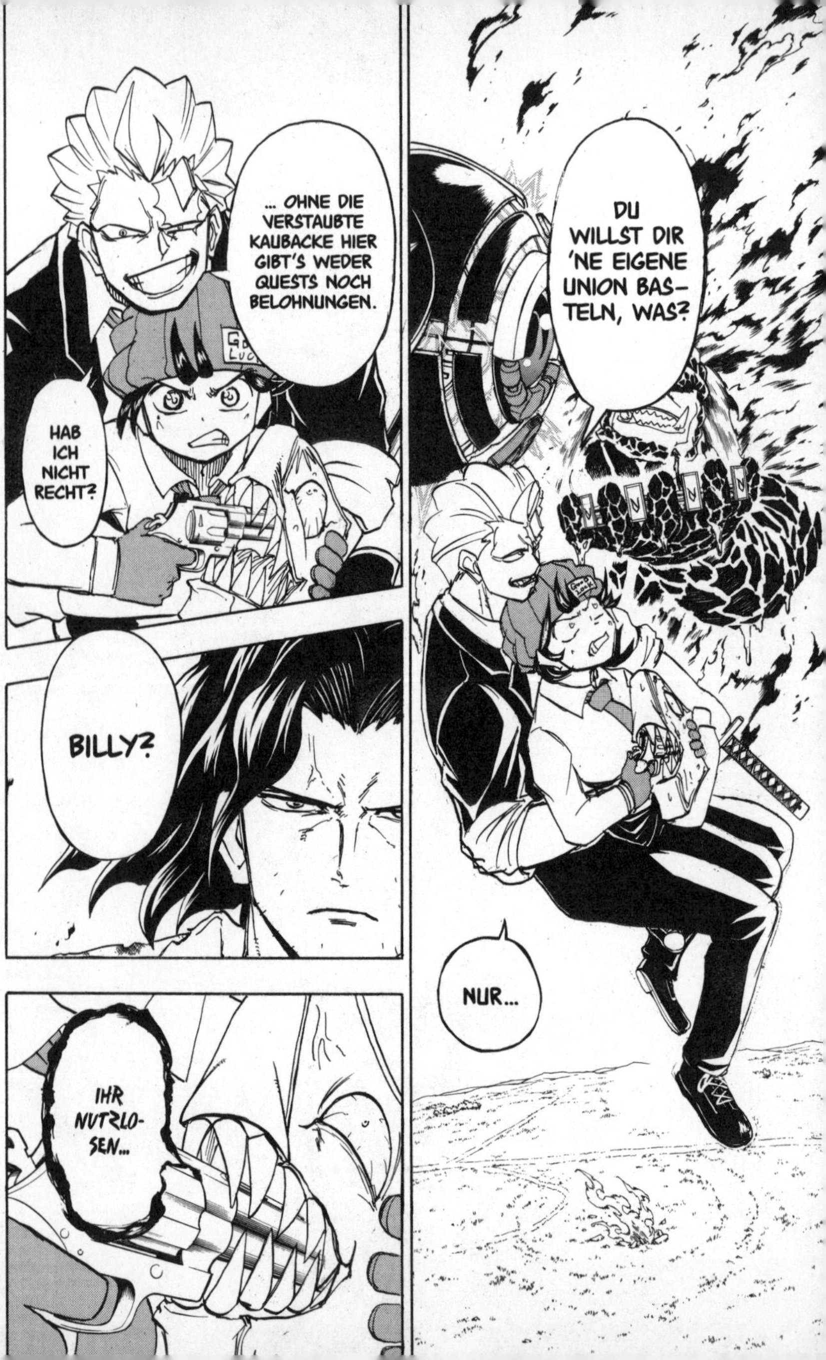
DU WILLST DIR 'NE EIGENE UNION BAS-TELN, WAS?
NUR...
... OHNE DIE VERSTAUBTE KAUBACKE HIER GIBT'S WEDER QUESTS NOCH BELOHNUNGEN.
HAB ICH NICHT RECHT?
BILLY?
IHR NUTZLO-SEN...

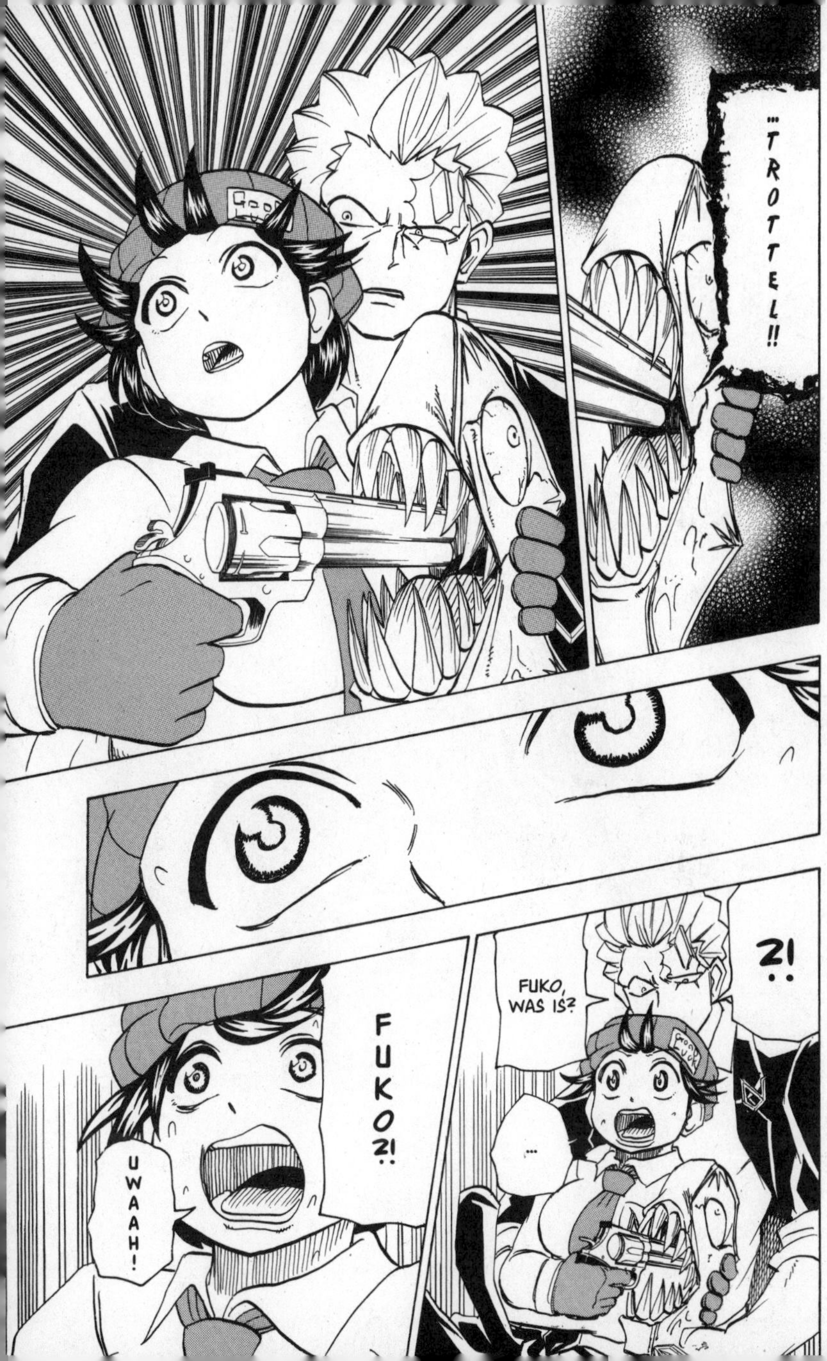
...TROTTEL!!
Z!..
FUKO, WAS IS?
...
FUKO Z!
UWAAAH!

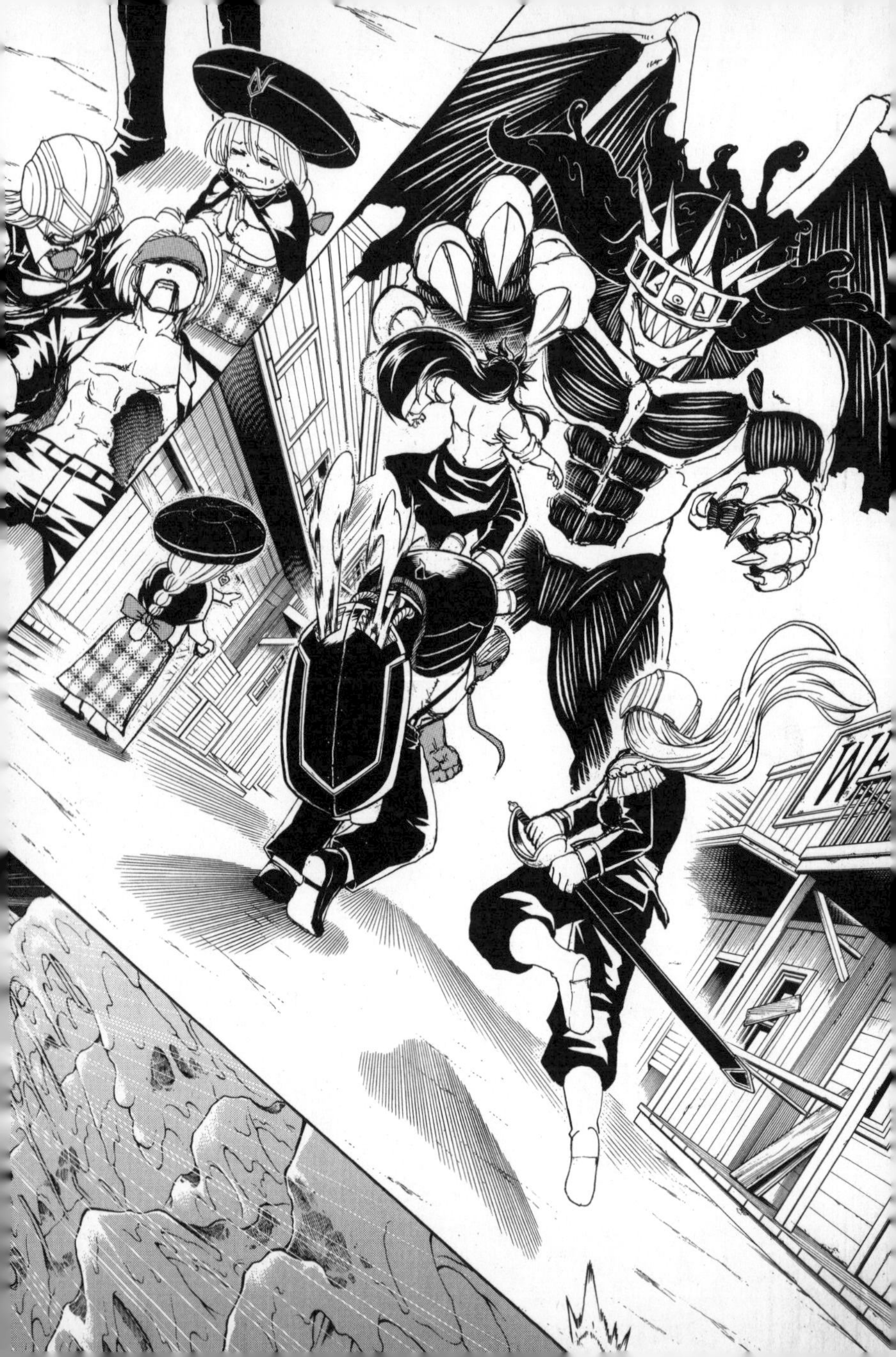

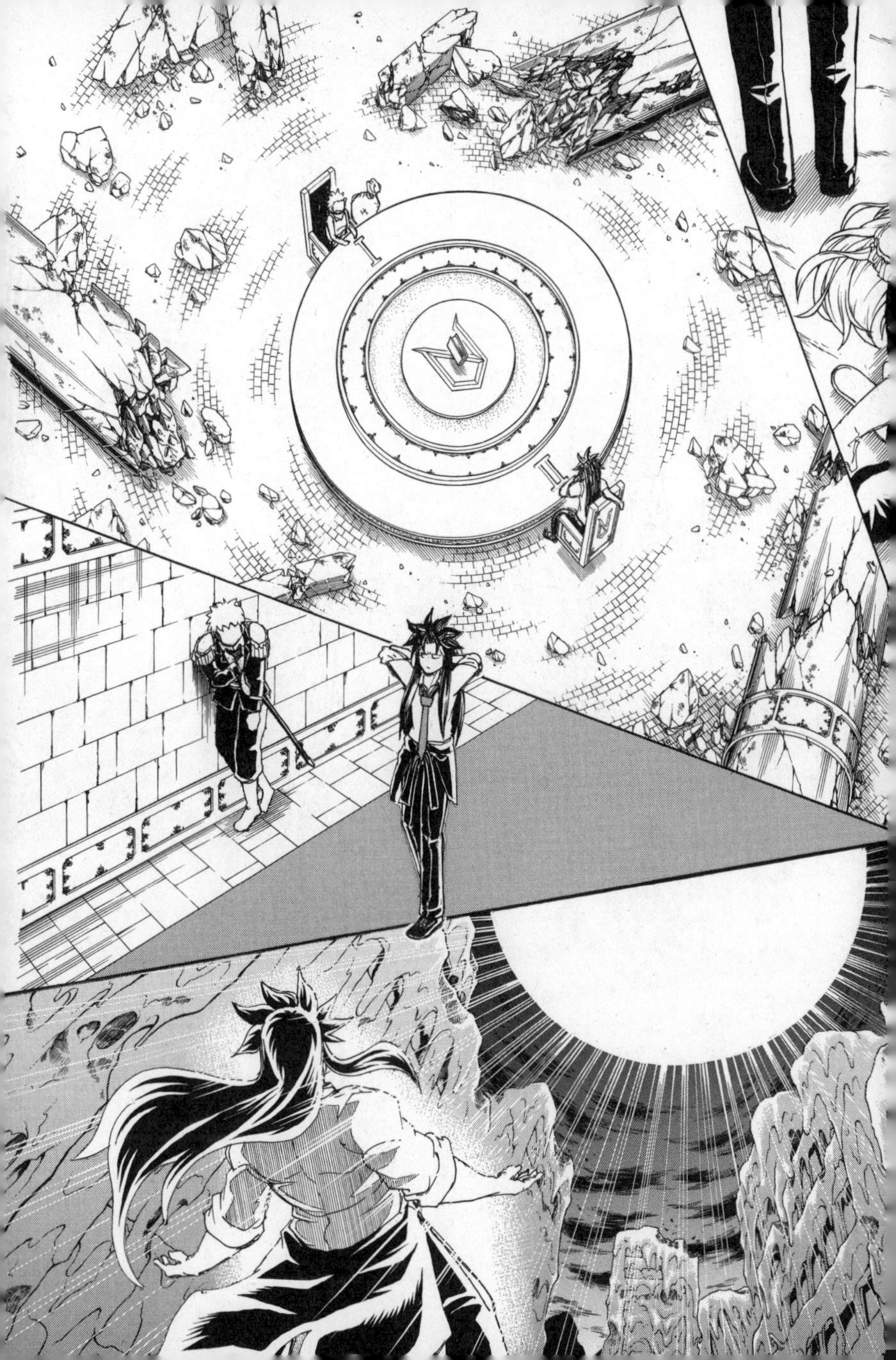

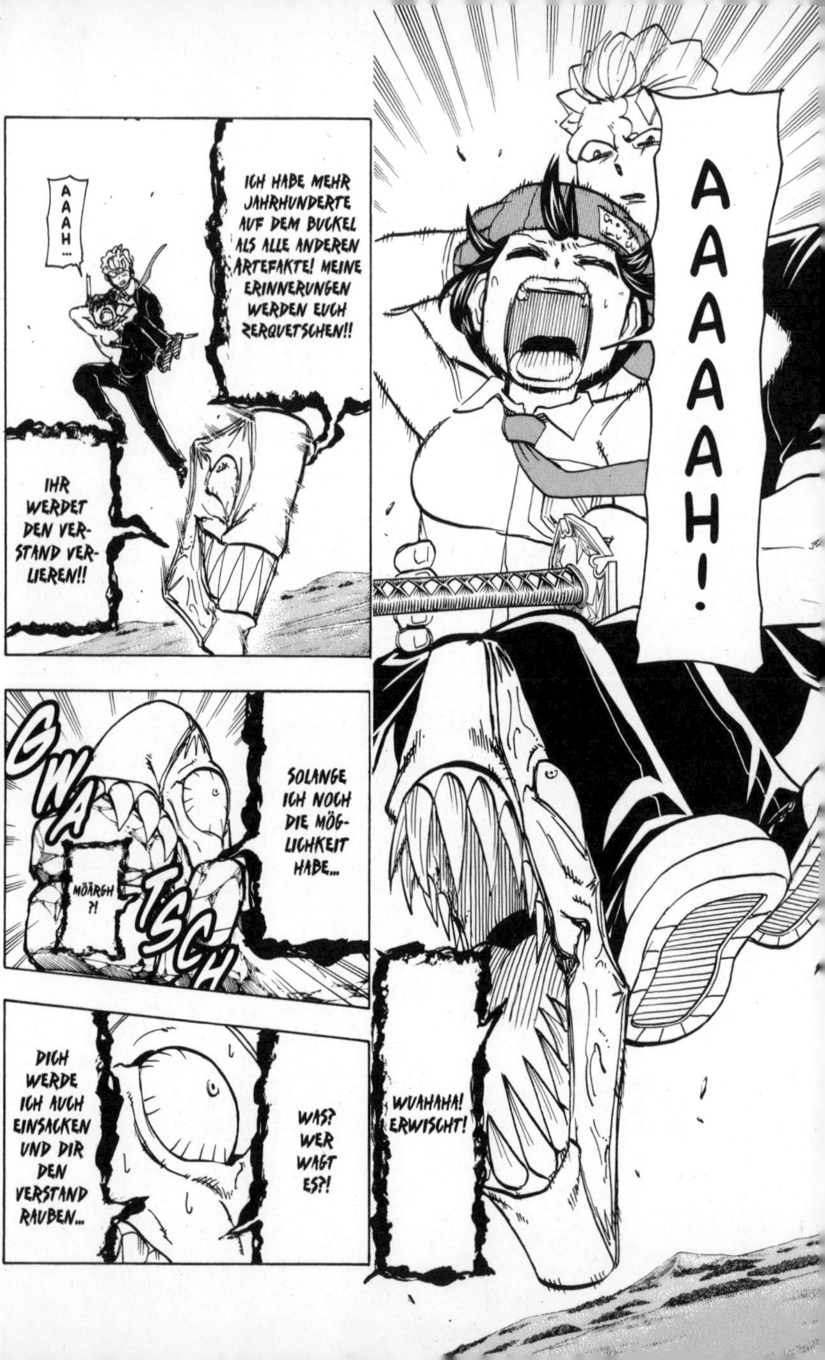
ICH HABE MEHR JAHRHUNDERTE AUF DEM BUCKEL ALS ALLE ANDEREN ARTEFAKTE! MEINE ERINNERUNGEN WERDEN EUCH ZERQUETSCHEN!!
AAAH...
IHR WERDET DEN VERSTAND VERLIEREN!!
SOLANGE ICH NOCH DIE MÖGLICHKEIT HABE...
GWATSCH
MÖRGH ?!
DICH WERDE ICH AUCH EINSACKEN UND DIR DEN VERSTAND RAUBEN...
WAS? WER WAGT ES?!
WUAHAHA! ERWISCHT!
AAAAAH!

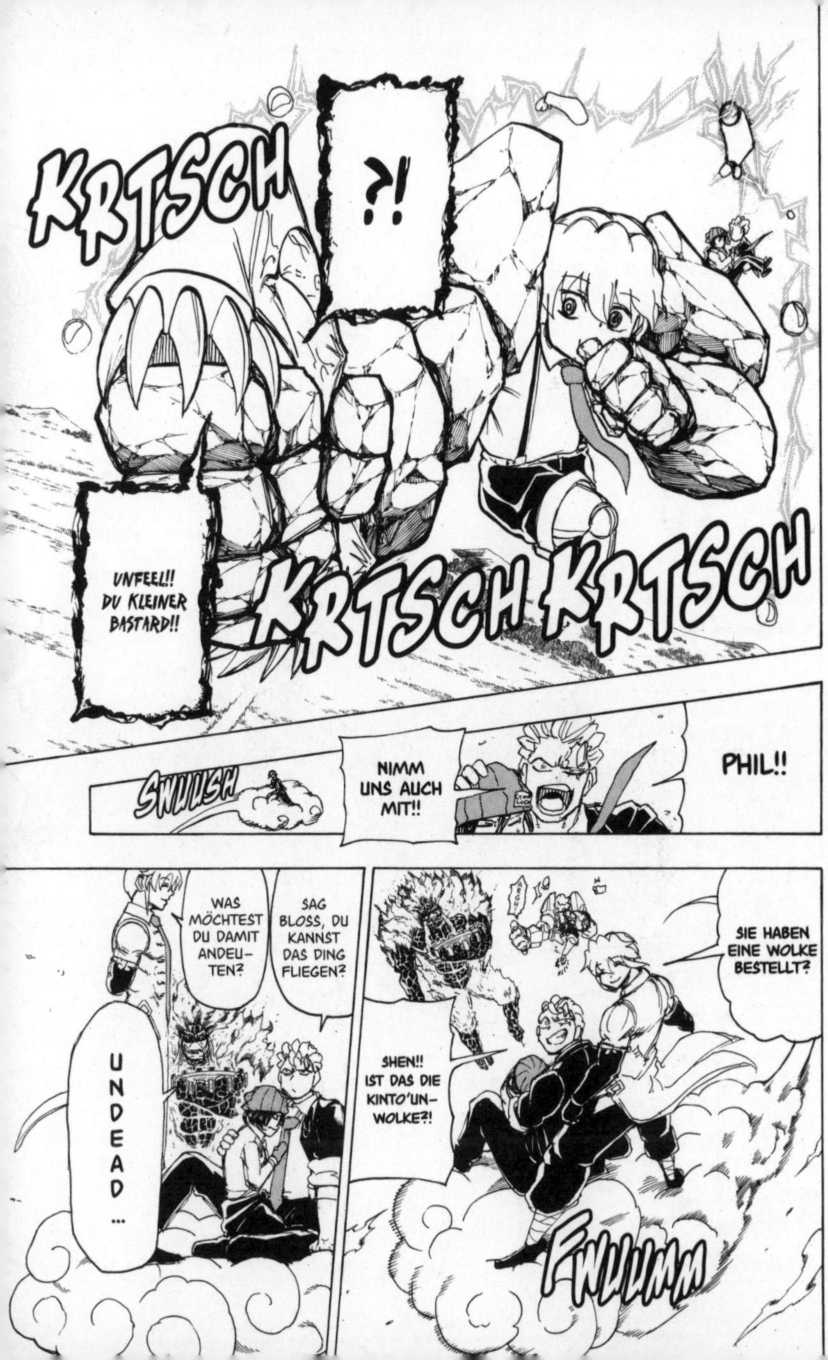
KRTSCH
?!
UNFEEL!! DU KLEINER BASTARD!!
KRTSCH KRTSCH
PHIL!!
NIMM UNS AUCH MIT!!
SWUUSH
SIE HABEN EINE WOLKE BESTELLT?
SHEN!! IST DAS DIE KINTO'UN-WOLKE?!
SAG BLOSS, DU KANNST DAS DING FLIEGEN?
WAS MÖCHTEST DU DAMIT ANDEU-TEN?
UNDEAD ...
FWUUMM

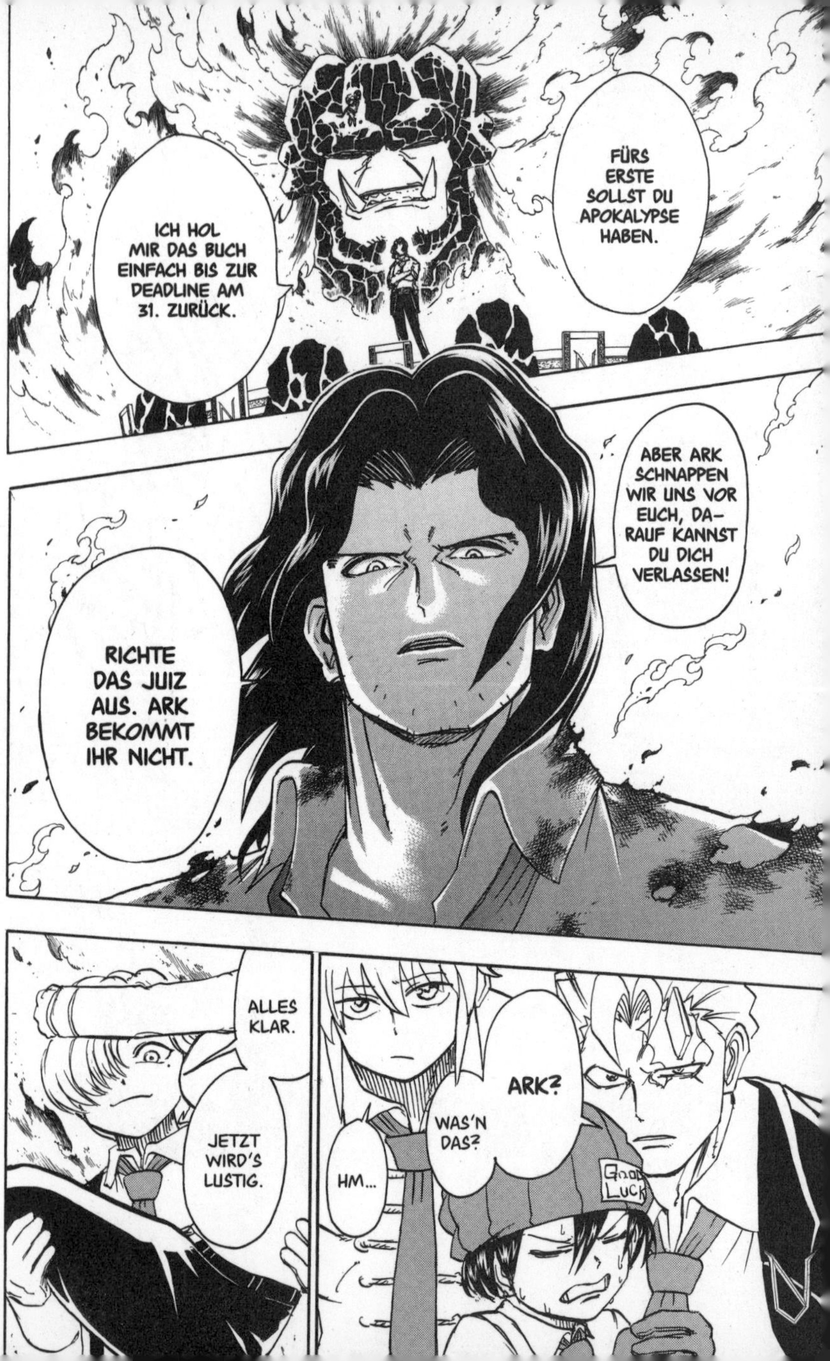
FÜRS ERSTE SOLLST DU APOKALYPSE HABEN.
ICH HOL MIR DAS BUCH EINFACH BIS ZUR DEADLINE AM 31. ZURÜCK.
ABER ARK SCHNAPPEN WIR UNS VOR EUCH, DARAUF KANNST DU DICH VERLASSEN!
RICHTE DAS JUIZ AUS. ARK BEKOMMT IHR NICHT.
ARK?
WAS'N DAS?
HM...
ALLES KLAR.
JETZT WIRD'S LUSTIG.
GOOD LUCK

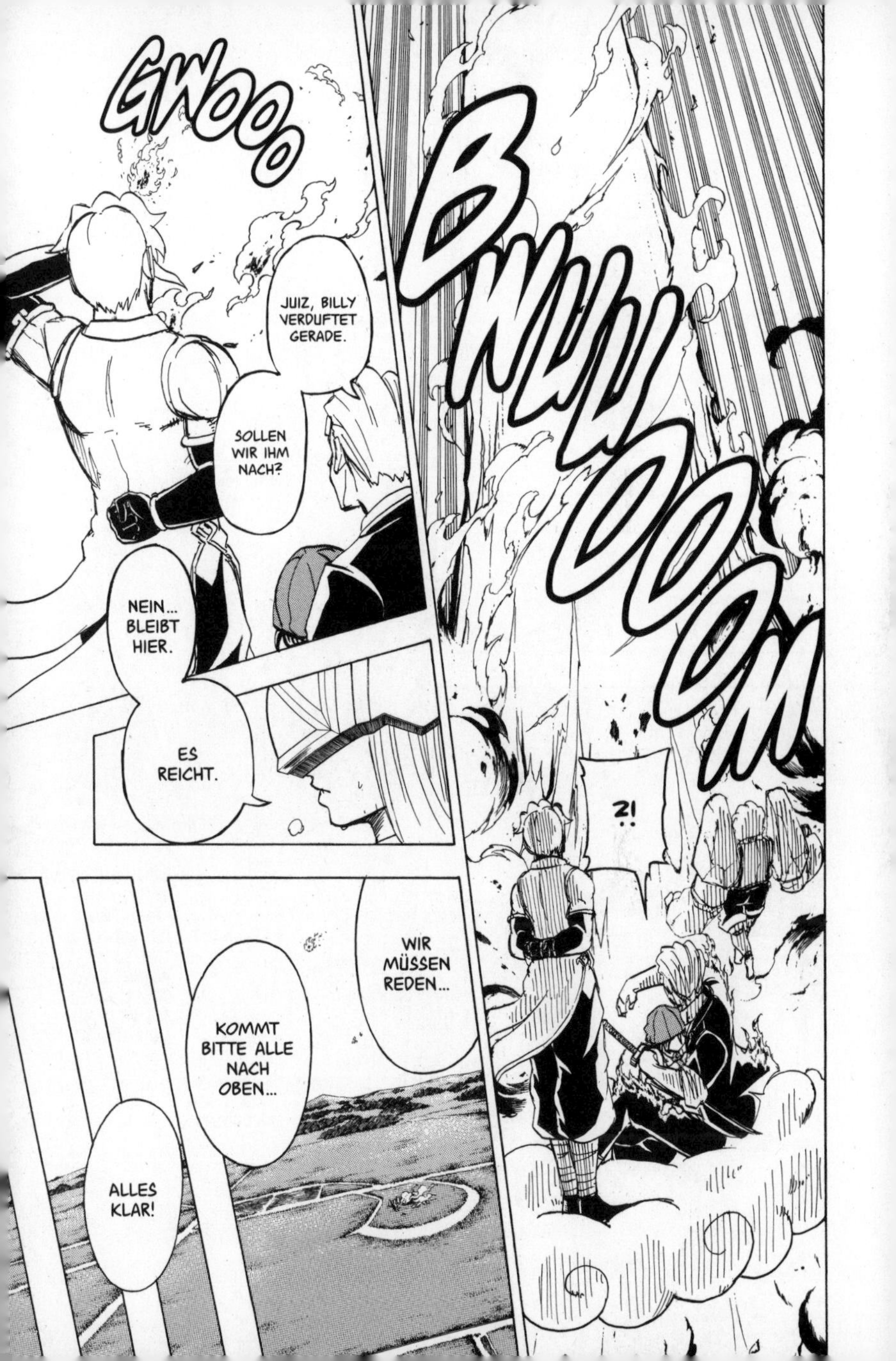
BWUUOOOOM
?!
GWOOO
JUIZ, BILLY VERDUFTET GERADE.
SOLLEN WIR IHM NACH?
NEIN... BLEIBT HIER.
ES REICHT.
WIR MÜSSEN REDEN...
KOMMT BITTE ALLE NACH OBEN...
ALLES KLAR!

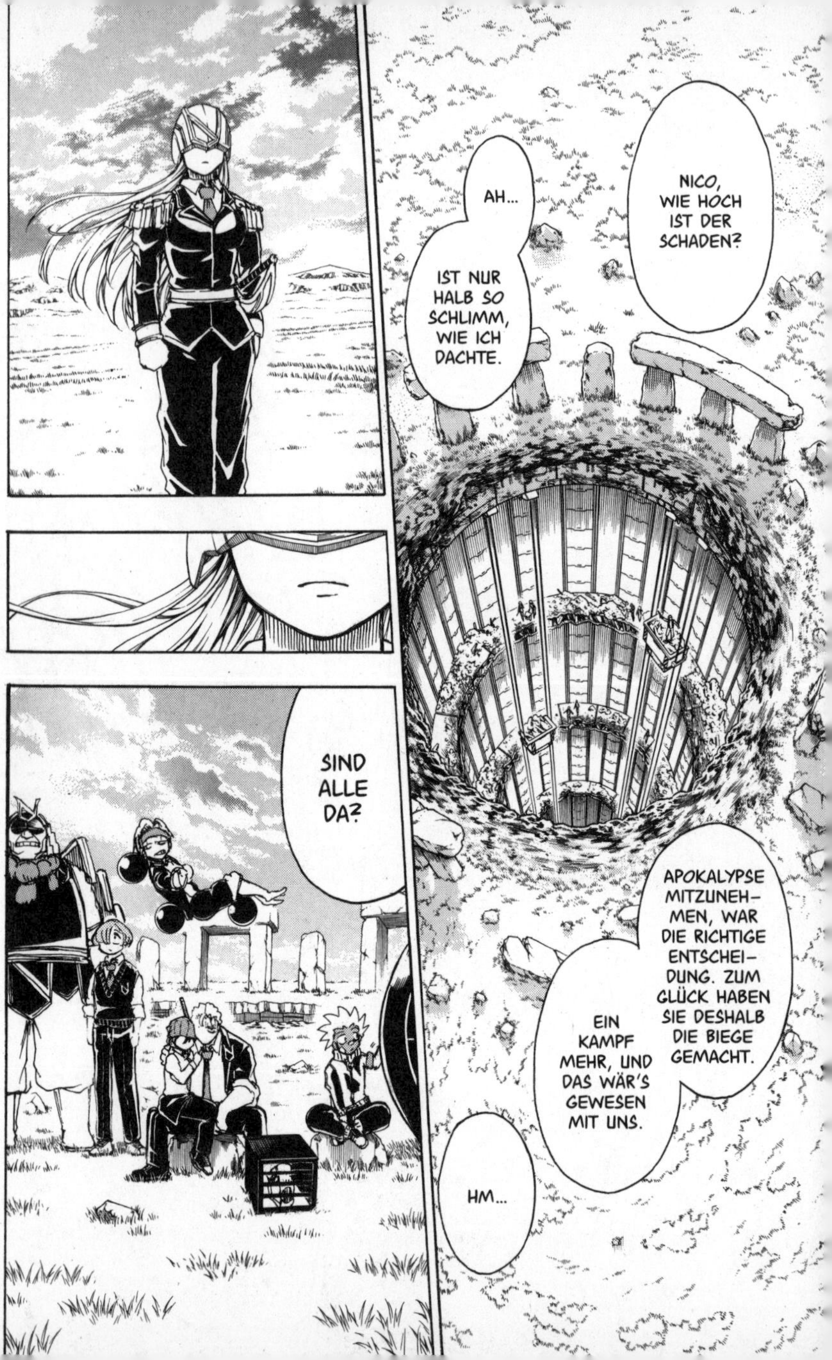
NICO, WIE HOCH IST DER SCHADEN?
AH...
IST NUR HALB SO SCHLIMM, WIE ICH DACHTE.
APOKALYPSE MITZUNEHMEN, WAR DIE RICHTIGE ENTSCHEIDUNG. ZUM GLÜCK HABEN SIE DESHALB DIE BIEGE GEMACHT.
EIN KAMPF MEHR, UND DAS WÄR'S GEWESEN MIT UNS.
HM...
SIND ALLE DA?

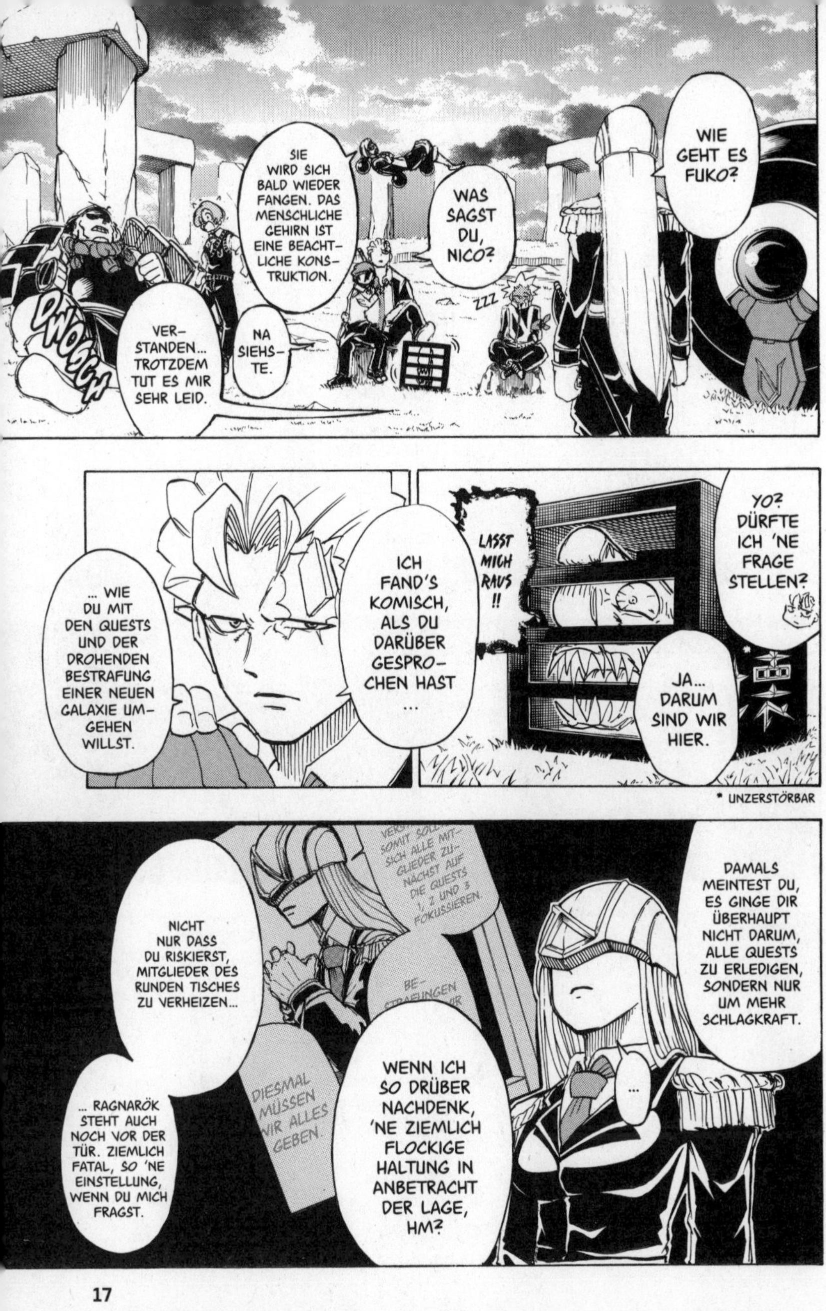


* UNZERSTÖRBAR

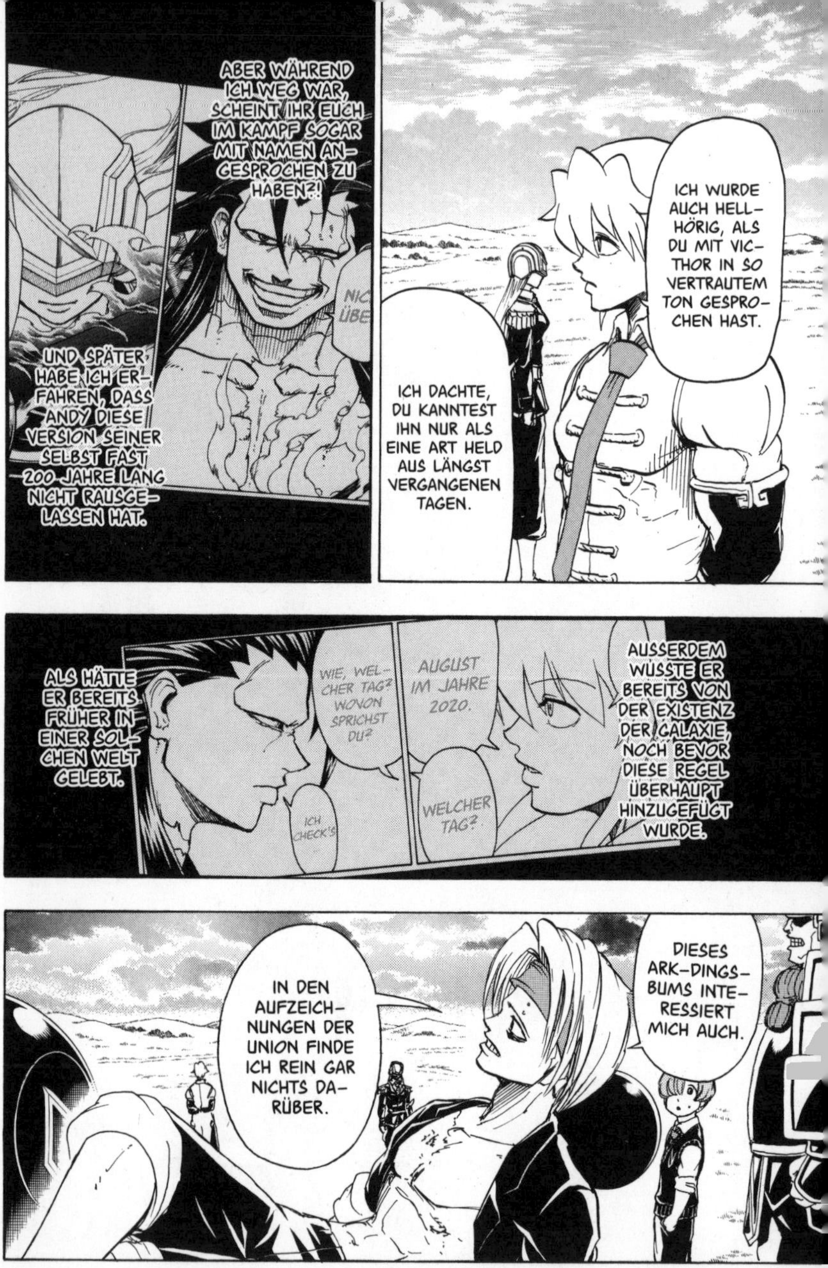
ICH WURDE AUCH HELLHÖRIG, ALS DU MIT VICTHOR IN SO VERTRAUTEM TON GESPROCHEN HAST.
ICH DACHTE, DU KANNTEST IHN NUR ALS EINE ART HELD AUS LÄNGST VERGANGENEN TAGEN.
ABER WÄHREND ICH WEG WAR, SCHEINT IHR EUCH IM KAMPF SOGAR MIT NAMEN ANGESPROCHEN ZU HABEN?!
UND SPÄTER HABE ICH ERFAHREN, DASS ANDY DIESE VERSION SEINER SELBST FAST 200 JAHRE LANG NICHT RAUSGELASSEN HAT.
AUSSERDEM WUSSTE ER BEREITS VON DER EXISTENZ DER GALAXIE, NOCH BEVOR DIESE REGEL ÜBERHAUPT HINZUGEFÜGT WURDE.
AUGUST IM JAHRE 2020.
WELCHER TAG?
WIE, WELCHER TAG? WOVON SPRICHST DU?
ICH CHECK'S ...
ALS HÄTTE ER BEREITS FRÜHER IN EINER SOLCHEN WELT GELEBT.
DIESES ARK-DINGSBUMS INTERESSIERT MICH AUCH.
IN DEN AUFZEICHNUNGEN DER UNION FINDE ICH REIN GAR NICHTS DARÜBER.

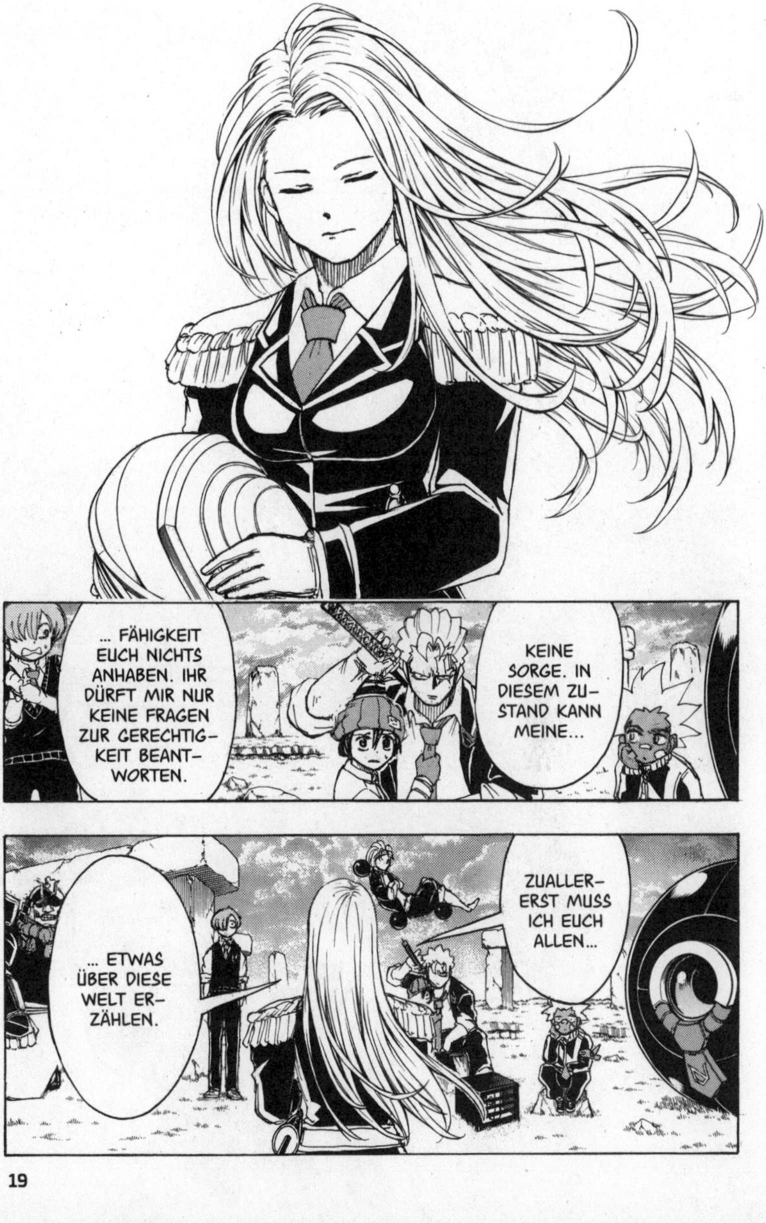
KEINE SORGE. IN DIESEM ZUSTAND KANN MEINE...
... FÄHIGKEIT EUCH NICHTS ANHABEN. IHR DÜRFT MIR NUR KEINE FRAGEN ZUR GERECHTIGKEIT BEANTWORTEN.
ZUALLERERST MUSS ICH EUCH ALLEN...
... ETWAS ÜBER DIESE WELT ERZÄHLEN.

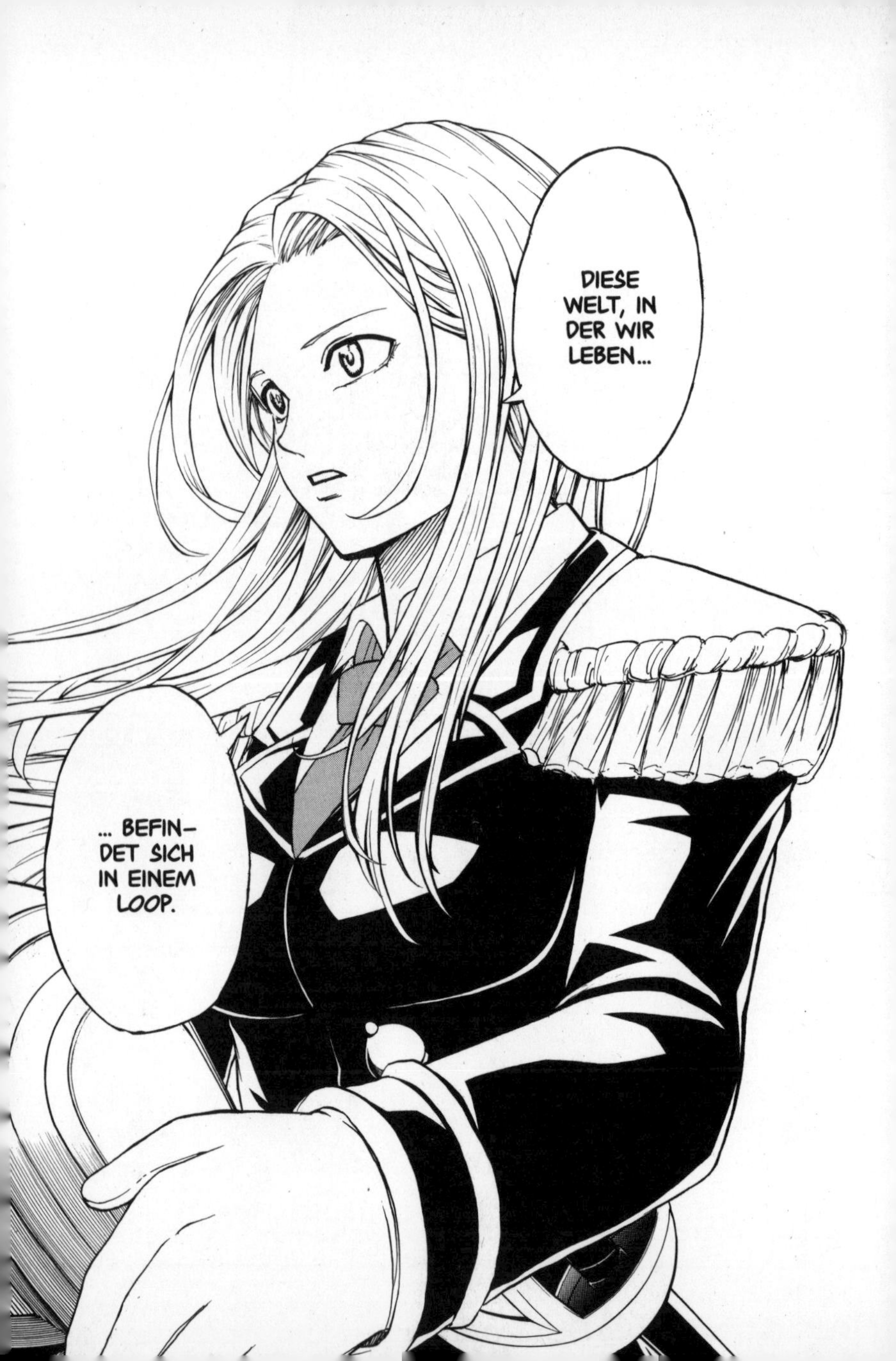
DIESE WELT, IN DER WIR LEBEN...
... BEFIN-DET SICH IN EINEM LOOP.

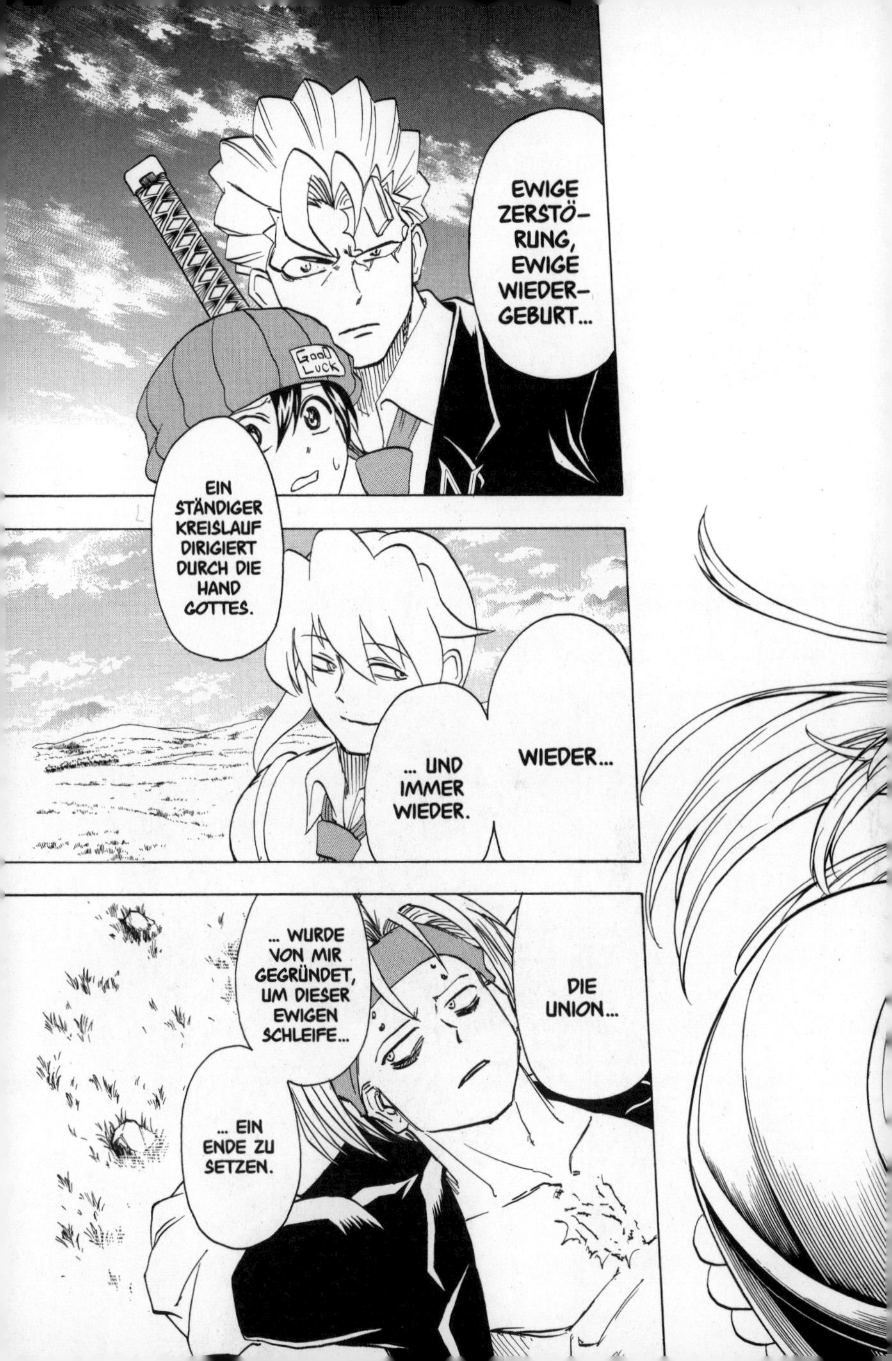
EWIGE ZERSTÖRUNG, EWIGE WIEDERGEBURT...
GOOD LUCK
EIN STÄNDIGER KREISLAUF DIRIGIERT DURCH DIE HAND GOTTES.
WIEDER...
... UND IMMER WIEDER.
DIE UNION...
... WURDE VON MIR GEGRÜNDET, UM DIESER EWIGEN SCHLEIFE...
... EIN ENDE ZU SETZEN.

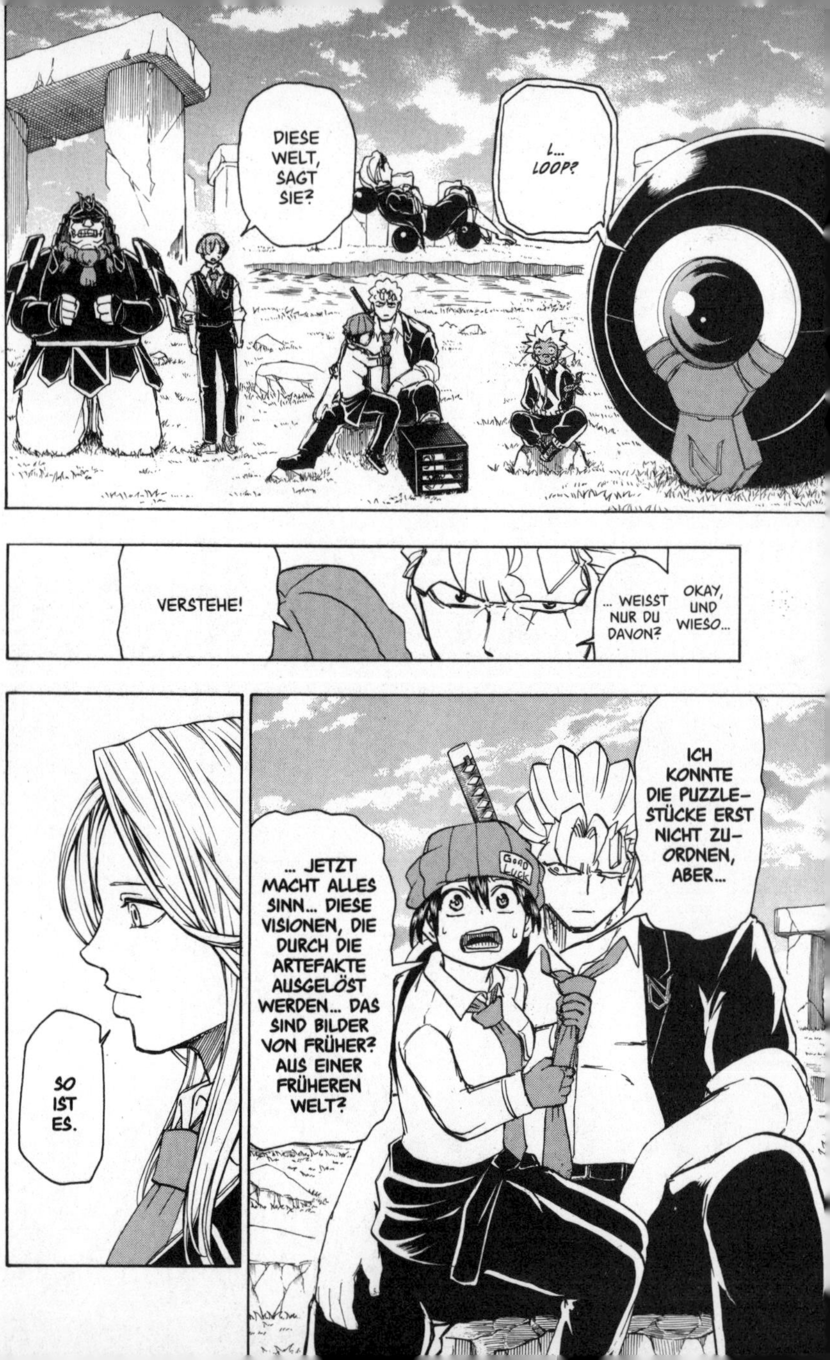
L... LOOP?
DIESE WELT, SAGT SIE?
OKAY, UND WIESO...
... WEISST NUR DU DAVON?
VERSTEHE!
ICH KONNTE DIE PUZZLE-STÜCKE ERST NICHT ZU-ORDNEN, ABER...
... JETZT MACHT ALLES SINN... DIESE VISIONEN, DIE DURCH DIE ARTEFAKTE AUSGELÖST WERDEN... DAS SIND BILDER VON FRÜHER? AUS EINER FRÜHEREN WELT?
SO IST ES.

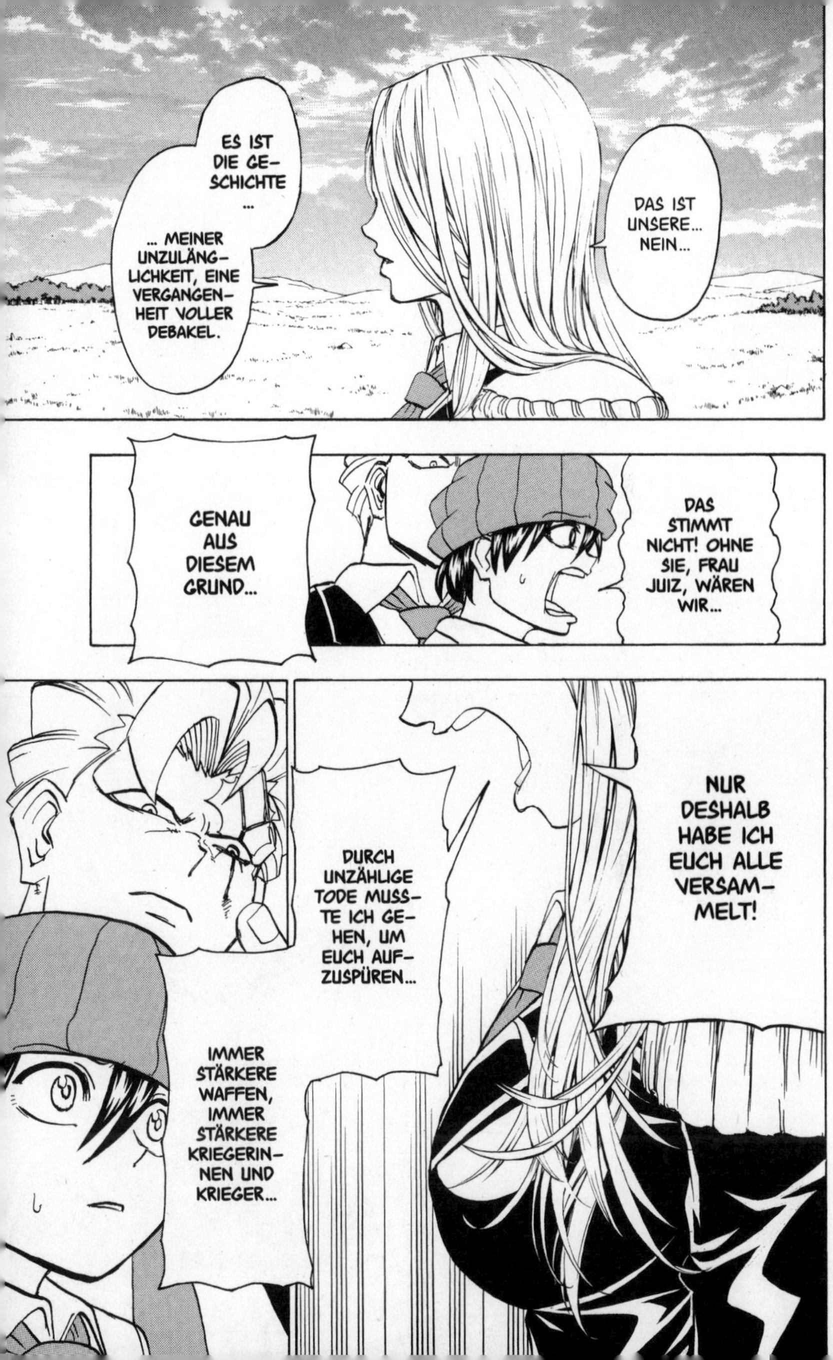
DAS IST UNSERE... NEIN...
ES IST DIE GESCHICHTE ...
... MEINER UNZULÄNGLICHKEIT, EINE VERGANGENHEIT VOLLER DEBAKEL.
DAS STIMMT NICHT! OHNE SIE, FRAU JUIZ, WÄREN WIR...
GENAU AUS DIESEM GRUND...
NUR DESHALB HABE ICH EUCH ALLE VERSAMMELT!
DURCH UNZÄHLIGE TODE MUSSTE ICH GEHEN, UM EUCH AUFZUSPÜREN...
IMMER STÄRKERE WAFFEN, IMMER STÄRKERE KRIEGERINNEN UND KRIEGER...

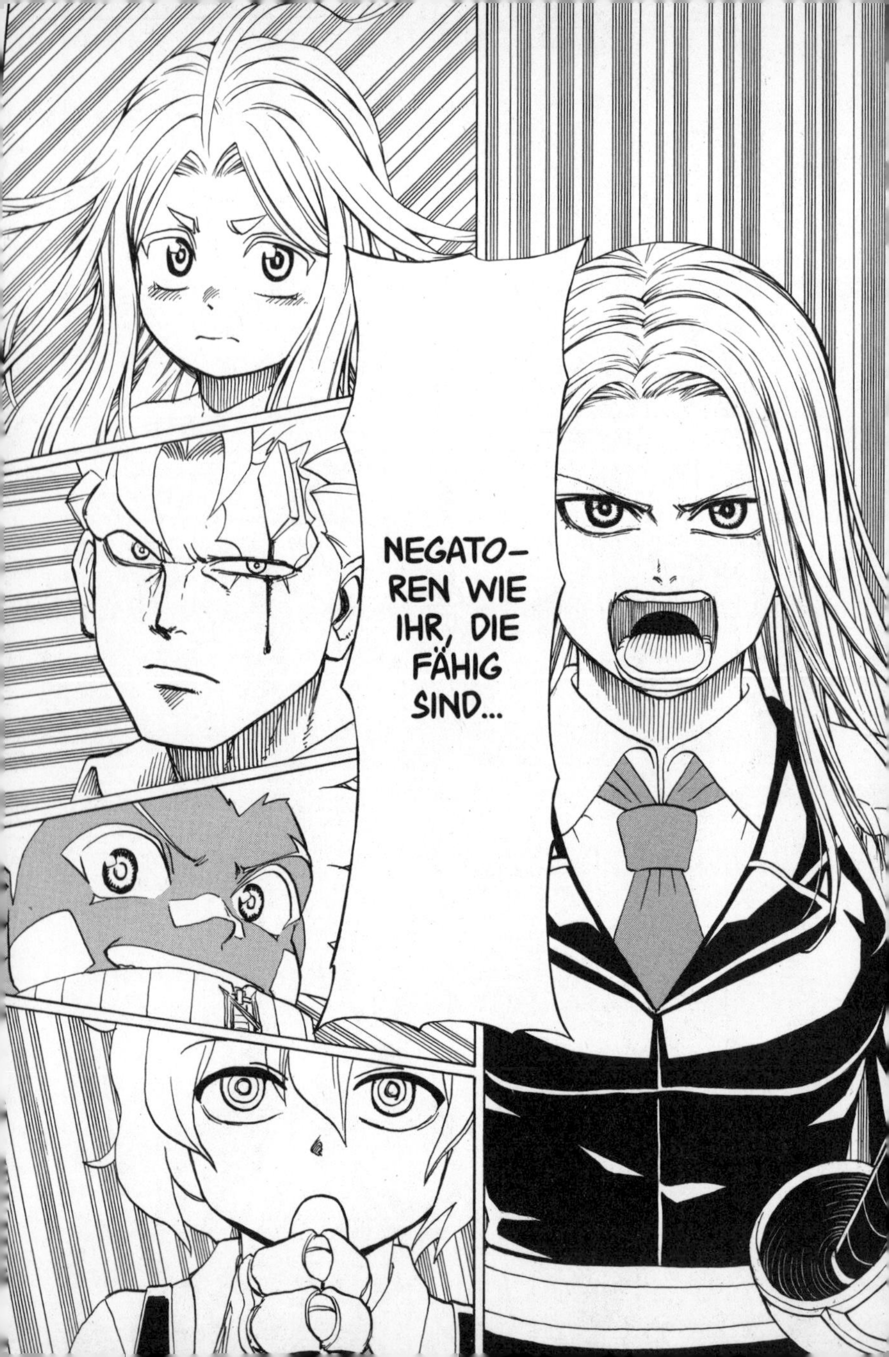
NEGATO-
REN WIE
IHR, DIE
FÄHIG
SIND...

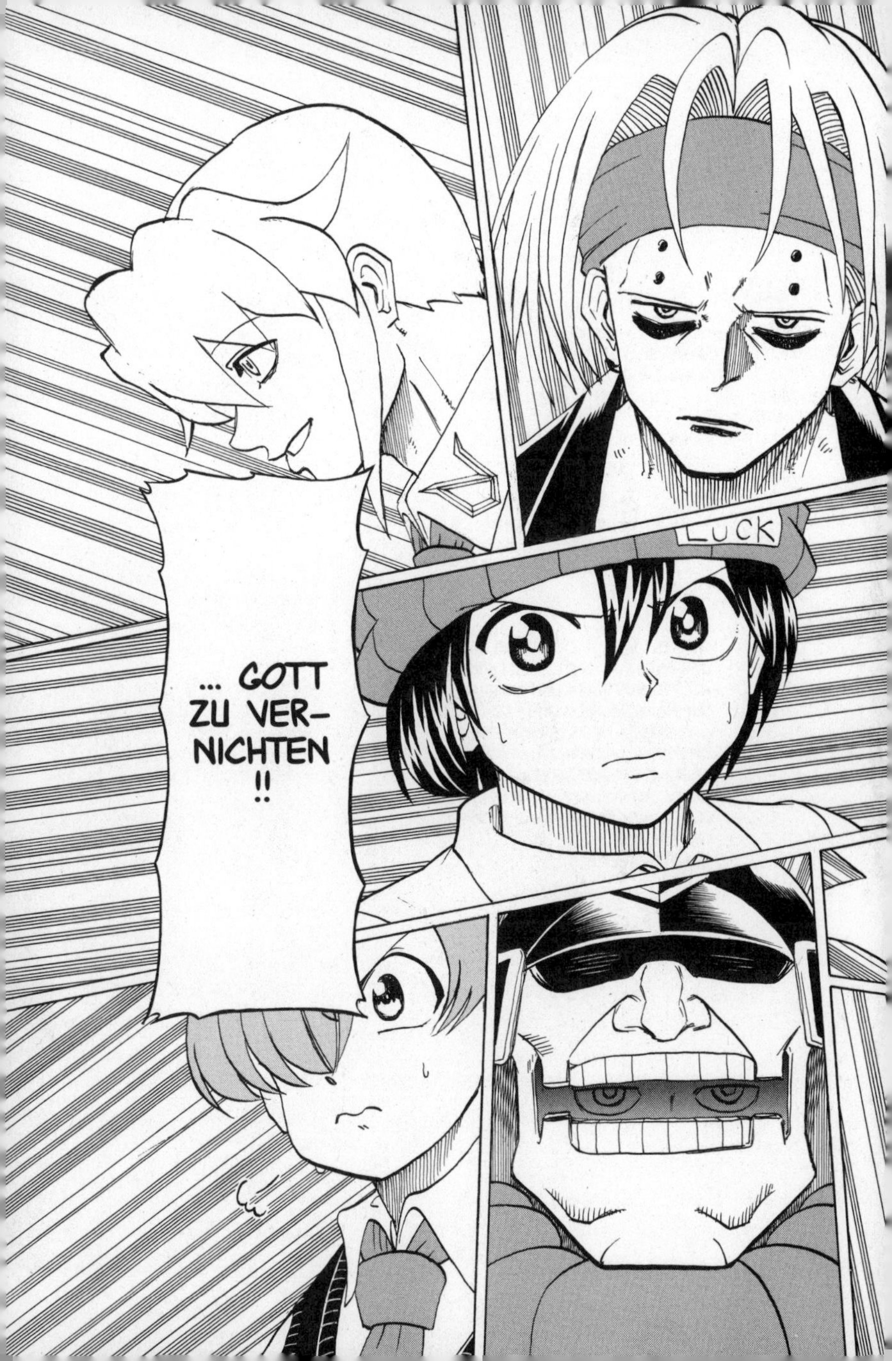
LUCK
... GOTT ZU VER-NICHTEN !!

# BILLY

| | |
|---|---|
| ALTER: | MITTE 30 |
| GEWICHT: | WEISS ER NICHT, HAT DIE WAAGE NICHT GESEHEN. |
| HOBBIES: | KUCHEN UND PLÄTZCHEN BACKEN |
| BESONDERE FÄHIGKEITEN: | FLINKER COLT – HÄNGT GERNE AN TATJANA |
| LEIBGERICHT: | KAFFEE<br>MANGO<br>(HAT DEN GESCHMACK UND DIE KONSISTENZ IMMER GEHASST, ABER ÜBER DIE JAHRE DOCH LIEBEN GELERNT) |
| FÄHIGKEIT: | UNBELIEVABLE<br>ERFASST WURDE ER MIT DER GABE DER UNGLÄUBIGKEIT, UNBELIEVABLE. ALLERDINGS WAR DIES NUR EIN DECKMANTEL. ER WURDE AUS DEM OFFIZIELLEN REGISTER ENTFERNT UND SEINE WAHREN FÄHIGKEITEN WERDEN DERZEIT UNTERSUCHT. BESTÄTIGT WERDEN KANN BEREITS JETZT, DASS ER DIE FÄHIGKEITEN UNDEAD, UNJUSTICE UND UNSTOPPABLE BESITZT. |

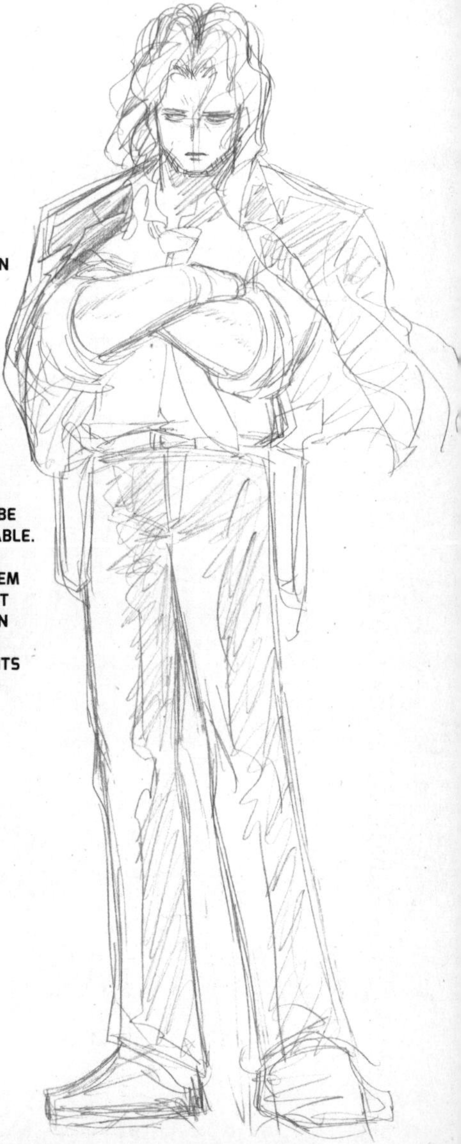

# No. 036 Nicht nur ich

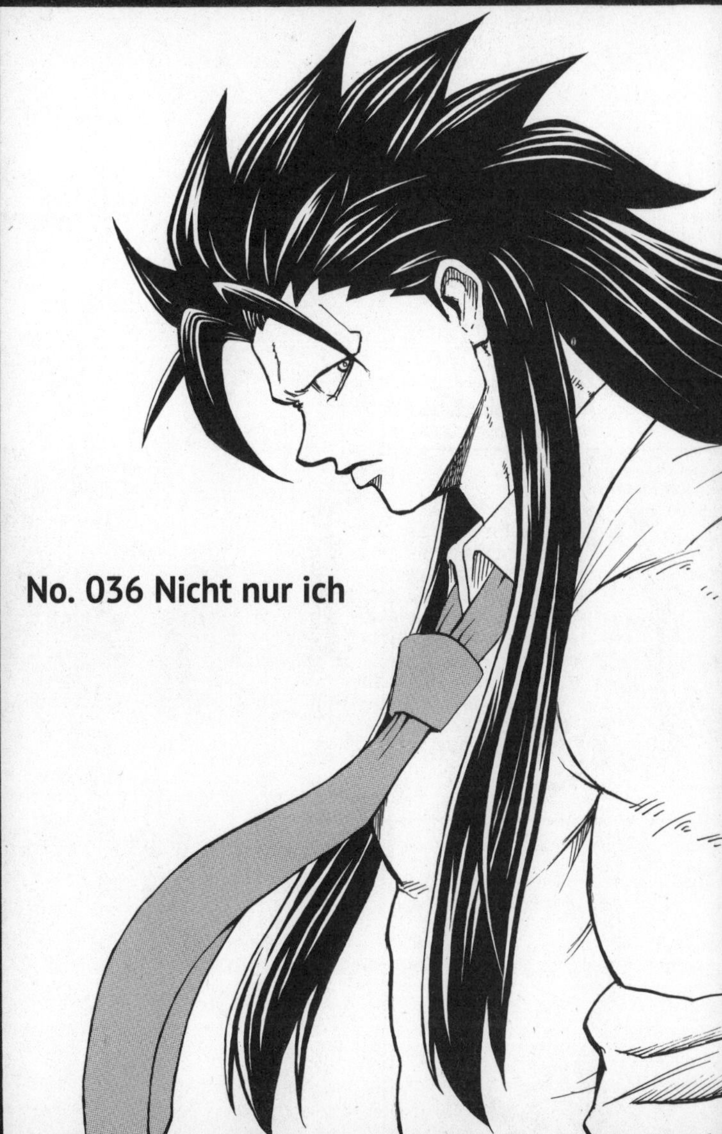

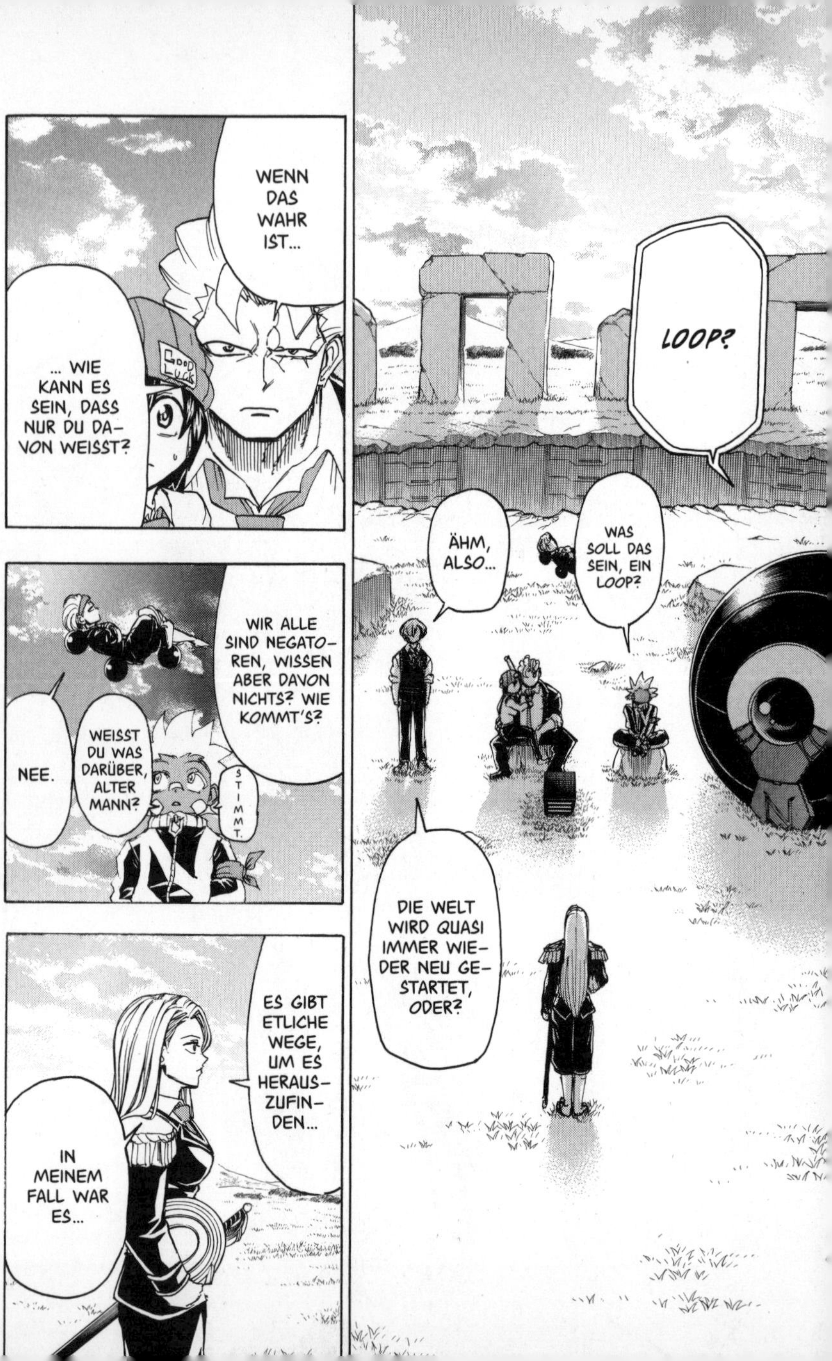
LOOP?
WAS SOLL DAS SEIN, EIN LOOP?
ÄHM, ALSO...
DIE WELT WIRD QUASI IMMER WIEDER NEU GESTARTET, ODER?
WENN DAS WAHR IST...
... WIE KANN ES SEIN, DASS NUR DU DAVON WEISST?
WIR ALLE SIND NEGATOREN, WISSEN ABER DAVON NICHTS? WIE KOMMT'S?
STIMMT.
WEISST DU WAS DARÜBER, ALTER MANN?
NEE.
ES GIBT ETLICHE WEGE, UM ES HERAUSZUFINDEN...
IN MEINEM FALL WAR ES...

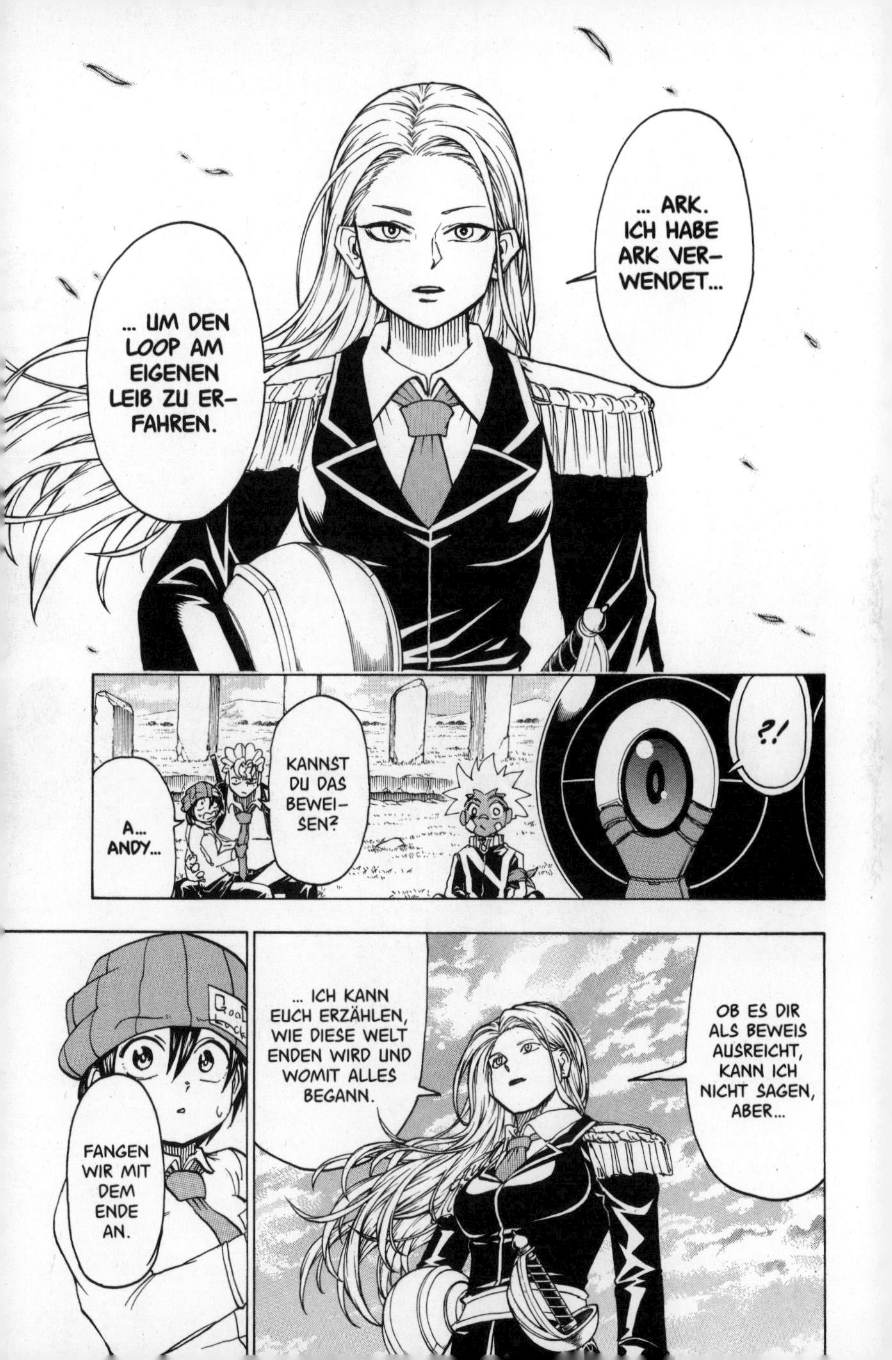
... ARK. ICH HABE ARK VERWENDET...
... UM DEN LOOP AM EIGENEN LEIB ZU ERFAHREN.
?!
KANNST DU DAS BEWEISEN?
A... ANDY...
OB ES DIR ALS BEWEIS AUSREICHT, KANN ICH NICHT SAGEN, ABER...
... ICH KANN EUCH ERZÄHLEN, WIE DIESE WELT ENDEN WIRD UND WOMIT ALLES BEGANN.
FANGEN WIR MIT DEM ENDE AN.

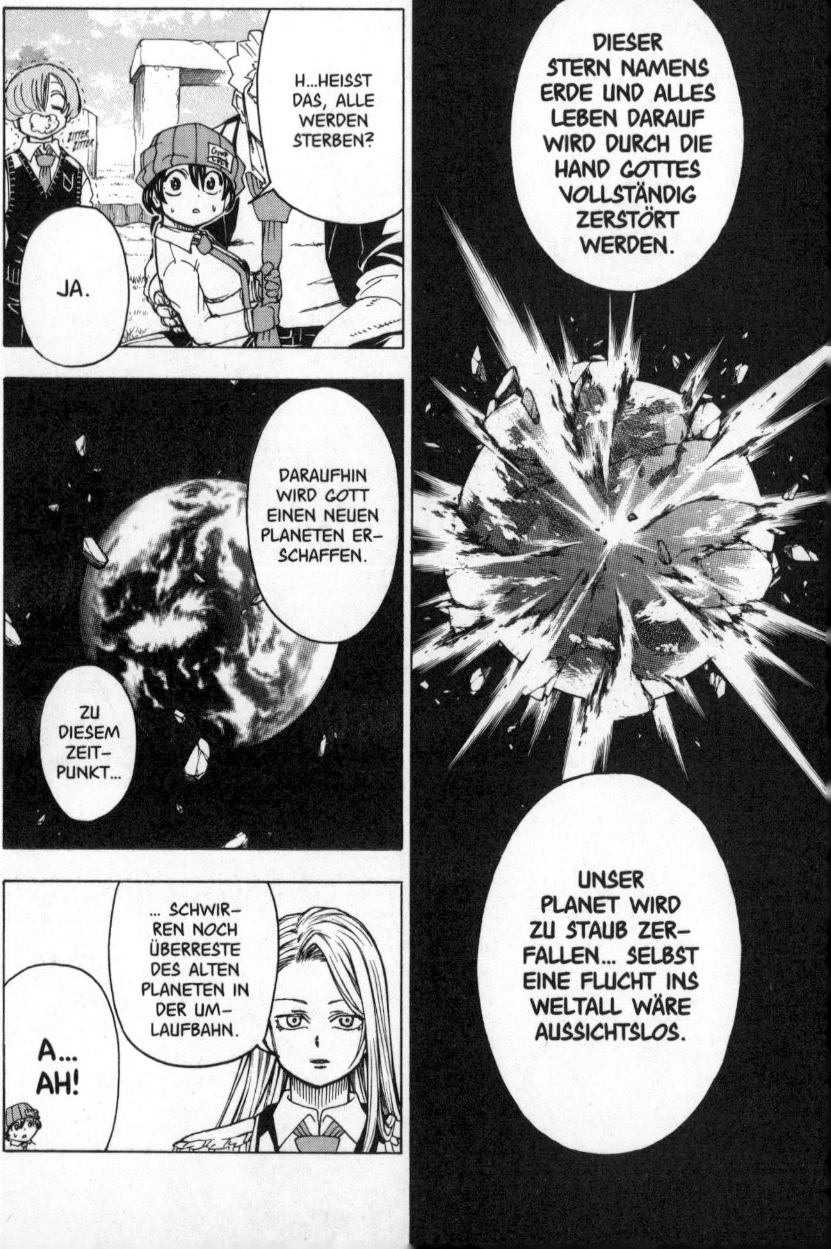
DIESER STERN NAMENS ERDE UND ALLES LEBEN DARAUF WIRD DURCH DIE HAND GOTTES VOLLSTÄNDIG ZERSTÖRT WERDEN.
UNSER PLANET WIRD ZU STAUB ZERFALLEN... SELBST EINE FLUCHT INS WELTALL WÄRE AUSSICHTSLOS.
H...HEISST DAS, ALLE WERDEN STERBEN?
ZITTER ZITTER
JA.
DARAUFHIN WIRD GOTT EINEN NEUEN PLANETEN ERSCHAFFEN.
ZU DIESEM ZEITPUNKT...
... SCHWIRREN NOCH ÜBERRESTE DES ALTEN PLANETEN IN DER UMLAUFBAHN.
A... AH!

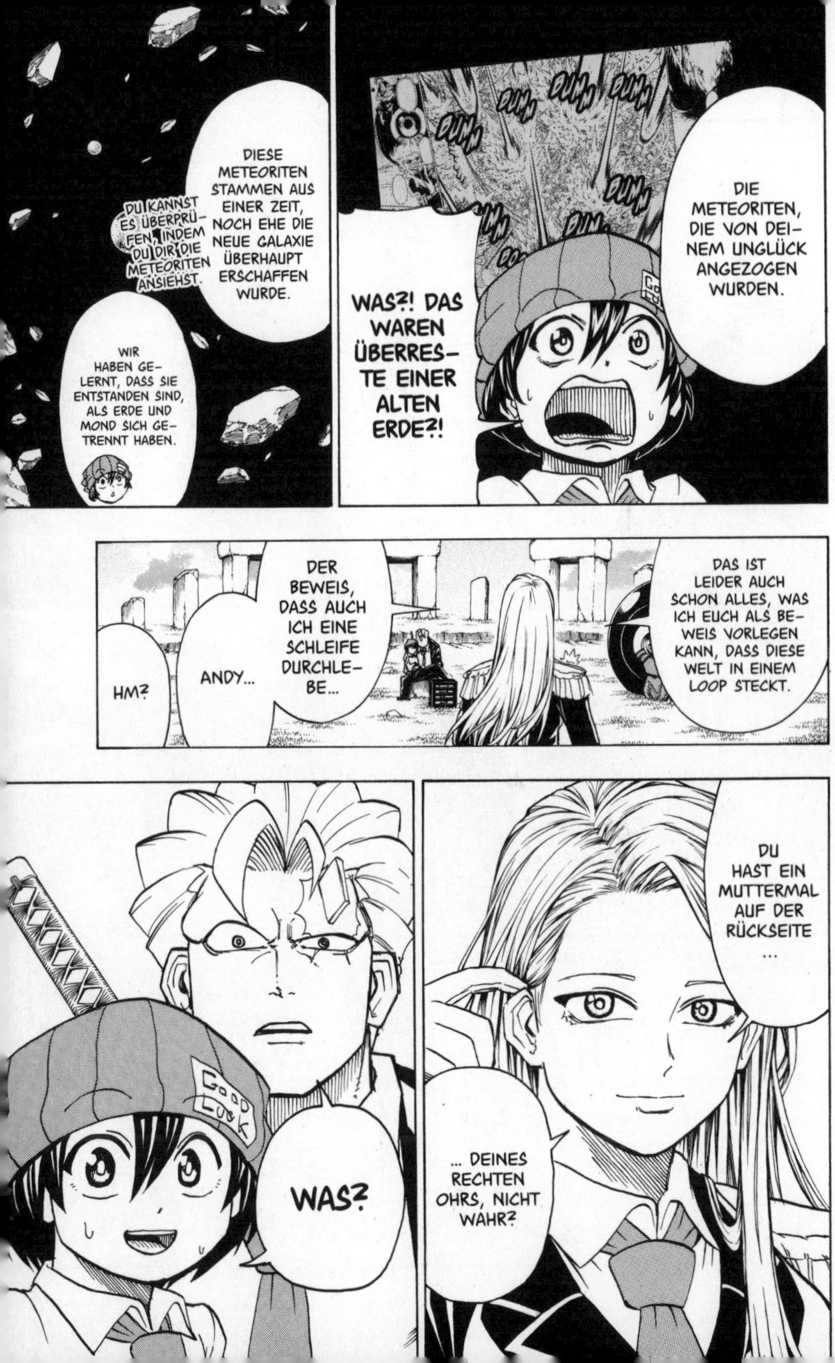
DIE METEORITEN, DIE VON DEINEM UNGLÜCK ANGEZOGEN WURDEN.
DUMM DUMM DUMM DUMM DUMM
WAS?! DAS WAREN ÜBERRESTE EINER ALTEN ERDE?!
DIESE METEORITEN STAMMEN AUS EINER ZEIT, NOCH EHE DIE NEUE GALAXIE ÜBERHAUPT ERSCHAFFEN WURDE.
DU KANNST ES ÜBERPRÜFEN, INDEM DU DIR DIE METEORITEN ANSIEHST.
WIR HABEN GELERNT, DASS SIE ENTSTANDEN SIND, ALS ERDE UND MOND SICH GETRENNT HABEN.
DAS IST LEIDER AUCH SCHON ALLES, WAS ICH EUCH ALS BEWEIS VORLEGEN KANN, DASS DIESE WELT IN EINEM LOOP STECKT.
DER BEWEIS, DASS AUCH ICH EINE SCHLEIFE DURCHLEBE...
ANDY...
HM?
DU HAST EIN MUTTERMAL AUF DER RÜCKSEITE ...
... DEINES RECHTEN OHRS, NICHT WAHR?
WAS?
GOOD LUCK

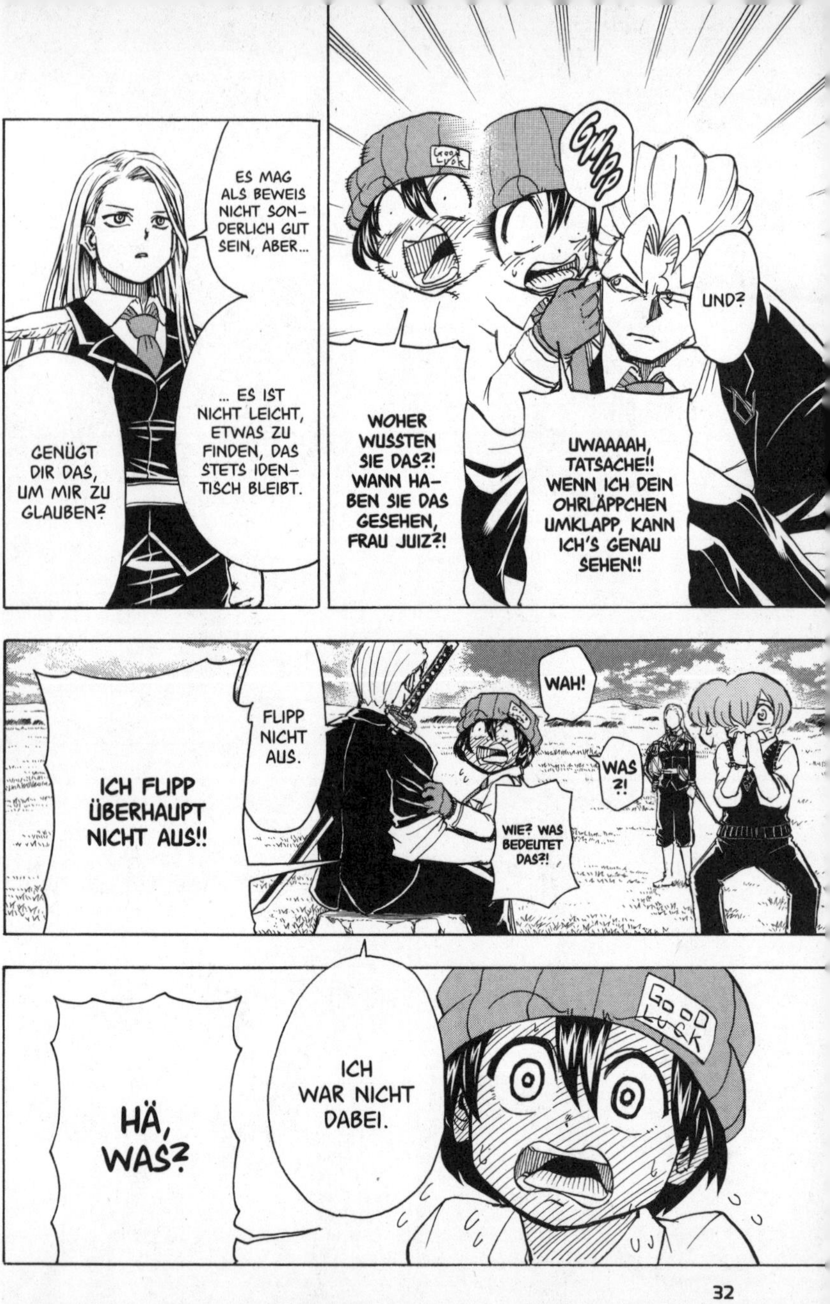
UND?
UWAAAAH, TATSACHE!! WENN ICH DEIN OHRLÄPPCHEN UMKLAPP, KANN ICH'S GENAU SEHEN!!
WOHER WUSSTEN SIE DAS?! WANN HABEN SIE DAS GESEHEN, FRAU JUIZ?!
ES MAG ALS BEWEIS NICHT SONDERLICH GUT SEIN, ABER…
… ES IST NICHT LEICHT, ETWAS ZU FINDEN, DAS STETS IDENTISCH BLEIBT.
GENÜGT DIR DAS, UM MIR ZU GLAUBEN?
WAH!
WAS?!
WIE? WAS BEDEUTET DAS?!
FLIPP NICHT AUS.
ICH FLIPP ÜBERHAUPT NICHT AUS!!
ICH WAR NICHT DABEI.
HÄ, WAS?

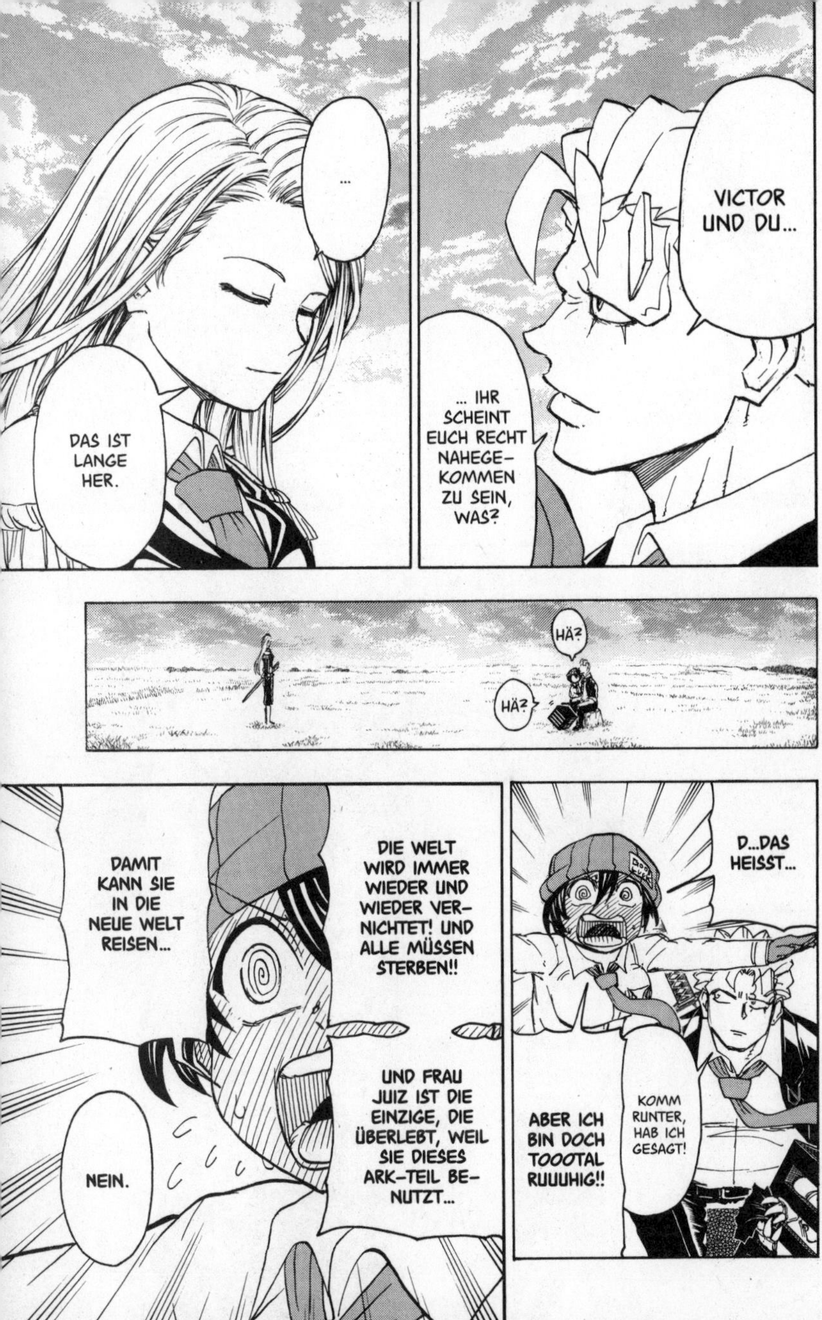

VICTOR UND DU...
... IHR SCHEINT EUCH RECHT NAHEGE-KOMMEN ZU SEIN, WAS?
...
DAS IST LANGE HER.
HÄ?
HÄ?
D...DAS HEISST...
KOMM RUNTER, HAB ICH GESAGT!
ABER ICH BIN DOCH TOOOTAL RUUUHIG!!
DIE WELT WIRD IMMER WIEDER UND WIEDER VER-NICHTET! UND ALLE MÜSSEN STERBEN!!
DAMIT KANN SIE IN DIE NEUE WELT REISEN...
UND FRAU JUIZ IST DIE EINZIGE, DIE ÜBERLEBT, WEIL SIE DIESES ARK-TEIL BE-NUTZT...
NEIN.

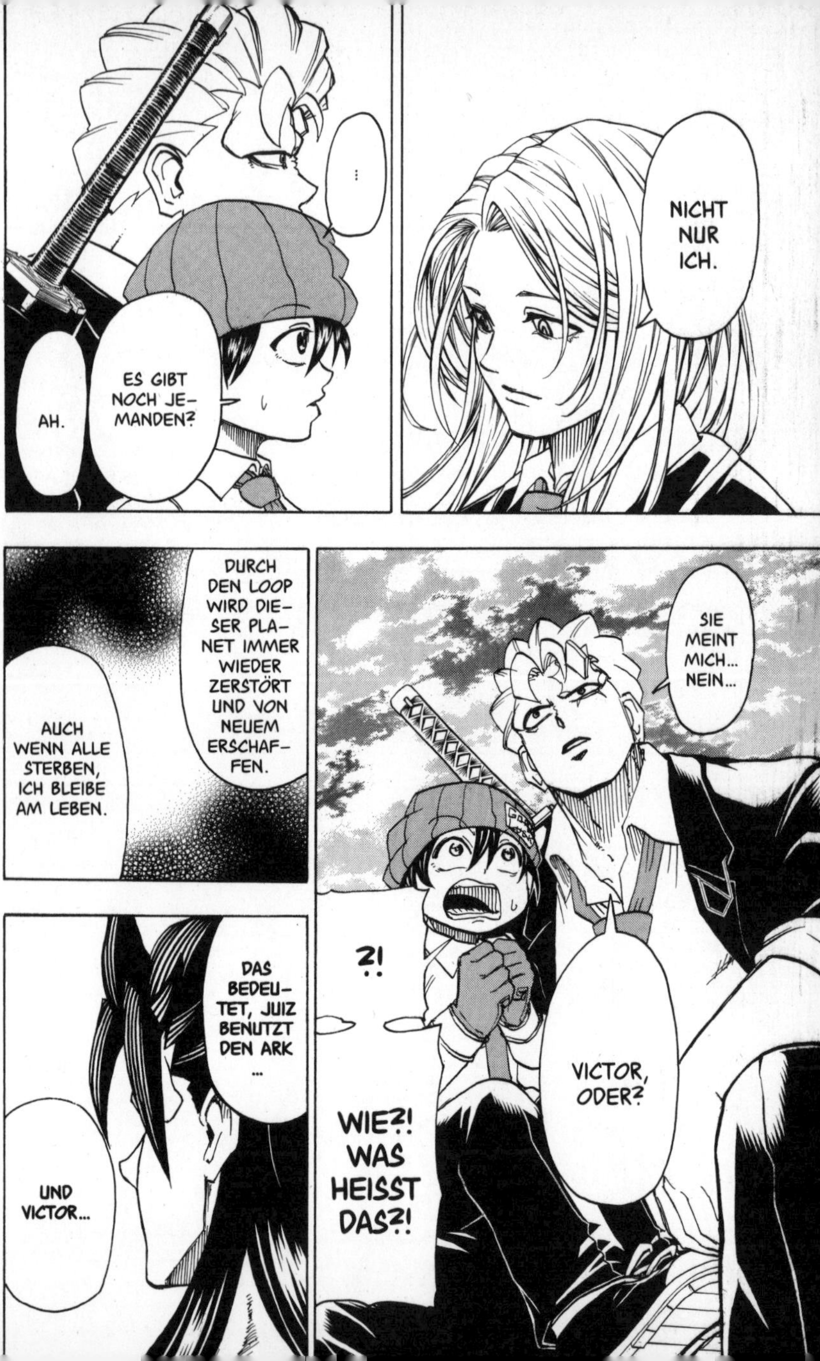

NICHT NUR ICH.
...
ES GIBT NOCH JEMANDEN?
AH.
DURCH DEN LOOP WIRD DIESER PLANET IMMER WIEDER ZERSTÖRT UND VON NEUEM ERSCHAFFEN.
AUCH WENN ALLE STERBEN, ICH BLEIBE AM LEBEN.
DAS BEDEUTET, JUIZ BENUTZT DEN ARK ...
UND VICTOR...
SIE MEINT MICH... NEIN...
VICTOR, ODER?
?!
WIE?! WAS HEISST DAS?!

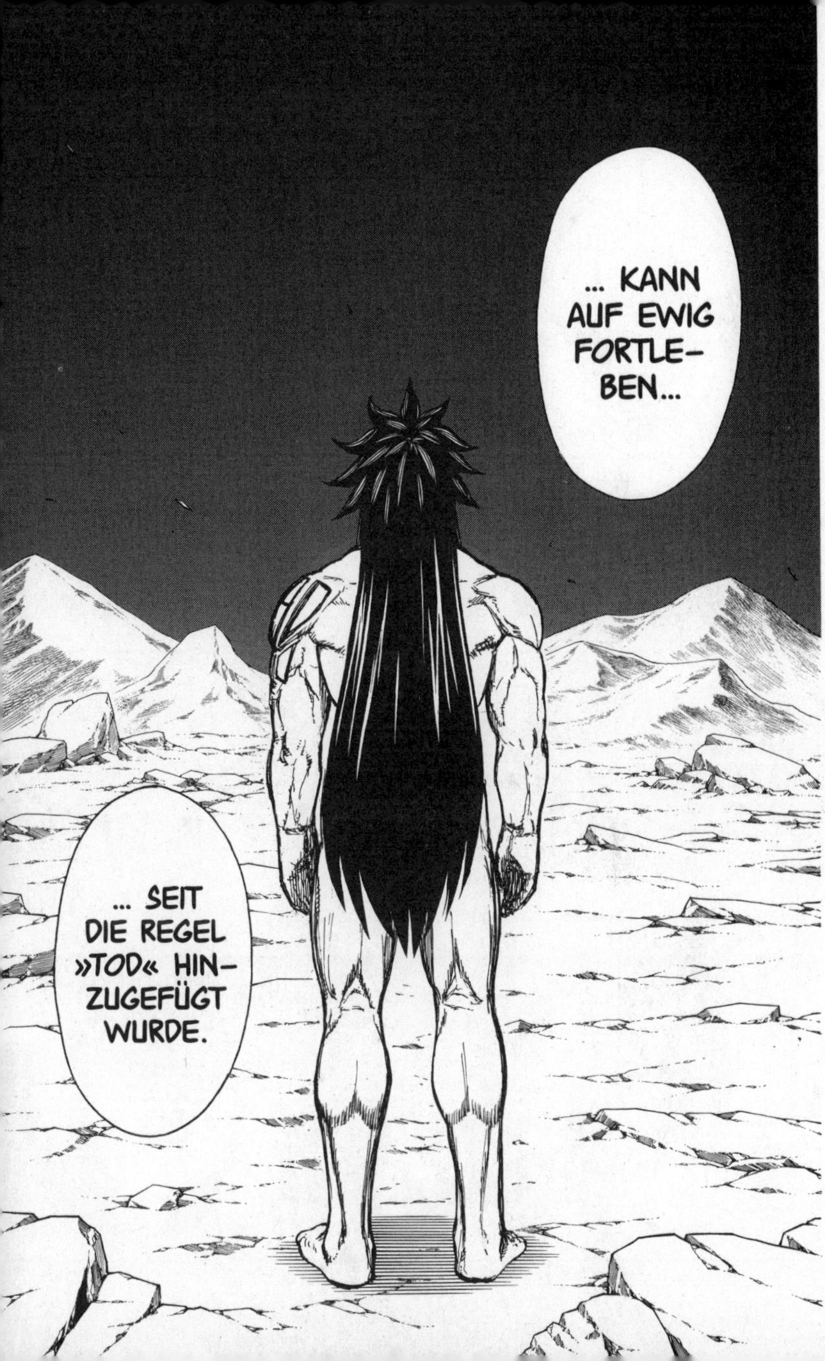
... KANN AUF EWIG FORTLEBEN...
... SEIT DIE REGEL »TOD« HINZUGEFÜGT WURDE.

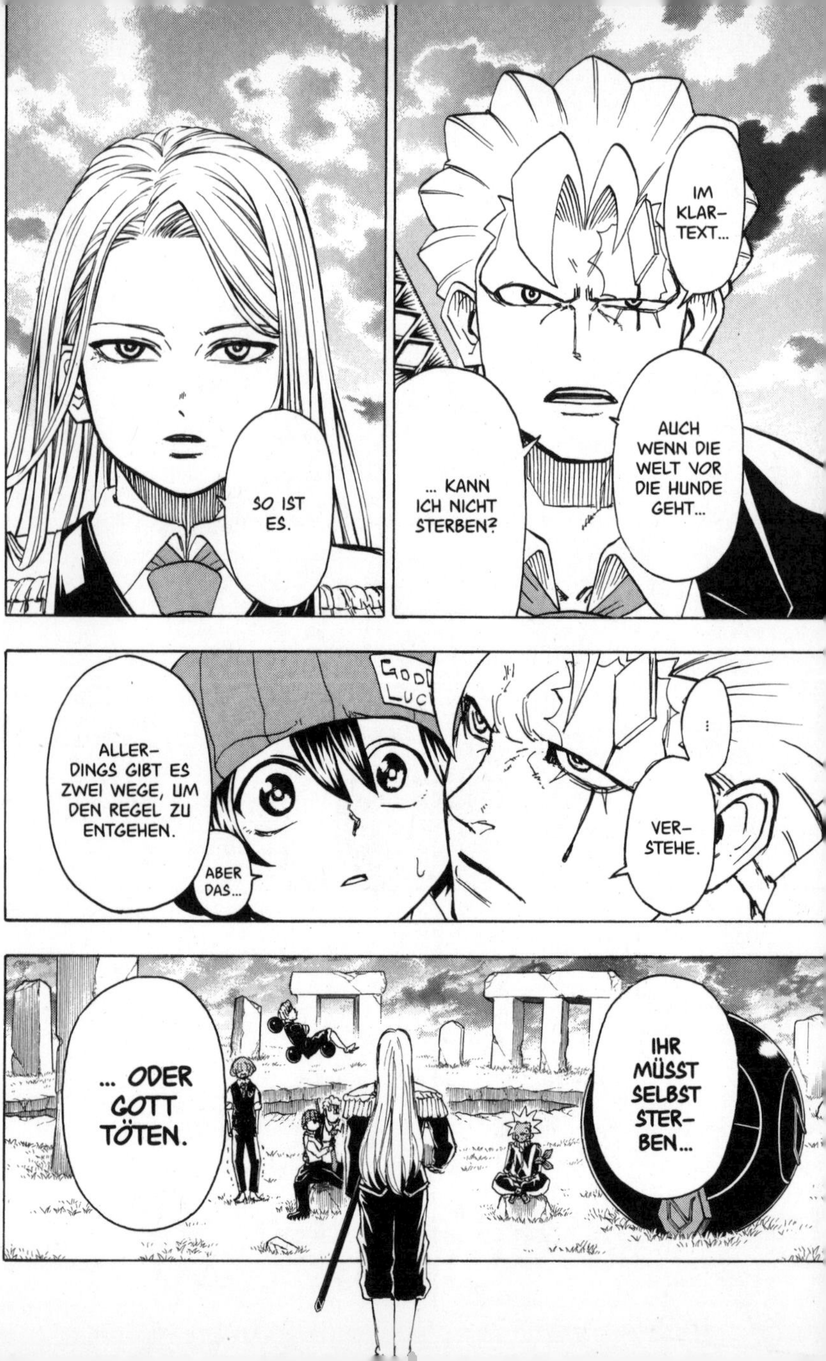
IM KLARTEXT...
AUCH WENN DIE WELT VOR DIE HUNDE GEHT...
... KANN ICH NICHT STERBEN?
SO IST ES.
...
VERSTEHE.
ABER DAS...
ALLERDINGS GIBT ES ZWEI WEGE, UM DEN REGEL ZU ENTGEHEN.
IHR MÜSST SELBST STERBEN...
... ODER GOTT TÖTEN.

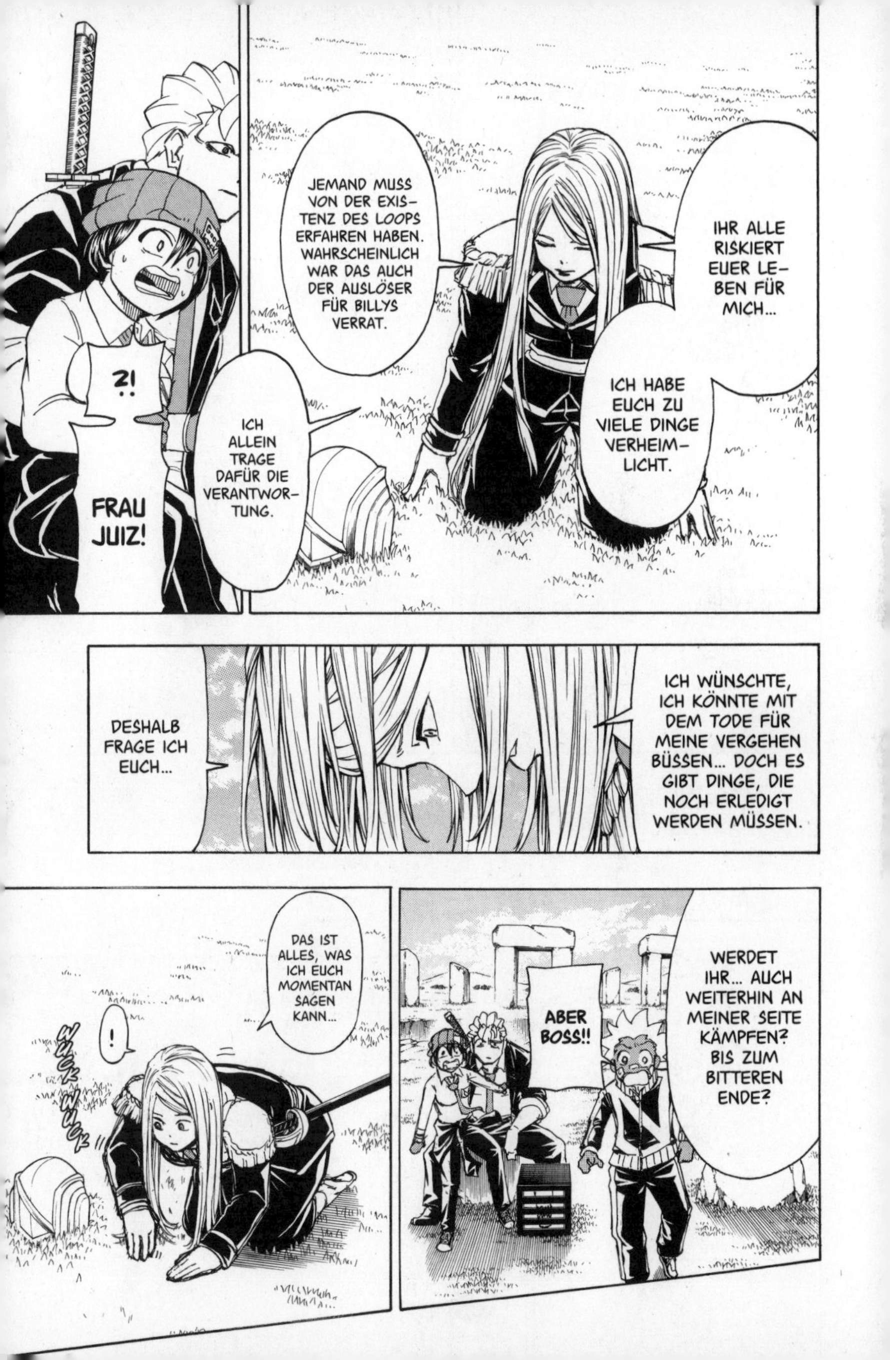
IHR ALLE RISKIERT EUER LEBEN FÜR MICH...
ICH HABE EUCH ZU VIELE DINGE VERHEIMLICHT.
JEMAND MUSS VON DER EXISTENZ DES LOOPS ERFAHREN HABEN. WAHRSCHEINLICH WAR DAS AUCH DER AUSLÖSER FÜR BILLYS VERRAT.
ICH ALLEIN TRAGE DAFÜR DIE VERANTWORTUNG.
?!
FRAU JUIZ!
ICH WÜNSCHTE, ICH KÖNNTE MIT DEM TODE FÜR MEINE VERGEHEN BÜSSEN... DOCH ES GIBT DINGE, DIE NOCH ERLEDIGT WERDEN MÜSSEN.
DESHALB FRAGE ICH EUCH...
WERDET IHR... AUCH WEITERHIN AN MEINER SEITE KÄMPFEN? BIS ZUM BITTEREN ENDE?
ABER BOSS!!
DAS IST ALLES, WAS ICH EUCH MOMENTAN SAGEN KANN...
!

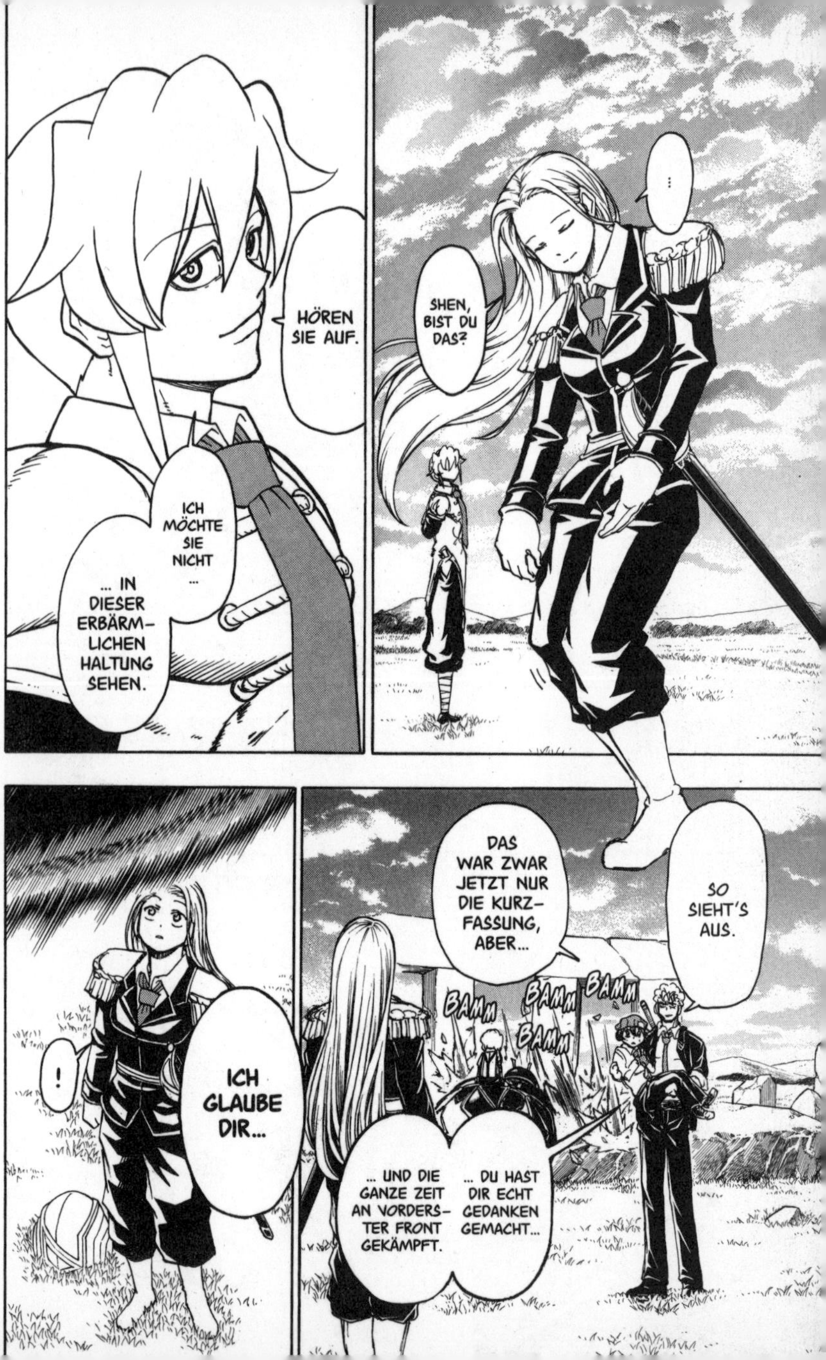
…
SHEN, BIST DU DAS?
HÖREN SIE AUF.
ICH MÖCHTE SIE NICHT …
… IN DIESER ERBÄRMLICHEN HALTUNG SEHEN.
SO SIEHT'S AUS.
DAS WAR ZWAR JETZT NUR DIE KURZFASSUNG, ABER…
BAMM BAMM BAMM BAMM
… DU HAST DIR ECHT GEDANKEN GEMACHT…
… UND DIE GANZE ZEIT AN VORDERSTER FRONT GEKÄMPFT.
ICH GLAUBE DIR…
!

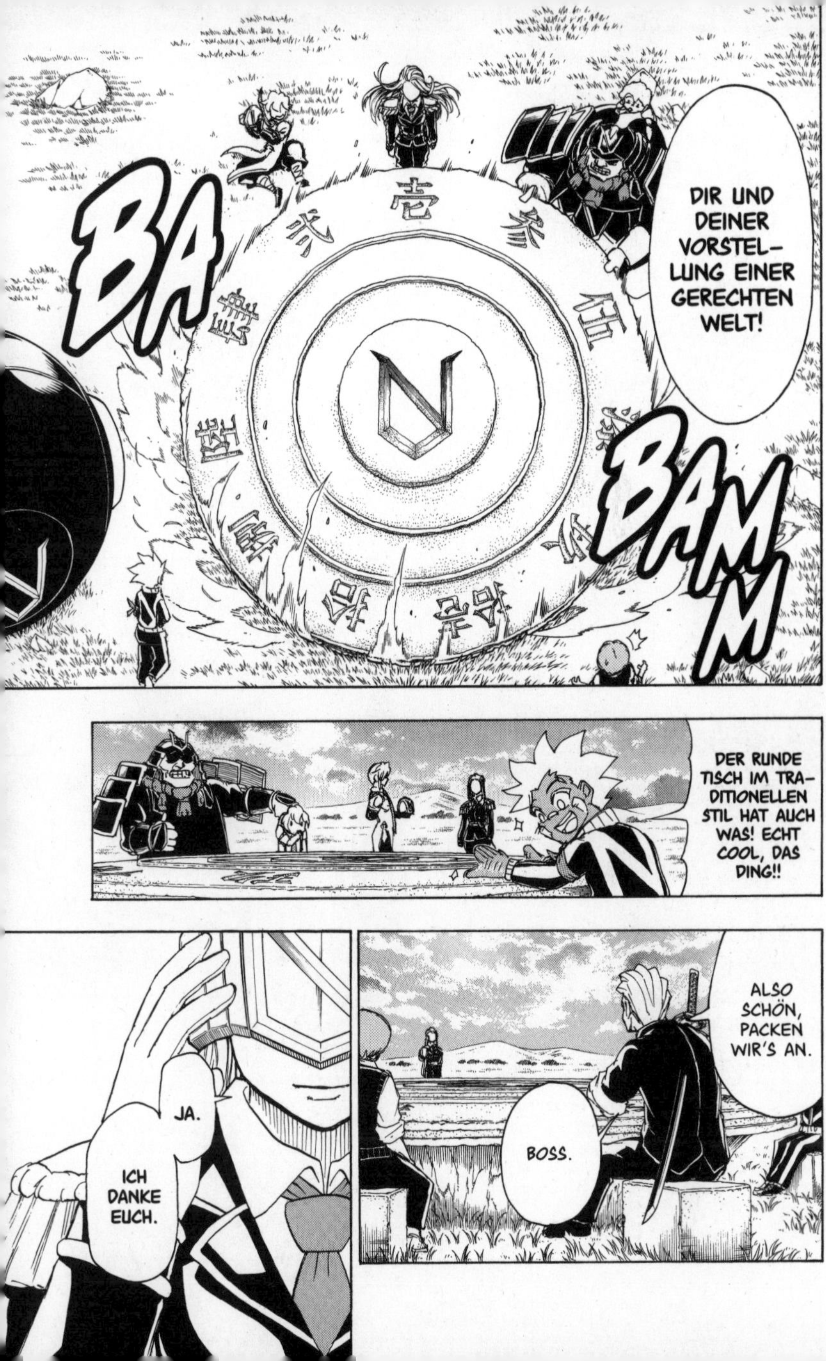
DIR UND DEINER VORSTEL-LUNG EINER GERECHTEN WELT!
BA
BAMM
DER RUNDE TISCH IM TRA-DITIONELLEN STIL HAT AUCH WAS! ECHT COOL, DAS DING!!
ALSO SCHÖN, PACKEN WIR'S AN.
BOSS.
JA.
ICH DANKE EUCH.

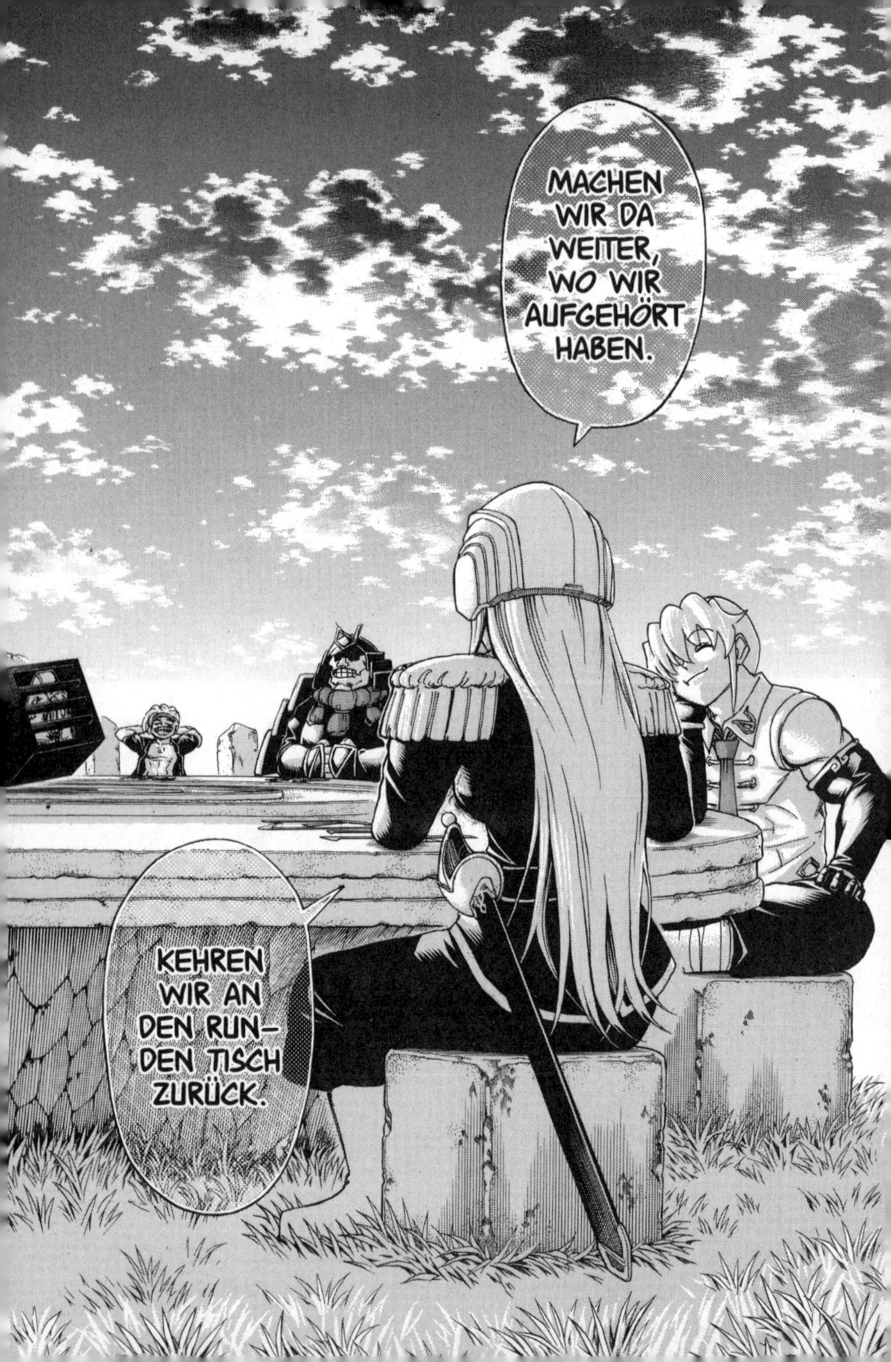
MACHEN WIR DA WEITER, WO WIR AUFGEHÖRT HABEN.
KEHREN WIR AN DEN RUN-DEN TISCH ZURÜCK.

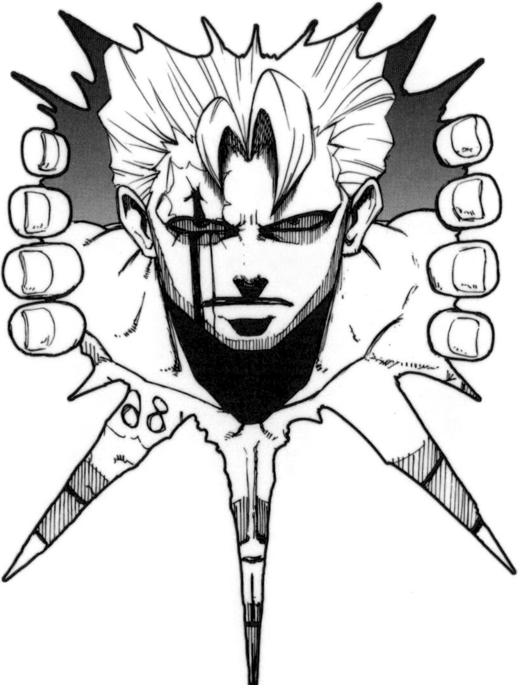

## Anwendung Body painting seal:

1. Klebeecken abschneiden.

2. Die Schutzfolie vorsichtig abziehen.

3. Das Body painting seal mit dem Motiv nach unten auf die saubere Haut drücken.

4. Das Trägerpapier mit einem Schwamm oder Tuch gut anfeuchten.

5. Etwa 30 Sekunden warten und dann das Papier vorsichtig abziehen, das Body painting seal kurz trocknen lassen.

# Cool!!!

P.S.: Das Body painting seal lässt sich leicht mit Creme oder Hautöl entfernen.

Hinweis: Den Kontakt mit Augen oder Schleimhaut vermeiden. Nicht auf entzündeter, sensibler oder allergischer Haut anwenden.

Achtung! Nicht geeignet für Kinder unter 3 Jahren. Wegen verschluckbarer Kleinteile. Erstickungsgefahr. Diese Information bitte aufbewahren.

Ingredients: Acrylates/Ethylhexyl acrylate copolymer; Aqua; Polyacrylate; Linseed oil ascorbate esters; Rosin polymer fumarated and maleated; Glycine soja oil; Ammonium laureth sulfate; Phenoxyethanol; Linseed oil polymer; Vernicia fordii oil; Manganese neodecanoate; Ammonia; Fatty acids, C9-11-branched, glycidyl esters, polymers; Triolein; Polyethylene; PTFE; Silica dimethyl silylate; Castor oil, oxidized; Talc; Ethylhexyl acrylate; TBHQ; Fatty acids, C16-18, 2-ethylhexyl esters; Chlorite-group minerals; BHT; Dolomite [+/- CI 77891, CI 77266, CI 11710, CI 15850, CI 74160]

Hersteller: Transfer-Druck, Boris Boxan, Werner-Heisenberg-Str. 3, 34123 Kassel, Deutschland - Charge: 1811

Kosmetische Body painting seal Tattoos gem. EU-Kosmetikverordnung Nr. 1223/2009

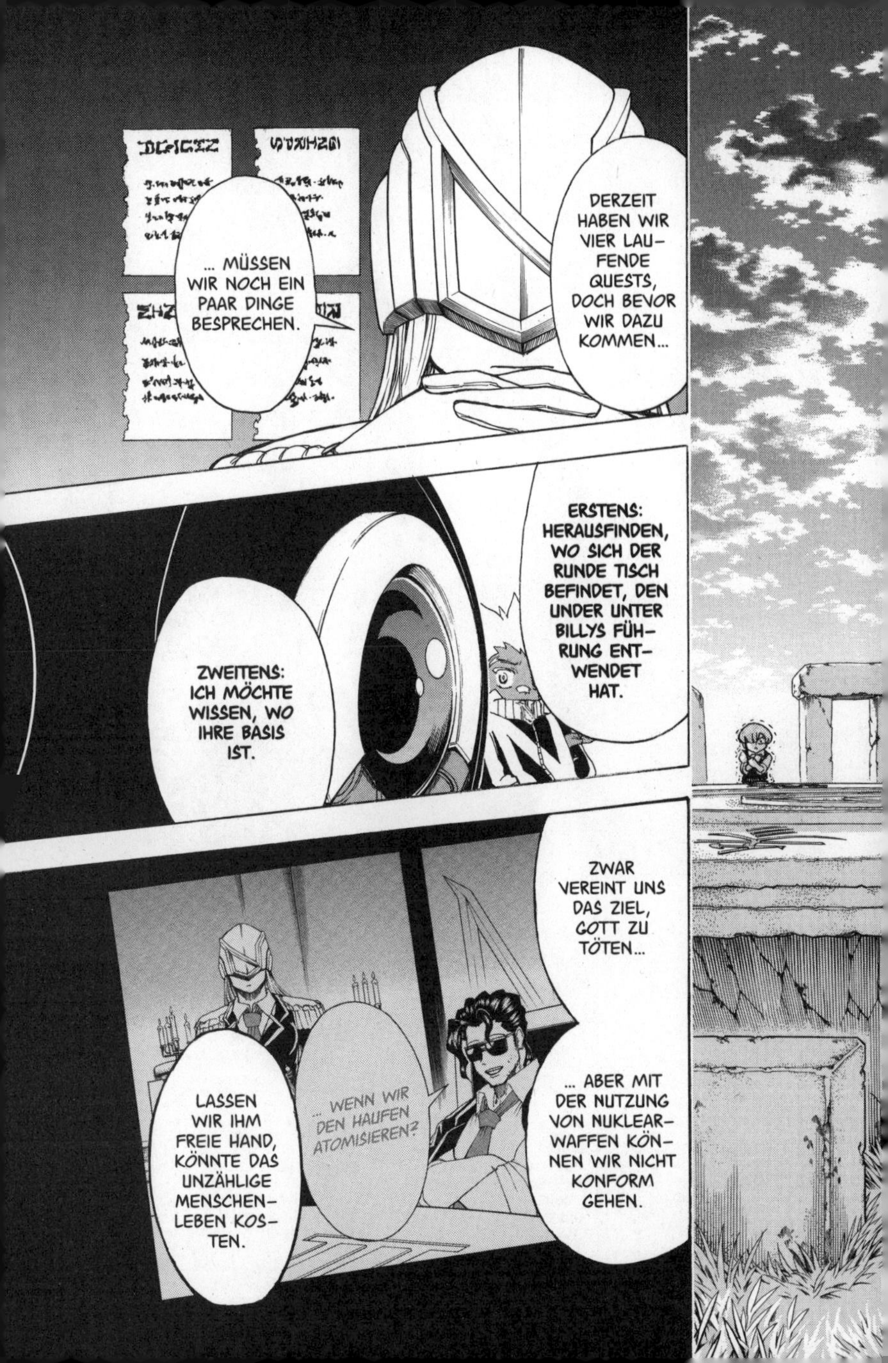
DERZEIT HABEN WIR VIER LAUFENDE QUESTS, DOCH BEVOR WIR DAZU KOMMEN...
... MÜSSEN WIR NOCH EIN PAAR DINGE BESPRECHEN.
ERSTENS: HERAUSFINDEN, WO SICH DER RUNDE TISCH BEFINDET, DEN UNDER UNTER BILLYS FÜHRUNG ENTWENDET HAT.
ZWEITENS: ICH MÖCHTE WISSEN, WO IHRE BASIS IST.
ZWAR VEREINT UNS DAS ZIEL, GOTT ZU TÖTEN...
... ABER MIT DER NUTZUNG VON NUKLEARWAFFEN KÖNNEN WIR NICHT KONFORM GEHEN.
... WENN WIR DEN HAUFEN ATOMISIEREN?
LASSEN WIR IHM FREIE HAND, KÖNNTE DAS UNZÄHLIGE MENSCHENLEBEN KOSTEN.

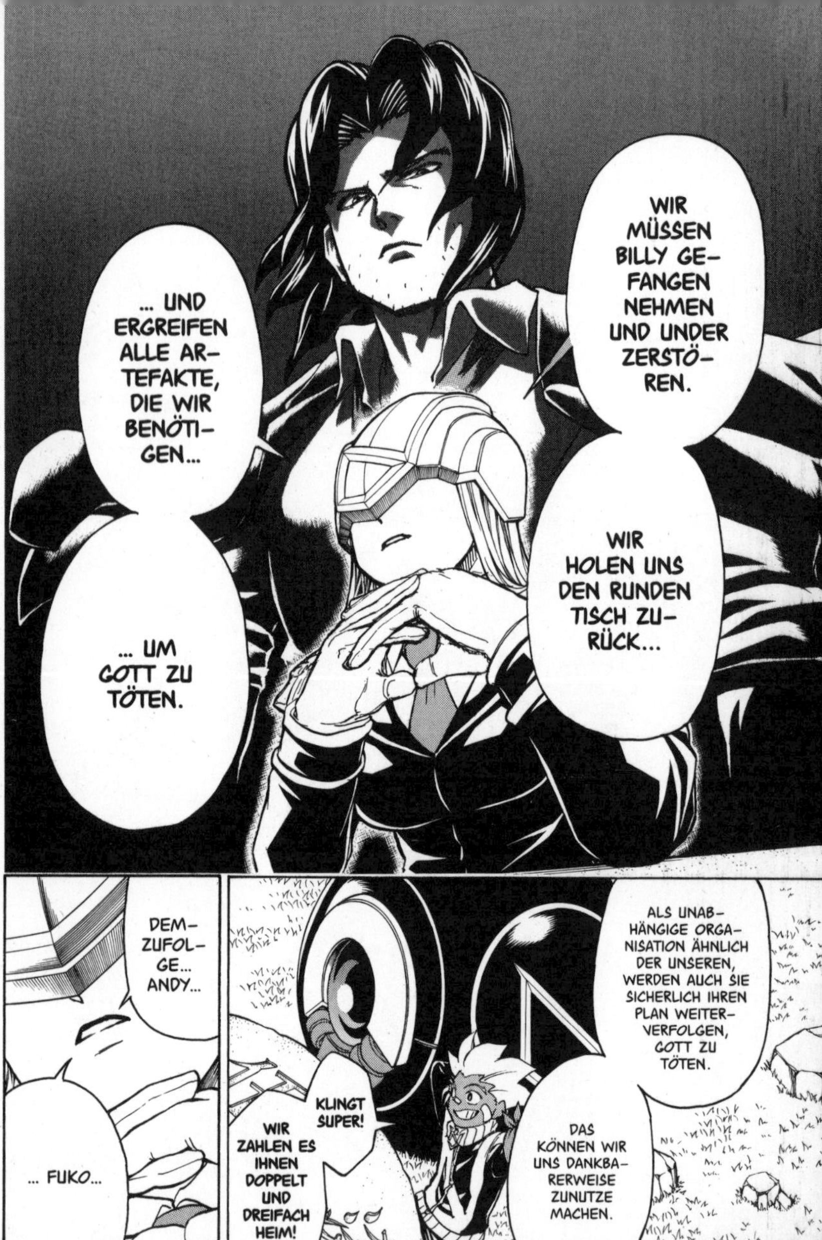
WIR MÜSSEN BILLY GEFANGEN NEHMEN UND UNDER ZERSTÖREN.
WIR HOLEN UNS DEN RUNDEN TISCH ZURÜCK...
... UND ERGREIFEN ALLE ARTEFAKTE, DIE WIR BENÖTIGEN...
... UM GOTT ZU TÖTEN.
ALS UNABHÄNGIGE ORGANISATION ÄHNLICH DER UNSEREN, WERDEN AUCH SIE SICHERLICH IHREN PLAN WEITERVERFOLGEN, GOTT ZU TÖTEN.
DAS KÖNNEN WIR UNS DANKBARERWEISE ZUNUTZE MACHEN.
KLINGT SUPER!
WIR ZAHLEN ES IHNEN DOPPELT UND DREIFACH HEIM!
DEMZUFOLGE... ANDY...
... FUKO...

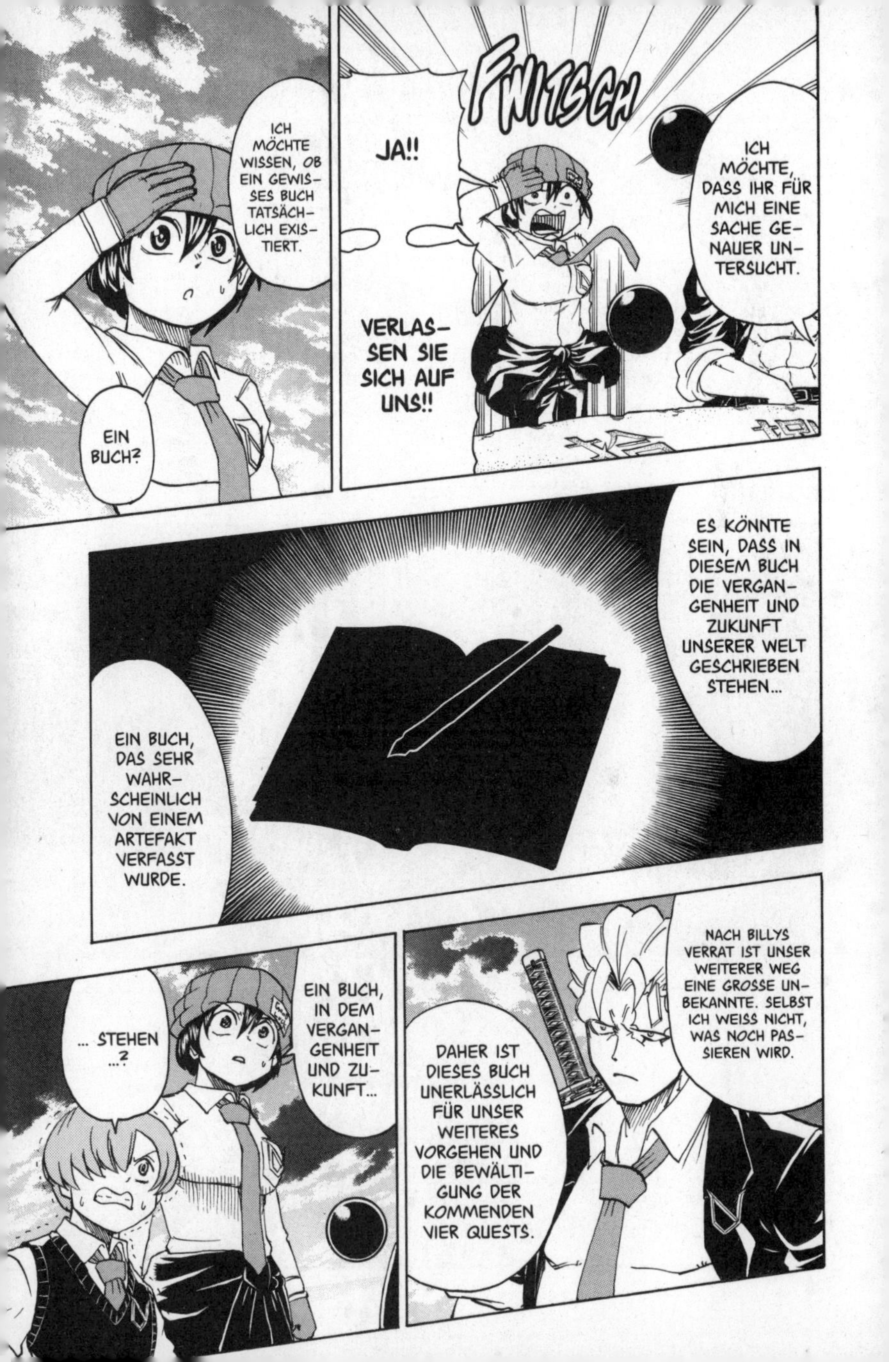

ICH MÖCHTE, DASS IHR FÜR MICH EINE SACHE GENAUER UNTERSUCHT.
FWITSCH
JA!!
VERLASSEN SIE SICH AUF UNS!!
ICH MÖCHTE WISSEN, OB EIN GEWISSES BUCH TATSÄCHLICH EXISTIERT.
EIN BUCH?
ES KÖNNTE SEIN, DASS IN DIESEM BUCH DIE VERGANGENHEIT UND ZUKUNFT UNSERER WELT GESCHRIEBEN STEHEN...
EIN BUCH, DAS SEHR WAHRSCHEINLICH VON EINEM ARTEFAKT VERFASST WURDE.
NACH BILLYS VERRAT IST UNSER WEITERER WEG EINE GROSSE UNBEKANNTE. SELBST ICH WEISS NICHT, WAS NOCH PASSIEREN WIRD.
DAHER IST DIESES BUCH UNERLÄSSLICH FÜR UNSER WEITERES VORGEHEN UND DIE BEWÄLTIGUNG DER KOMMENDEN VIER QUESTS.
EIN BUCH, IN DEM VERGANGENHEIT UND ZUKUNFT...
... STEHEN ...?

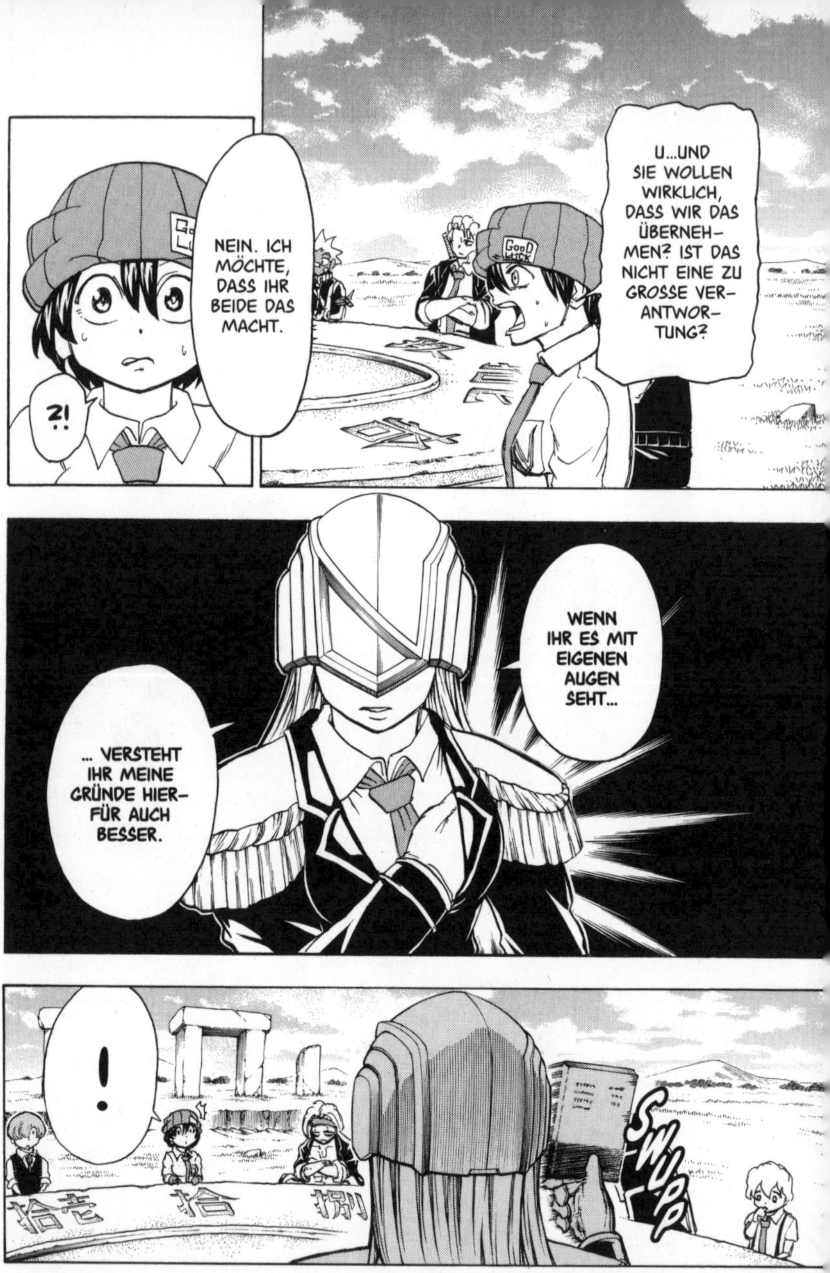

U...UND SIE WOLLEN WIRKLICH, DASS WIR DAS ÜBERNEHMEN? IST DAS NICHT EINE ZU GROSSE VERANTWORTUNG?
NEIN. ICH MÖCHTE, DASS IHR BEIDE DAS MACHT.
Z!
WENN IHR ES MIT EIGENEN AUGEN SEHT...
... VERSTEHT IHR MEINE GRÜNDE HIERFÜR AUCH BESSER.
SWUPP
!

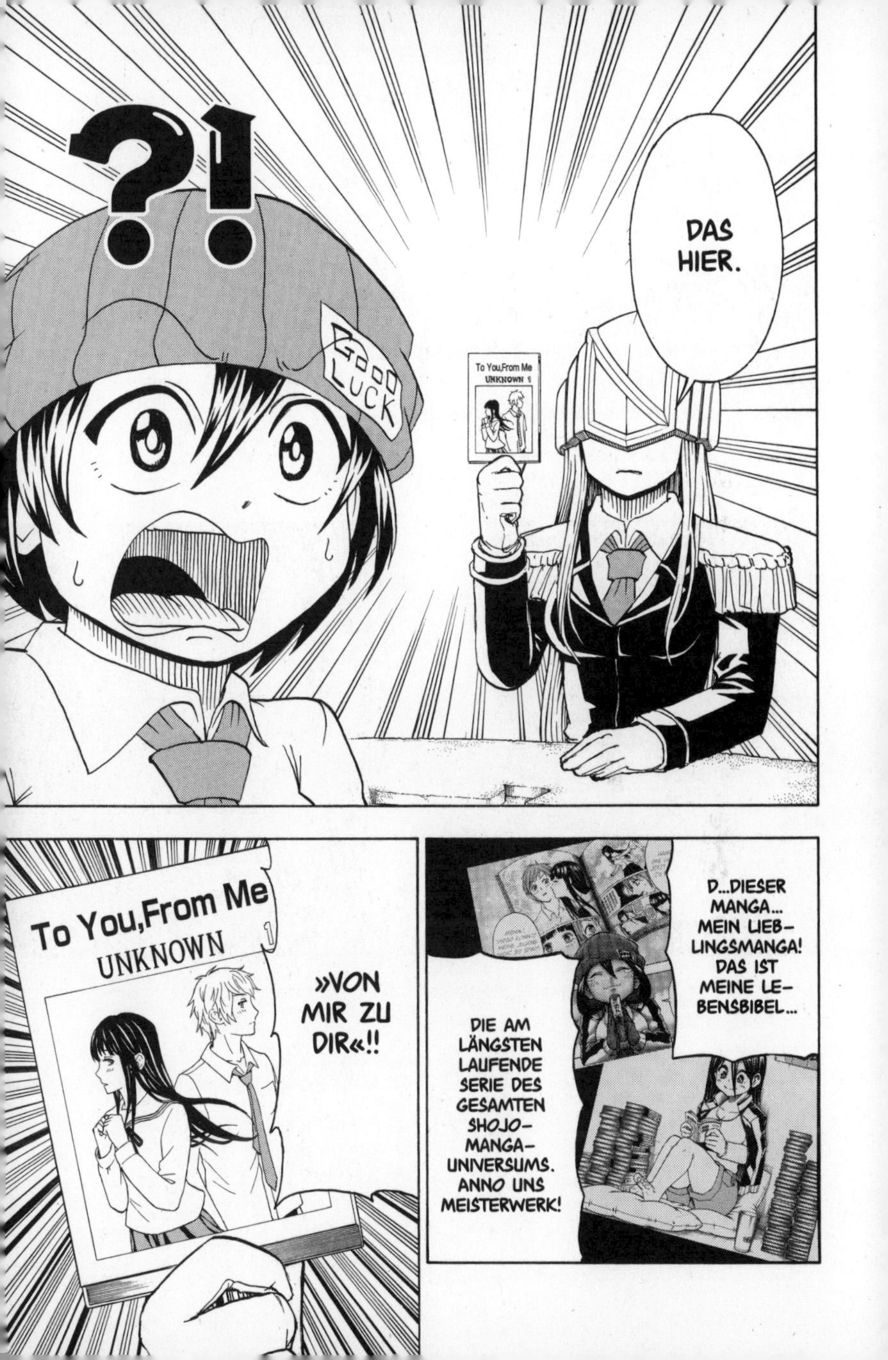
DAS HIER.
?!
GOOD LUCK
To You,From Me UNKNOWN 1
D...DIESER MANGA... MEIN LIEBLINGSMANGA! DAS IST MEINE LEBENSBIBEL...
DIE AM LÄNGSTEN LAUFENDE SERIE DES GESAMTEN SHOJO-MANGA-UNIVERSUMS. ANNO UNS MEISTERWERK!
To You,From Me
UNKNOWN 1
»VON MIR ZU DIR«!!

# JUIZ

**ALTER:**
**GRÖSSE:** NÄHERE EINZELHEITEN HIERZU SIND NICHT BEKANNT
**GEWICHT:**

**HOBBIES:** SIE REIST GERN UM DEN GESAMTEN GLOBUS, UM SCHWARZTEEBLÄTTER, ABER AUCH TEESERVICES UND TASSEN ODER TELLER ZU SAMMELN. SEIT NEUESTEM IST SIE AUCH BEGEISTERTE SHOJO-MANGA-LESERIN. DER MANGA »VON MIR ZU DIR« HAT DEN AUSSCHLAG DAFÜR GEGEBEN.

**BESONDERE FÄHIGKEIT:** KENDO UND FECHTKUNST

**LEIBSPEISEN:** SCHWARZTEE, MAKRONEN

**FÄHIGKEIT:** UNJUSTICE
NÄHERE DETAILS HIERZU SIND NICHT BEKANNT

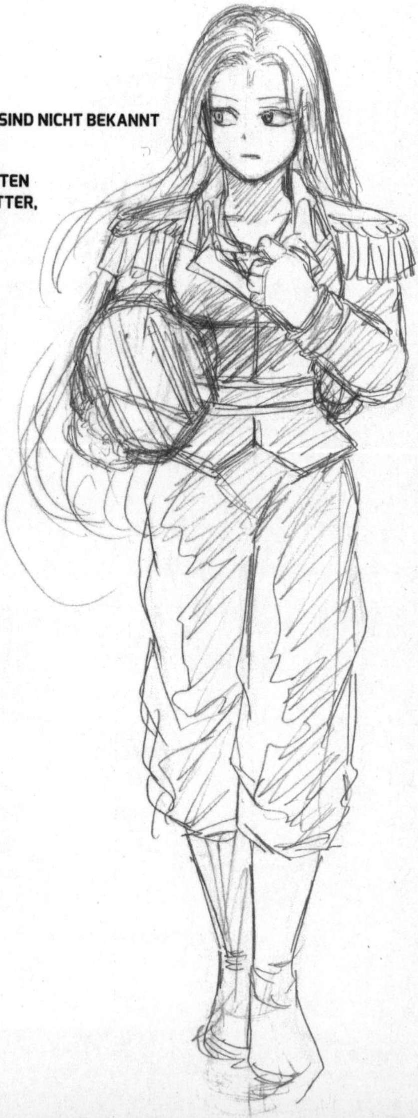

# No. 037
# Undead + Unluck

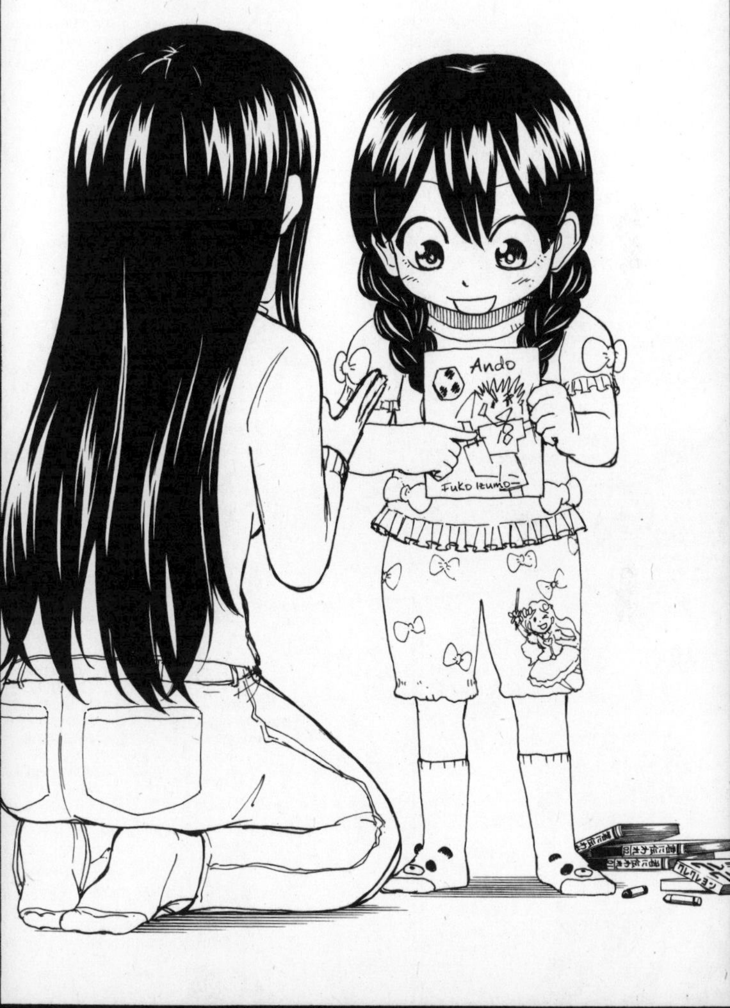

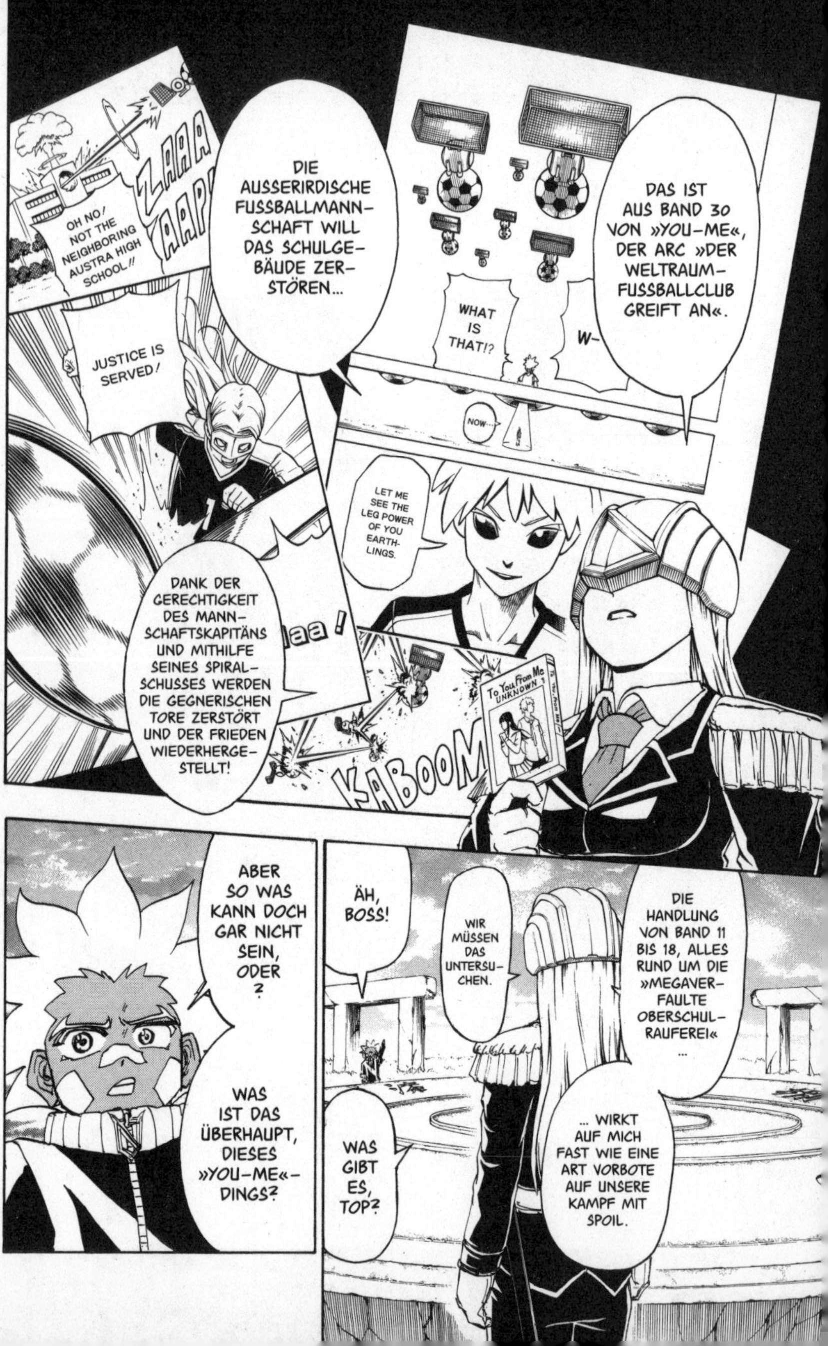
DAS IST AUS BAND 30 VON »YOU-ME«, DER ARC »DER WELTRAUM-FUSSBALLCLUB GREIFT AN«.
W-
WHAT IS THAT!?
NOW...
DIE AUSSERIRDISCHE FUSSBALLMANN-SCHAFT WILL DAS SCHULGE-BÄUDE ZER-STÖREN...
ZAAAAAPP
OH NO! NOT THE NEIGHBORING AUSTRA HIGH SCHOOL!!
LET ME SEE THE LEG POWER OF YOU EARTH-LINGS.
To You From Me
UNKNOWN 1
JUSTICE IS SERVED!
DANK DER GERECHTIGKEIT DES MANN-SCHAFTSKAPITÄNS UND MITHILFE SEINES SPIRAL-SCHUSSES WERDEN DIE GEGNERISCHEN TORE ZERSTÖRT UND DER FRIEDEN WIEDERHERGE-STELLT!
KABOOM
DIE HANDLUNG VON BAND 11 BIS 18, ALLES RUND UM DIE »MEGAVER-FAULTE OBERSCHUL-RAUFEREI« ...
... WIRKT AUF MICH FAST WIE EINE ART VORBOTE AUF UNSERE KAMPF MIT SPOIL.
WIR MÜSSEN DAS UNTERSU-CHEN.
ÄH, BOSS!
WAS GIBT ES, TOP?
ABER SO WAS KANN DOCH GAR NICHT SEIN, ODER?
WAS IST DAS ÜBERHAUPT, DIESES »YOU-ME«-DINGS?

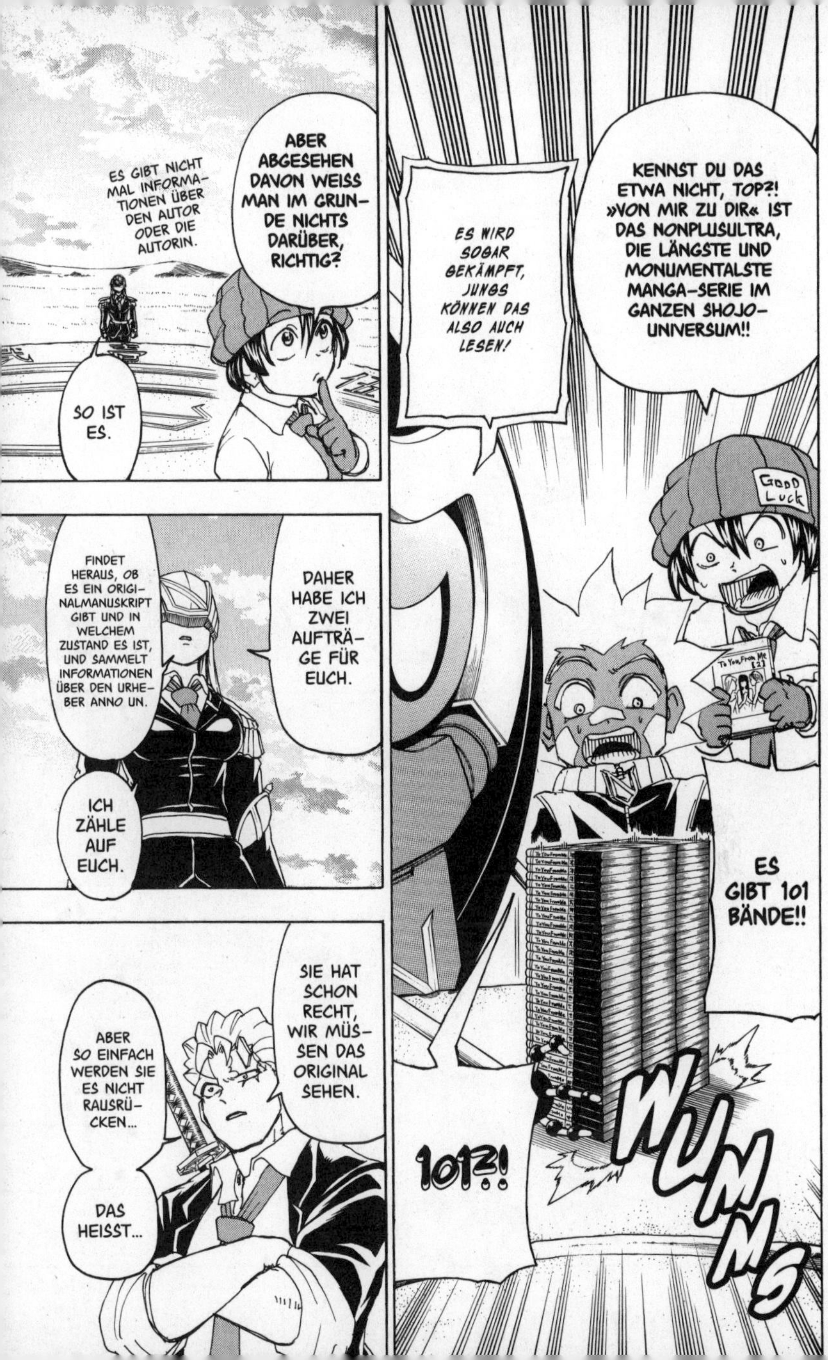

KENNST DU DAS ETWA NICHT, TOP?! »VON MIR ZU DIR« IST DAS NONPLUSULTRA, DIE LÄNGSTE UND MONUMENTALSTE MANGA-SERIE IM GANZEN SHOJO-UNIVERSUM!!
ES WIRD SOGAR GEKÄMPFT, JUNGS KÖNNEN DAS ALSO AUCH LESEN!
GOOD LUCK
ES GIBT 101 BÄNDE!!
101?!
WUMMS
ABER ABGESEHEN DAVON WEISS MAN IM GRUNDE NICHTS DARÜBER, RICHTIG?
ES GIBT NICHT MAL INFORMATIONEN ÜBER DEN AUTOR ODER DIE AUTORIN.
SO IST ES.
DAHER HABE ICH ZWEI AUFTRÄGE FÜR EUCH.
FINDET HERAUS, OB ES EIN ORIGINALMANUSKRIPT GIBT UND IN WELCHEM ZUSTAND ES IST, UND SAMMELT INFORMATIONEN ÜBER DEN URHEBER ANNO UN.
ICH ZÄHLE AUF EUCH.
SIE HAT SCHON RECHT, WIR MÜSSEN DAS ORIGINAL SEHEN.
ABER SO EINFACH WERDEN SIE ES NICHT RAUSRÜCKEN...
DAS HEISST...

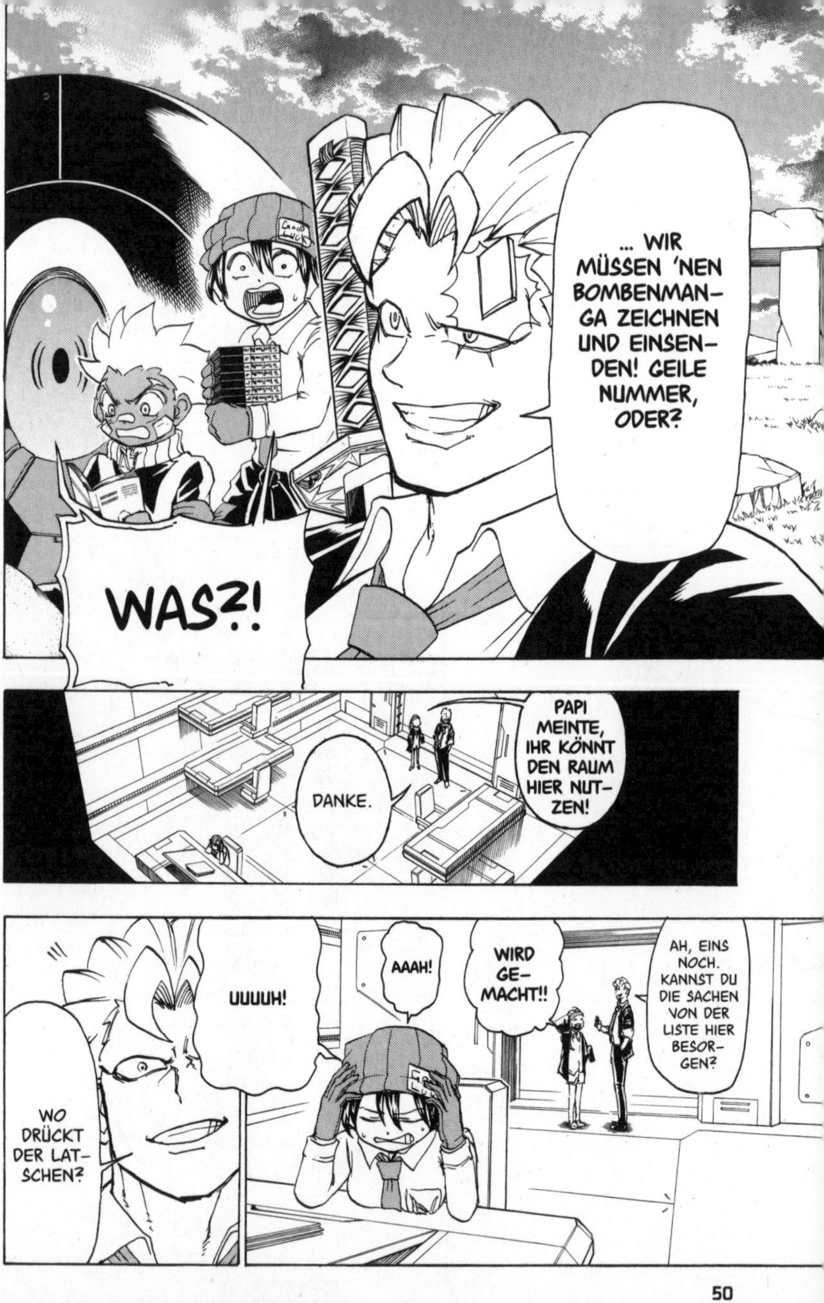
… WIR MÜSSEN 'NEN BOMBENMANGA ZEICHNEN UND EINSENDEN! GEILE NUMMER, ODER?
WAS?!
PAPI MEINTE, IHR KÖNNT DEN RAUM HIER NUTZEN!
DANKE.
AH, EINS NOCH. KANNST DU DIE SACHEN VON DER LISTE HIER BESORGEN?
WIRD GEMACHT!!
AAAH!
UUUUH!
WO DRÜCKT DER LATSCHEN?

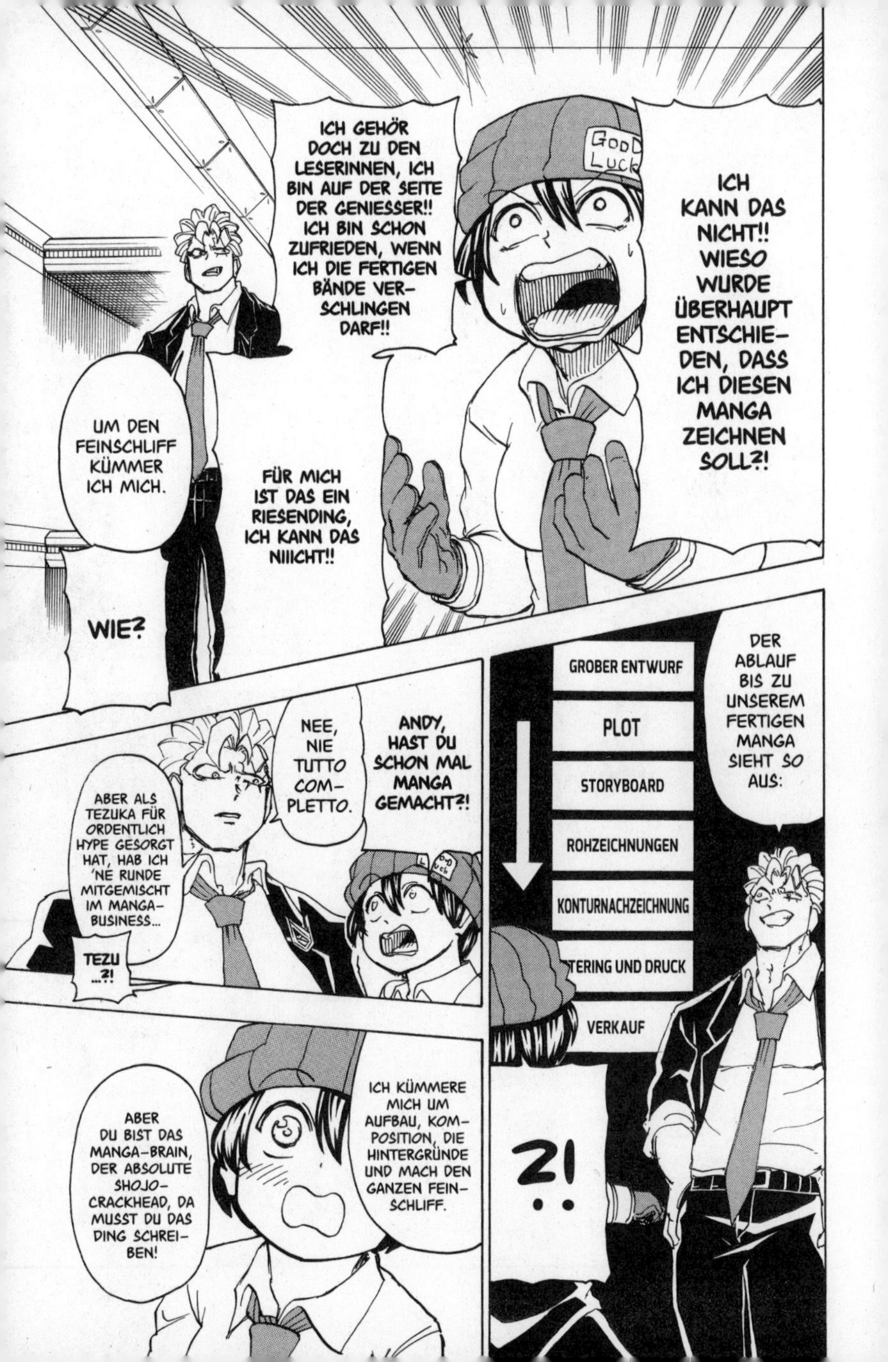
ICH KANN DAS NICHT!! WIESO WURDE ÜBERHAUPT ENTSCHIEDEN, DASS ICH DIESEN MANGA ZEICHNEN SOLL?!
ICH GEHÖR DOCH ZU DEN LESERINNEN, ICH BIN AUF DER SEITE DER GENIESSER!! ICH BIN SCHON ZUFRIEDEN, WENN ICH DIE FERTIGEN BÄNDE VER-SCHLINGEN DARF!!
FÜR MICH IST DAS EIN RIESENDING, ICH KANN DAS NIIICHT!!
UM DEN FEINSCHLIFF KÜMMER ICH MICH.
WIE?
DER ABLAUF BIS ZU UNSEREM FERTIGEN MANGA SIEHT SO AUS:
GROBER ENTWURF
PLOT
STORYBOARD
ROHZEICHNUNGEN
KONTURNACHZEICHNUNG
TERING UND DRUCK
VERKAUF
ANDY, HAST DU SCHON MAL MANGA GEMACHT?!
NEE, NIE TUTTO COMPLETTO.
ABER ALS TEZUKA FÜR ORDENTLICH HYPE GESORGT HAT, HAB ICH 'NE RUNDE MITGEMISCHT IM MANGA-BUSINESS...
TEZU...?!
?!
ICH KÜMMERE MICH UM AUFBAU, KOM-POSITION, DIE HINTERGRÜNDE UND MACH DEN GANZEN FEIN-SCHLIFF.
ABER DU BIST DAS MANGA-BRAIN, DER ABSOLUTE SHOJO-CRACKHEAD, DA MUSST DU DAS DING SCHREI-BEN!

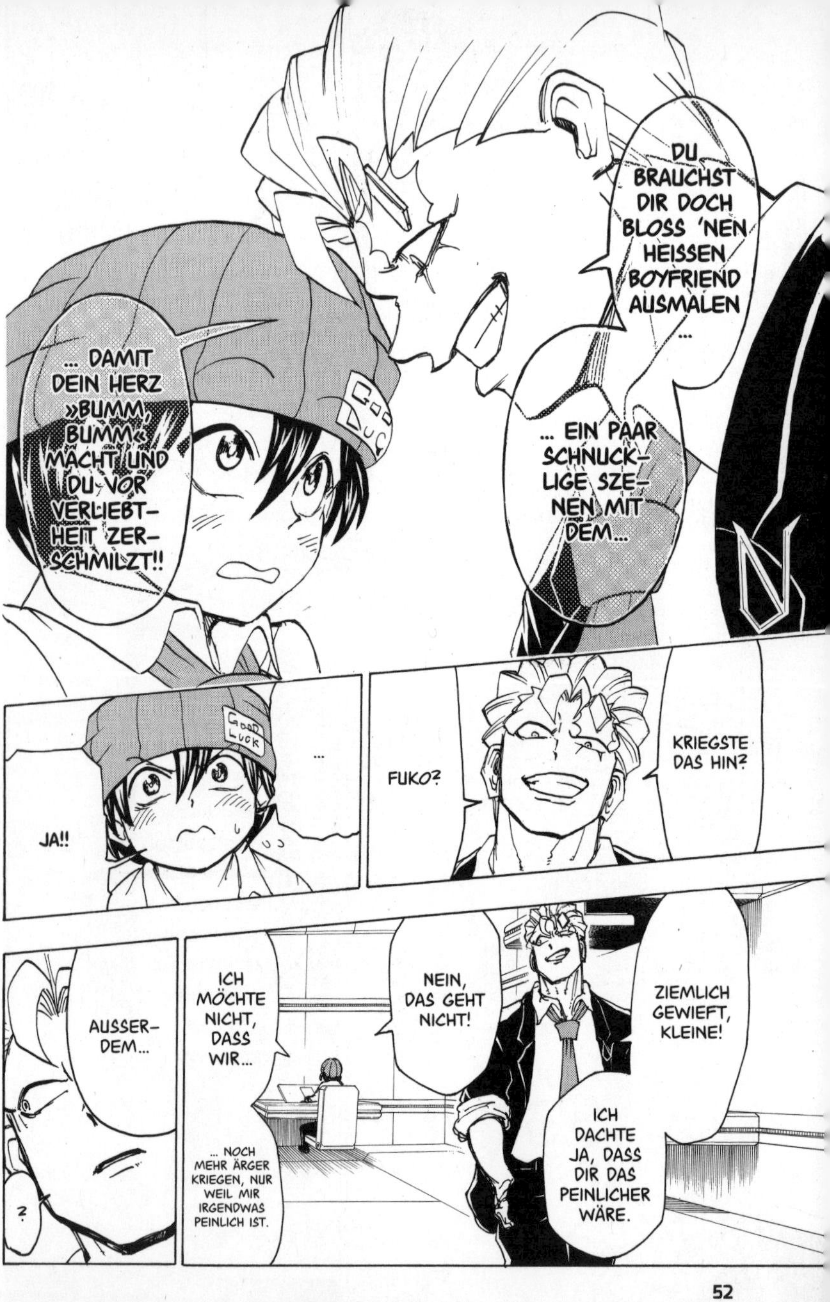

DU BRAUCHST DIR DOCH BLOSS 'NEN HEISSEN BOYFRIEND AUSMALEN ...
... EIN PAAR SCHNUCKLIGE SZENEN MIT DEM...
... DAMIT DEIN HERZ »BUMM, BUMM« MACHT UND DU VOR VERLIEBTHEIT ZERSCHMILZT!!
KRIEGSTE DAS HIN?
FUKO?
...
JA!!
ZIEMLICH GEWIEFT, KLEINE!
ICH DACHTE JA, DASS DIR DAS PEINLICHER WÄRE.
NEIN, DAS GEHT NICHT!
ICH MÖCHTE NICHT, DASS WIR...
... NOCH MEHR ÄRGER KRIEGEN, NUR WEIL MIR IRGENDWAS PEINLICH IST.
AUSSERDEM...
?

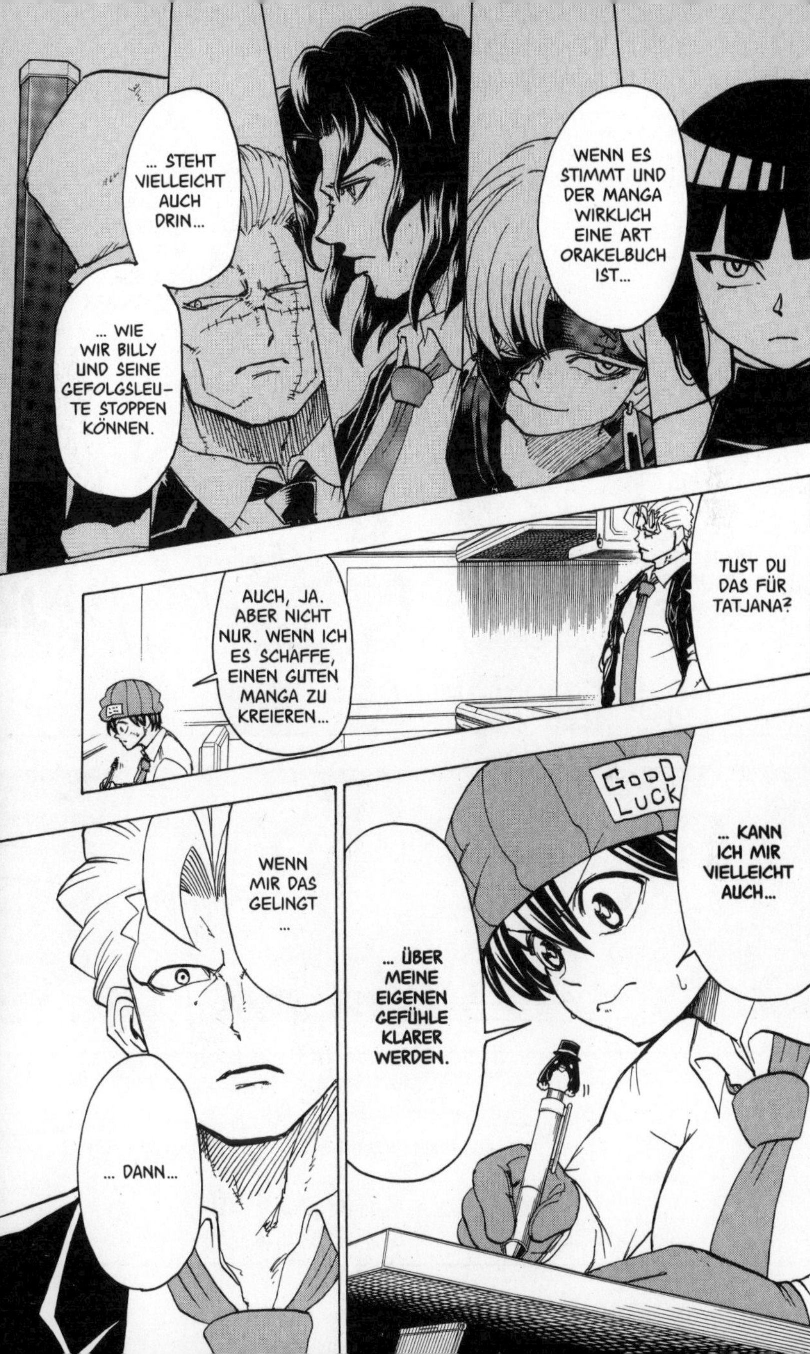
WENN ES STIMMT UND DER MANGA WIRKLICH EINE ART ORAKELBUCH IST...
... STEHT VIELLEICHT AUCH DRIN...
... WIE WIR BILLY UND SEINE GEFOLGSLEU-TE STOPPEN KÖNNEN.
TUST DU DAS FÜR TATJANA?
AUCH, JA. ABER NICHT NUR. WENN ICH ES SCHAFFE, EINEN GUTEN MANGA ZU KREIEREN...
GOOD LUCK
... KANN ICH MIR VIELLEICHT AUCH...
... ÜBER MEINE EIGENEN GEFÜHLE KLARER WERDEN.
WENN MIR DAS GELINGT ...
... DANN...

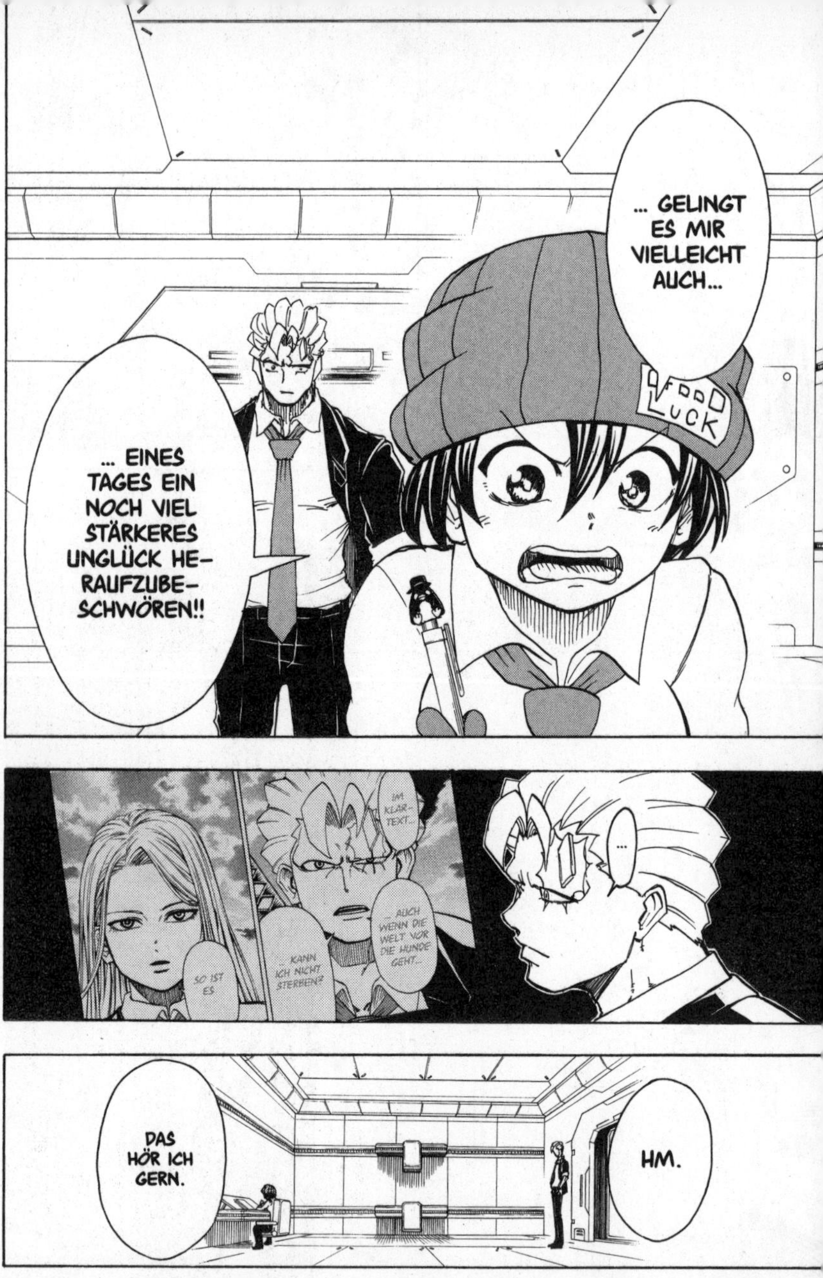
... GELINGT ES MIR VIELLEICHT AUCH...
... EINES TAGES EIN NOCH VIEL STÄRKERES UNGLÜCK HE-RAUFZUBE-SCHWÖREN!!
...
IM KLARTEXT...
... AUCH WENN DIE WELT VOR DIE HUNDE GEHT...
... KANN ICH NICHT STERBEN?
SO IST ES.
HM.
DAS HÖR ICH GERN.

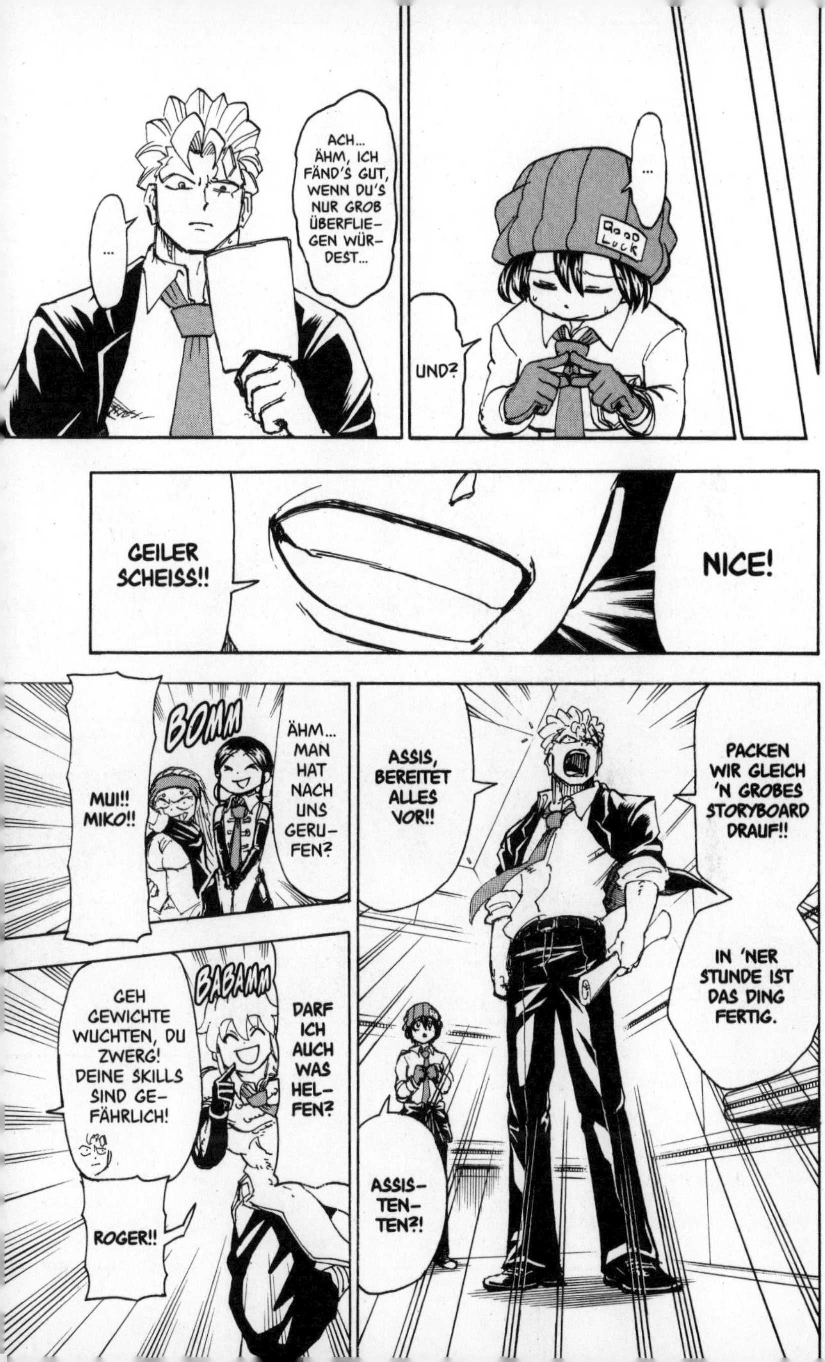
...
UND?
ACH... ÄHM, ICH FÄND'S GUT, WENN DU'S NUR GROB ÜBERFLIEGEN WÜRDEST...
...
NICE!
GEILER SCHEISS!!
PACKEN WIR GLEICH 'N GROBES STORYBOARD DRAUF!!
IN 'NER STUNDE IST DAS DING FERTIG.
ASSIS, BEREITET ALLES VOR!!
ASSISTENTEN?!
ÄHM... MAN HAT NACH UNS GERUFEN?
BOMM
MUI!! MIKO!!
DARF ICH AUCH WAS HELFEN?
BABAMM
GEH GEWICHTE WUCHTEN, DU ZWERG! DEINE SKILLS SIND GEFÄHRLICH!
ROGER!!

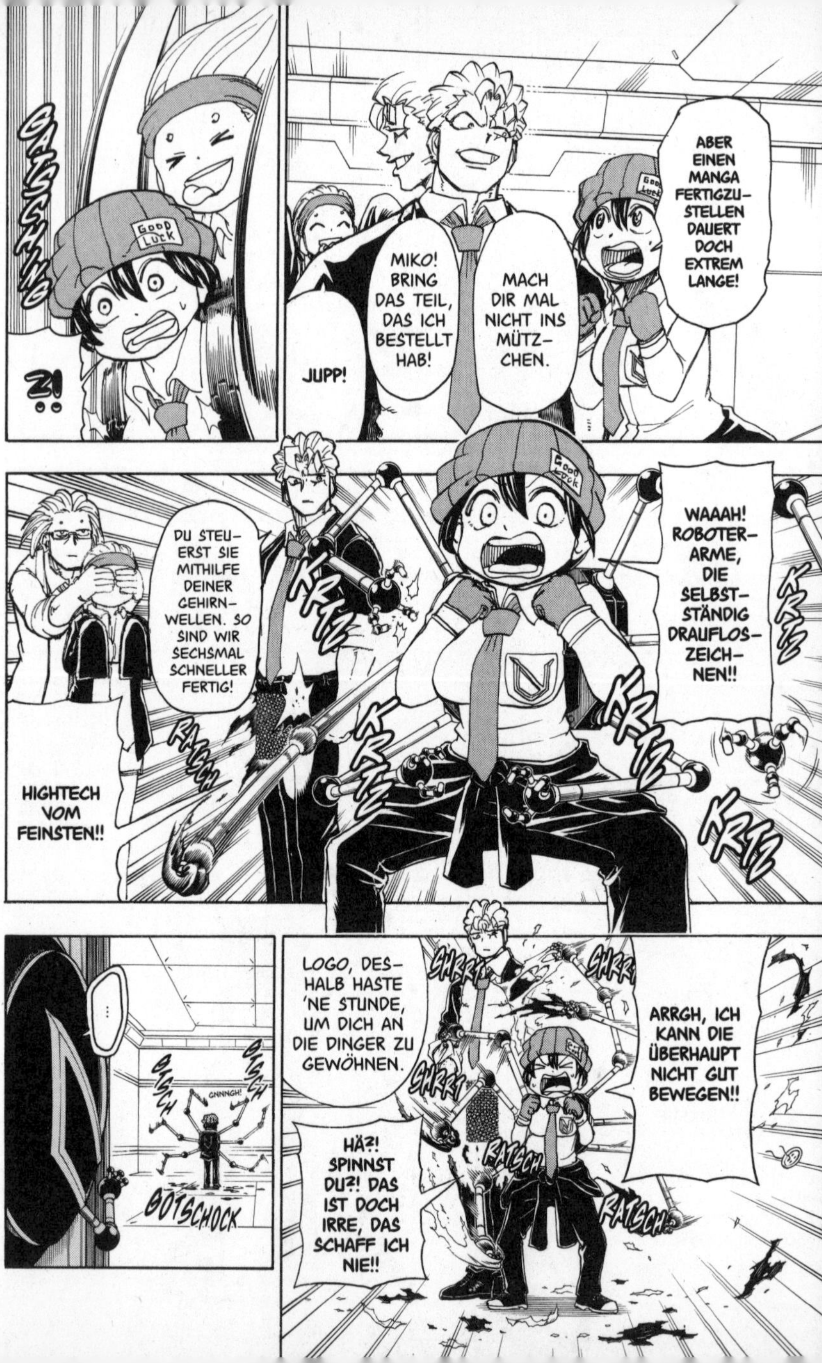
ABER EINEN MANGA FERTIGZUSTELLEN DAUERT DOCH EXTREM LANGE!
MACH DIR MAL NICHT INS MÜTZCHEN.
MIKO! BRING DAS TEIL, DAS ICH BESTELLT HAB!
JUPP!
GATSCHING
Z!
WAAAH! ROBOTERARME, DIE SELBSTSTÄNDIG DRAUFLOSZEICHNEN!!
KRIZ
KRIZ
KRIZ
KRIZ
DU STEUERST SIE MITHILFE DEINER GEHIRNWELLEN. SO SIND WIR SECHSMAL SCHNELLER FERTIG!
KRIZ
RATSCH
HIGHTECH VOM FEINSTEN!!
ARRGH, ICH KANN DIE ÜBERHAUPT NICHT GUT BEWEGEN!!
LOGO, DESHALB HASTE 'NE STUNDE, UM DICH AN DIE DINGER ZU GEWÖHNEN.
SHRRR
SHRRR
SHRRR
HÄ?! SPINNST DU?! DAS IST DOCH IRRE, DAS SCHAFF ICH NIE!!
RATSCH
RATSCH
…
BISCH
BISCH
GNNNGH!
GOTSCHOCK

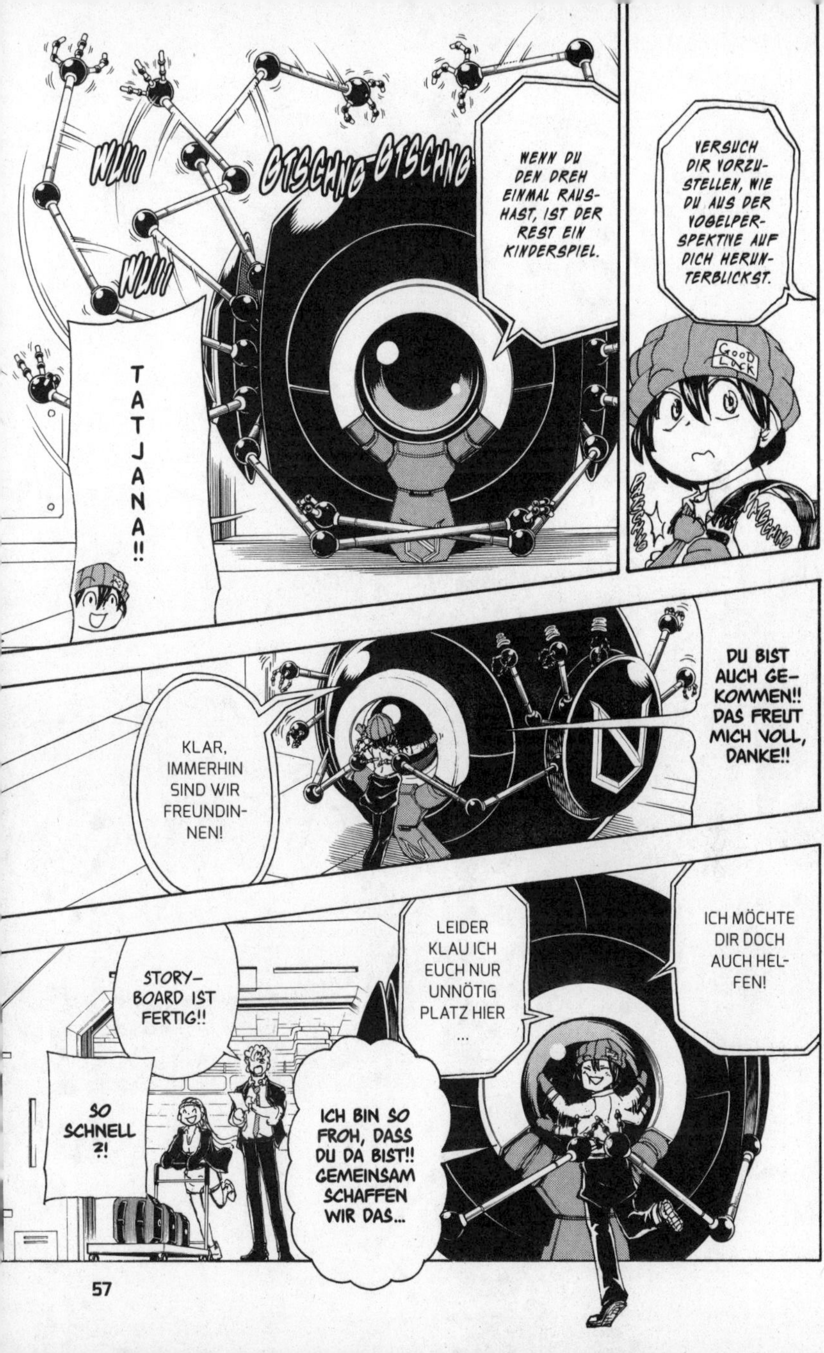
WUIII
GTSCHNG GTSCHNG
WUIII
VERSUCH DIR VORZUSTELLEN, WIE DU AUS DER VOGELPERSPEKTIVE AUF DICH HERUNTERBLICKST.
WENN DU DEN DREH EINMAL RAUSHAST, IST DER REST EIN KINDERSPIEL.
GOOD LUCK
TATJANA!!
DU BIST AUCH GEKOMMEN!! DAS FREUT MICH VOLL, DANKE!!
KLAR, IMMERHIN SIND WIR FREUNDINNEN!
ICH MÖCHTE DIR DOCH AUCH HELFEN!
LEIDER KLAU ICH EUCH NUR UNNÖTIG PLATZ HIER …
STORY-BOARD IST FERTIG!!
ICH BIN SO FROH, DASS DU DA BIST!! GEMEINSAM SCHAFFEN WIR DAS…
SO SCHNELL?!

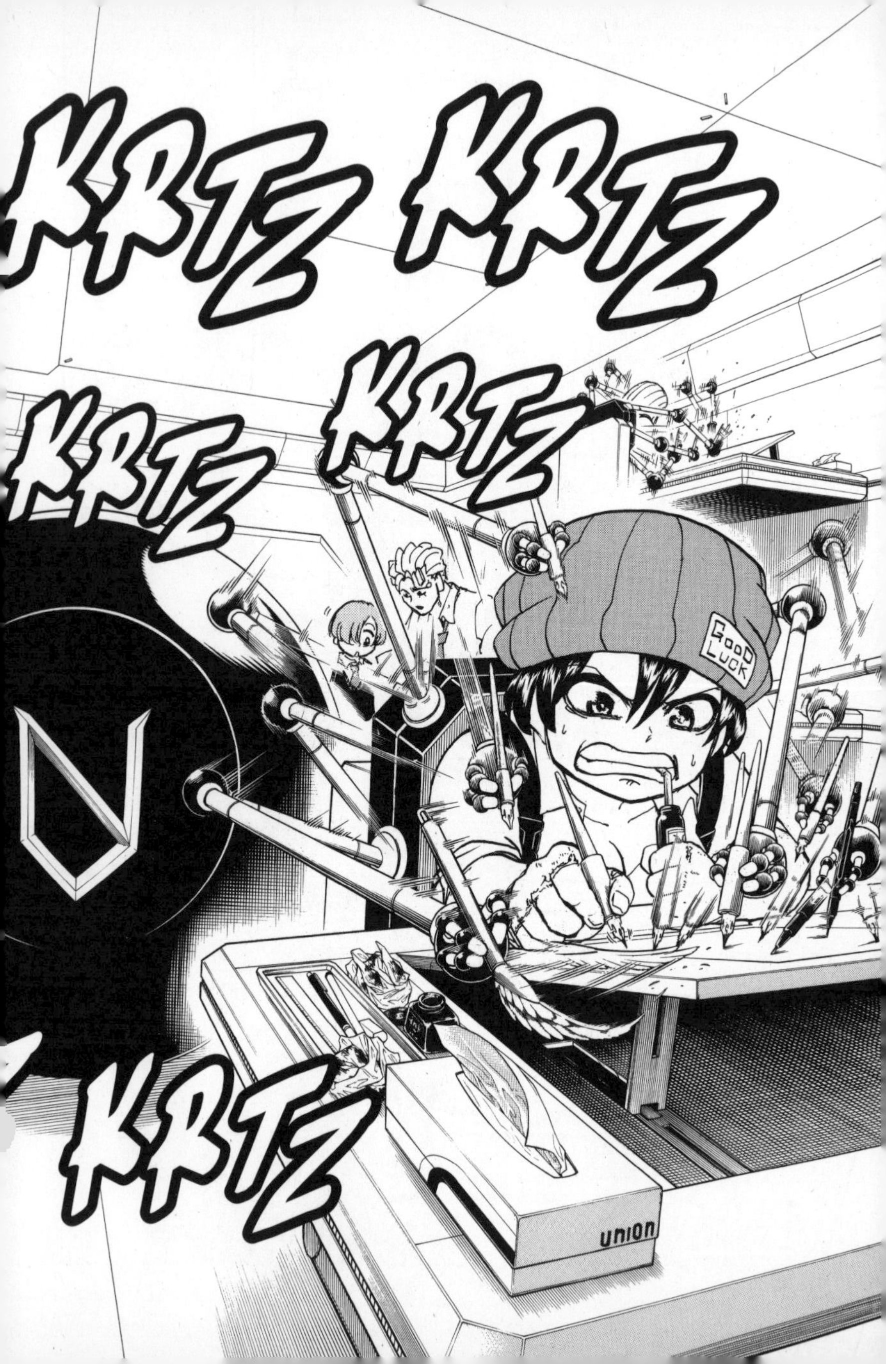

KRTZ KRTZ
KRTZ KRTZ
KRTZ
GOOD LUCK
UNION

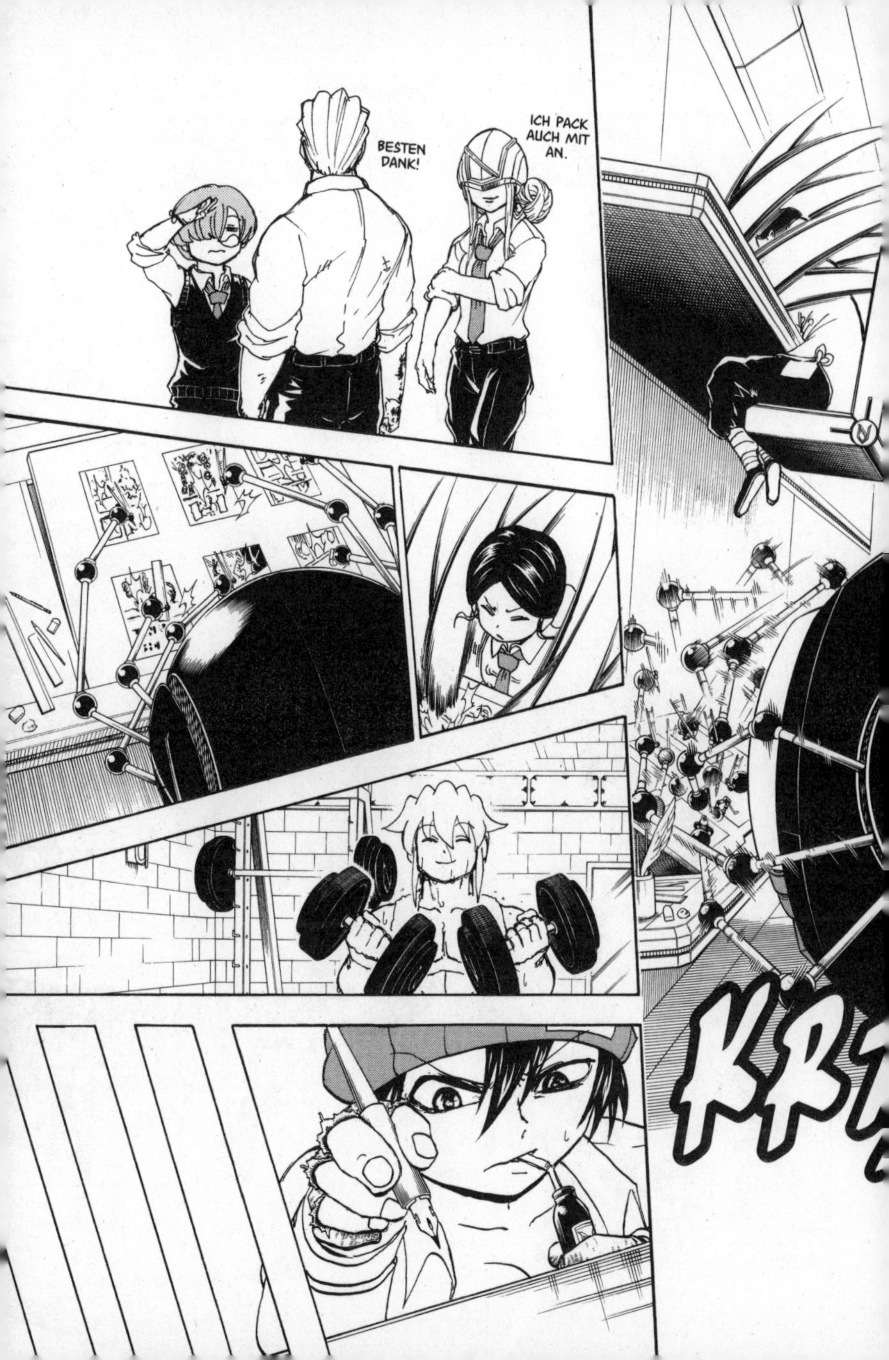
ICH PACK AUCH MIT AN.
BESTEN DANK!
KR

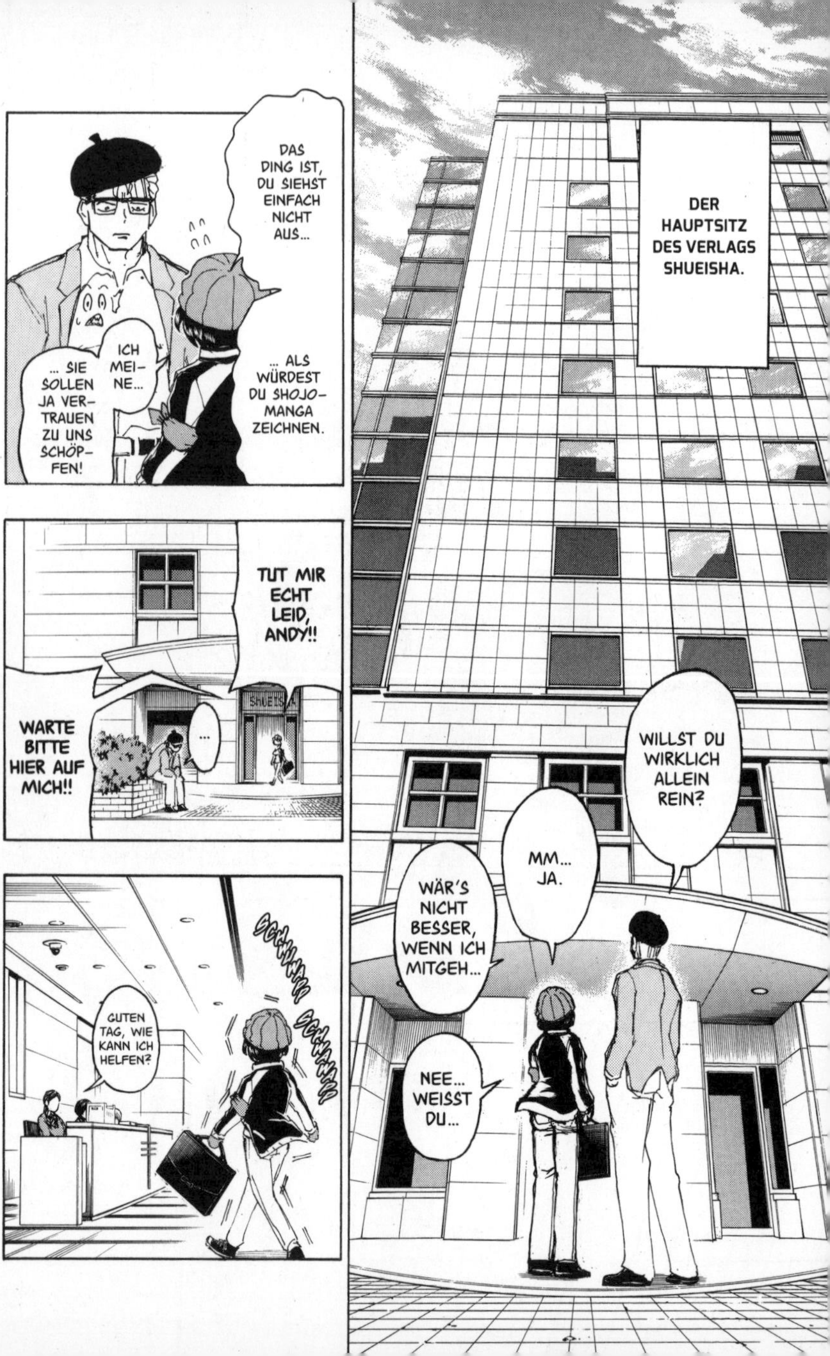
DER HAUPTSITZ DES VERLAGS SHUEISHA.
WILLST DU WIRKLICH ALLEIN REIN?
MM... JA.
WÄR'S NICHT BESSER, WENN ICH MITGEH...
NEE... WEISST DU...
DAS DING IST, DU SIEHST EINFACH NICHT AUS...
... ALS WÜRDEST DU SHOJO-MANGA ZEICHNEN.
ICH MEI-NE...
... SIE SOLLEN JA VER-TRAUEN ZU UNS SCHÖP-FEN!
TUT MIR ECHT LEID, ANDY!!
WARTE BITTE HIER AUF MICH!!
...
GUTEN TAG, WIE KANN ICH HELFEN?

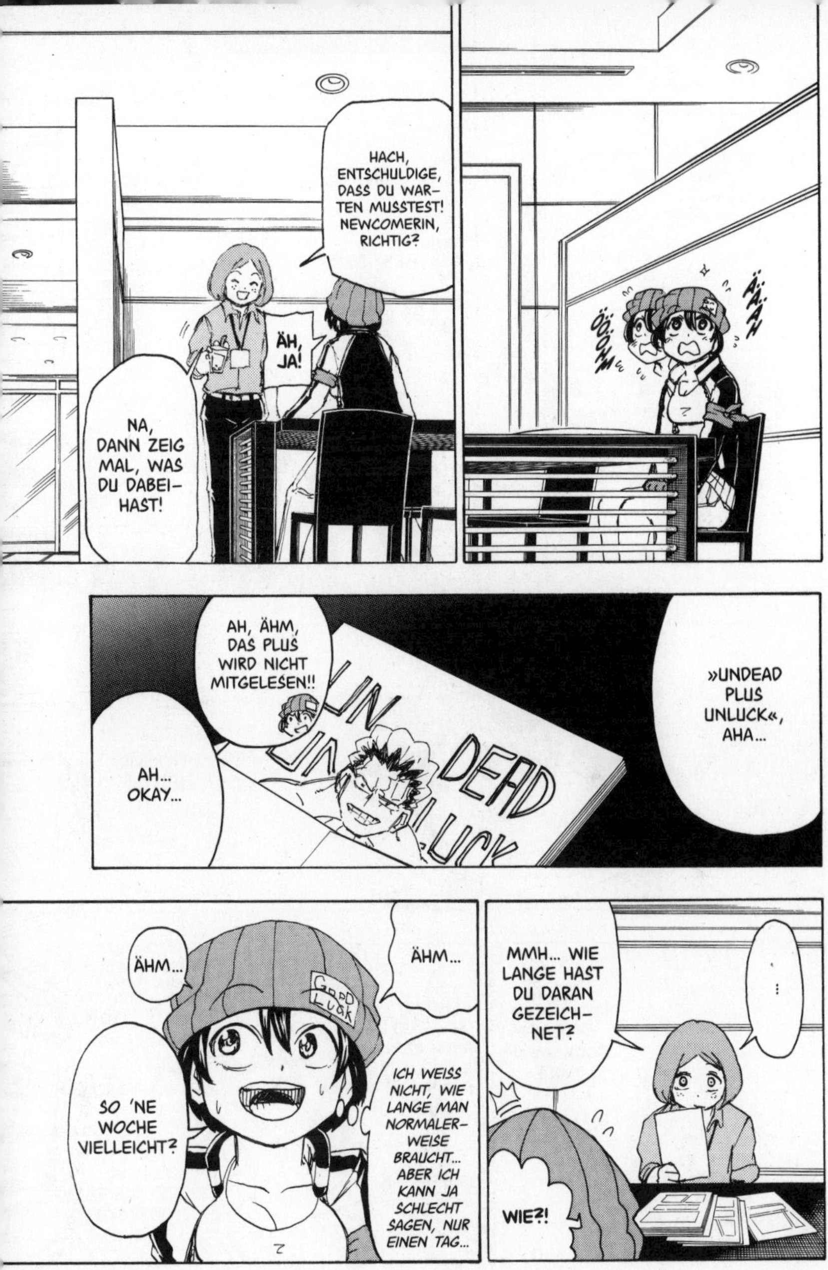
HACH, ENTSCHULDIGE, DASS DU WARTEN MUSSTEST! NEWCOMERIN, RICHTIG?
ÄH, JA!
NA, DANN ZEIG MAL, WAS DU DABEIHAST!
ÄÄÄH
ÖÖÖHM
»UNDEAD PLUS UNLUCK«, AHA...
AH, ÄHM, DAS PLUS WIRD NICHT MITGELESEN!!
AH... OKAY...
MMH... WIE LANGE HAST DU DARAN GEZEICHNET?
...
ÄHM...
ÄHM...
ICH WEISS NICHT, WIE LANGE MAN NORMALERWEISE BRAUCHT... ABER ICH KANN JA SCHLECHT SAGEN, NUR EINEN TAG...
SO 'NE WOCHE VIELLEICHT?
WIE?!

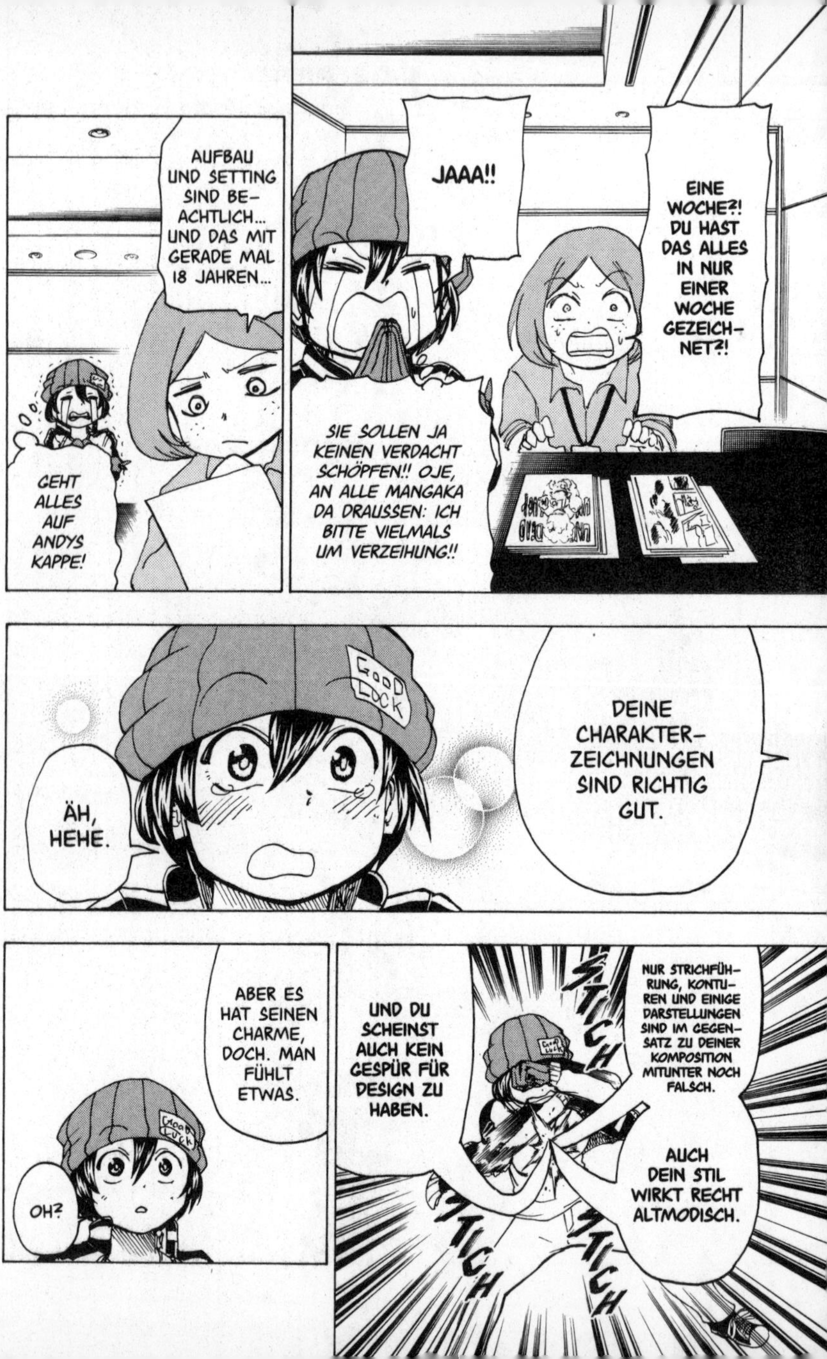

EINE WOCHE?! DU HAST DAS ALLES IN NUR EINER WOCHE GEZEICHNET?!
JAAA!!
SIE SOLLEN JA KEINEN VERDACHT SCHÖPFEN!! OJE, AN ALLE MANGAKA DA DRAUSSEN: ICH BITTE VIELMALS UM VERZEIHUNG!!
AUFBAU UND SETTING SIND BE- ACHTLICH... UND DAS MIT GERADE MAL 18 JAHREN...
GEHT ALLES AUF ANDYS KAPPE!
DEINE CHARAKTER- ZEICHNUNGEN SIND RICHTIG GUT.
ÄH, HEHE.
NUR STRICHFÜH- RUNG, KONTU- REN UND EINIGE DARSTELLUNGEN SIND IM GEGEN- SATZ ZU DEINER KOMPOSITION MITUNTER NOCH FALSCH.
STICH
AUCH DEIN STIL WIRKT RECHT ALTMODISCH.
STICH
STICH
UND DU SCHEINST AUCH KEIN GESPÜR FÜR DESIGN ZU HABEN.
ABER ES HAT SEINEN CHARME, DOCH. MAN FÜHLT ETWAS.
OH?

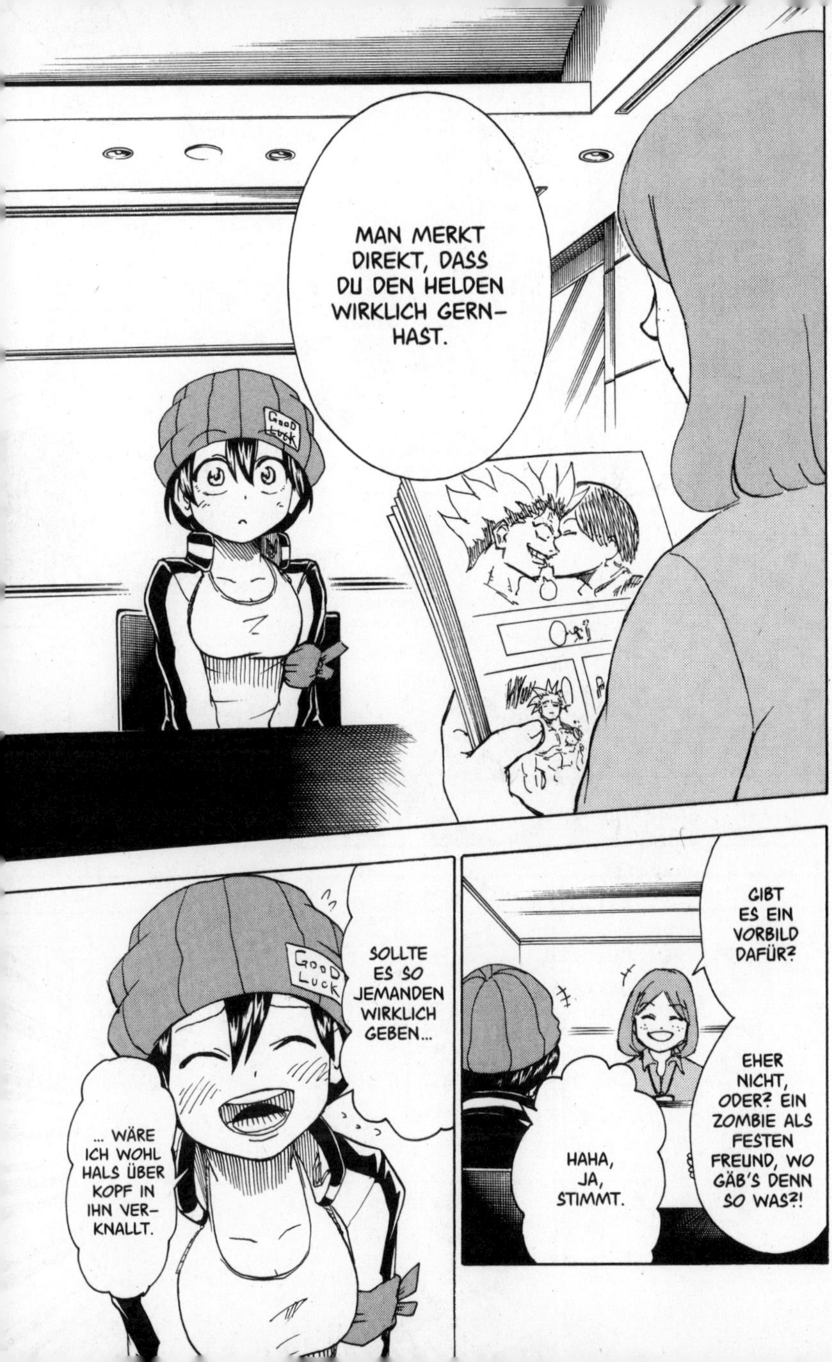
MAN MERKT DIREKT, DASS DU DEN HELDEN WIRKLICH GERN-HAST.
GIBT ES EIN VORBILD DAFÜR?
EHER NICHT, ODER? EIN ZOMBIE ALS FESTEN FREUND, WO GÄB'S DENN SO WAS?!
HAHA, JA, STIMMT.
SOLLTE ES SO JEMANDEN WIRKLICH GEBEN ...
... WÄRE ICH WOHL HALS ÜBER KOPF IN IHN VER-KNALLT.

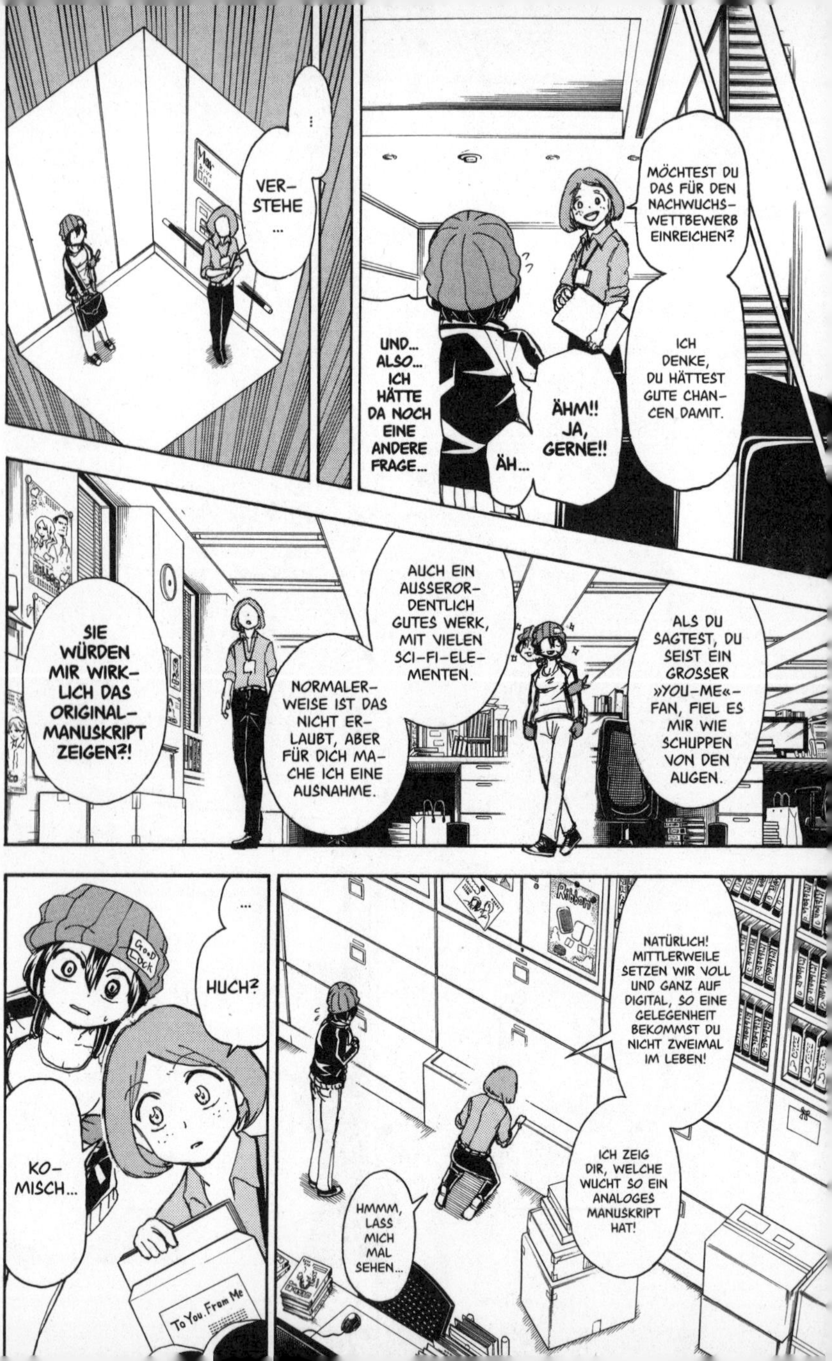
MÖCHTEST DU DAS FÜR DEN NACHWUCHS-WETTBEWERB EINREICHEN?
ICH DENKE, DU HÄTTEST GUTE CHANCEN DAMIT.
ÄHM!! JA, GERNE!!
ÄH...
UND... ALSO... ICH HÄTTE DA NOCH EINE ANDERE FRAGE...
...
VERSTEHE ...
ALS DU SAGTEST, DU SEIST EIN GROSSER »YOU-ME«-FAN, FIEL ES MIR WIE SCHUPPEN VON DEN AUGEN.
AUCH EIN AUSSERORDENTLICH GUTES WERK, MIT VIELEN SCI-FI-ELEMENTEN.
NORMALERWEISE IST DAS NICHT ERLAUBT, ABER FÜR DICH MACHE ICH EINE AUSNAHME.
SIE WÜRDEN MIR WIRKLICH DAS ORIGINALMANUSKRIPT ZEIGEN?!
NATÜRLICH! MITTLERWEILE SETZEN WIR VOLL UND GANZ AUF DIGITAL, SO EINE GELEGENHEIT BEKOMMST DU NICHT ZWEIMAL IM LEBEN!
ICH ZEIG DIR, WELCHE WUCHT SO EIN ANALOGES MANUSKRIPT HAT!
HMMM, LASS MICH MAL SEHEN...
...
HUCH?
KOMISCH...
Good Luck
To You. From Me

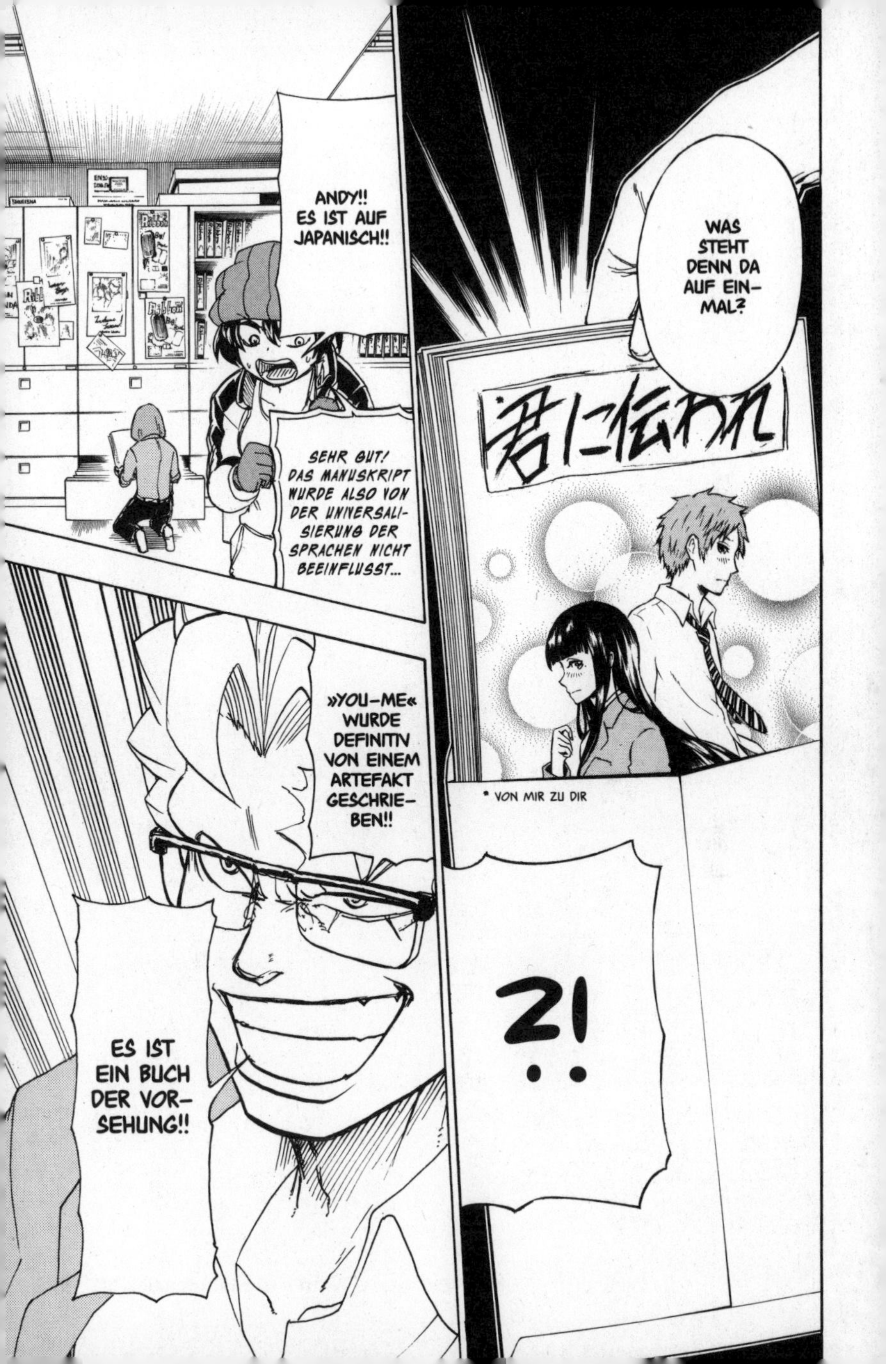

WAS STEHT DENN DA AUF EIN-MAL?
君に伝われ
* VON MIR ZU DIR
ANDY!! ES IST AUF JAPANISCH!!
SEHR GUT! DAS MANUSKRIPT WURDE ALSO VON DER UNIVERSALI-SIERUNG DER SPRACHEN NICHT BEEINFLUSST...
?!
»YOU-ME« WURDE DEFINITIV VON EINEM ARTEFAKT GESCHRIE-BEN!!
ES IST EIN BUCH DER VOR-SEHUNG!!

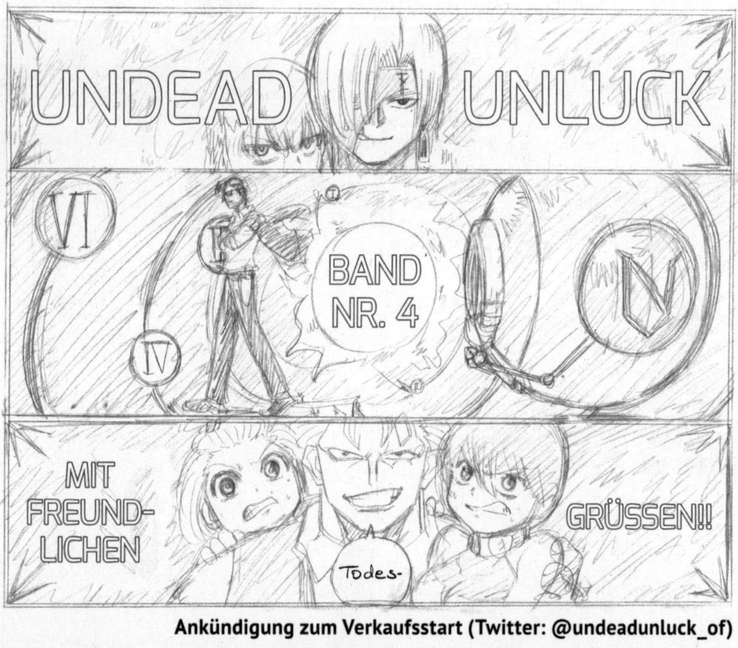


**Ankündigung zum Verkaufsstart (Twitter: @undeadunluck_of)**

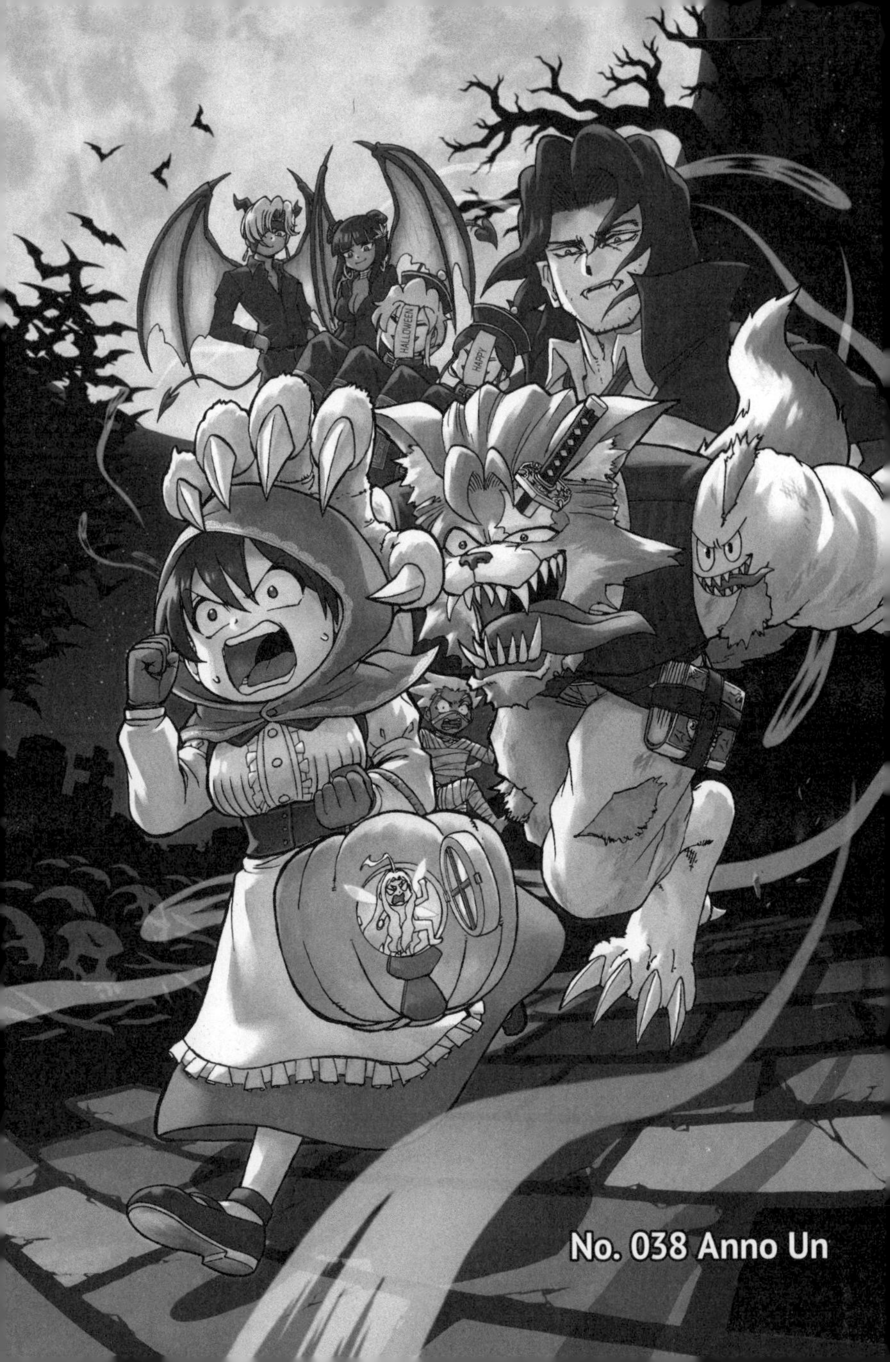


# No. 038 Anno Un

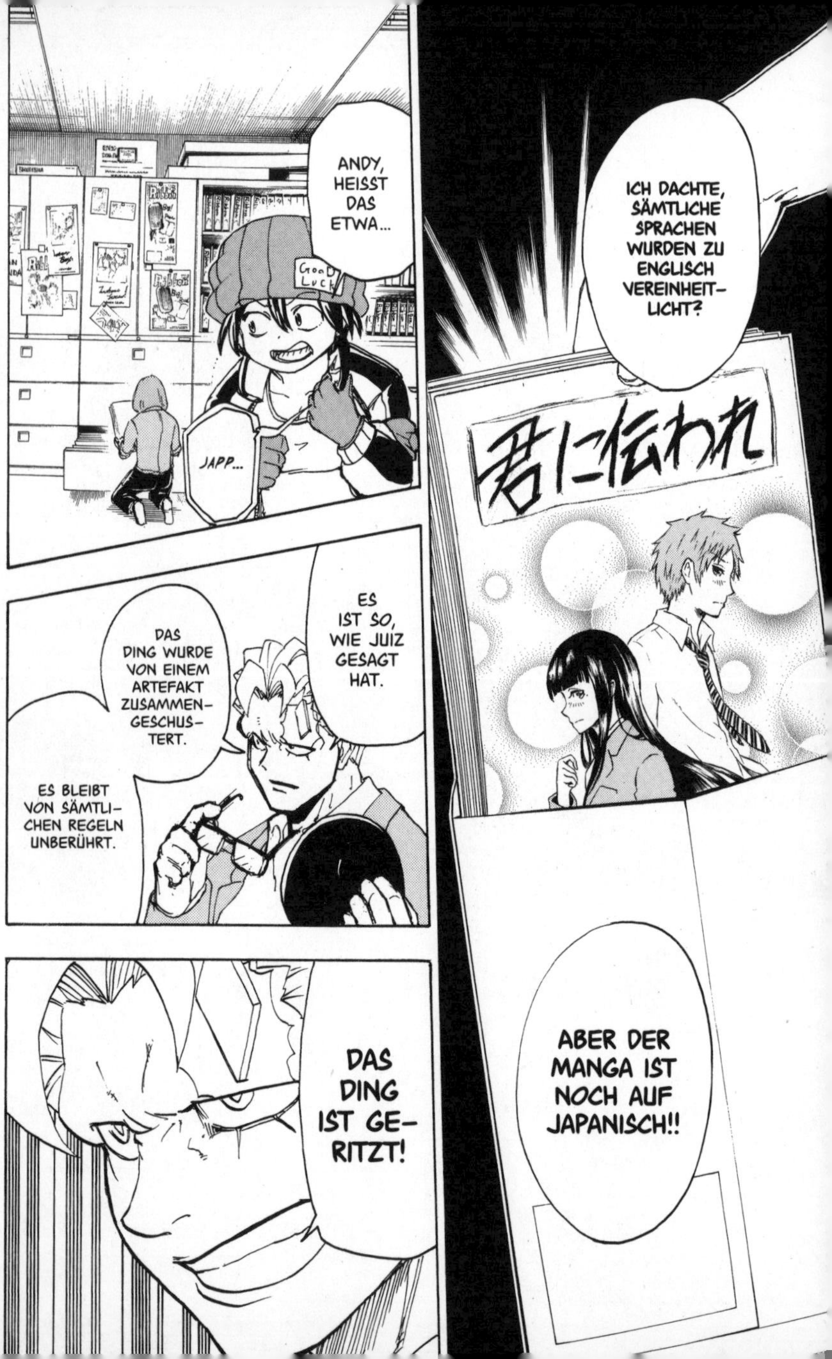

ICH DACHTE, SÄMTLICHE SPRACHEN WURDEN ZU ENGLISCH VEREINHEIT-LICHT?
君に伝われ
ABER DER MANGA IST NOCH AUF JAPANISCH!!
ANDY, HEISST DAS ETWA...
JAPP...
ES IST SO, WIE JUIZ GESAGT HAT.
DAS DING WURDE VON EINEM ARTEFAKT ZUSAMMEN-GESCHUS-TERT.
ES BLEIBT VON SÄMTLI-CHEN REGELN UNBERÜHRT.
DAS DING IST GE-RITZT!

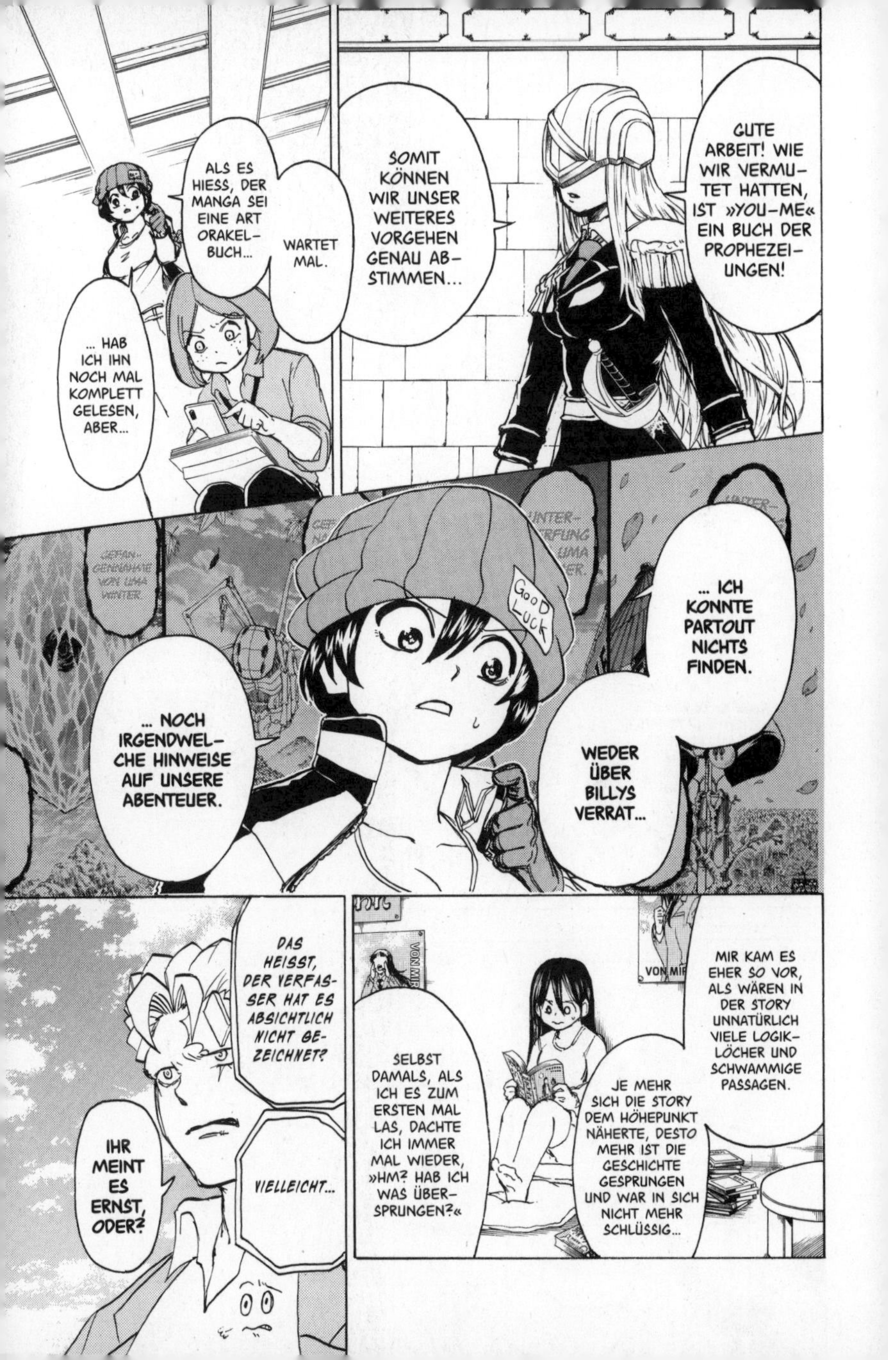
GUTE ARBEIT! WIE WIR VERMUTET HATTEN, IST »YOU-ME« EIN BUCH DER PROPHEZEIUNGEN!
SOMIT KÖNNEN WIR UNSER WEITERES VORGEHEN GENAU ABSTIMMEN...
WARTET MAL.
ALS ES HIESS, DER MANGA SEI EINE ART ORAKELBUCH...
... HAB ICH IHN NOCH MAL KOMPLETT GELESEN, ABER...
... ICH KONNTE PARTOUT NICHTS FINDEN.
WEDER ÜBER BILLYS VERRAT...
GOOD LUCK
... NOCH IRGENDWELCHE HINWEISE AUF UNSERE ABENTEUER.
MIR KAM ES EHER SO VOR, ALS WÄREN IN DER STORY UNNATÜRLICH VIELE LOGIKLÖCHER UND SCHWAMMIGE PASSAGEN.
VON MIR
JE MEHR SICH DIE STORY DEM HÖHEPUNKT NÄHERTE, DESTO MEHR IST DIE GESCHICHTE GESPRUNGEN UND WAR IN SICH NICHT MEHR SCHLÜSSIG...
VON MIR
SELBST DAMALS, ALS ICH ES ZUM ERSTEN MAL LAS, DACHTE ICH IMMER MAL WIEDER, »HM? HAB ICH WAS ÜBERSPRUNGEN?«
DAS HEISST, DER VERFASSER HAT ES ABSICHTLICH NICHT GEZEICHNET?
VIELLEICHT...
IHR MEINT ES ERNST, ODER?

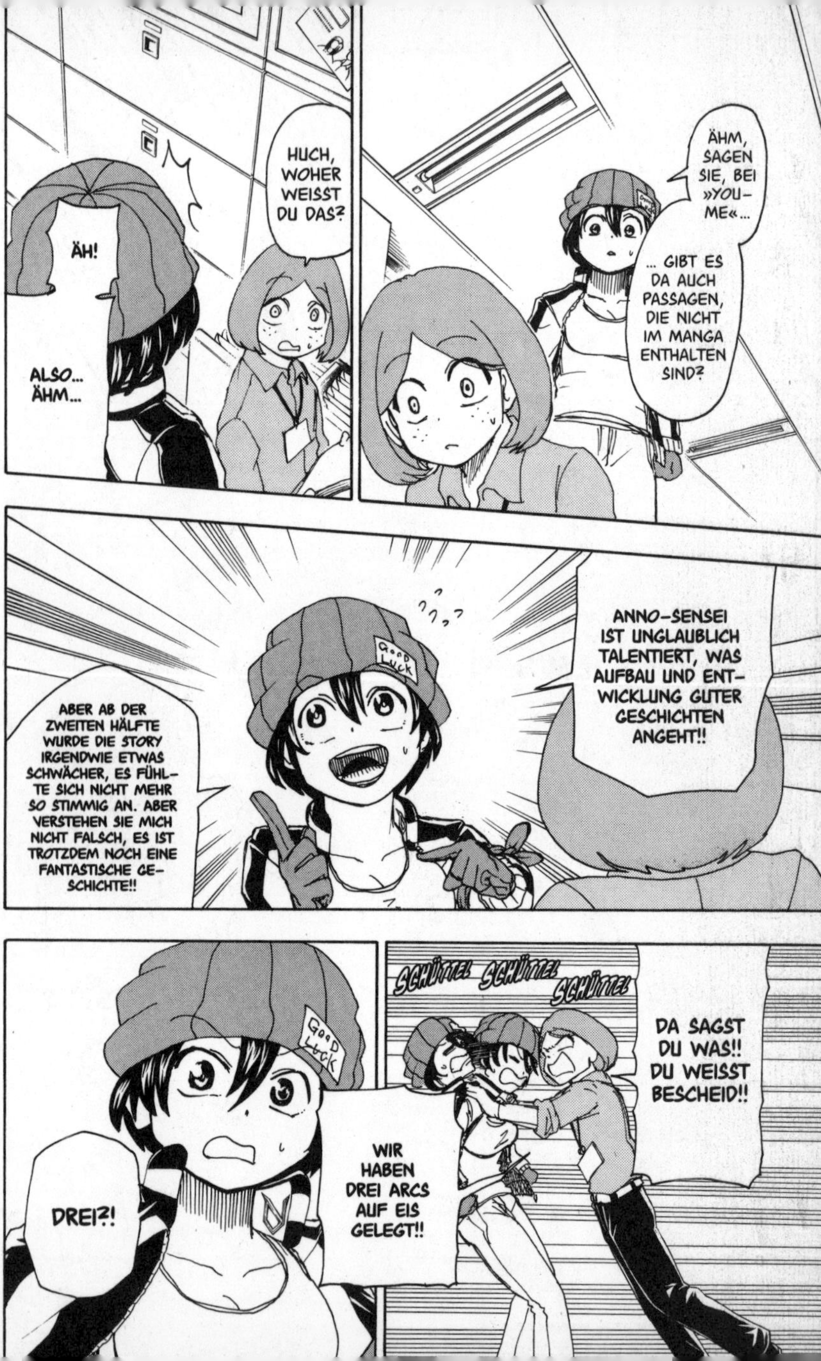
ÄHM, SAGEN SIE, BEI »YOU-ME«...
... GIBT ES DA AUCH PASSAGEN, DIE NICHT IM MANGA ENTHALTEN SIND?
HUCH, WOHER WEISST DU DAS?
ÄH!
ALSO... ÄHM...
ANNO-SENSEI IST UNGLAUBLICH TALENTIERT, WAS AUFBAU UND ENTWICKLUNG GUTER GESCHICHTEN ANGEHT!!
ABER AB DER ZWEITEN HÄLFTE WURDE DIE STORY IRGENDWIE ETWAS SCHWÄCHER, ES FÜHLTE SICH NICHT MEHR SO STIMMIG AN. ABER VERSTEHEN SIE MICH NICHT FALSCH, ES IST TROTZDEM NOCH EINE FANTASTISCHE GESCHICHTE!!
GOOD LUCK
SCHÜTTEL SCHÜTTEL SCHÜTTEL
DA SAGST DU WAS!! DU WEISST BESCHEID!!
WIR HABEN DREI ARCS AUF EIS GELEGT!!
DREI?!

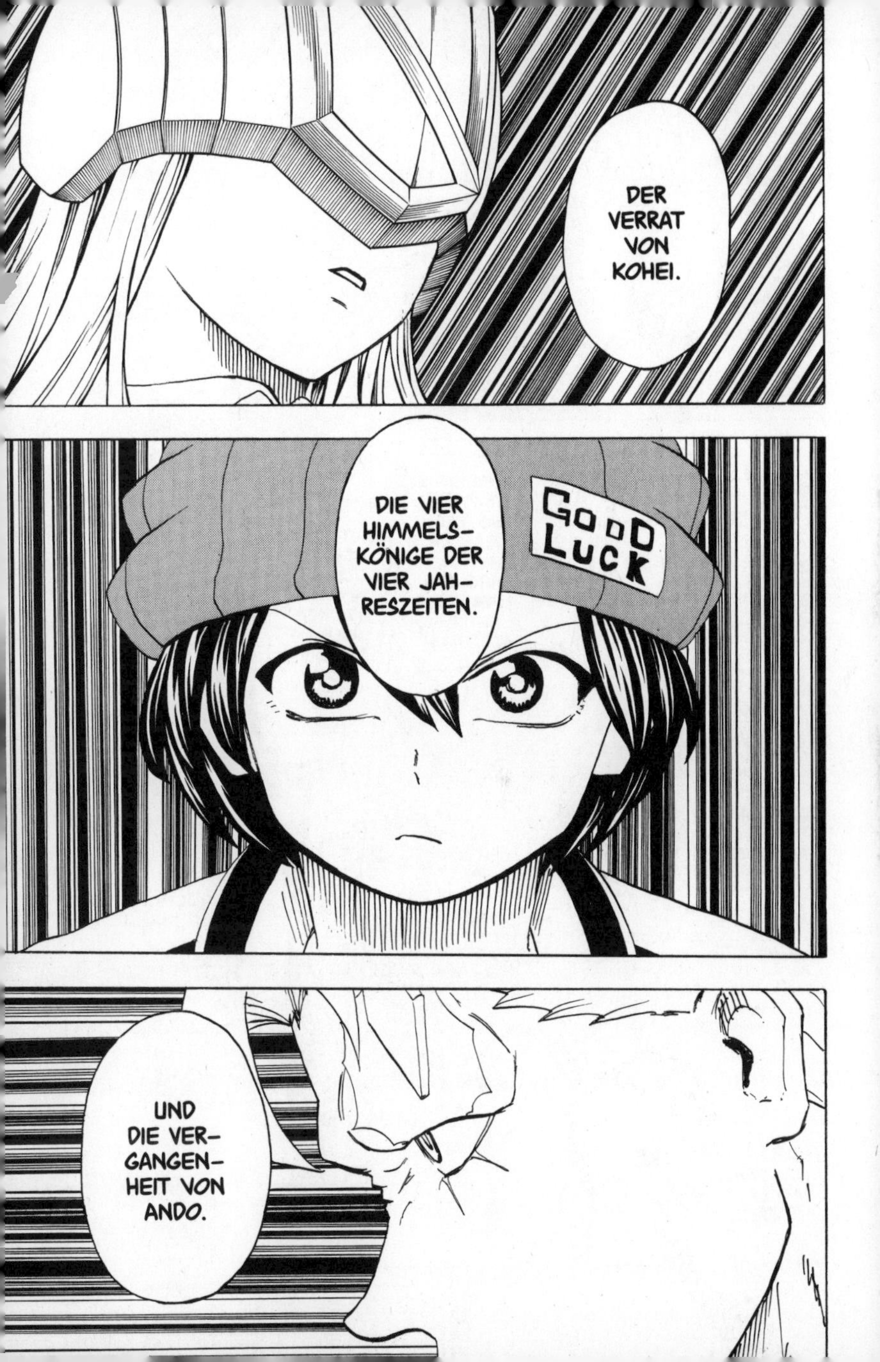
DER VERRAT VON KOHEI.
DIE VIER HIMMELS-KÖNIGE DER VIER JAH-RESZEITEN.
GOOD LUCK
UND DIE VER-GANGEN-HEIT VON ANDO.

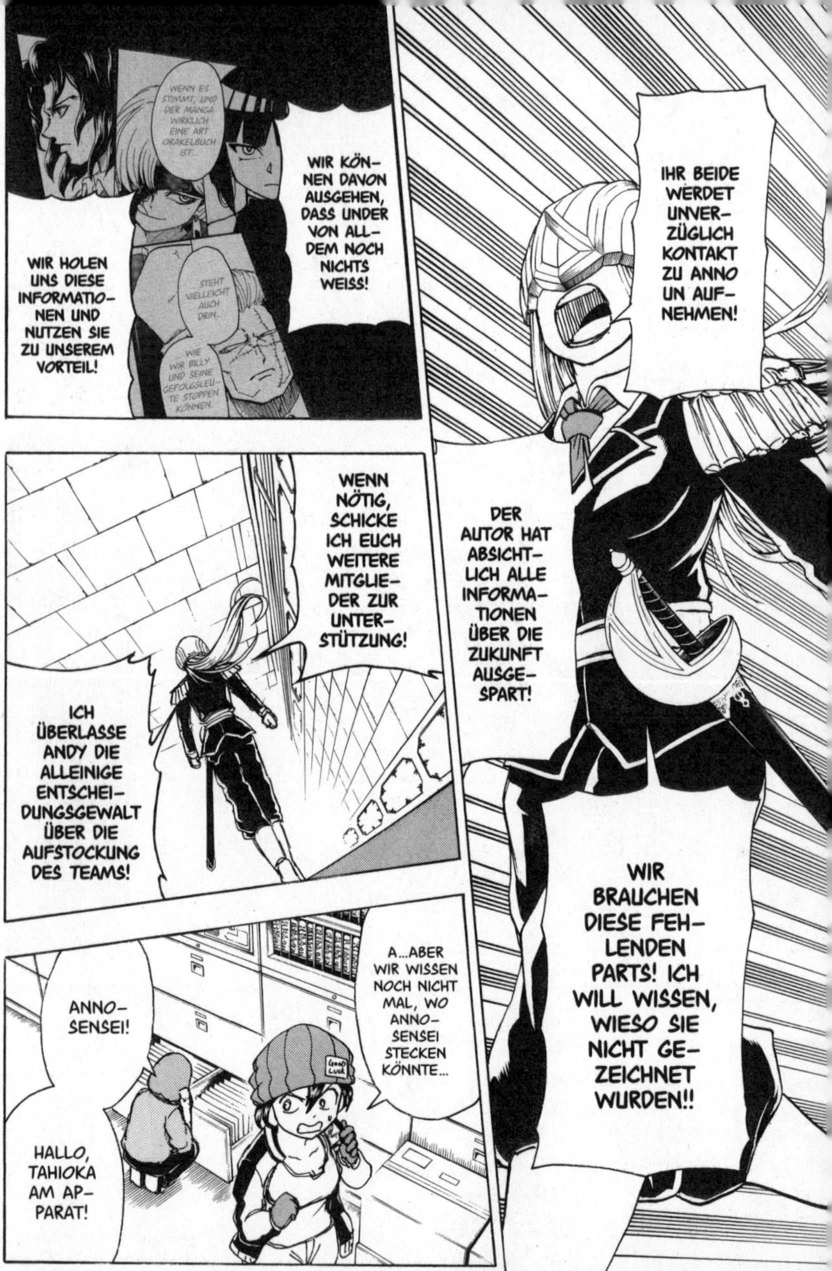
IHR BEIDE WERDET UNVER-ZÜGLICH KONTAKT ZU ANNO UN AUF-NEHMEN!
DER AUTOR HAT ABSICHT-LICH ALLE INFORMA-TIONEN ÜBER DIE ZUKUNFT AUSGE-SPART!
WIR BRAUCHEN DIESE FEH-LENDEN PARTS! ICH WILL WISSEN, WIESO SIE NICHT GE-ZEICHNET WURDEN!!
WENN ES STIMMT, UND DER MANGA WIRKLICH EINE ART ORAKELBUCH IST...
WIR KÖN-NEN DAVON AUSGEHEN, DASS UNDER VON ALL-DEM NOCH NICHTS WEISS!
...STEHT VIELLEICHT AUCH DRIN...
...WIE WIR BILLY UND SEINE GEFOLGSLEU-TE STOPPEN KÖNNEN.
WIR HOLEN UNS DIESE INFORMATIO-NEN UND NUTZEN SIE ZU UNSEREM VORTEIL!
WENN NÖTIG, SCHICKE ICH EUCH WEITERE MITGLIE-DER ZUR UNTER-STÜTZUNG!
ICH ÜBERLASSE ANDY DIE ALLEINIGE ENTSCHEI-DUNGSGEWALT ÜBER DIE AUFSTOCKUNG DES TEAMS!
A...ABER WIR WISSEN NOCH NICHT MAL, WO ANNO-SENSEI STECKEN KÖNNTE...
ANNO-SENSEI!
HALLO, TAHIOKA AM AP-PARAT!

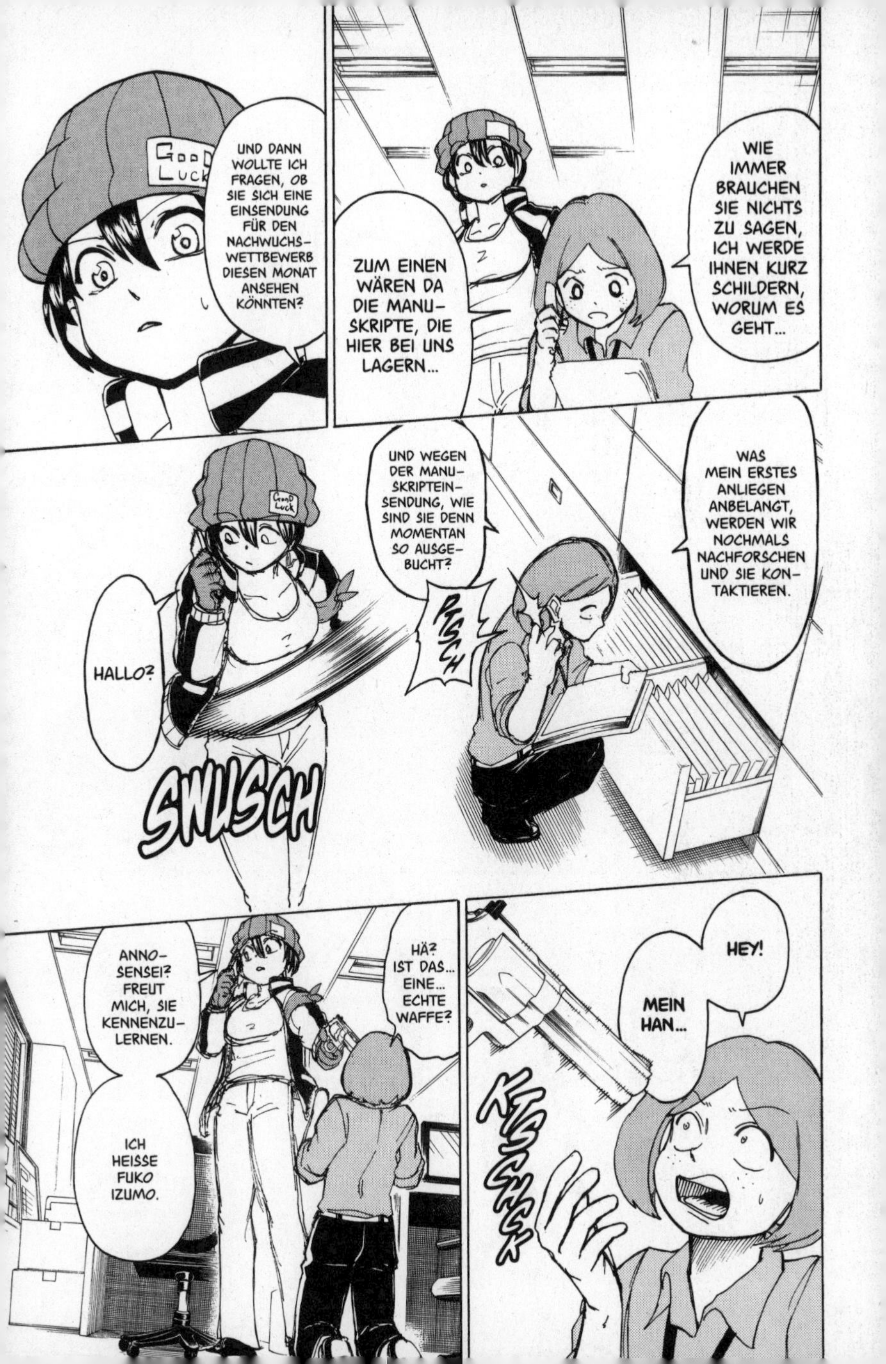
WIE IMMER BRAUCHEN SIE NICHTS ZU SAGEN, ICH WERDE IHNEN KURZ SCHILDERN, WORUM ES GEHT...
ZUM EINEN WÄREN DA DIE MANU-SKRIPTE, DIE HIER BEI UNS LAGERN...
UND DANN WOLLTE ICH FRAGEN, OB SIE SICH EINE EINSENDUNG FÜR DEN NACHWUCHS-WETTBEWERB DIESEN MONAT ANSEHEN KÖNNTEN?
WAS MEIN ERSTES ANLIEGEN ANBELANGT, WERDEN WIR NOCHMALS NACHFORSCHEN UND SIE KON-TAKTIEREN.
UND WEGEN DER MANU-SKRIPTEIN-SENDUNG, WIE SIND SIE DENN MOMENTAN SO AUSGE-BUCHT?
PISCH
HALLO?
SWUSCH
HEY!
MEIN HAN...
HÄ? IST DAS... EINE... ECHTE WAFFE?
ANNO-SENSEI? FREUT MICH, SIE KENNENZU-LERNEN.
ICH HEISSE FUKO IZUMO.

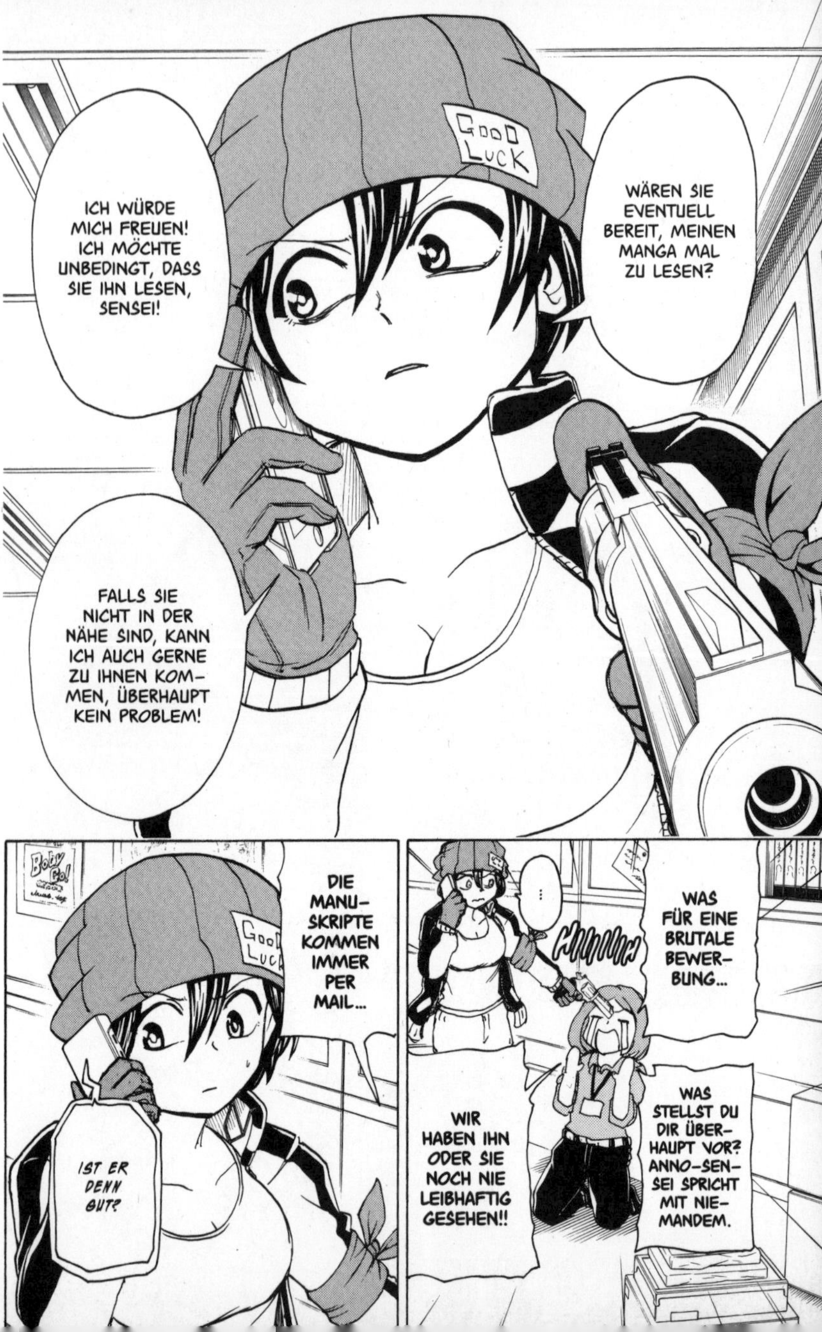
WÄREN SIE EVENTUELL BEREIT, MEINEN MANGA MAL ZU LESEN?
ICH WÜRDE MICH FREUEN! ICH MÖCHTE UNBEDINGT, DASS SIE IHN LESEN, SENSEI!
FALLS SIE NICHT IN DER NÄHE SIND, KANN ICH AUCH GERNE ZU IHNEN KOMMEN, ÜBERHAUPT KEIN PROBLEM!
...
WAS FÜR EINE BRUTALE BEWERBUNG...
WAS STELLST DU DIR ÜBERHAUPT VOR? ANNO-SENSEI SPRICHT MIT NIEMANDEM.
WIR HABEN IHN ODER SIE NOCH NIE LEIBHAFTIG GESEHEN!!
DIE MANUSKRIPTE KOMMEN IMMER PER MAIL...
IST ER DENN GUT?

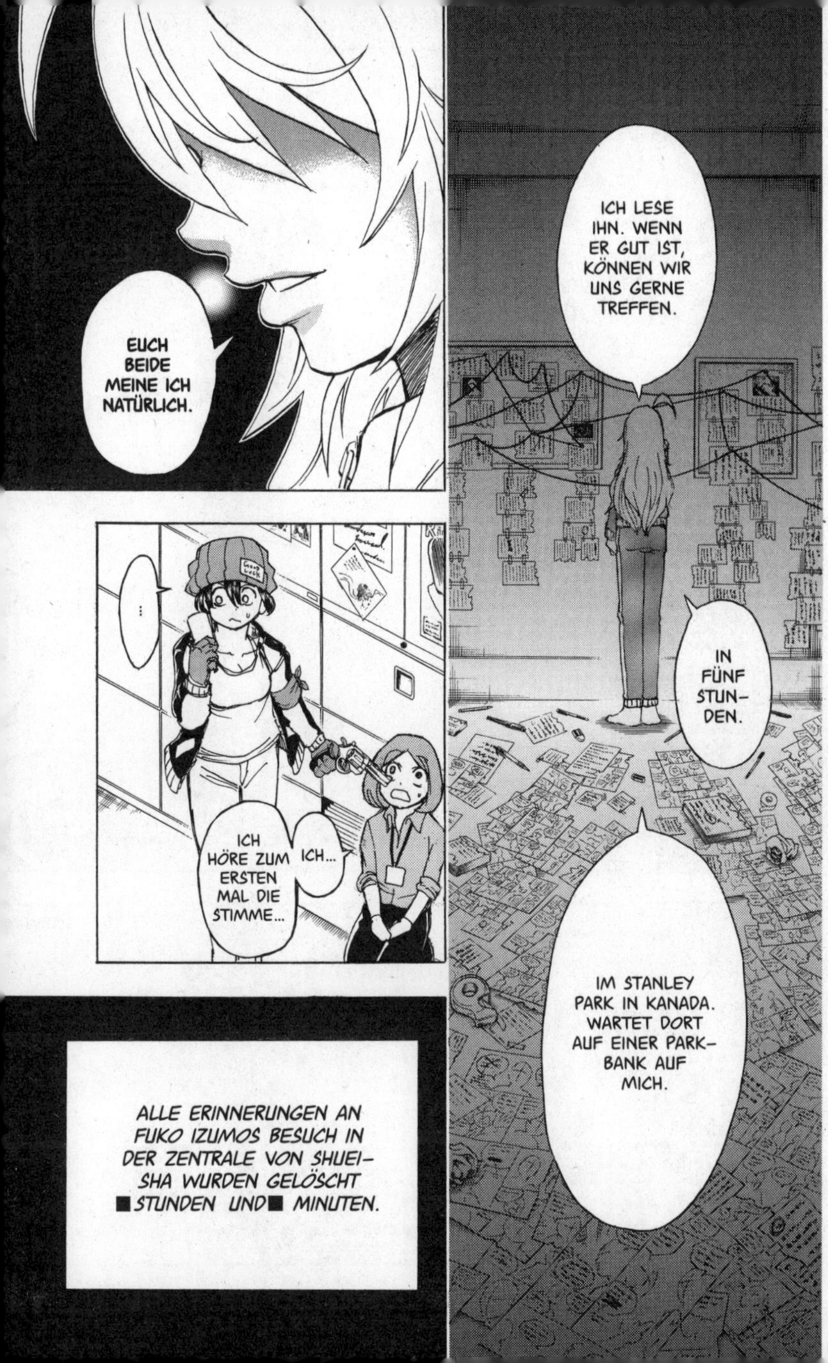

ICH LESE IHN. WENN ER GUT IST, KÖNNEN WIR UNS GERNE TREFFEN.
IN FÜNF STUN-DEN.
IM STANLEY PARK IN KANADA. WARTET DORT AUF EINER PARK-BANK AUF MICH.
EUCH BEIDE MEINE ICH NATÜRLICH.
...
ICH...
ICH HÖRE ZUM ERSTEN MAL DIE STIMME...
ALLE ERINNERUNGEN AN FUKO IZUMOS BESUCH IN DER ZENTRALE VON SHUEI-SHA WURDEN GELÖSCHT ■ STUNDEN UND ■ MINUTEN.

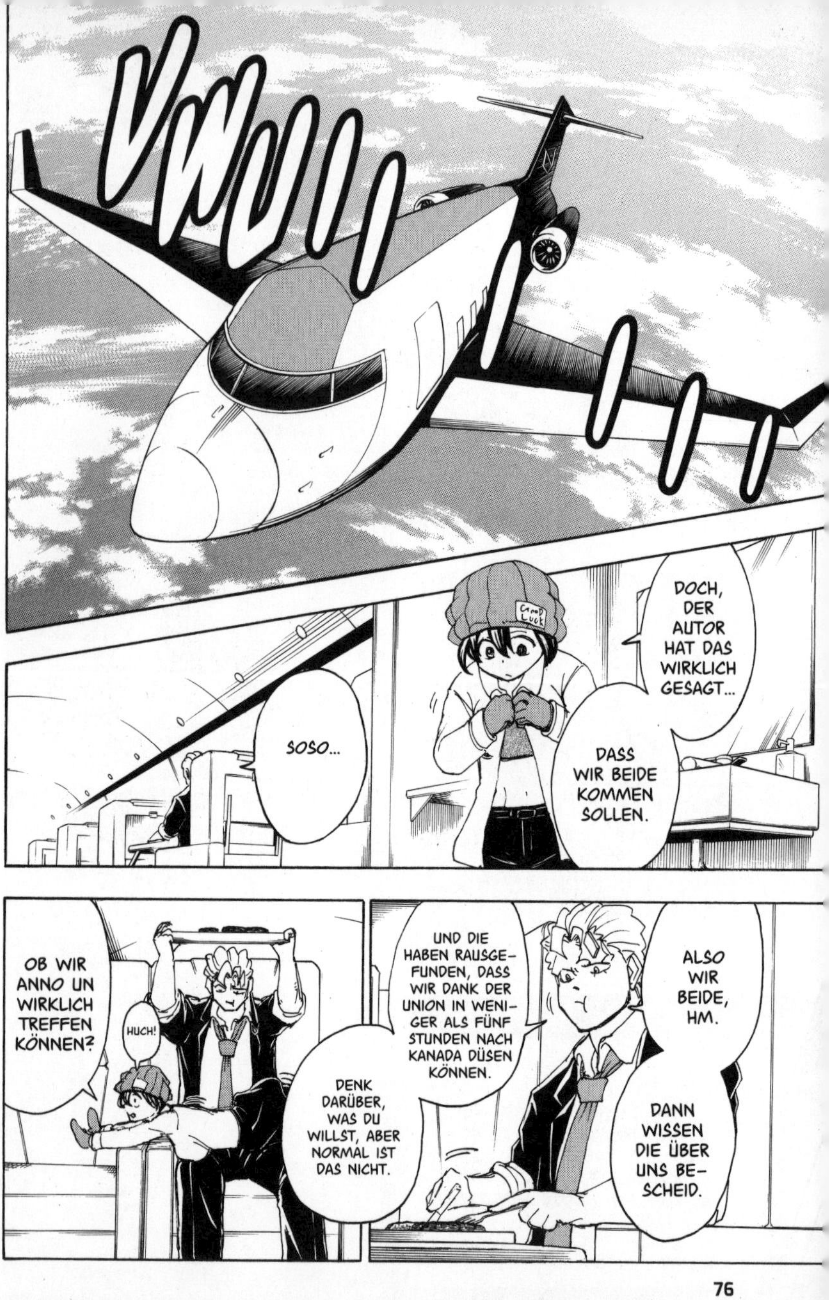
DOCH, DER AUTOR HAT DAS WIRKLICH GESAGT...
DASS WIR BEIDE KOMMEN SOLLEN.
SOSO...
ALSO WIR BEIDE, HM.
DANN WISSEN DIE ÜBER UNS BESCHEID.
UND DIE HABEN RAUSGEFUNDEN, DASS WIR DANK DER UNION IN WENIGER ALS FÜNF STUNDEN NACH KANADA DÜSEN KÖNNEN.
DENK DARÜBER, WAS DU WILLST, ABER NORMAL IST DAS NICHT.
OB WIR ANNO UN WIRKLICH TREFFEN KÖNNEN?
HUCH!

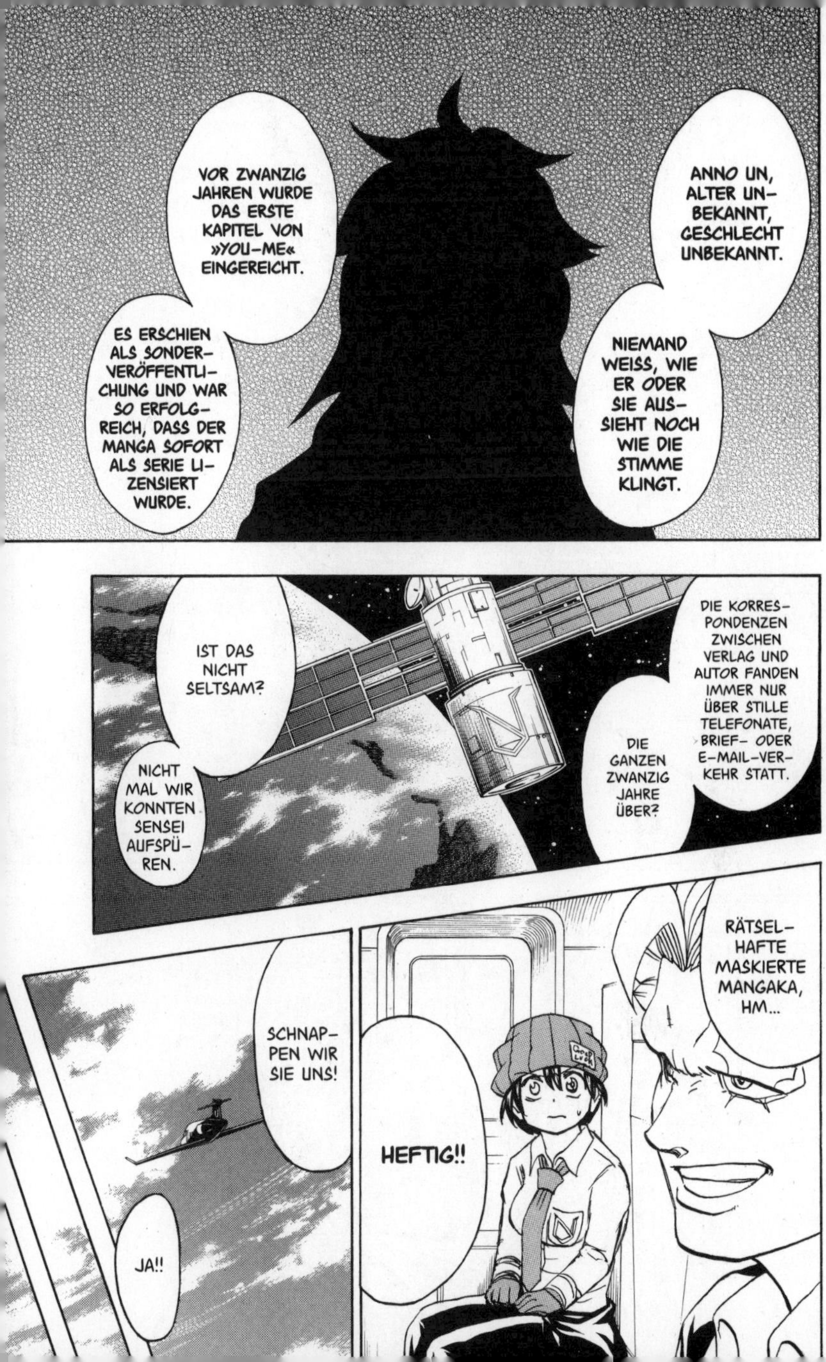
ANNO UN, ALTER UNBEKANNT, GESCHLECHT UNBEKANNT.
NIEMAND WEISS, WIE ER ODER SIE AUSSIEHT NOCH WIE DIE STIMME KLINGT.
VOR ZWANZIG JAHREN WURDE DAS ERSTE KAPITEL VON »YOU-ME« EINGEREICHT.
ES ERSCHIEN ALS SONDERVERÖFFENTLICHUNG UND WAR SO ERFOLGREICH, DASS DER MANGA SOFORT ALS SERIE LIZENSIERT WURDE.
DIE KORRESPONDENZEN ZWISCHEN VERLAG UND AUTOR FANDEN IMMER NUR ÜBER STILLE TELEFONATE, BRIEF- ODER E-MAIL-VERKEHR STATT.
DIE GANZEN ZWANZIG JAHRE ÜBER?
IST DAS NICHT SELTSAM?
NICHT MAL WIR KONNTEN SENSEI AUFSPÜREN.
RÄTSELHAFTE MASKIERTE MANGAKA, HM...
HEFTIG!!
SCHNAPPEN WIR SIE UNS!
JA!!

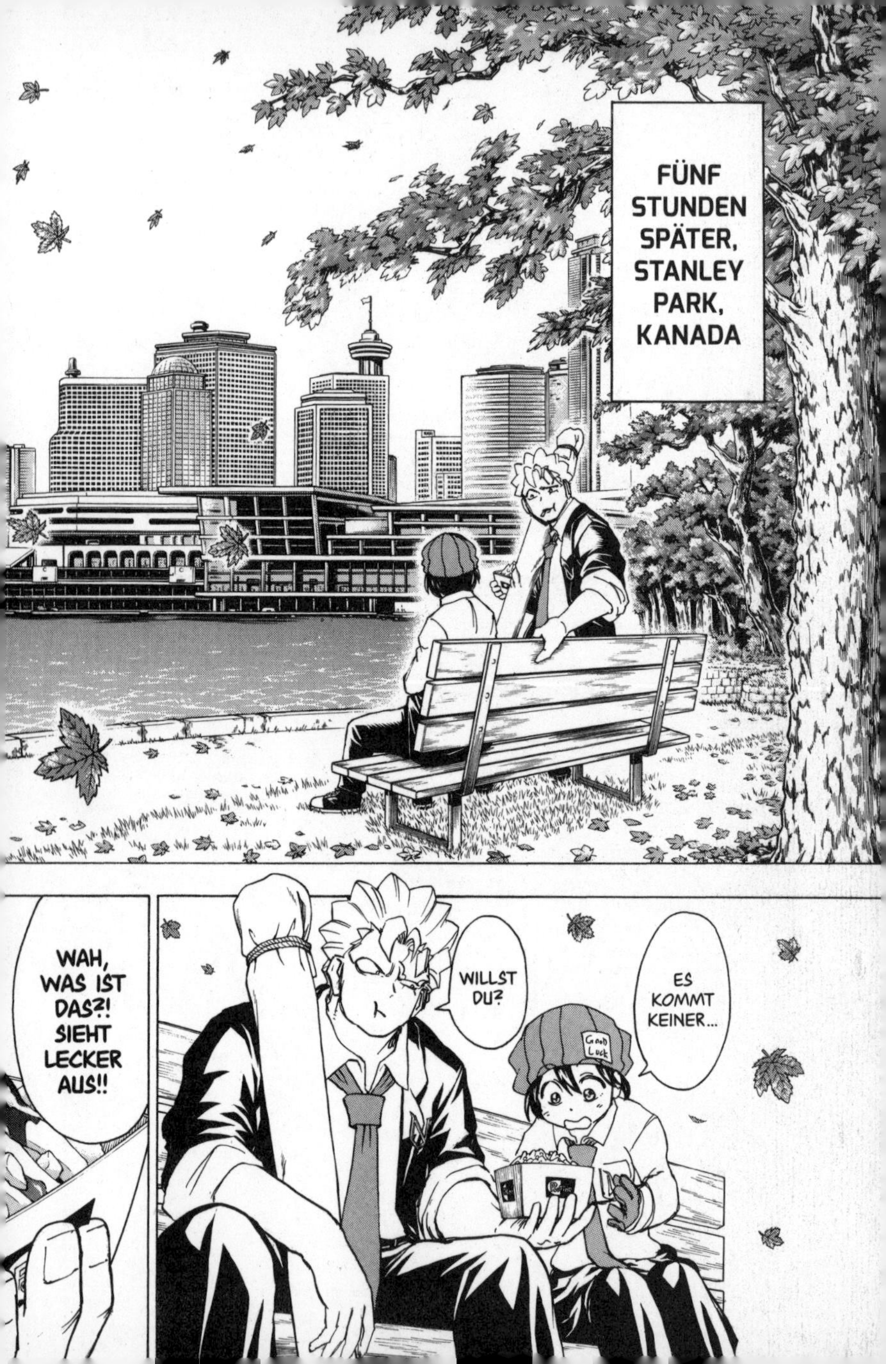
FÜNF STUNDEN SPÄTER, STANLEY PARK, KANADA
ES KOMMT KEINER...
WILLST DU?
WAH, WAS IST DAS?! SIEHT LECKER AUS!!

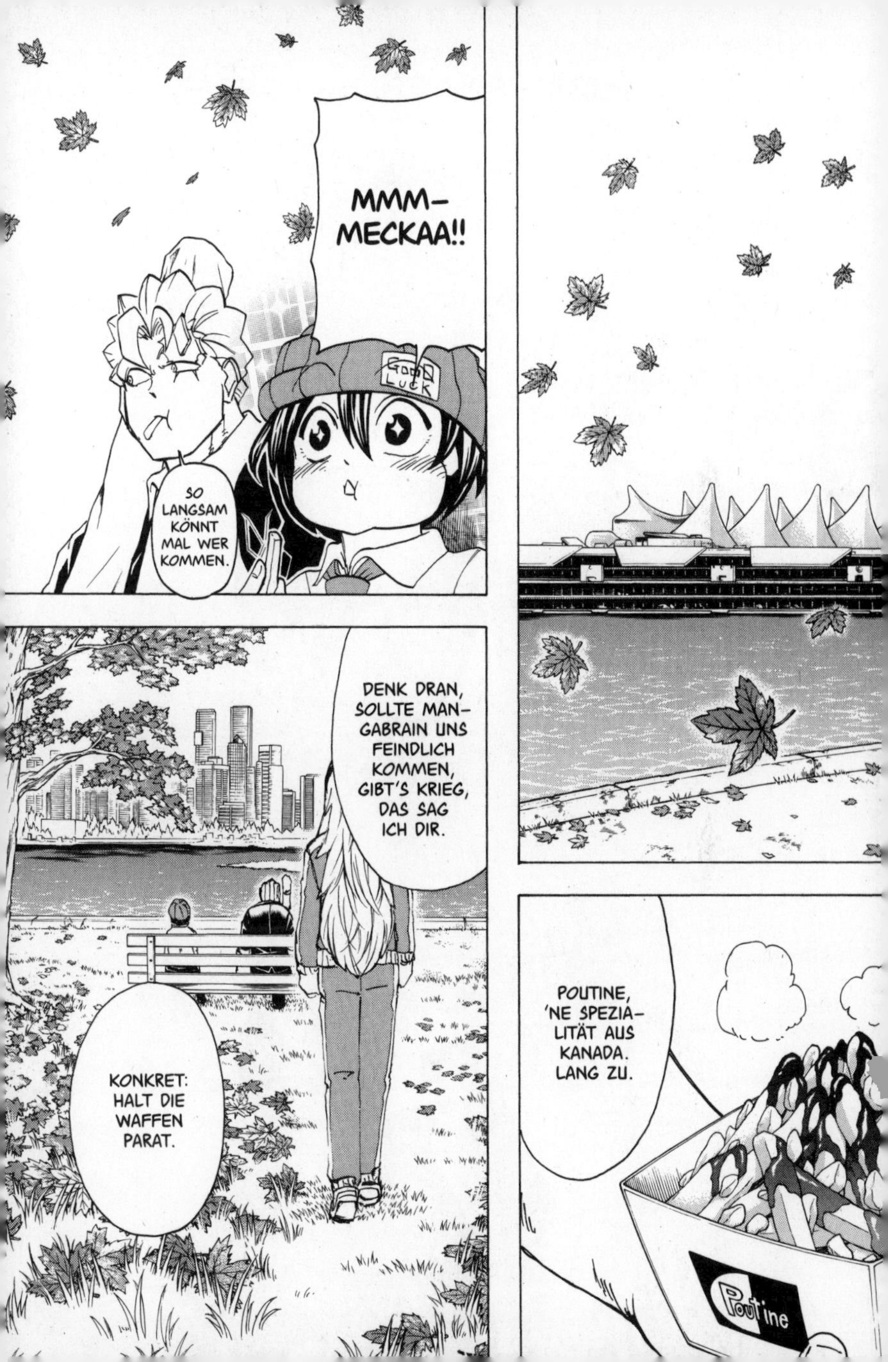
MMM-MECKAA!!
SO LANGSAM KÖNNT MAL WER KOMMEN.
DENK DRAN, SOLLTE MAN-GABRAIN UNS FEINDLICH KOMMEN, GIBT'S KRIEG, DAS SAG ICH DIR.
KONKRET: HALT DIE WAFFEN PARAT.
POUTINE, 'NE SPEZIA-LITÄT AUS KANADA. LANG ZU.
Poutine

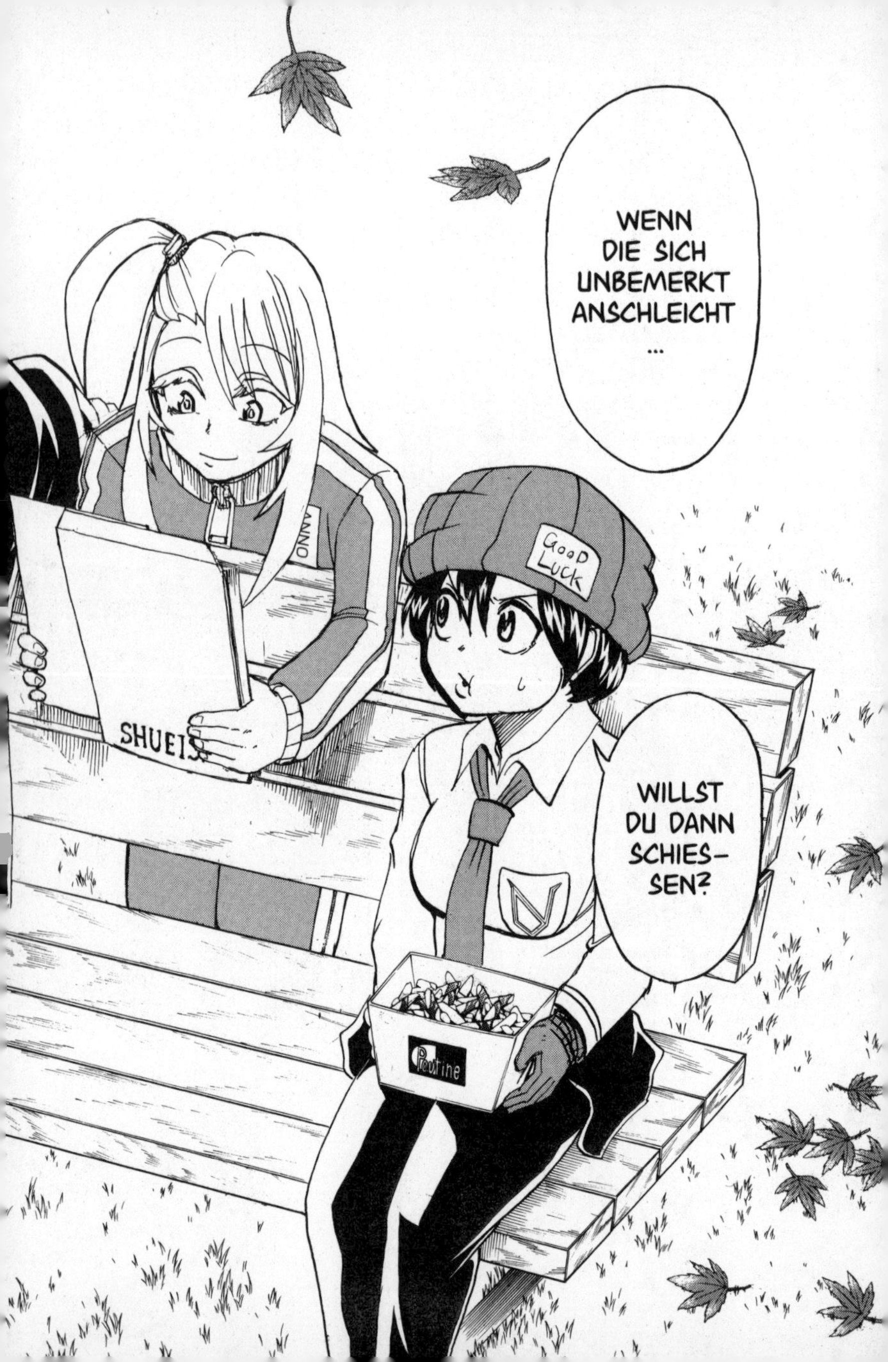
WENN DIE SICH UNBEMERKT ANSCHLEICHT …
WILLST DU DANN SCHIES-SEN?
Good Luck
ANNO
SHUEIS

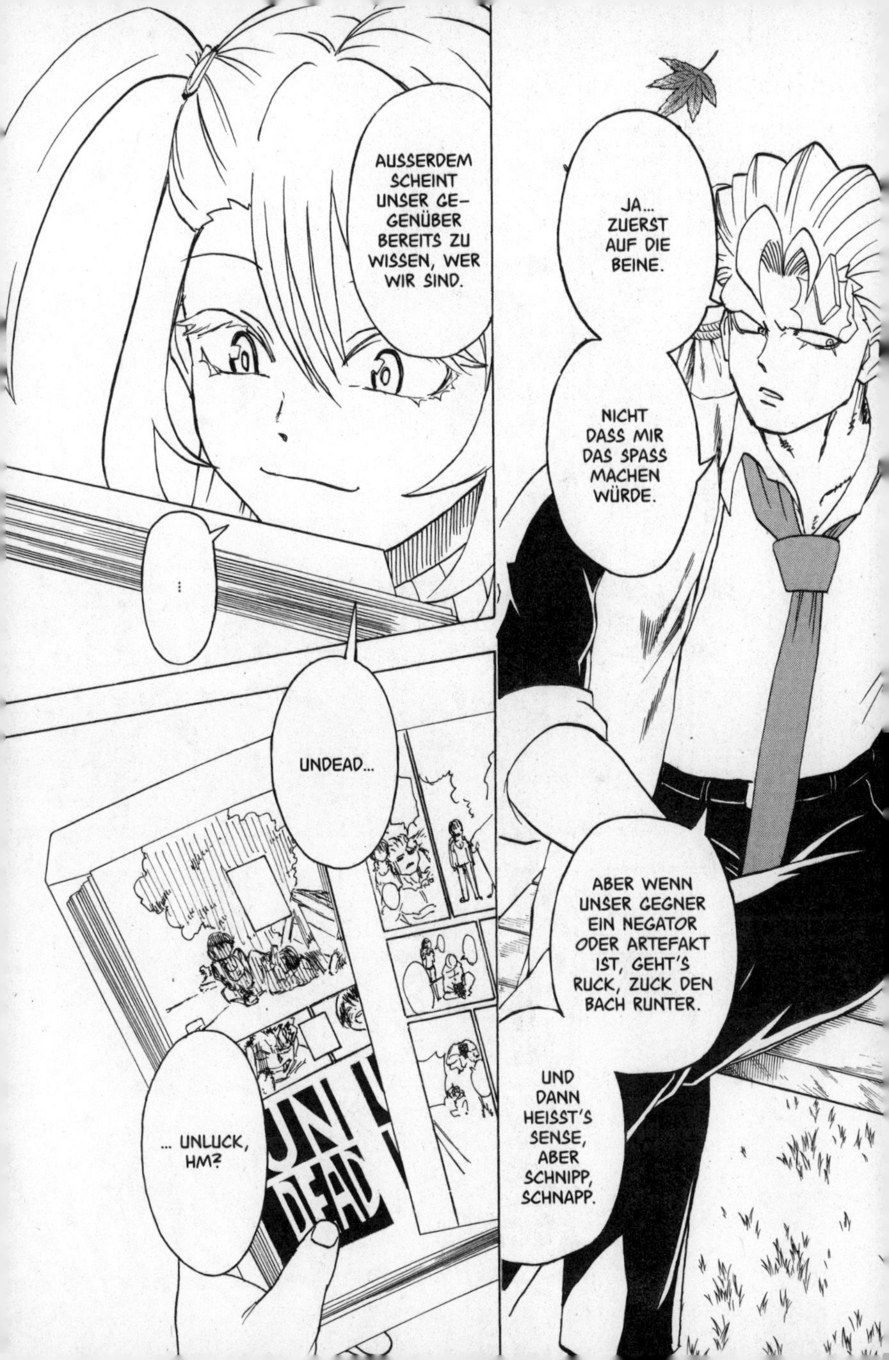
JA... ZUERST AUF DIE BEINE.
NICHT DASS MIR DAS SPASS MACHEN WÜRDE.
ABER WENN UNSER GEGNER EIN NEGATOR ODER ARTEFAKT IST, GEHT'S RUCK, ZUCK DEN BACH RUNTER.
UND DANN HEISST'S SENSE, ABER SCHNIPP, SCHNAPP.
AUSSERDEM SCHEINT UNSER GE-GENÜBER BEREITS ZU WISSEN, WER WIR SIND.
...
UNDEAD...
... UNLUCK, HM?

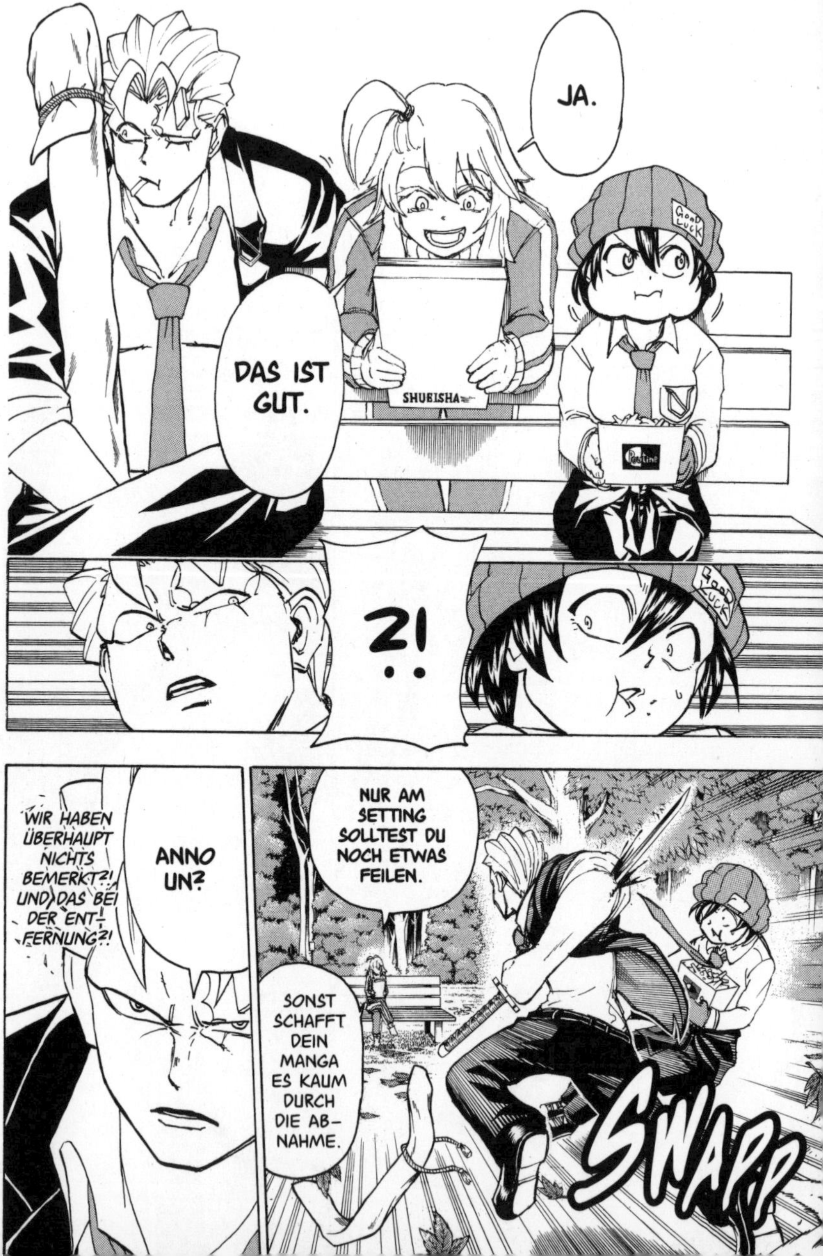
JA.
DAS IST GUT.
SHUEISHA
?!
NUR AM SETTING SOLLTEST DU NOCH ETWAS FEILEN.
SONST SCHAFFT DEIN MANGA ES KAUM DURCH DIE ABNAHME.
SWAPP
ANNO UN?
WIR HABEN ÜBERHAUPT NICHTS BEMERKT?! UND DAS BEI DER ENTFERNUNG?!

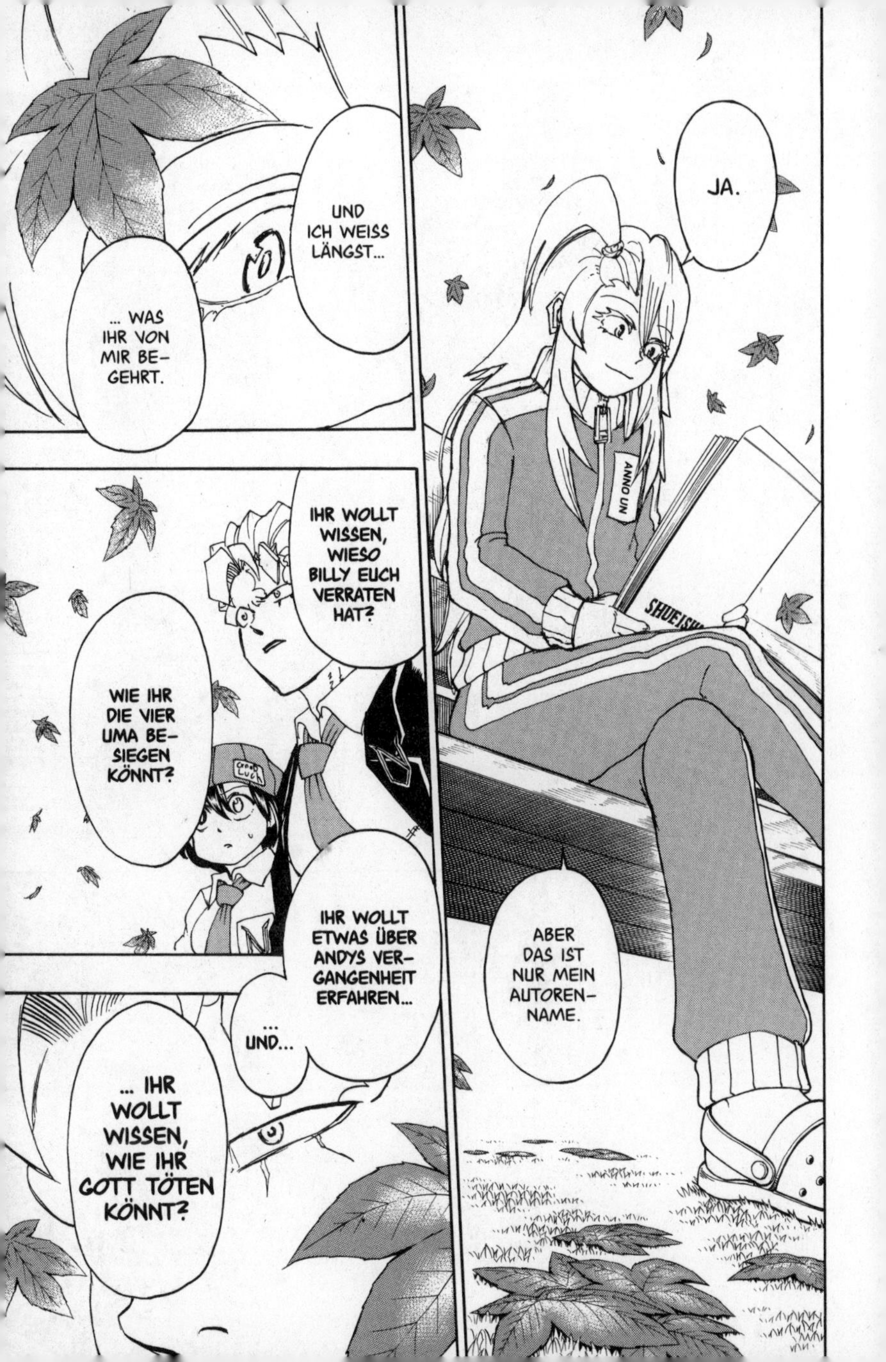

JA.
ANNO UN
ABER DAS IST NUR MEIN AUTORENNAME.
UND ICH WEISS LÄNGST...
... WAS IHR VON MIR BEGEHRT.
IHR WOLLT WISSEN, WIESO BILLY EUCH VERRATEN HAT?
WIE IHR DIE VIER UMA BESIEGEN KÖNNT?
IHR WOLLT ETWAS ÜBER ANDYS VERGANGENHEIT ERFAHREN...
... UND...
... IHR WOLLT WISSEN, WIE IHR GOTT TÖTEN KÖNNT?

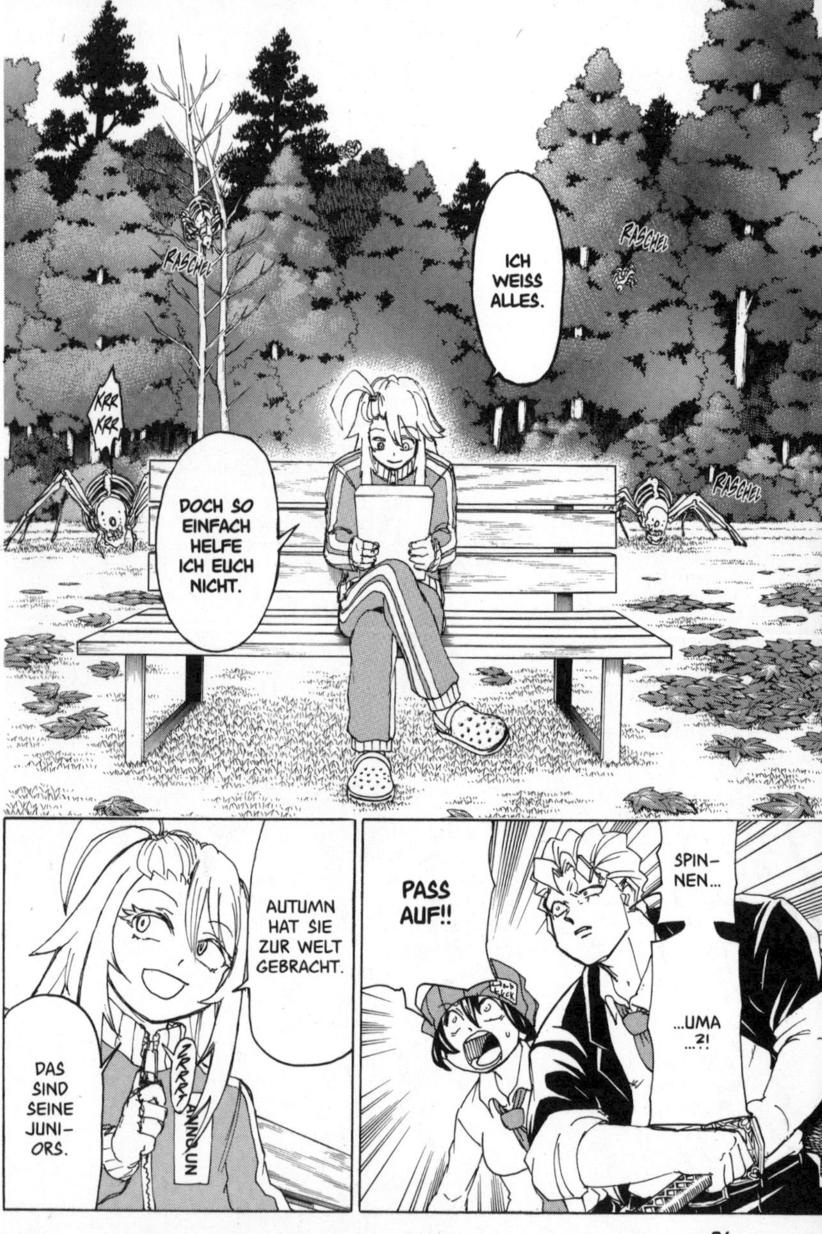
ICH WEISS ALLES.
RASCHEL
RASCHEL
KRR KRR
RASCHEL
DOCH SO EINFACH HELFE ICH EUCH NICHT.
SPIN-NEN...
...UMA ...?!
PASS AUF!!
AUTUMN HAT SIE ZUR WELT GEBRACHT.
DAS SIND SEINE JUNI-ORS.
ZURRR
AUTUMN

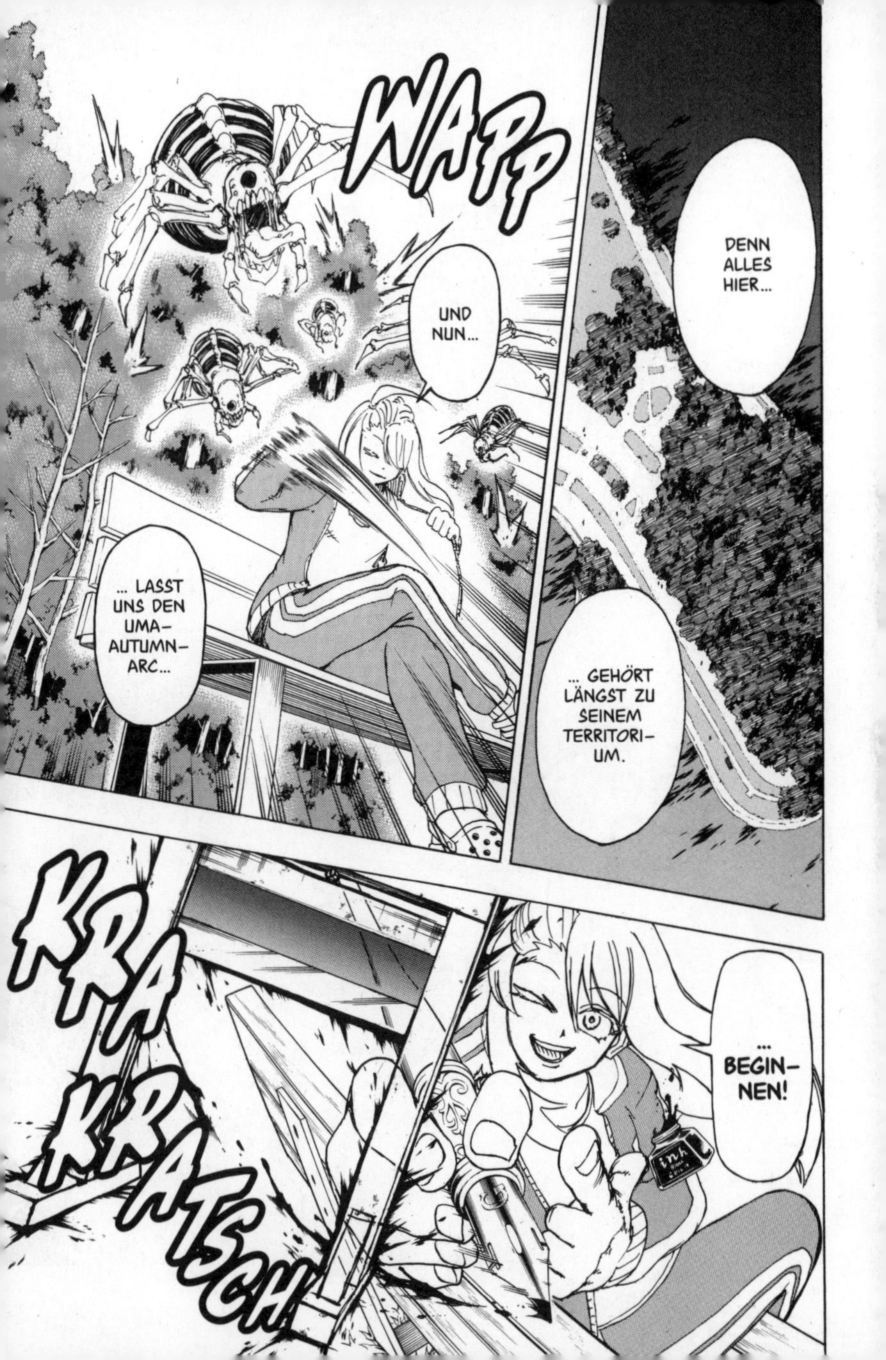
DENN ALLES HIER...
... GEHÖRT LÄNGST ZU SEINEM TERRITORIUM.
WAPP
UND NUN...
... LASST UNS DEN UMA-AUTUMN-ARC...
... BEGINNEN!
KRA KRA KRATSCH

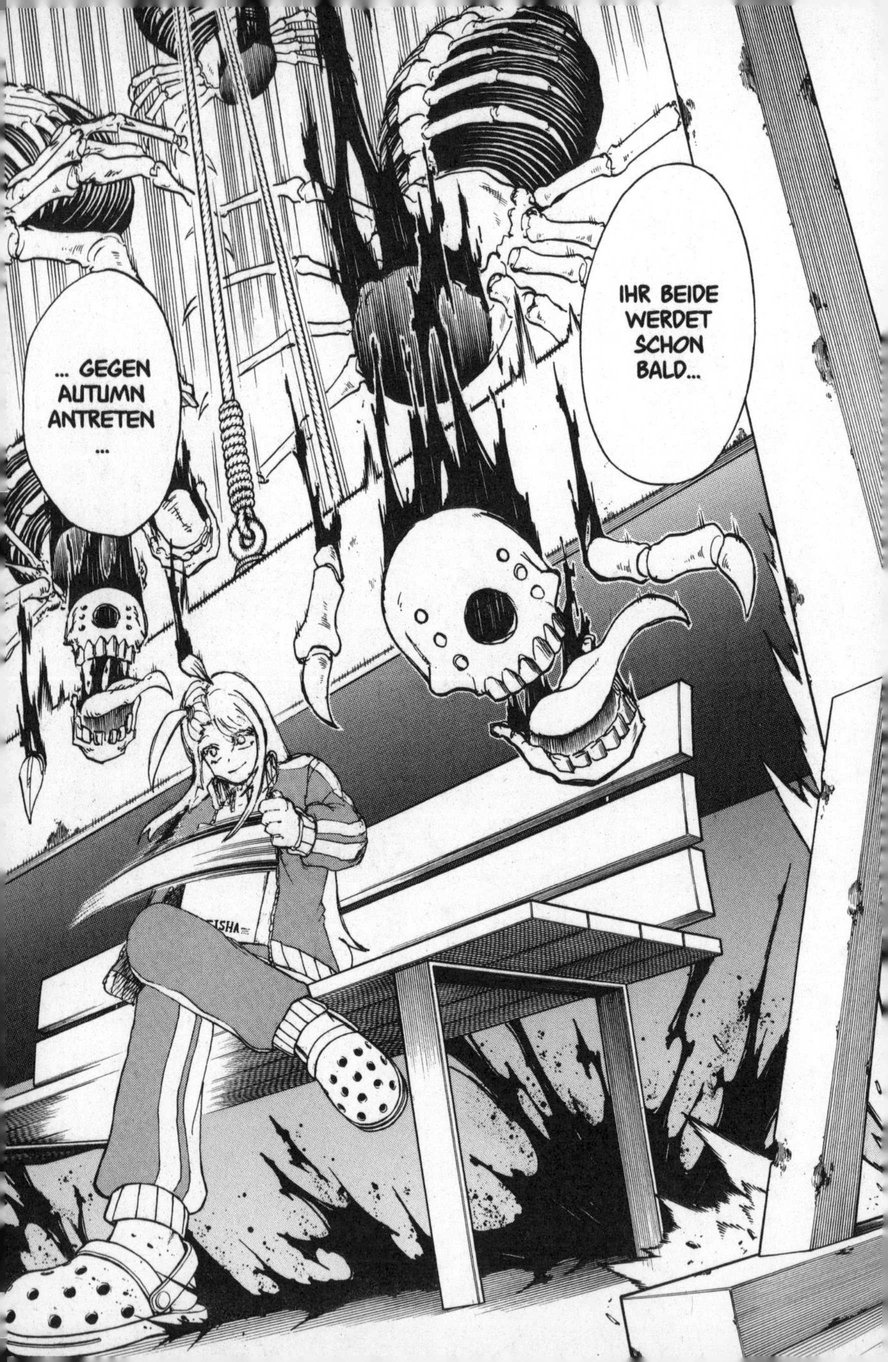
IHR BEIDE WERDET SCHON BALD...
... GEGEN AUTUMN ANTRETEN ...

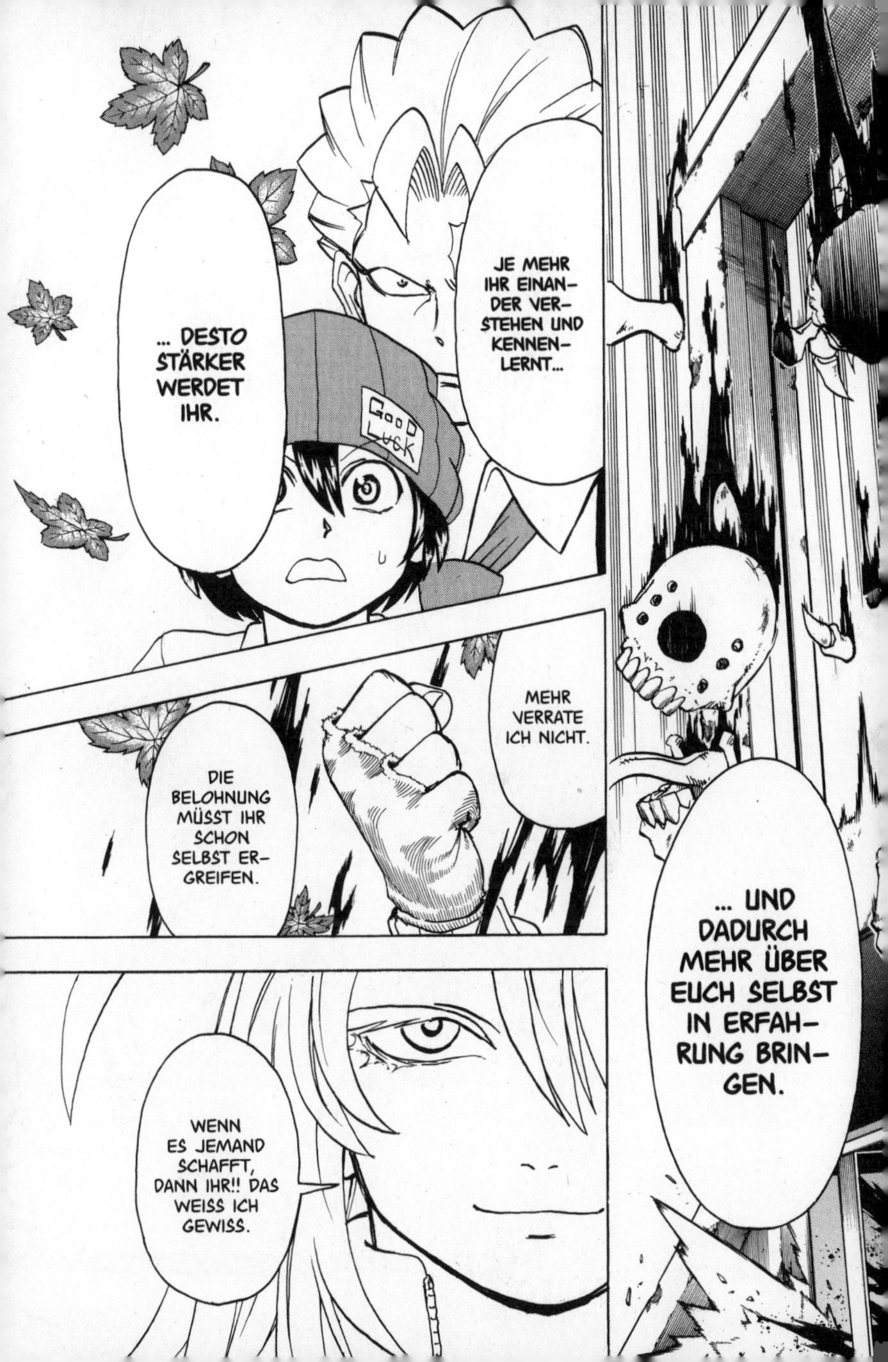

JE MEHR IHR EINANDER VERSTEHEN UND KENNENLERNT...
... UND DADURCH MEHR ÜBER EUCH SELBST IN ERFAHRUNG BRINGEN.
... DESTO STÄRKER WERDET IHR.
MEHR VERRATE ICH NICHT.
DIE BELOHNUNG MÜSST IHR SCHON SELBST ERGREIFEN.
WENN ES JEMAND SCHAFFT, DANN IHR!! DAS WEISS ICH GEWISS.
GOOD LUCK

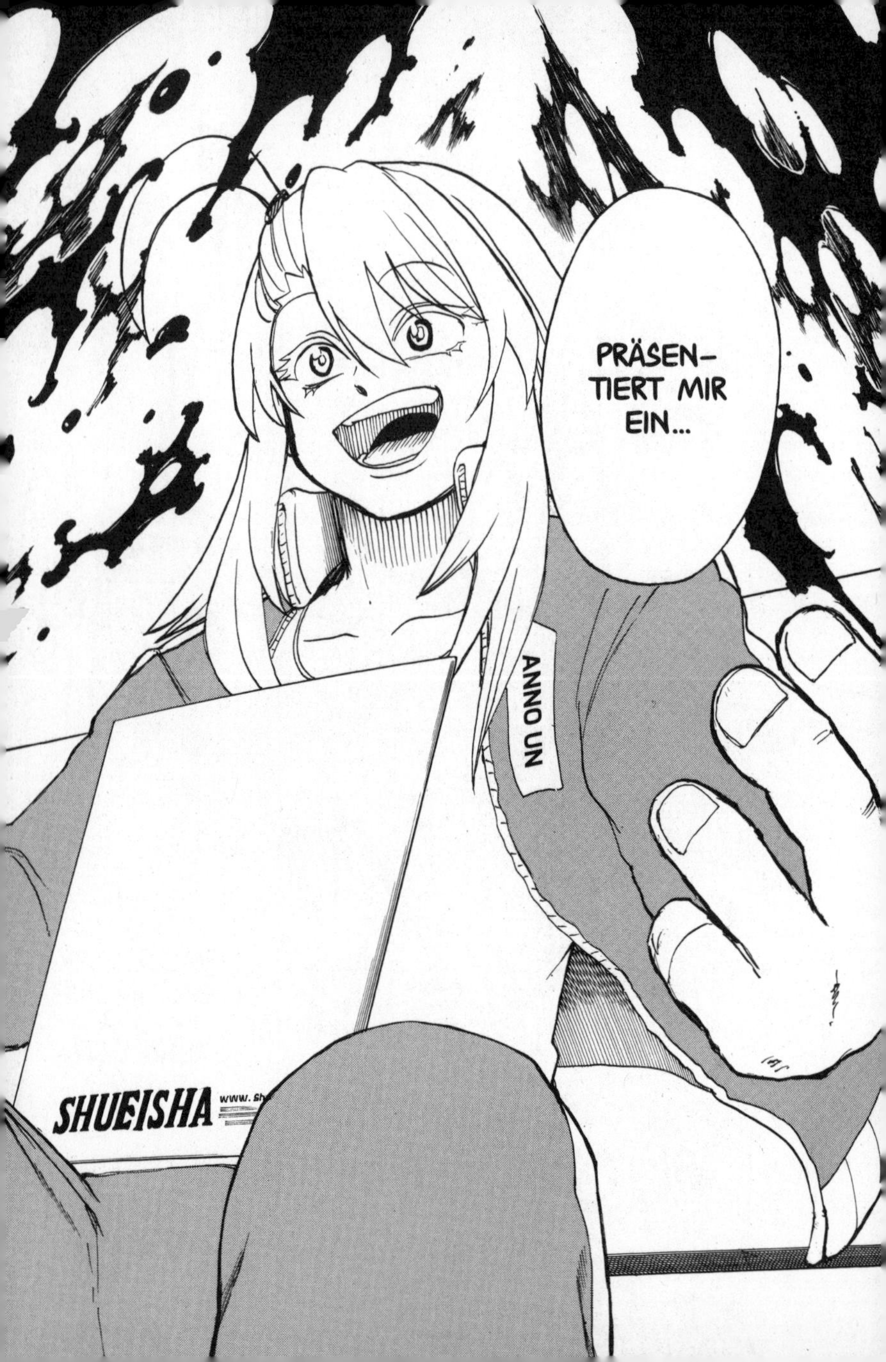
PRÄSEN-
TIERT MIR
EIN...
ANNO UN
SHUEISHA

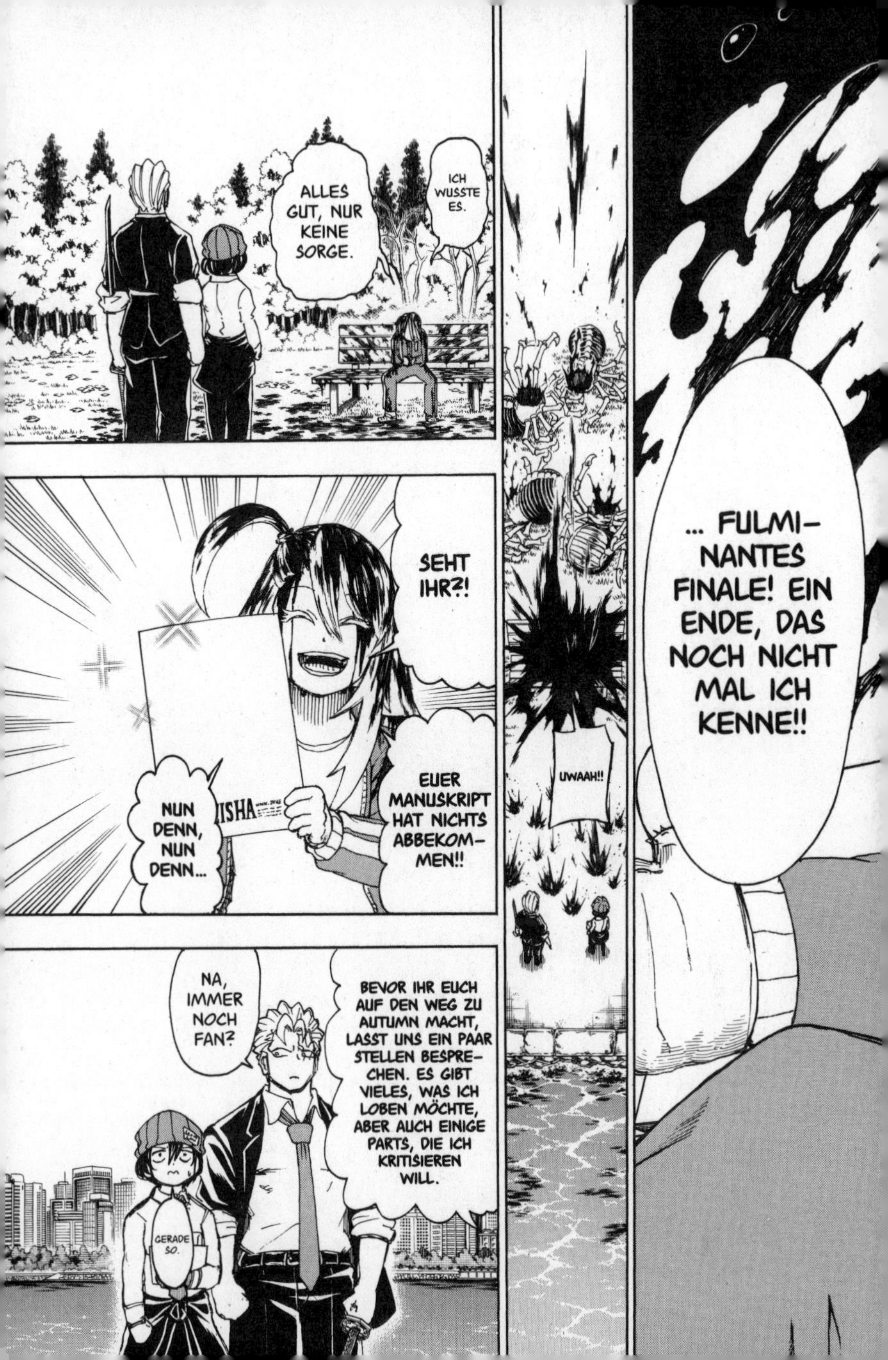
... FULMINANTES FINALE! EIN ENDE, DAS NOCH NICHT MAL ICH KENNE!!
UWAAH!!
ICH WUSSTE ES.
ALLES GUT, NUR KEINE SORGE.
SEHT IHR?!
EUER MANUSKRIPT HAT NICHTS ABBEKOMMEN!!
NUN DENN, NUN DENN...
BEVOR IHR EUCH AUF DEN WEG ZU AUTUMN MACHT, LASST UNS EIN PAAR STELLEN BESPRECHEN. ES GIBT VIELES, WAS ICH LOBEN MÖCHTE, ABER AUCH EINIGE PARTS, DIE ICH KRITISIEREN WILL.
NA, IMMER NOCH FAN?
GERADE SO.

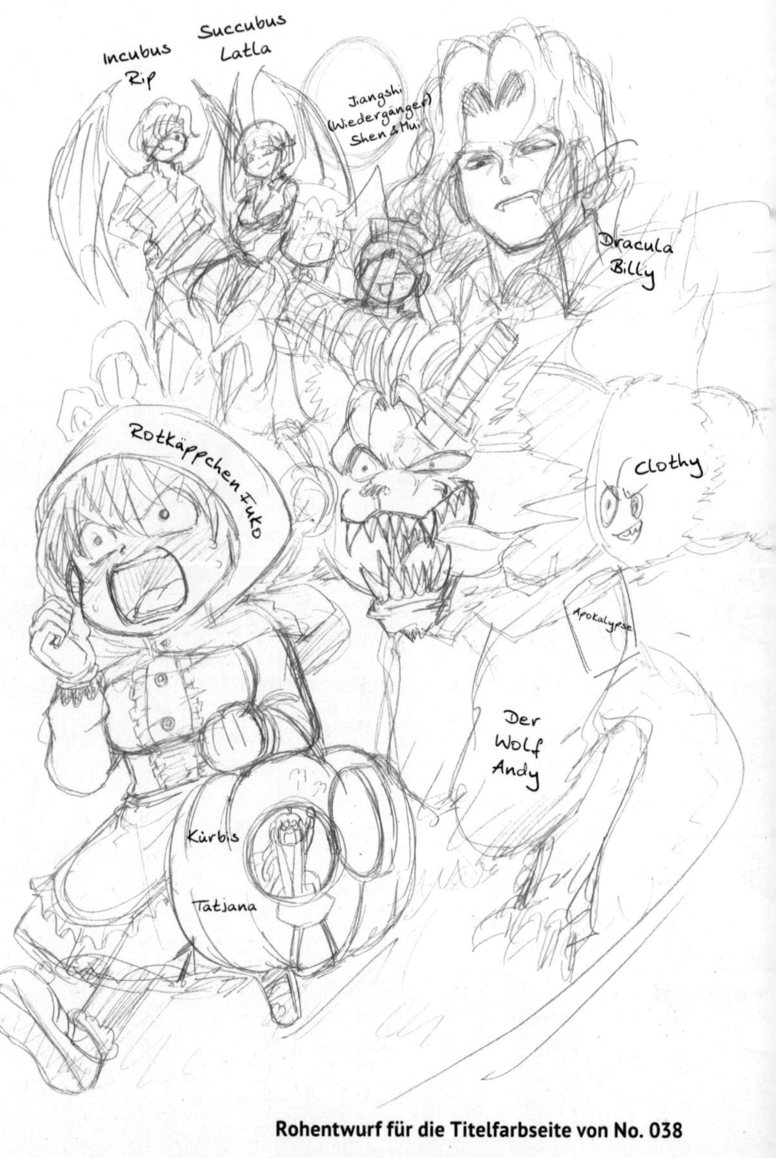


Rohentwurf für die Titelfarbseite von No. 038

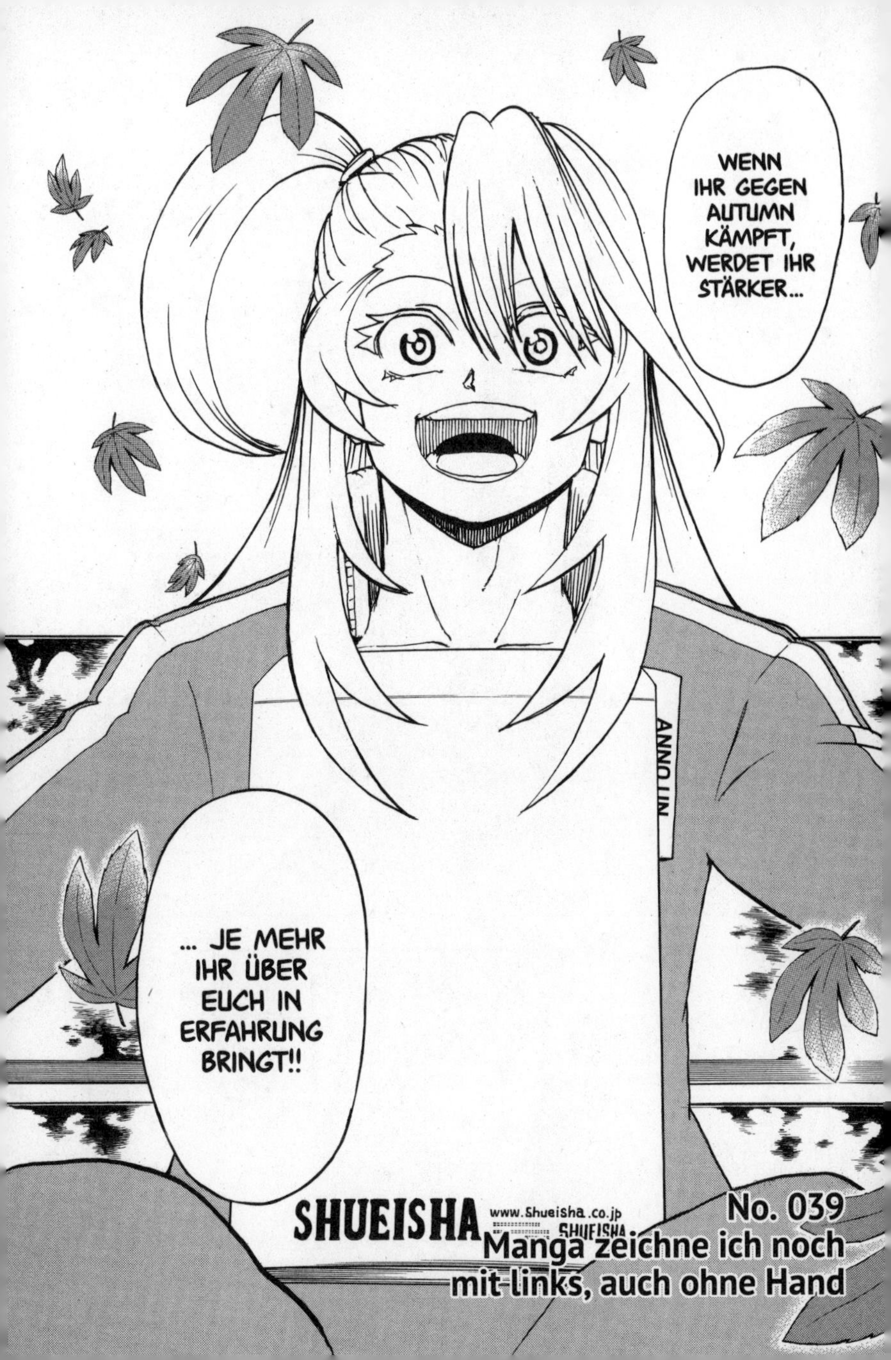
WENN IHR GEGEN AUTUMN KÄMPFT, WERDET IHR STÄRKER ...
... JE MEHR IHR ÜBER EUCH IN ERFAHRUNG BRINGT!!
SHUEISHA
www.Shueisha.co.jp
SHUEISHA
No. 039
Manga zeichne ich noch mit links, auch ohne Hand

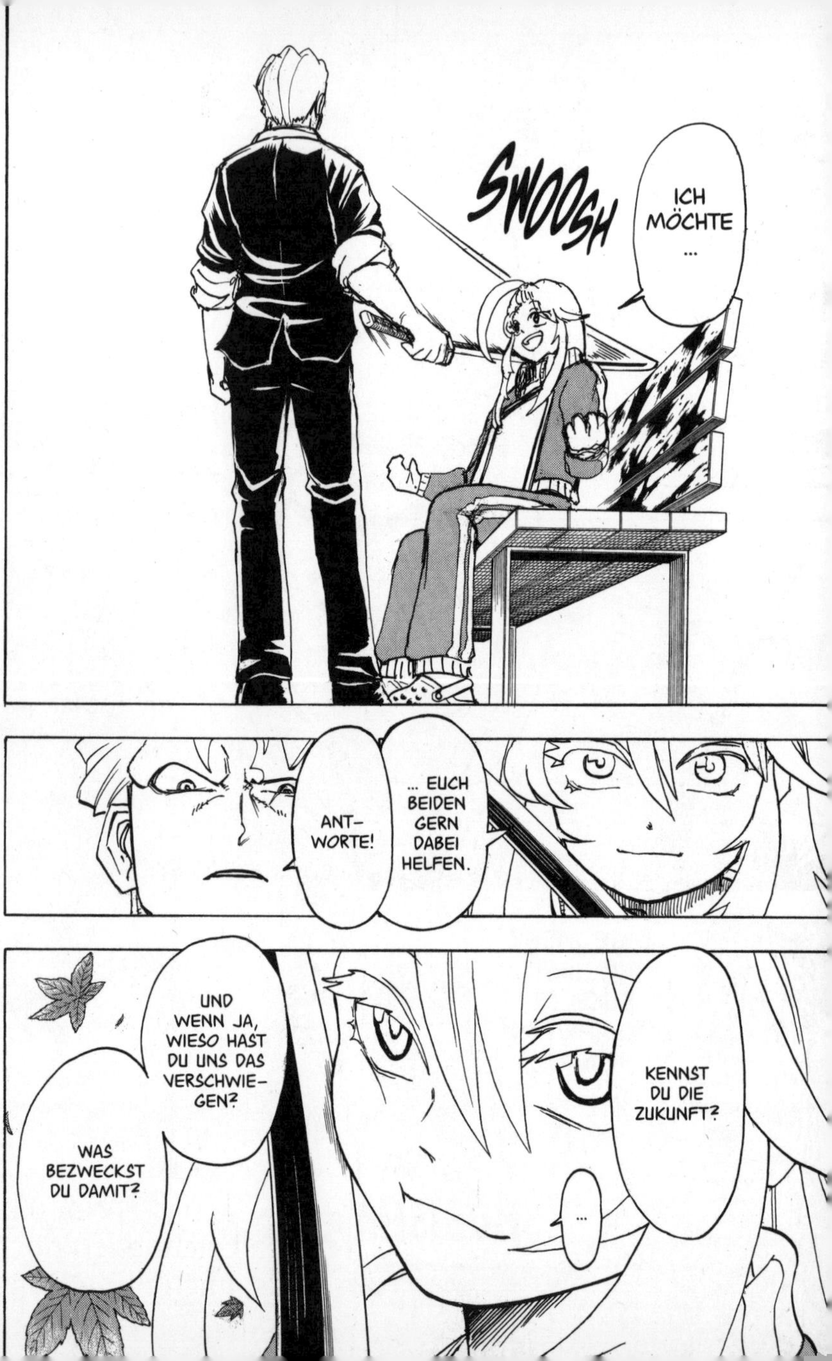
ICH MÖCHTE ...
SWOOSH
... EUCH BEIDEN GERN DABEI HELFEN.
ANT-WORTE!
KENNST DU DIE ZUKUNFT?
UND WENN JA, WIESO HAST DU UNS DAS VERSCHWIE-GEN?
...
WAS BEZWECKST DU DAMIT?

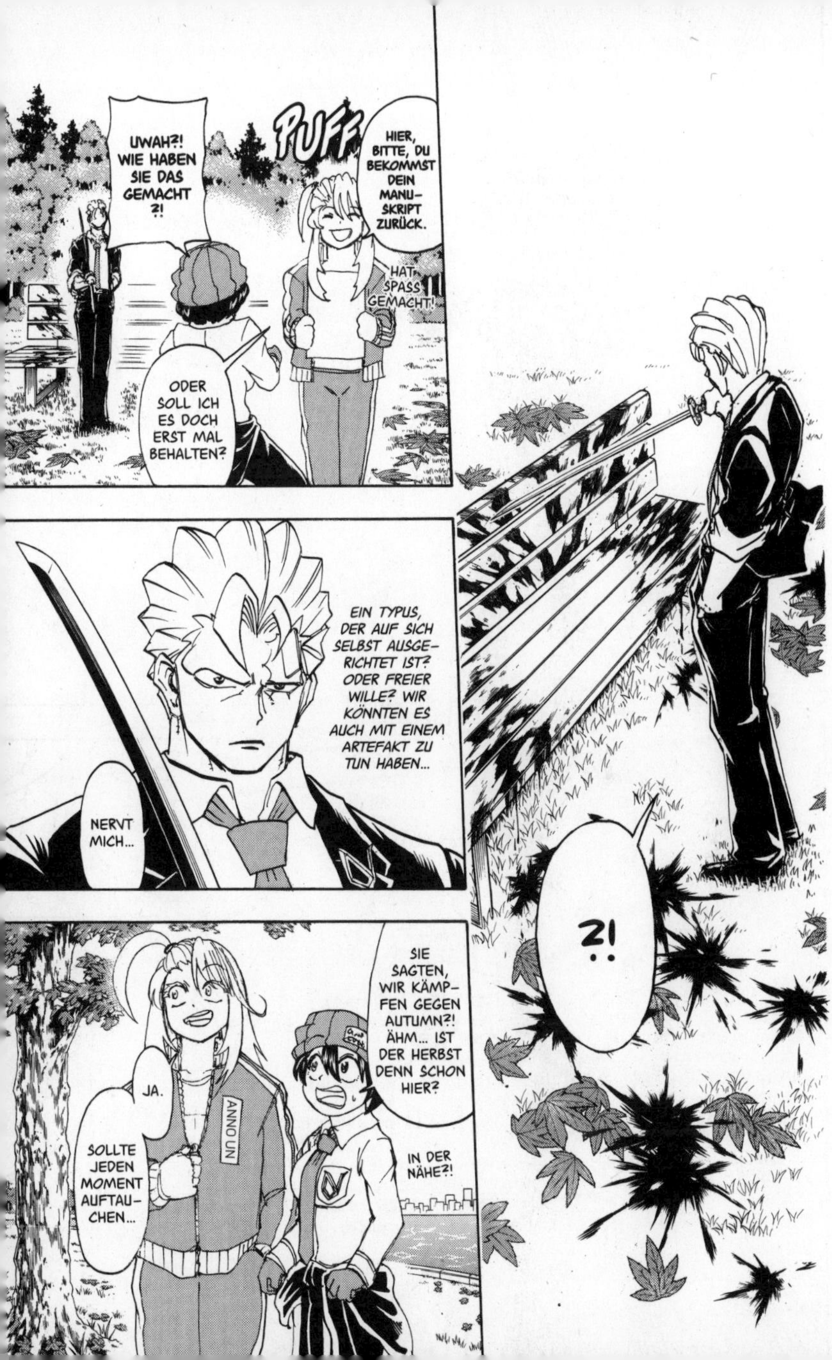
?!
PUFF
HIER, BITTE, DU BEKOMMST DEIN MANU-SKRIPT ZURÜCK.
HAT SPASS GEMACHT!
UWAH?! WIE HABEN SIE DAS GEMACHT?!
ODER SOLL ICH ES DOCH ERST MAL BEHALTEN?
EIN TYPUS, DER AUF SICH SELBST AUSGE-RICHTET IST? ODER FREIER WILLE? WIR KÖNNTEN ES AUCH MIT EINEM ARTEFAKT ZU TUN HABEN...
NERVT MICH...
SIE SAGTEN, WIR KÄMPF-FEN GEGEN AUTUMN?! ÄHM... IST DER HERBST DENN SCHON HIER?
IN DER NÄHE?!
JA.
SOLLTE JEDEN MOMENT AUFTAU-CHEN...
ANNO UN

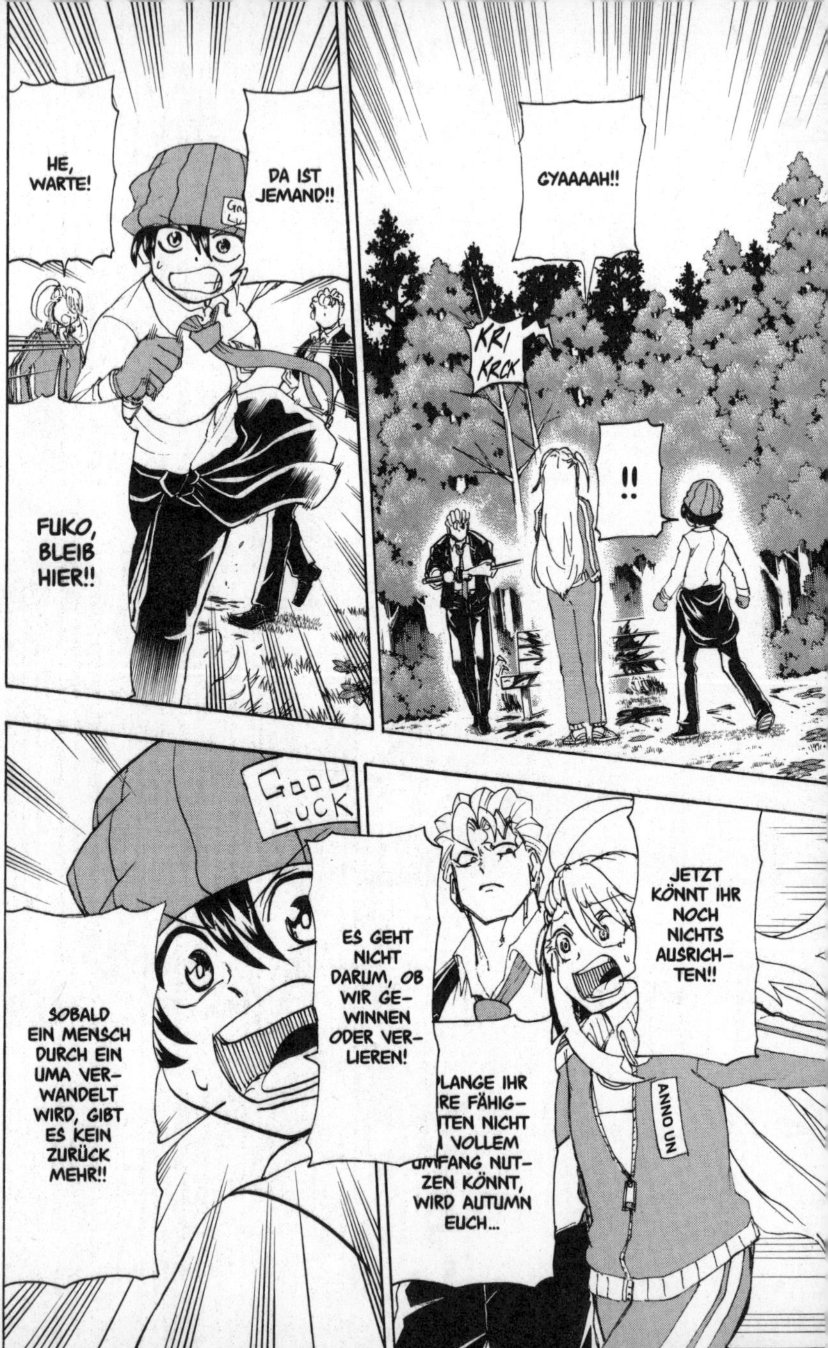
GYAAAAH!!
KRI KRCK
!!
DA IST JEMAND!!
HE, WARTE!
GOOD LUCK
FUKO, BLEIB HIER!!
JETZT KÖNNT IHR NOCH NICHTS AUSRICHTEN!!
LANGE IHR RE FÄHIG- TEN NICHT VOLLEM UMFANG NUT- ZEN KÖNNT, WIRD AUTUMN EUCH...
ANNO UN
GOOD LUCK
ES GEHT NICHT DARUM, OB WIR GE- WINNEN ODER VER- LIEREN!
SOBALD EIN MENSCH DURCH EIN UMA VER- WANDELT WIRD, GIBT ES KEIN ZURÜCK MEHR!!

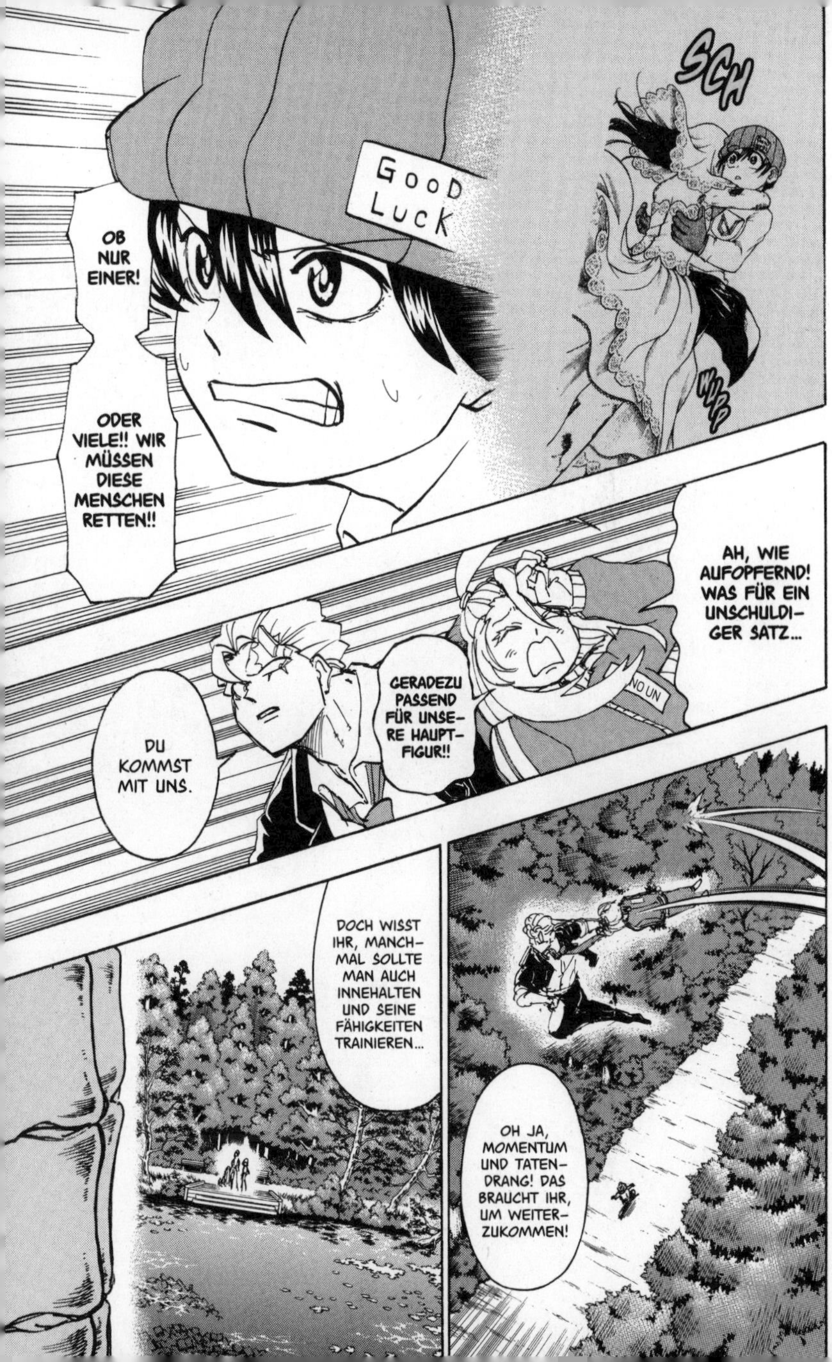
SCH
WUPP
GOOD LUCK
OB NUR EINER!
ODER VIELE!! WIR MÜSSEN DIESE MENSCHEN RETTEN!!
AH, WIE AUFOPFERND! WAS FÜR EIN UNSCHULDIGER SATZ...
GERADEZU PASSEND FÜR UNSERE HAUPTFIGUR!!
NO UN
DU KOMMST MIT UNS.
OH JA, MOMENTUM UND TATENDRANG! DAS BRAUCHT IHR, UM WEITERZUKOMMEN!
DOCH WISST IHR, MANCHMAL SOLLTE MAN AUCH INNEHALTEN UND SEINE FÄHIGKEITEN TRAINIEREN...

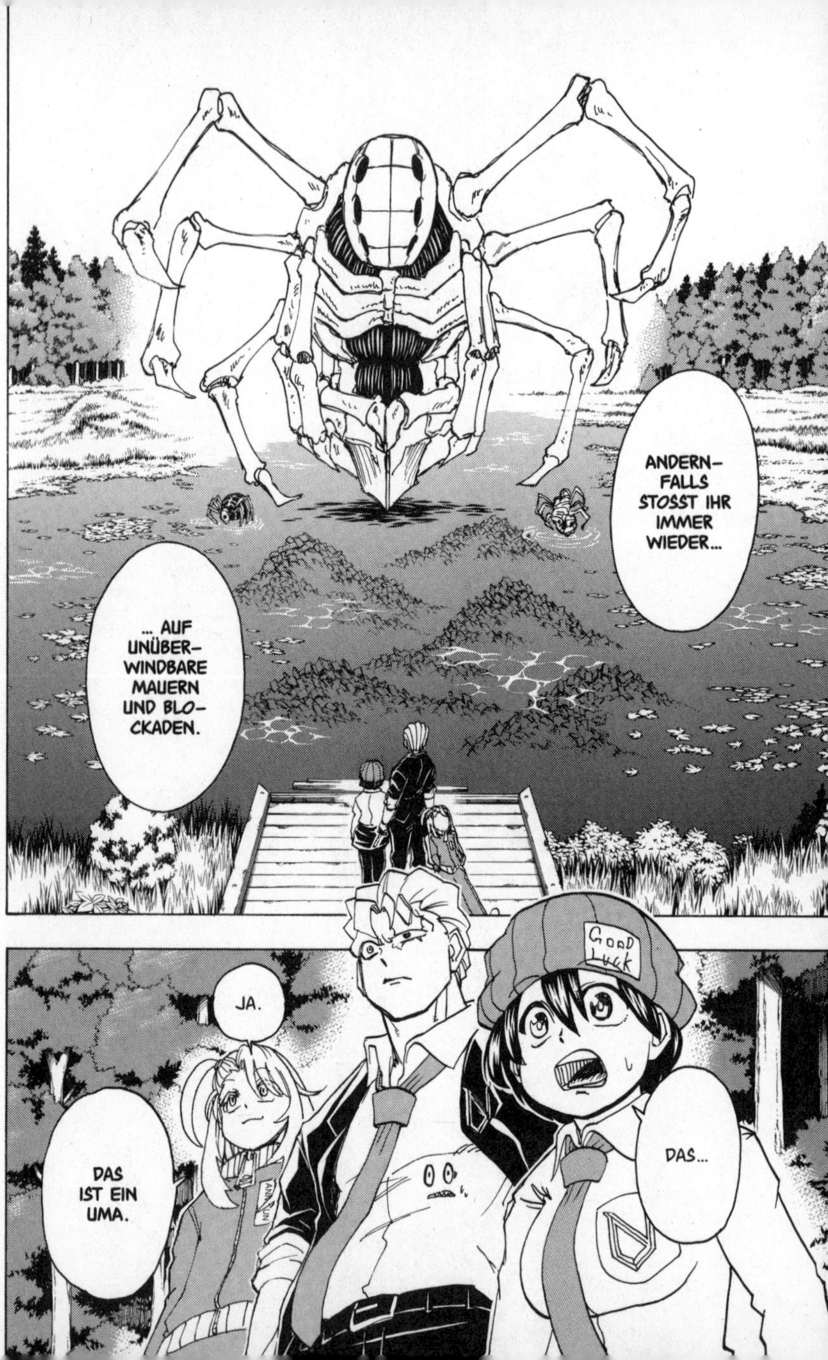
ANDERN-FALLS STOSST IHR IMMER WIEDER...
... AUF UNÜBER-WINDBARE MAUERN UND BLO-CKADEN.
DAS...
JA.
DAS IST EIN UMA.

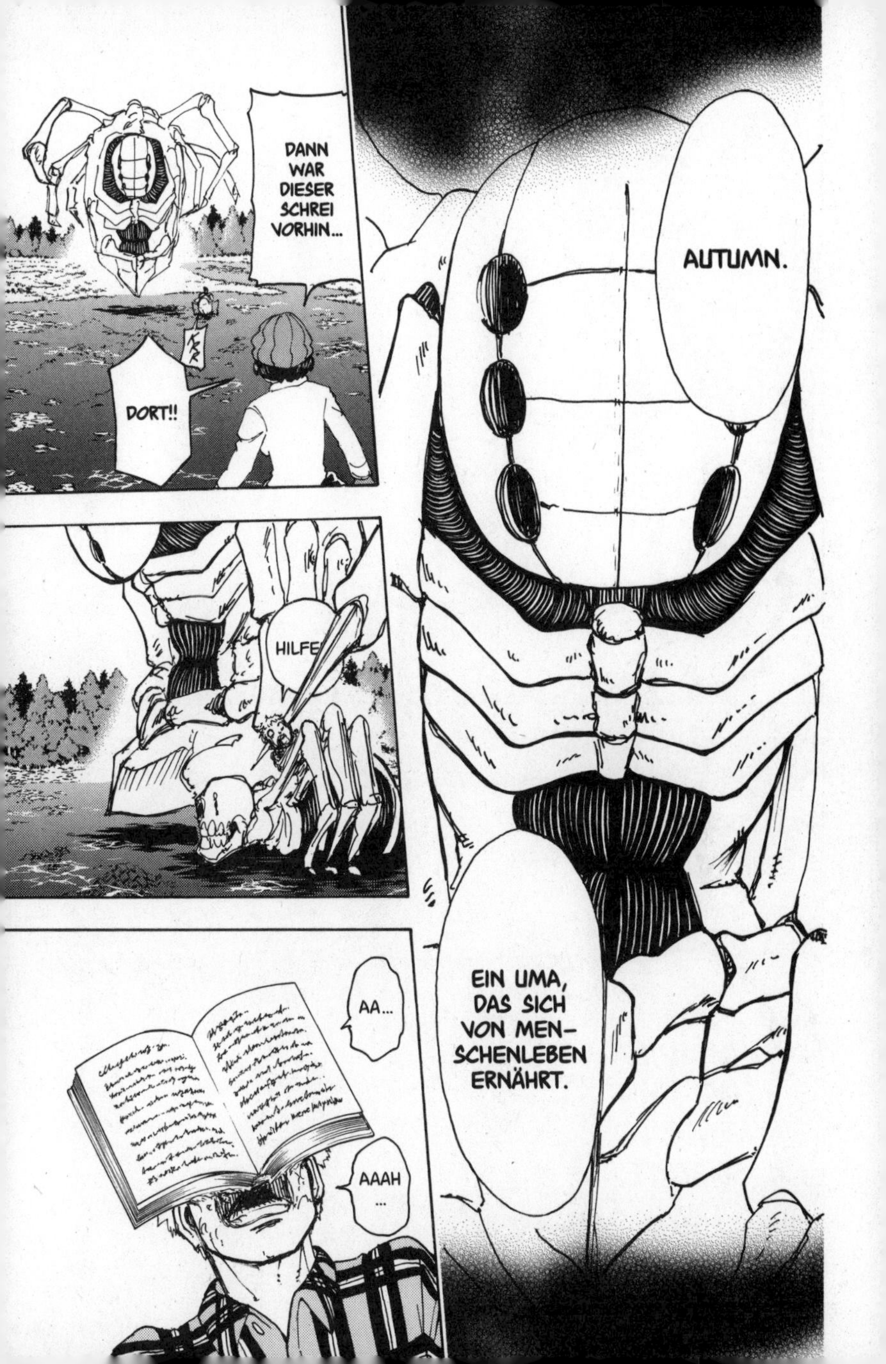

DANN WAR DIESER SCHREI VORHIN...
KRR
DORT!!
HILFE
AA...
AAAH ...
AUTUMN.
EIN UMA, DAS SICH VON MEN-SCHENLEBEN ERNÄHRT.

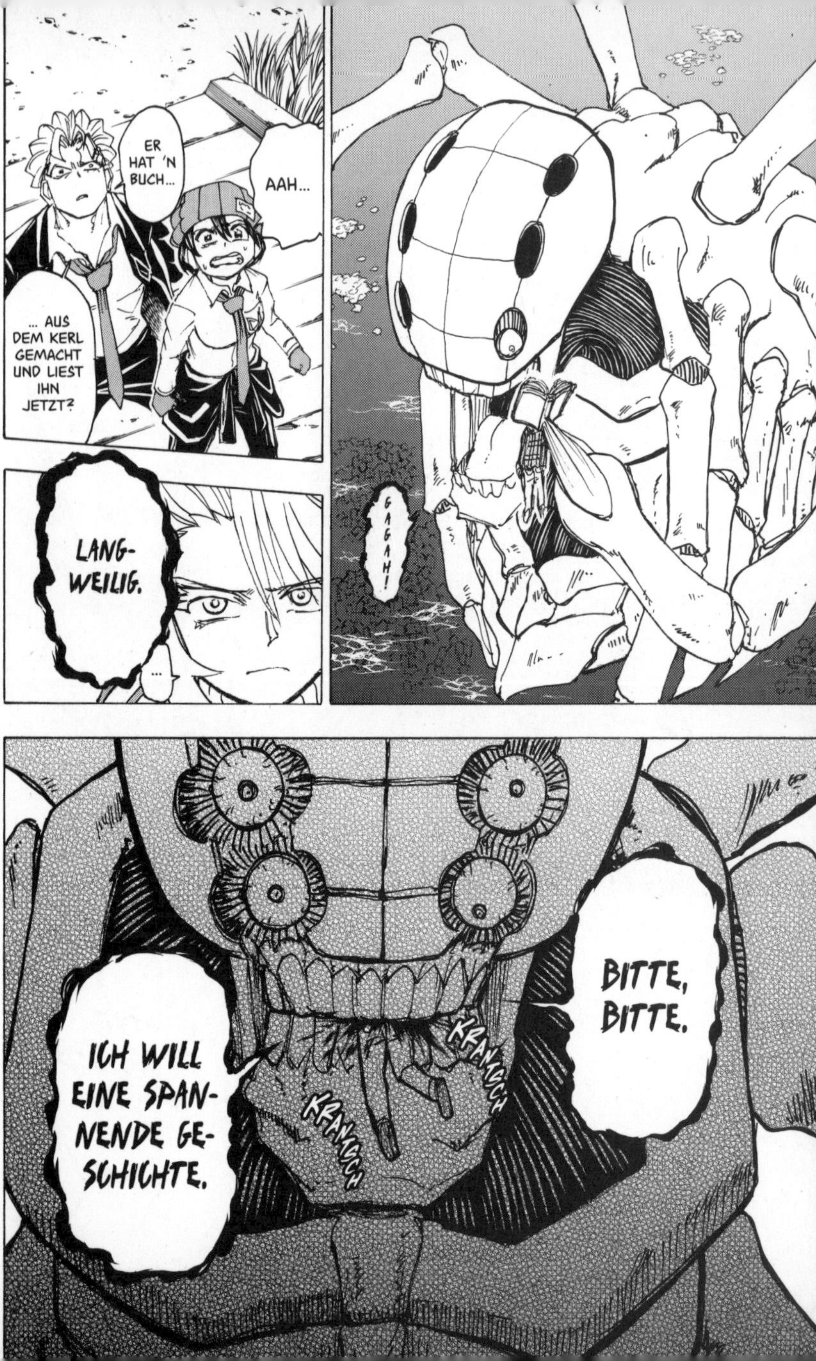
GAGAH!
AAH...
ER HAT 'N BUCH...
... AUS DEM KERL GEMACHT UND LIEST IHN JETZT?
LANG-WEILIG.
...
BITTE, BITTE.
KRANCCH
KRANCCH
ICH WILL EINE SPAN-NENDE GE-SCHICHTE.

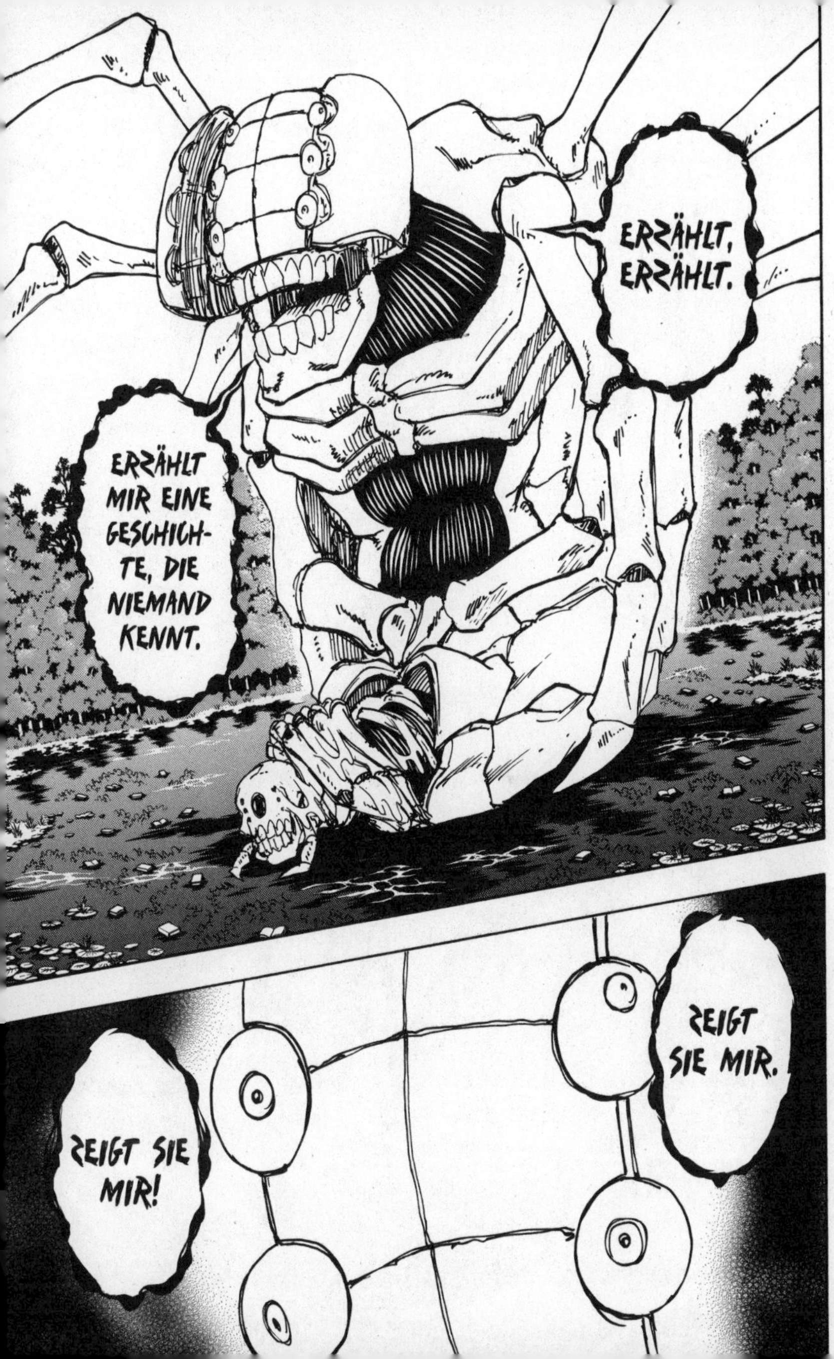
ERZÄHLT, ERZÄHLT.
ERZÄHLT MIR EINE GESCHICHTE, DIE NIEMAND KENNT.
ZEIGT SIE MIR.
ZEIGT SIE MIR!

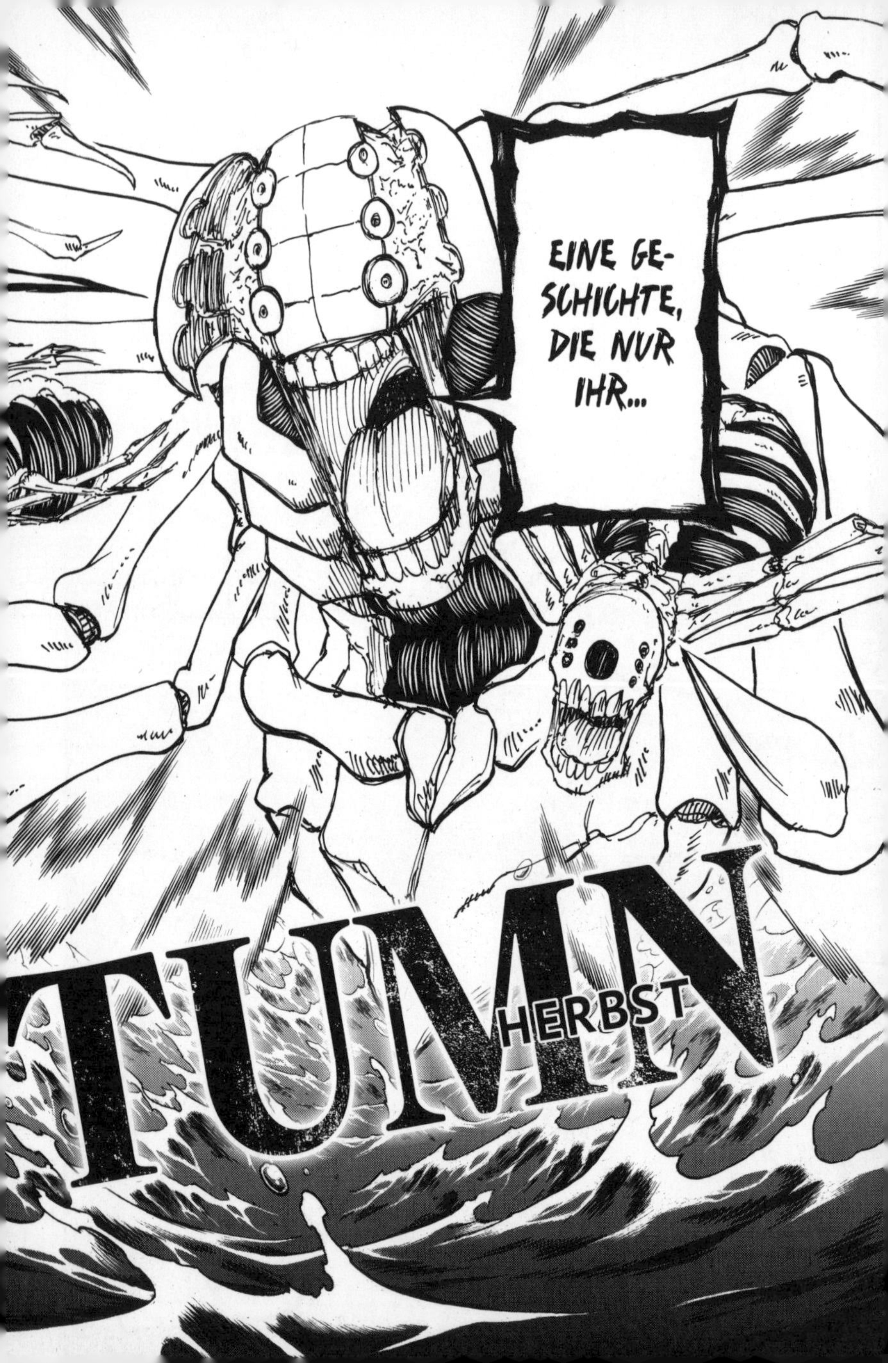
EINE GE-
SCHICHTE,
DIE NUR
IHR...
TUMN
HERBST

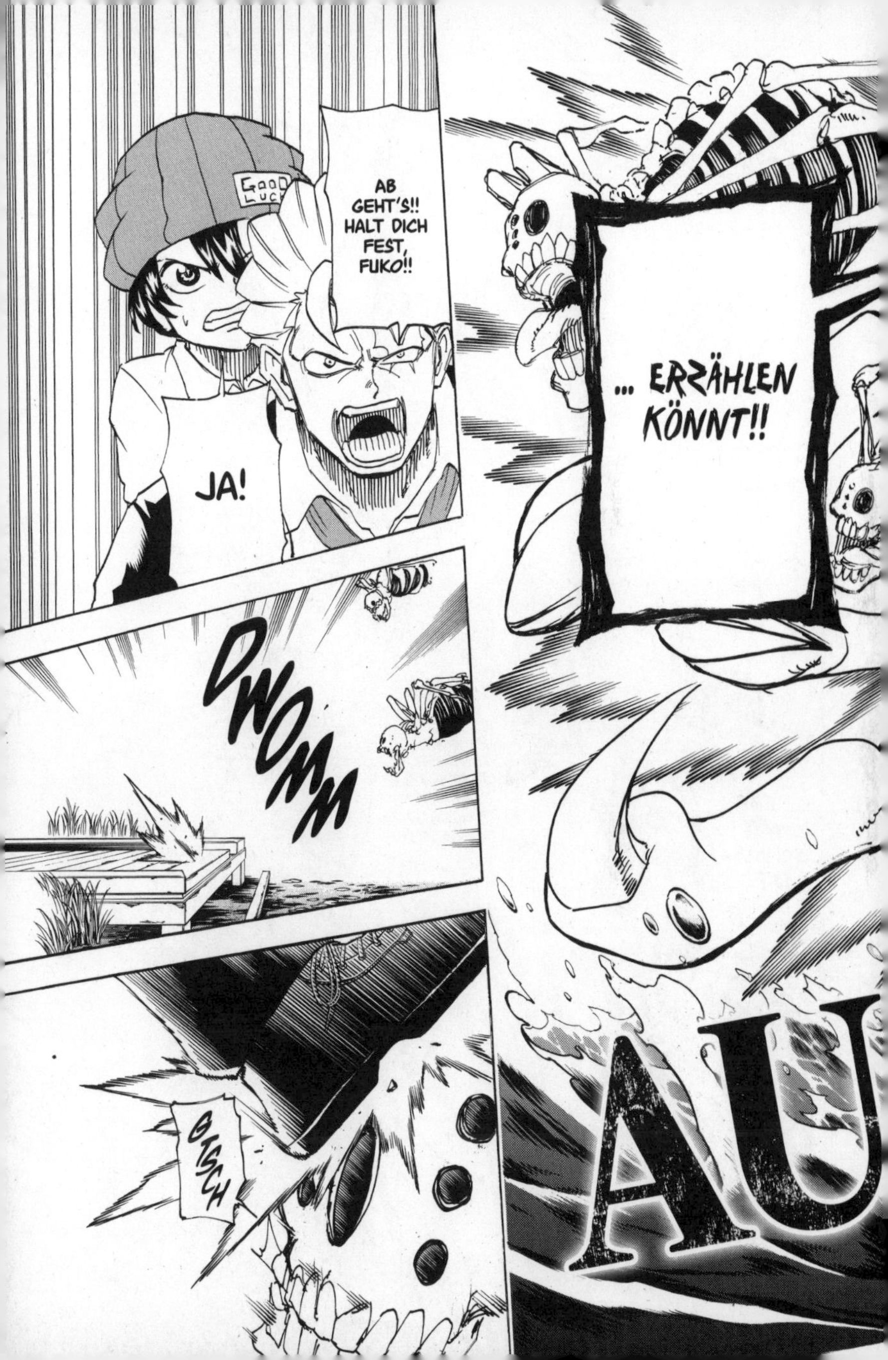

... ERZÄHLEN KÖNNT!!
AB GEHT'S!! HALT DICH FEST, FUKO!!
JA!
DWOMM
BASCH
AU

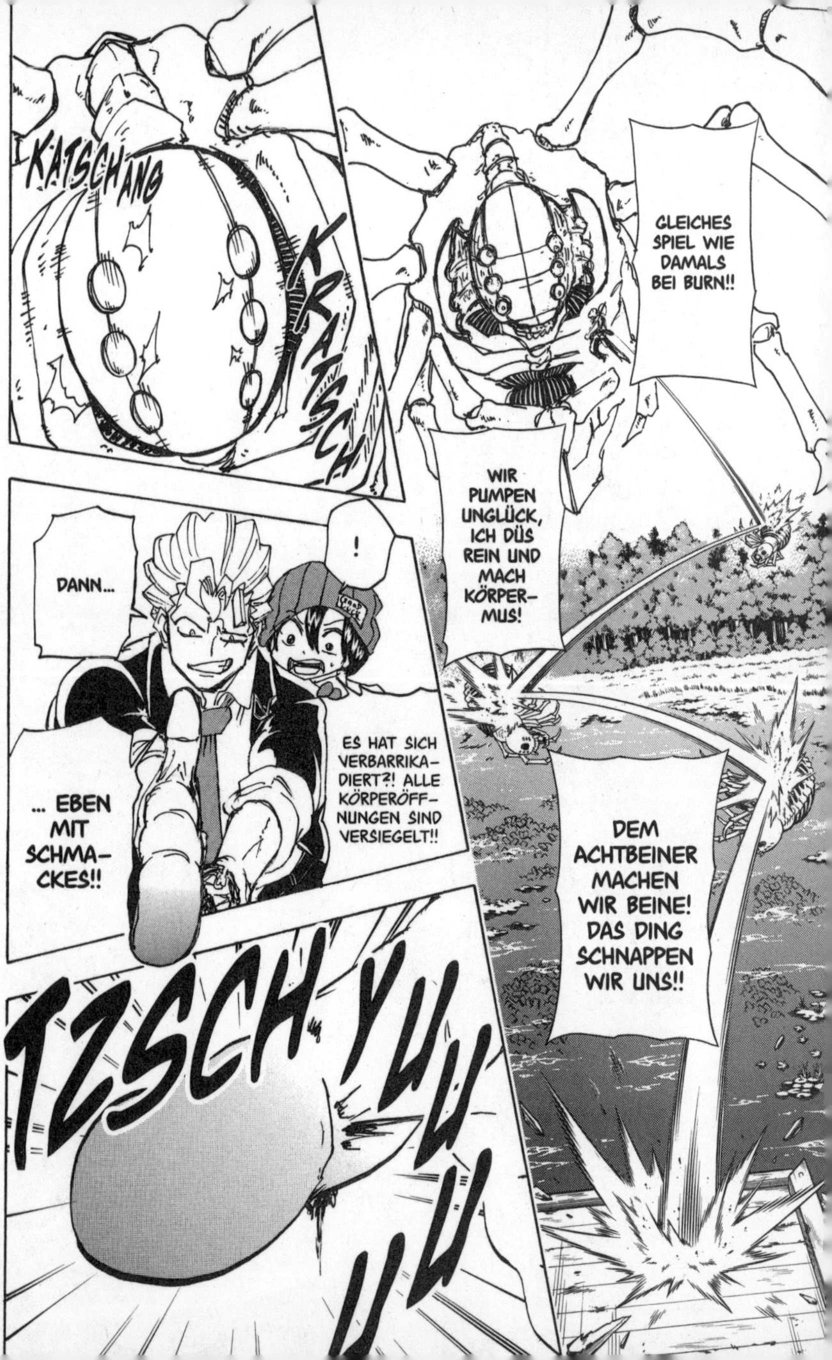
GLEICHES SPIEL WIE DAMALS BEI BURN!!
WIR PUMPEN UNGLÜCK, ICH DÜS REIN UND MACH KÖRPER-MUS!
DEM ACHTBEINER MACHEN WIR BEINE! DAS DING SCHNAPPEN WIR UNS!!
KATSCHANG
KRATSCH
!
ES HAT SICH VERBARRIKA-DIERT?! ALLE KÖRPERÖFF-NUNGEN SIND VERSIEGELT!!
DANN...
... EBEN MIT SCHMA-CKES!!
TZSCH YUUUUU

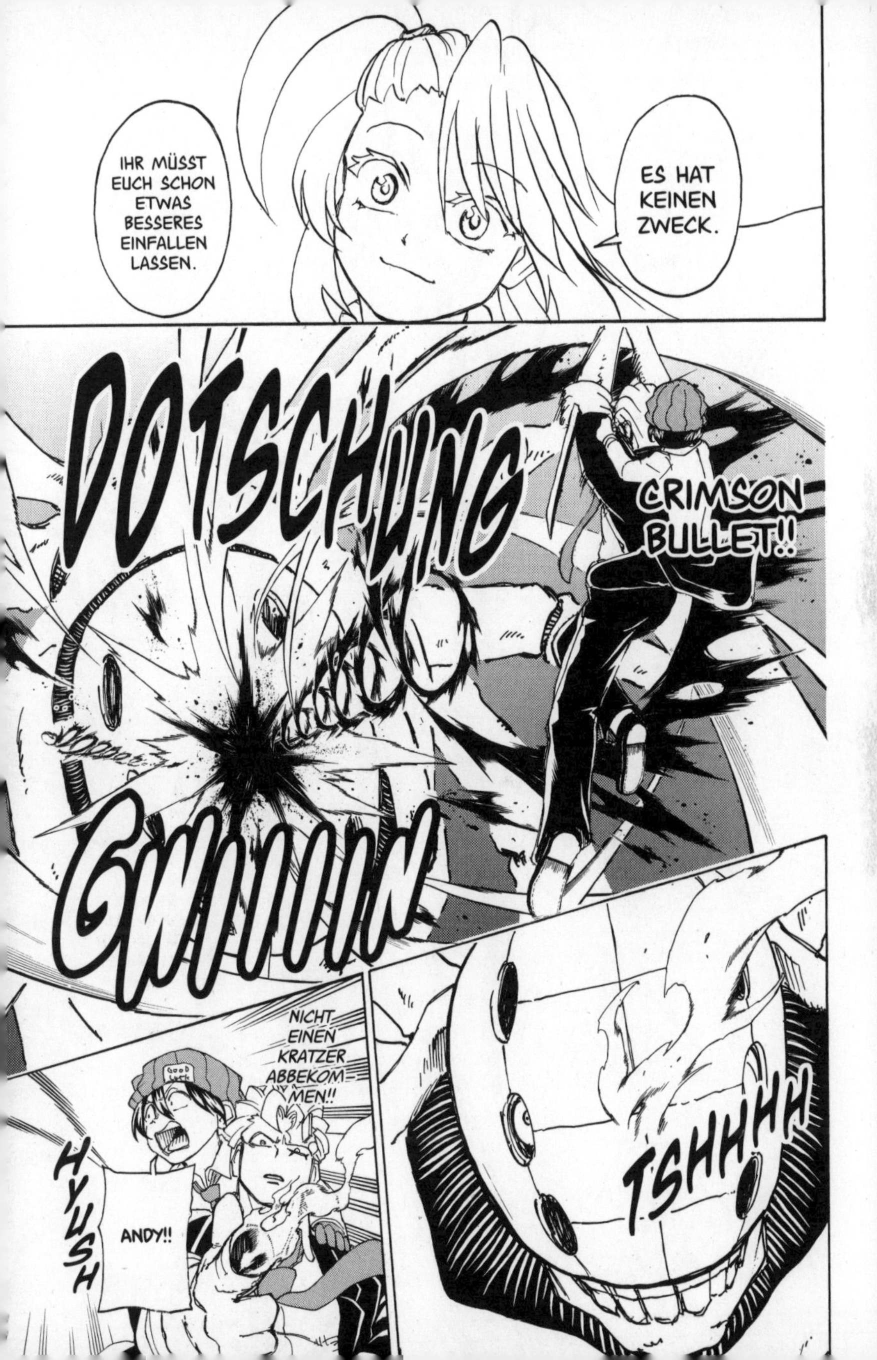

ES HAT KEINEN ZWECK.
IHR MÜSST EUCH SCHON ETWAS BESSERES EINFALLEN LASSEN.
CRIMSON BULLET!!
DOTSCHUNG
GWOOOOO
TSHHHH
NICHT EINEN KRATZER ABBEKOM- MEN!!
ANDY!!
HYUSH

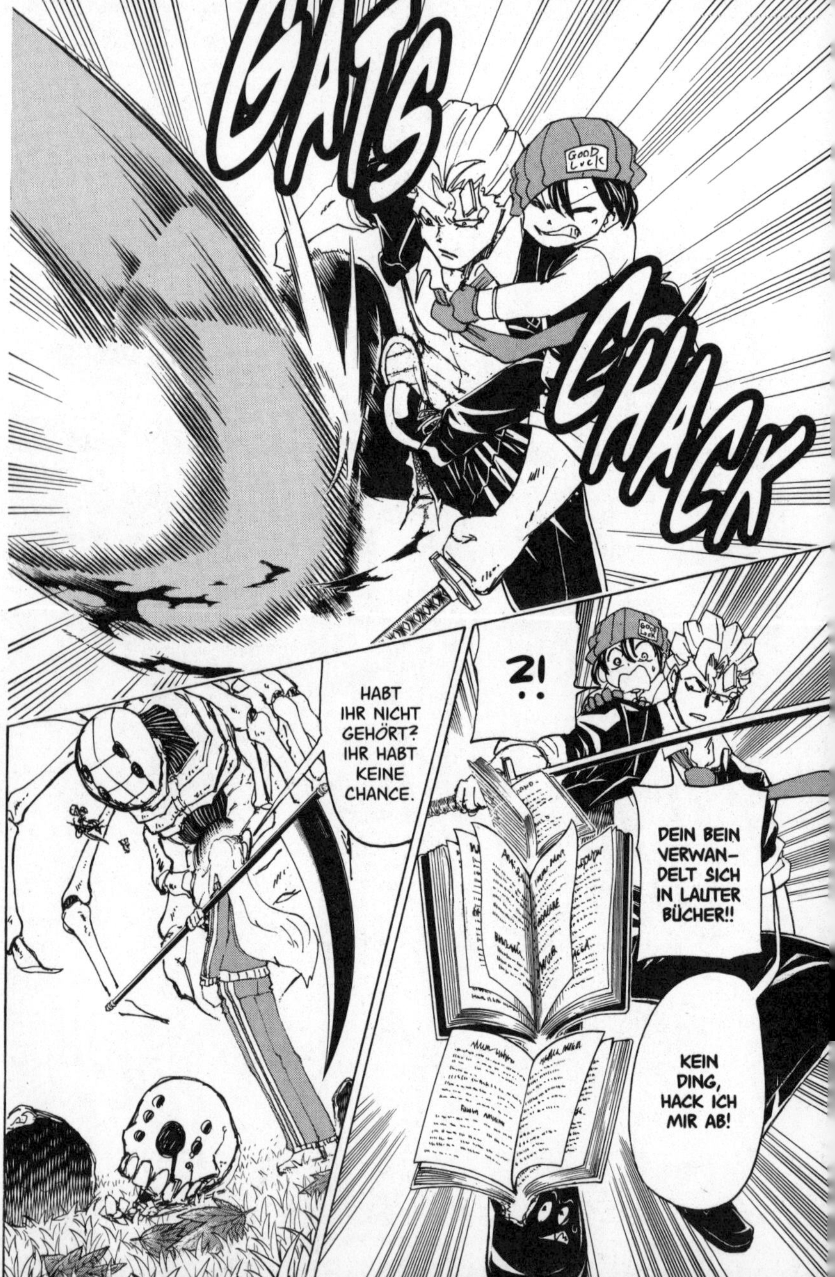
GATS
CHACK
GOOD LUCK
DEIN BEIN VERWANDELT SICH IN LAUTER BÜCHER!!
KEIN DING, HACK ICH MIR AB!
HABT IHR NICHT GEHÖRT? IHR HABT KEINE CHANCE.

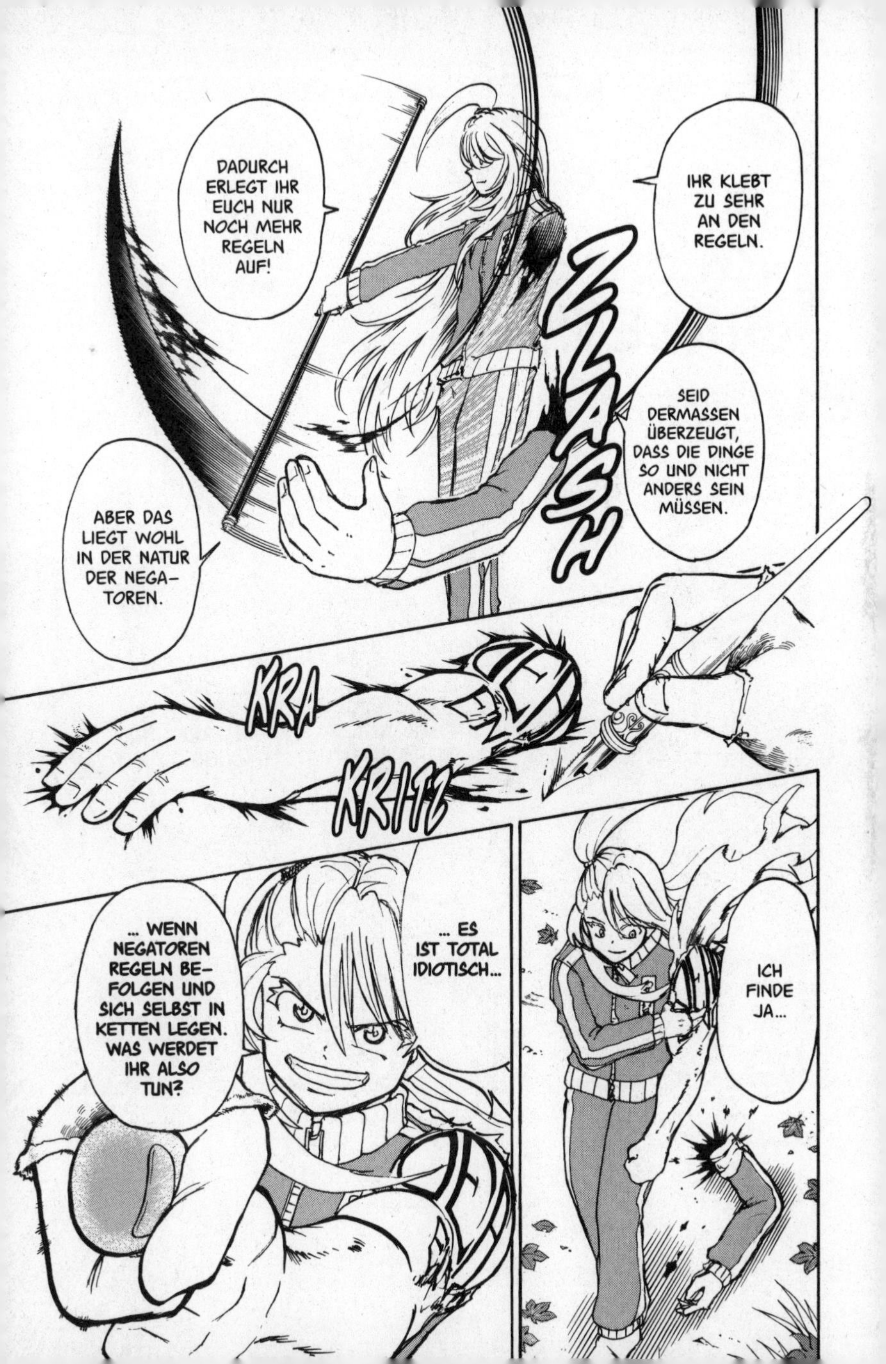

IHR KLEBT ZU SEHR AN DEN REGELN.
SEID DERMASSEN ÜBERZEUGT, DASS DIE DINGE SO UND NICHT ANDERS SEIN MÜSSEN.
DADURCH ERLEGT IHR EUCH NUR NOCH MEHR REGELN AUF!
ABER DAS LIEGT WOHL IN DER NATUR DER NEGATOREN.
ZWASH
KRA
KRITZ
ICH FINDE JA...
... ES IST TOTAL IDIOTISCH...
... WENN NEGATOREN REGELN BEFOLGEN UND SICH SELBST IN KETTEN LEGEN. WAS WERDET IHR ALSO TUN?

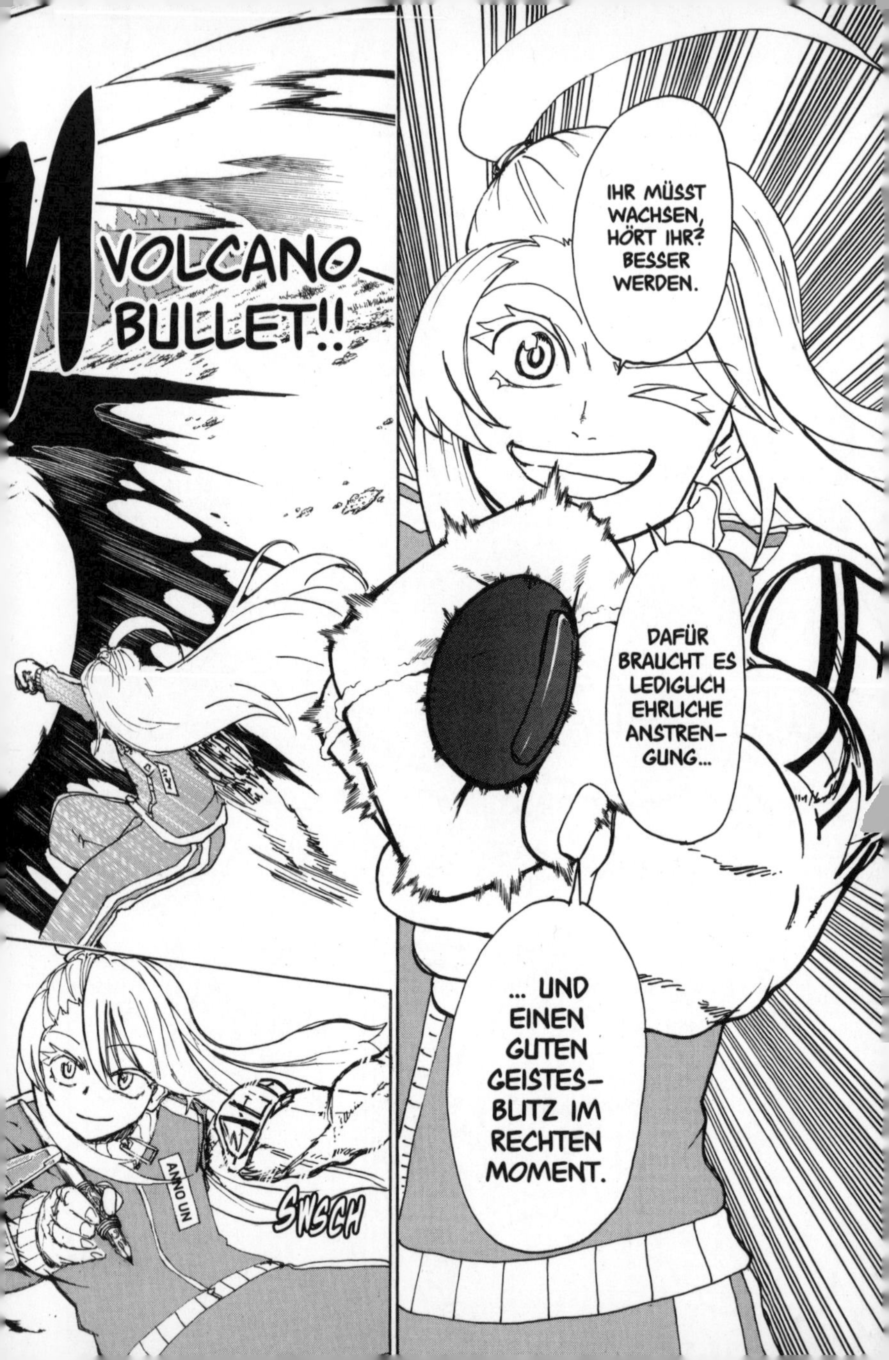
IHR MÜSST WACHSEN, HÖRT IHR? BESSER WERDEN.
DAFÜR BRAUCHT ES LEDIGLICH EHRLICHE ANSTREN-GUNG...
... UND EINEN GUTEN GEISTES-BLITZ IM RECHTEN MOMENT.
VOLCANO BULLET!!
ANNO UN
SWSCH

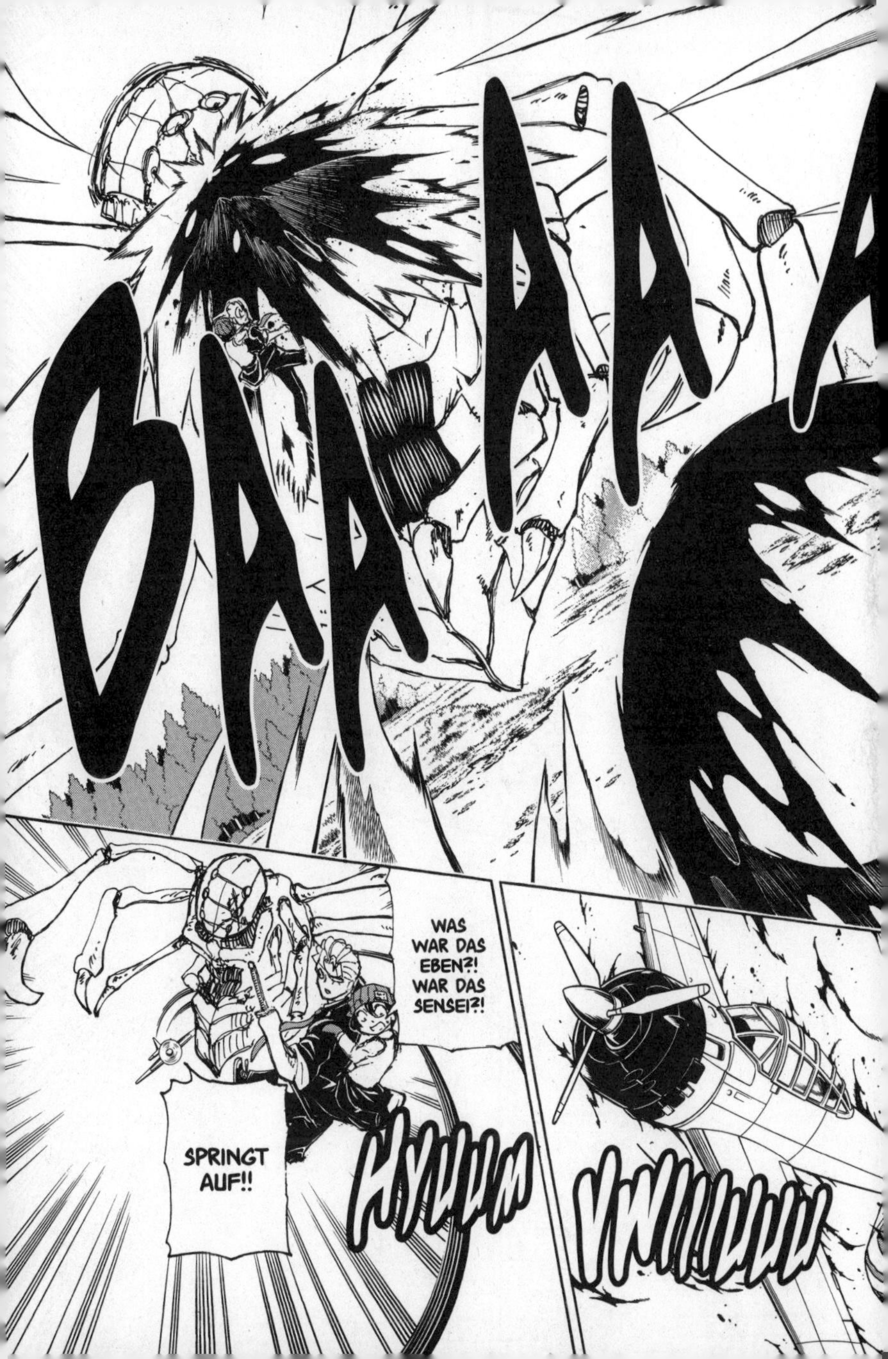
WAS WAR DAS EBEN?! WAR DAS SENSEI?!
SPRINGT AUF!!

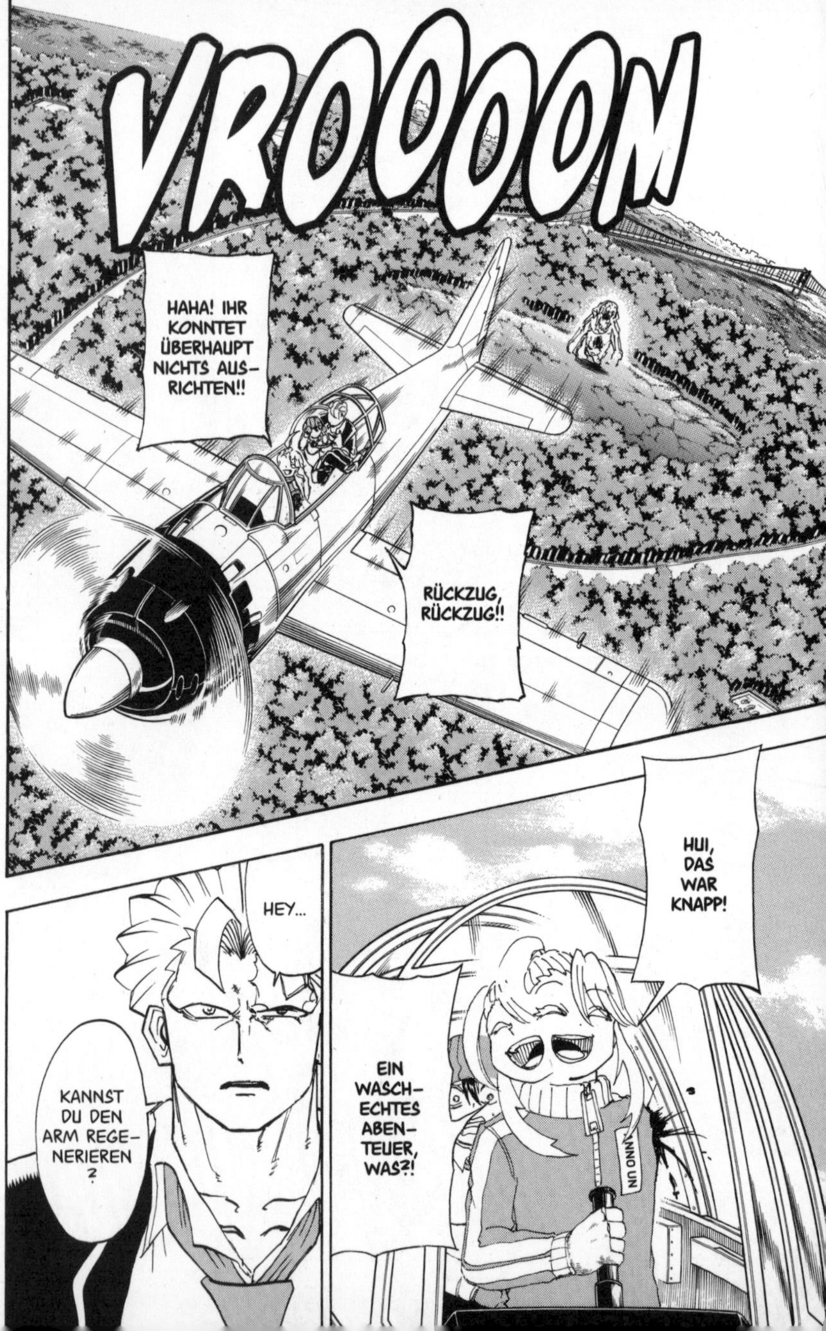
VROOOOM
HAHA! IHR KONNTET ÜBERHAUPT NICHTS AUS-RICHTEN!!
RÜCKZUG, RÜCKZUG!!
HUI, DAS WAR KNAPP!
EIN WASCH-ECHTES ABEN-TEUER, WAS?!
ANNO UN
HEY...
KANNST DU DEN ARM REGE-NERIEREN?

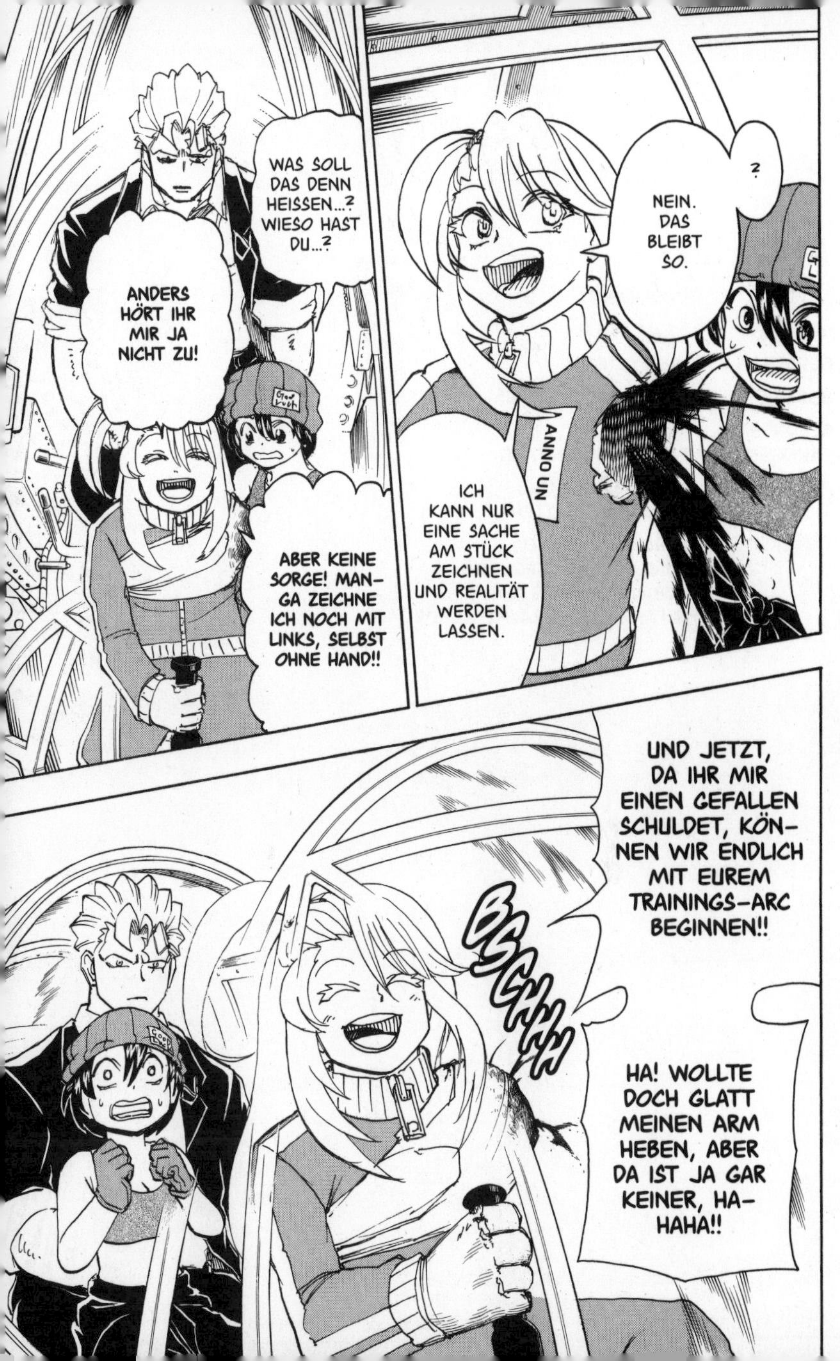
?
NEIN. DAS BLEIBT SO.
ANNO UN
ICH KANN NUR EINE SACHE AM STÜCK ZEICHNEN UND REALITÄT WERDEN LASSEN.
WAS SOLL DAS DENN HEISSEN...? WIESO HAST DU...?
ANDERS HÖRT IHR MIR JA NICHT ZU!
ABER KEINE SORGE! MANGA ZEICHNE ICH NOCH MIT LINKS, SELBST OHNE HAND!!
UND JETZT, DA IHR MIR EINEN GEFALLEN SCHULDET, KÖNNEN WIR ENDLICH MIT EUREM TRAININGS-ARC BEGINNEN!!
BSCHHH
HA! WOLLTE DOCH GLATT MEINEN ARM HEBEN, ABER DA IST JA GAR KEINER, HAHAHA!!

## ANNO UN

| | |
|---|---|
| ALTER: | UNBEKANNT |
| GRÖSSE: | ETWA 1,70 M |
| GEWICHT: | UNBEKANNT |
| HOBBIES: | MANGA ZEICHNEN, MANGA LESEN |
| BESONDERE FÄHIGKEITEN: | FLINKE ZEICHENHAND |
| PRÄFERENZEN: | SICH MIT ANDY UND FUKO UNTERHALTEN |
| FÄHIGKEIT: | WIRD UNTERSUCHT WIRD BEKANNT GEGEBEN, SOBALD NÄHERES IN ERFAHRUNG GEBRACHT WURDE |

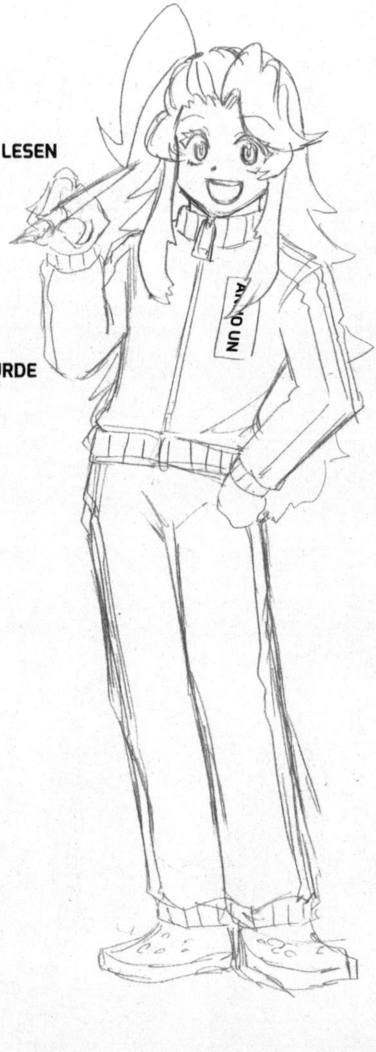

## No. 040 Andy?

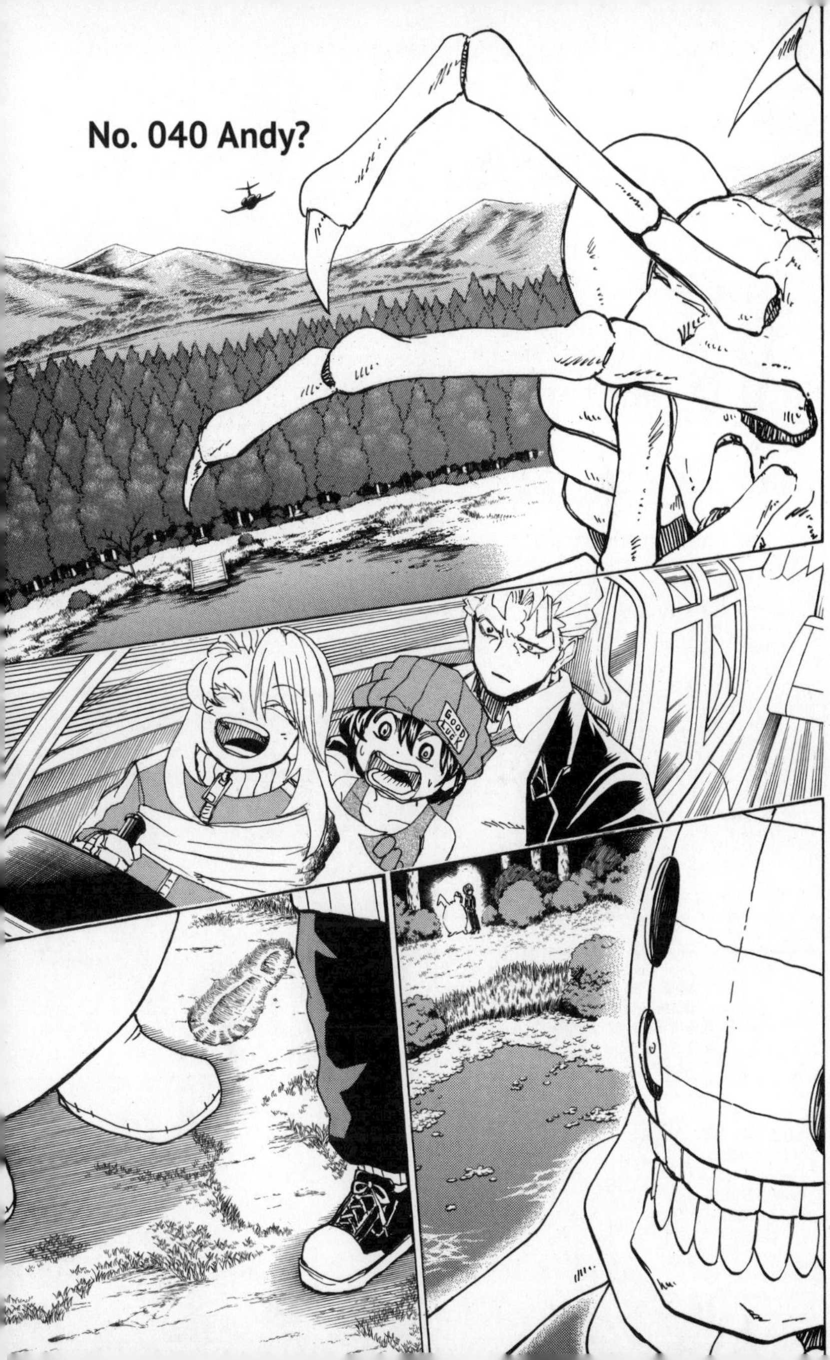

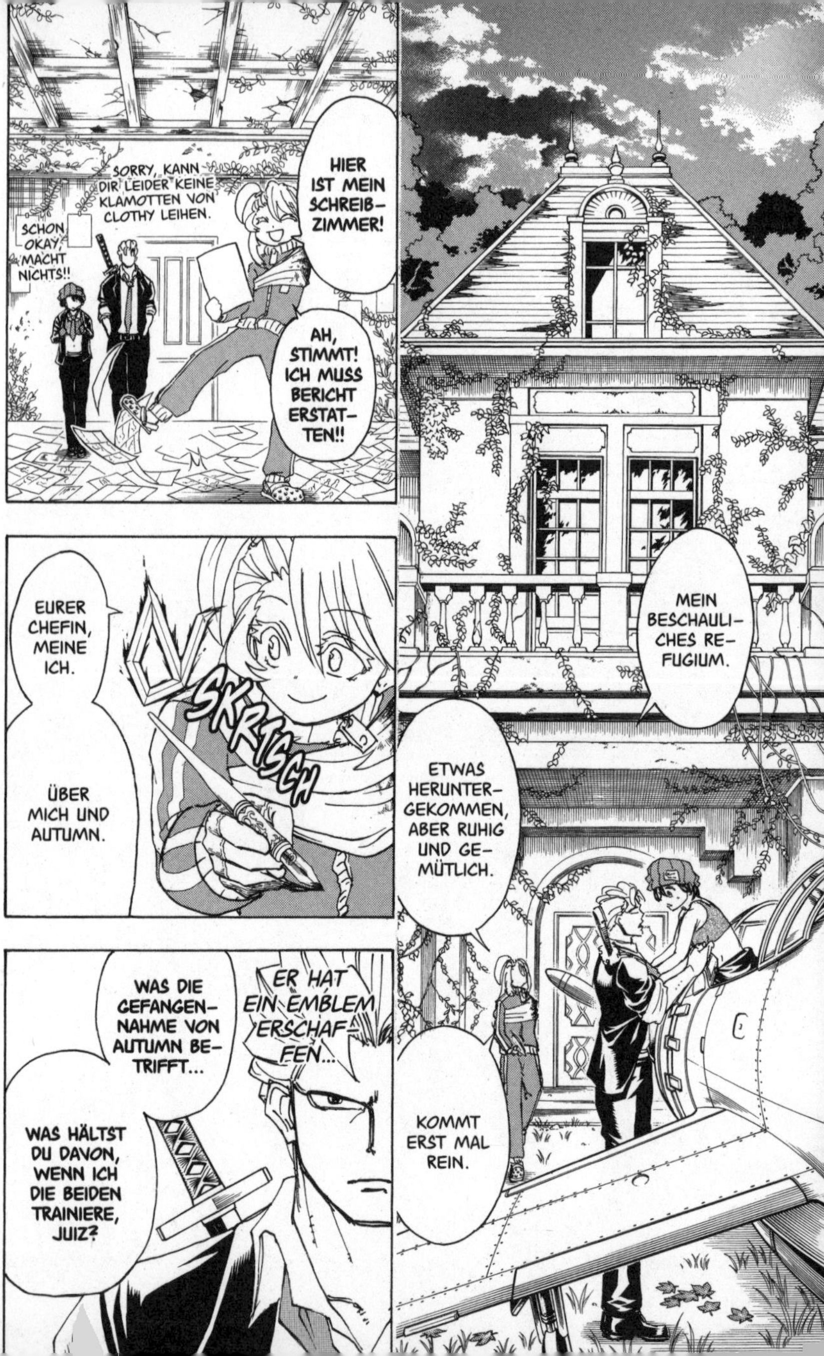
MEIN BESCHAULICHES REFUGIUM.
ETWAS HERUNTERGEKOMMEN, ABER RUHIG UND GEMÜTLICH.
KOMMT ERST MAL REIN.
HIER IST MEIN SCHREIBZIMMER!
SORRY, KANN DIR LEIDER KEINE KLAMOTTEN VON CLOTHY LEIHEN.
SCHON OKAY, MACHT NICHTS!!
AH, STIMMT! ICH MUSS BERICHT ERSTATTEN!!
SKRISCH
EURER CHEFIN, MEINE ICH.
ÜBER MICH UND AUTUMN.
ER HAT EIN EMBLEM ERSCHAFFEN...
WAS DIE GEFANGENNAHME VON AUTUMN BETRIFFT...
WAS HÄLTST DU DAVON, WENN ICH DIE BEIDEN TRAINIERE, JUIZ?

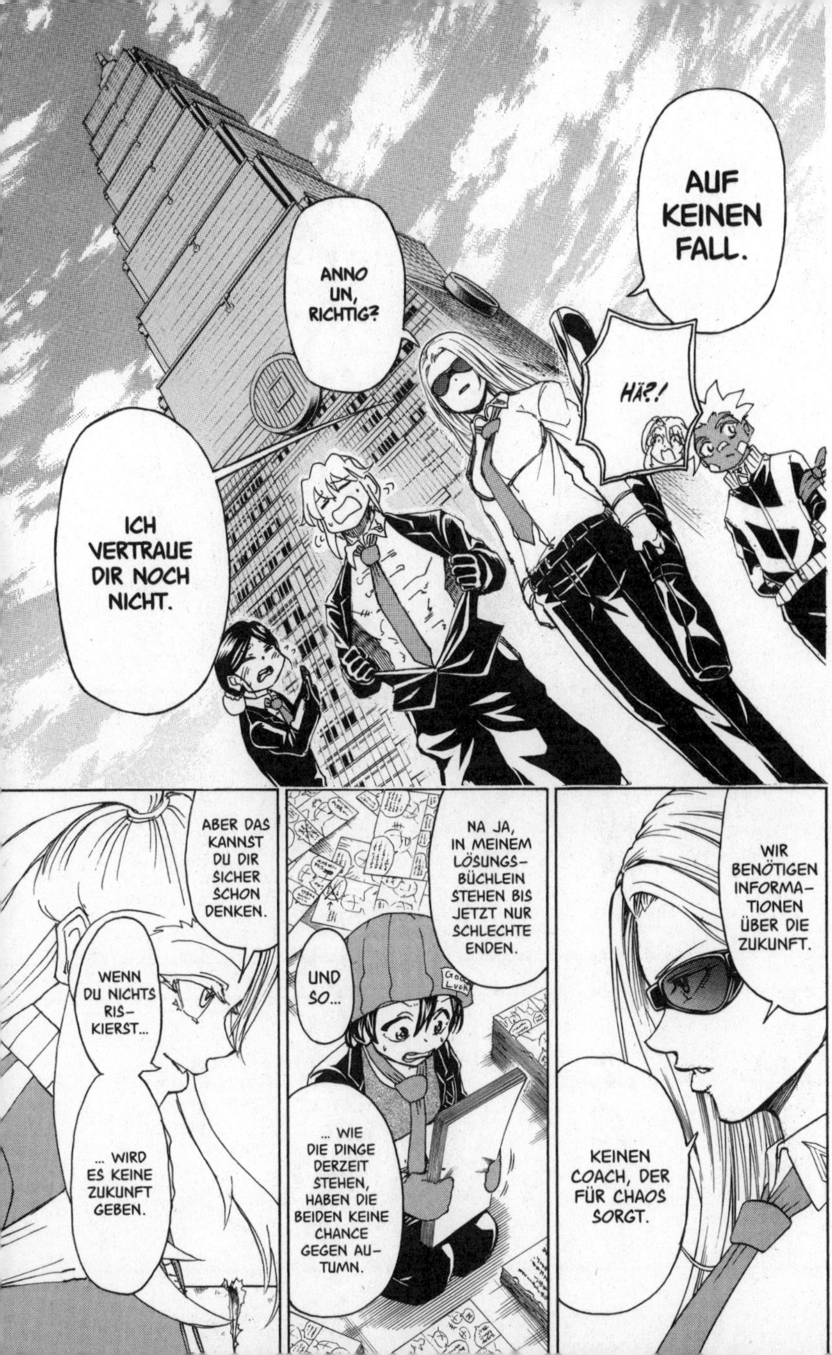
AUF KEINEN FALL.
HÄ?!
ANNO UN, RICHTIG?
ICH VERTRAUE DIR NOCH NICHT.
WIR BENÖTIGEN INFORMATIONEN ÜBER DIE ZUKUNFT.
KEINEN COACH, DER FÜR CHAOS SORGT.
NA JA, IN MEINEM LÖSUNGSBÜCHLEIN STEHEN BIS JETZT NUR SCHLECHTE ENDEN.
UND SO...
... WIE DIE DINGE DERZEIT STEHEN, HABEN DIE BEIDEN KEINE CHANCE GEGEN AUTUMN.
ABER DAS KANNST DU DIR SICHER SCHON DENKEN.
WENN DU NICHTS RISKIERST...
... WIRD ES KEINE ZUKUNFT GEBEN.

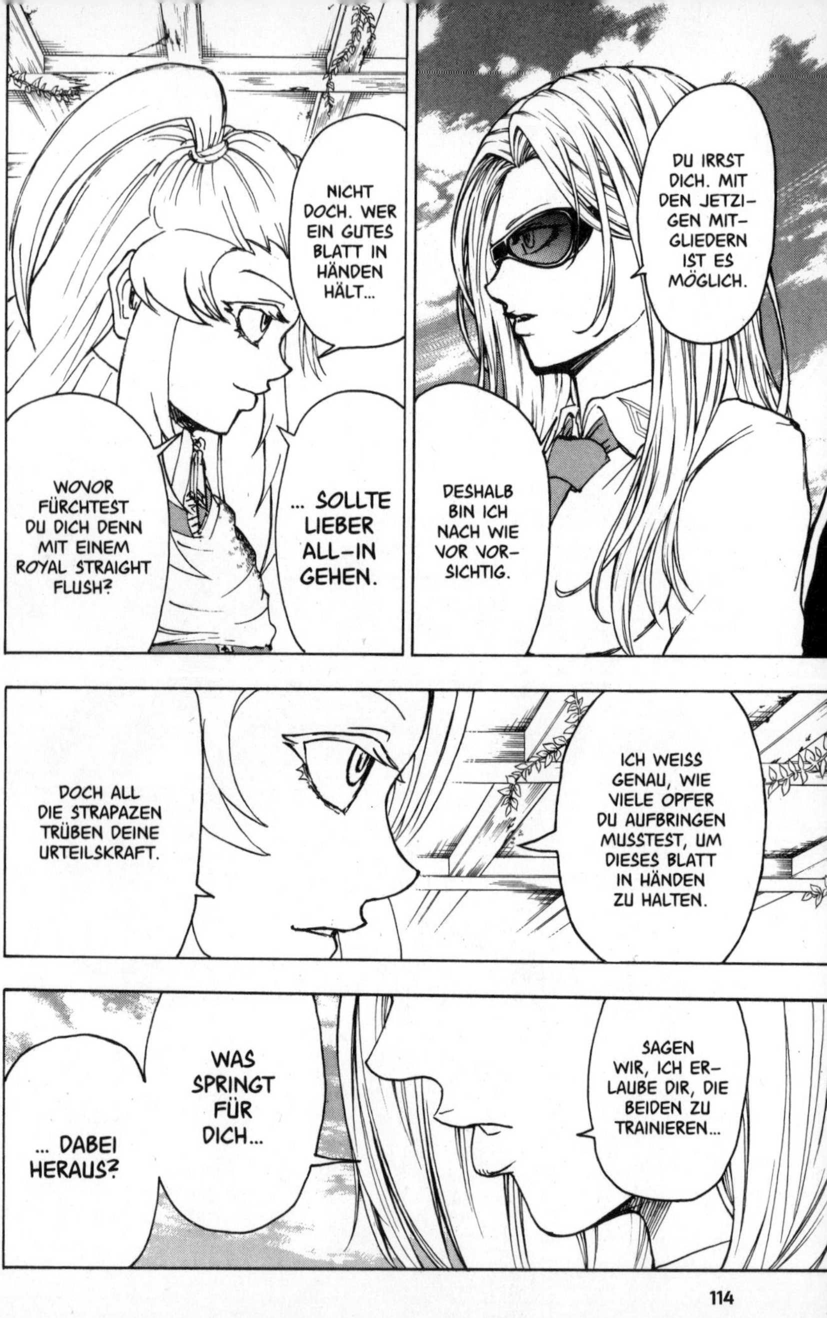
DU IRRST DICH. MIT DEN JETZIGEN MITGLIEDERN IST ES MÖGLICH.
DESHALB BIN ICH NACH WIE VOR VORSICHTIG.
NICHT DOCH. WER EIN GUTES BLATT IN HÄNDEN HÄLT…
… SOLLTE LIEBER ALL-IN GEHEN.
WOVOR FÜRCHTEST DU DICH DENN MIT EINEM ROYAL STRAIGHT FLUSH?
ICH WEISS GENAU, WIE VIELE OPFER DU AUFBRINGEN MUSSTEST, UM DIESES BLATT IN HÄNDEN ZU HALTEN.
DOCH ALL DIE STRAPAZEN TRÜBEN DEINE URTEILSKRAFT.
SAGEN WIR, ICH ERLAUBE DIR, DIE BEIDEN ZU TRAINIEREN…
WAS SPRINGT FÜR DICH…
… DABEI HERAUS?

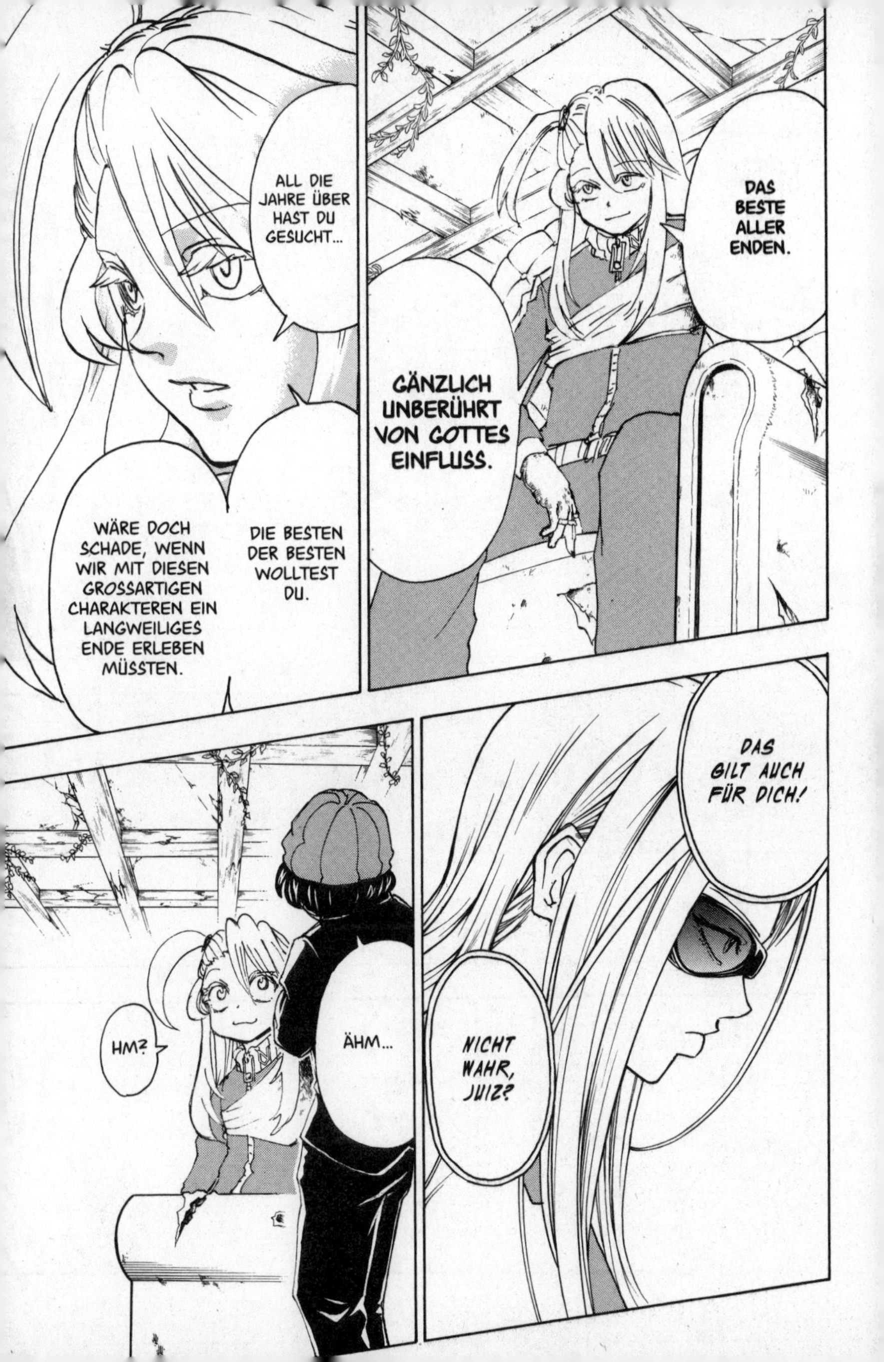
DAS BESTE ALLER ENDEN.
GÄNZLICH UNBERÜHRT VON GOTTES EINFLUSS.
ALL DIE JAHRE ÜBER HAST DU GESUCHT...
DIE BESTEN DER BESTEN WOLLTEST DU.
WÄRE DOCH SCHADE, WENN WIR MIT DIESEN GROSSARTIGEN CHARAKTEREN EIN LANGWEILIGES ENDE ERLEBEN MÜSSTEN.
DAS GILT AUCH FÜR DICH!
NICHT WAHR, JUIZ?
ÄHM...
HM?

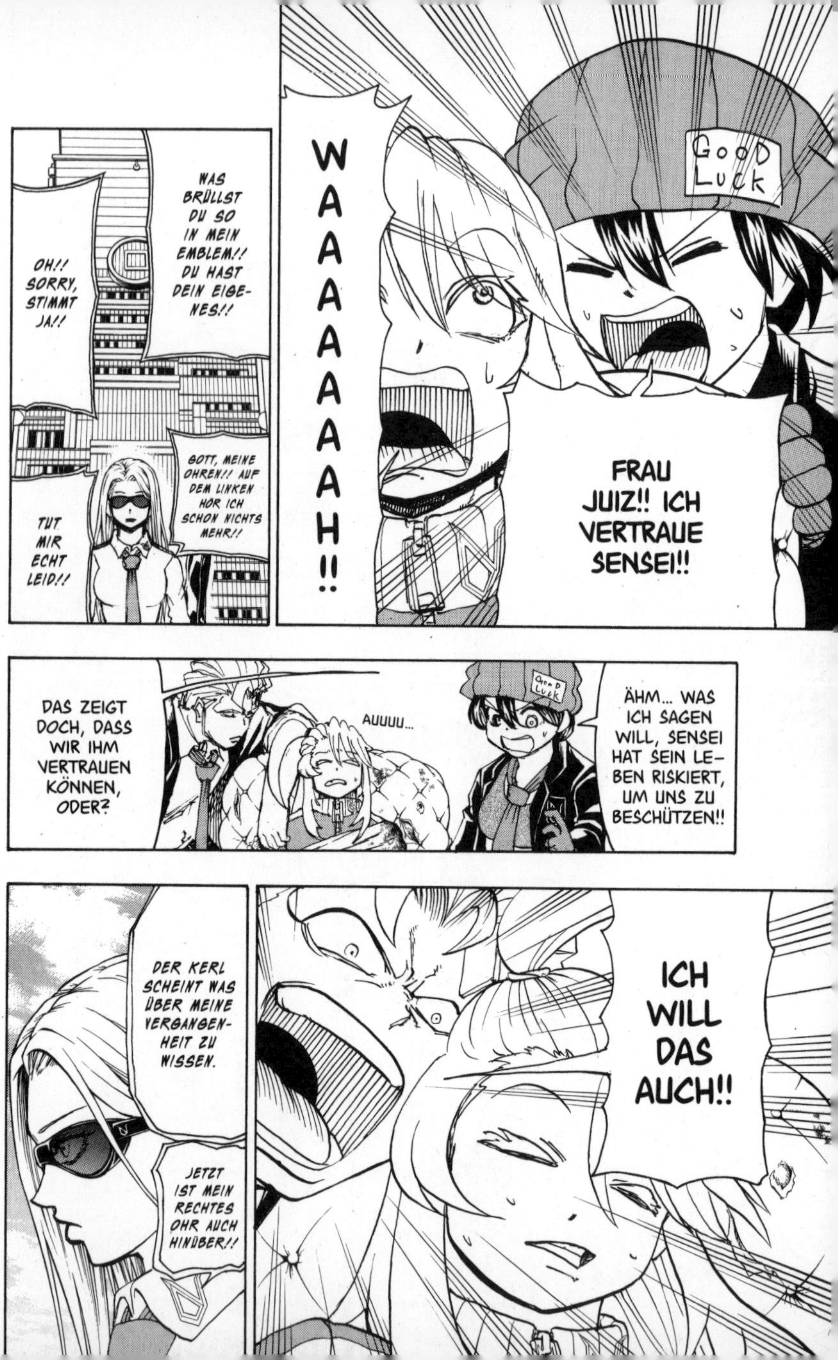
GOOD LUCK
FRAU JUIZ!! ICH VERTRAUE SENSEI!!
WAAAAAAAAAH!!
WAS BRÜLLST DU SO IN MEIN EMBLEM!! DU HAST DEIN EIGENES!!
OH!! SORRY, STIMMT JA!!
GOTT, MEINE OHREN!! AUF DEM LINKEN HÖR ICH SCHON NICHTS MEHR!!
TUT MIR ECHT LEID!!
ÄHM... WAS ICH SAGEN WILL, SENSEI HAT SEIN LEBEN RISKIERT, UM UNS ZU BESCHÜTZEN!!
AUUUU...
DAS ZEIGT DOCH, DASS WIR IHM VERTRAUEN KÖNNEN, ODER?
ICH WILL DAS AUCH!!
DER KERL SCHEINT WAS ÜBER MEINE VERGANGENHEIT ZU WISSEN.
JETZT IST MEIN RECHTES OHR AUCH HINÜBER!!

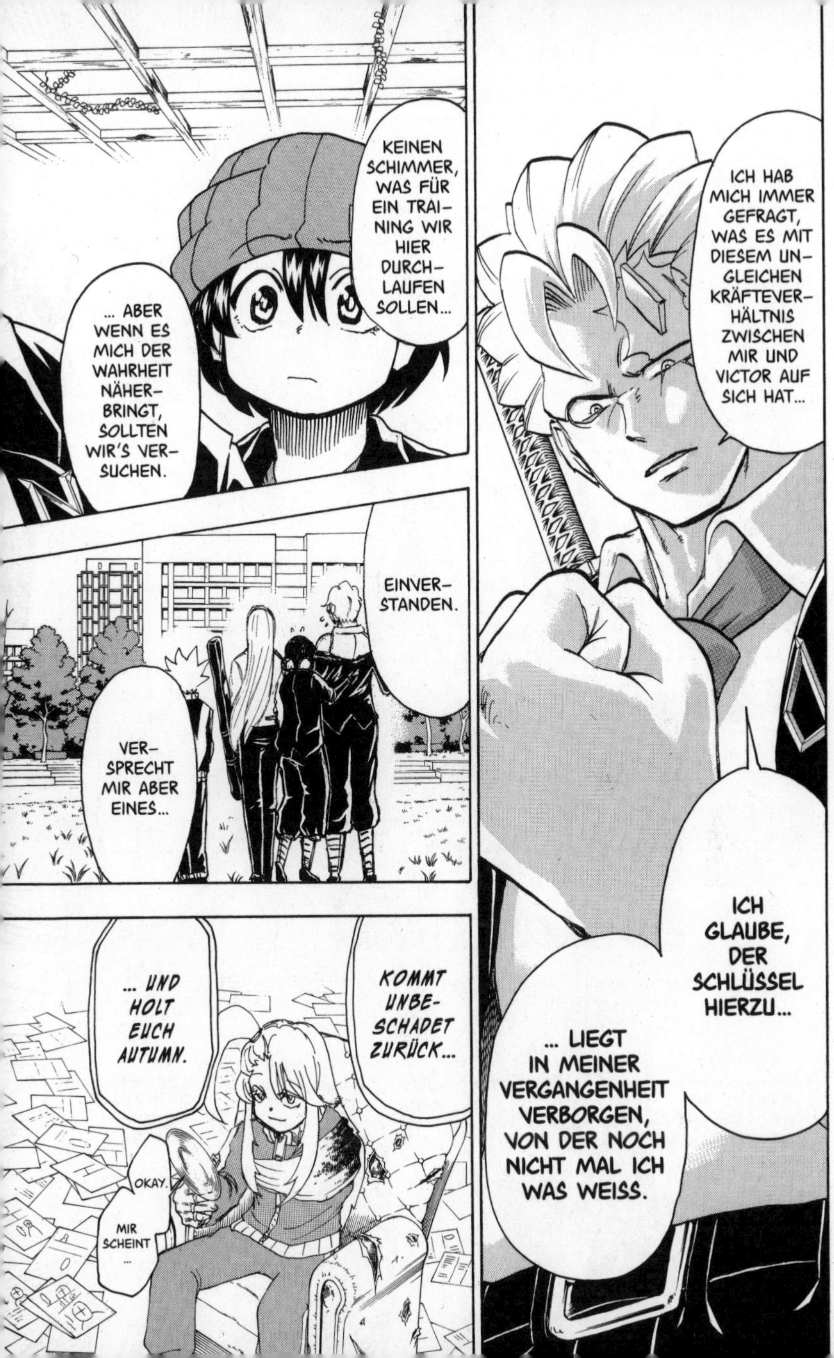
ICH HAB MICH IMMER GEFRAGT, WAS ES MIT DIESEM UNGLEICHEN KRÄFTEVERHÄLTNIS ZWISCHEN MIR UND VICTOR AUF SICH HAT...
ICH GLAUBE, DER SCHLÜSSEL HIERZU...
... LIEGT IN MEINER VERGANGENHEIT VERBORGEN, VON DER NOCH NICHT MAL ICH WAS WEISS.
KEINEN SCHIMMER, WAS FÜR EIN TRAINING WIR HIER DURCHLAUFEN SOLLEN...
... ABER WENN ES MICH DER WAHRHEIT NÄHERBRINGT, SOLLTEN WIR'S VERSUCHEN.
EINVERSTANDEN.
VERSPRECHT MIR ABER EINES...
KOMMT UNBESCHADET ZURÜCK...
... UND HOLT EUCH AUTUMN.
OKAY.
MIR SCHEINT ...

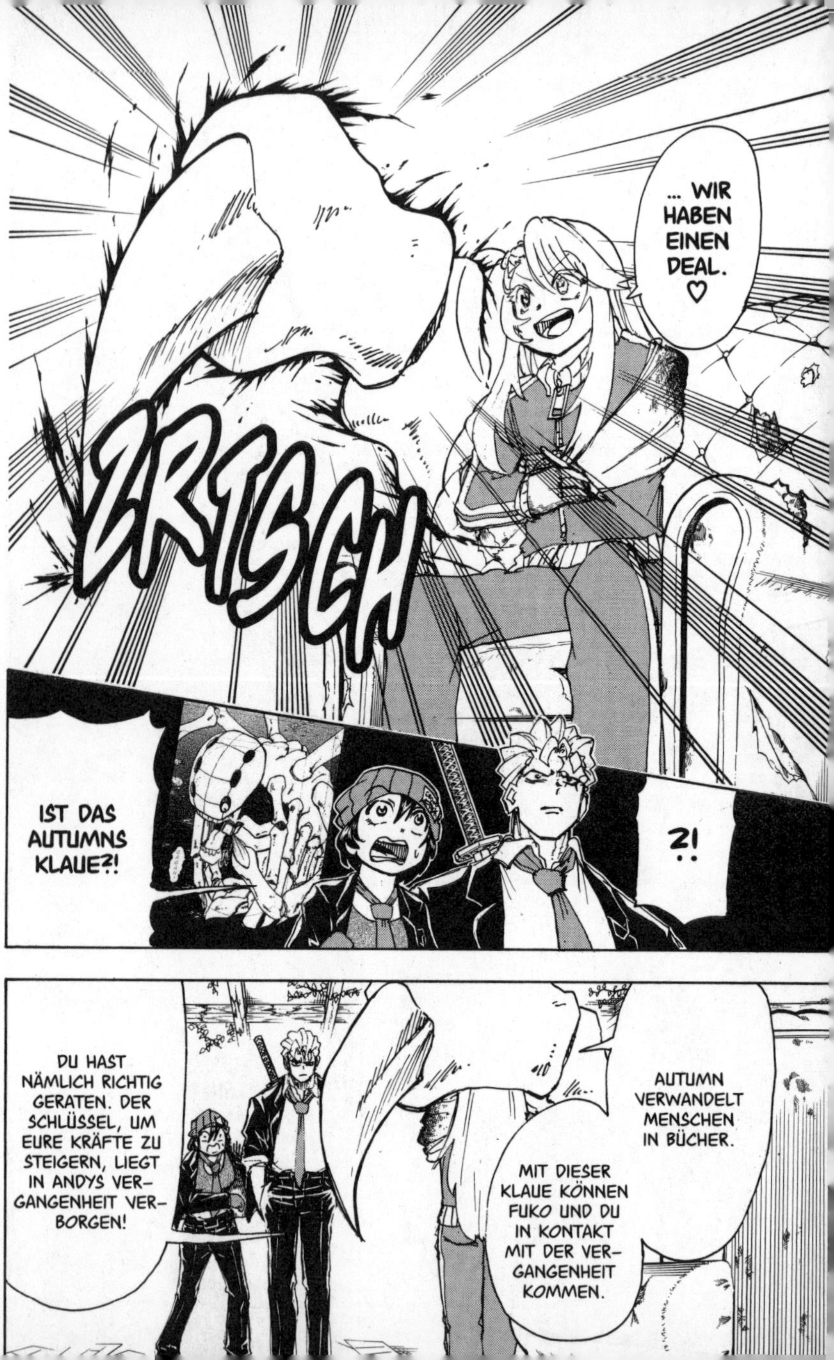
... WIR HABEN EINEN DEAL. ♡
ZRTSCH
IST DAS AUTUMNS KLAUE?!
?!
AUTUMN VERWANDELT MENSCHEN IN BÜCHER.
MIT DIESER KLAUE KÖNNEN FUKO UND DU IN KONTAKT MIT DER VERGANGENHEIT KOMMEN.
DU HAST NÄMLICH RICHTIG GERATEN. DER SCHLÜSSEL, UM EURE KRÄFTE ZU STEIGERN, LIEGT IN ANDYS VERGANGENHEIT VERBORGEN!

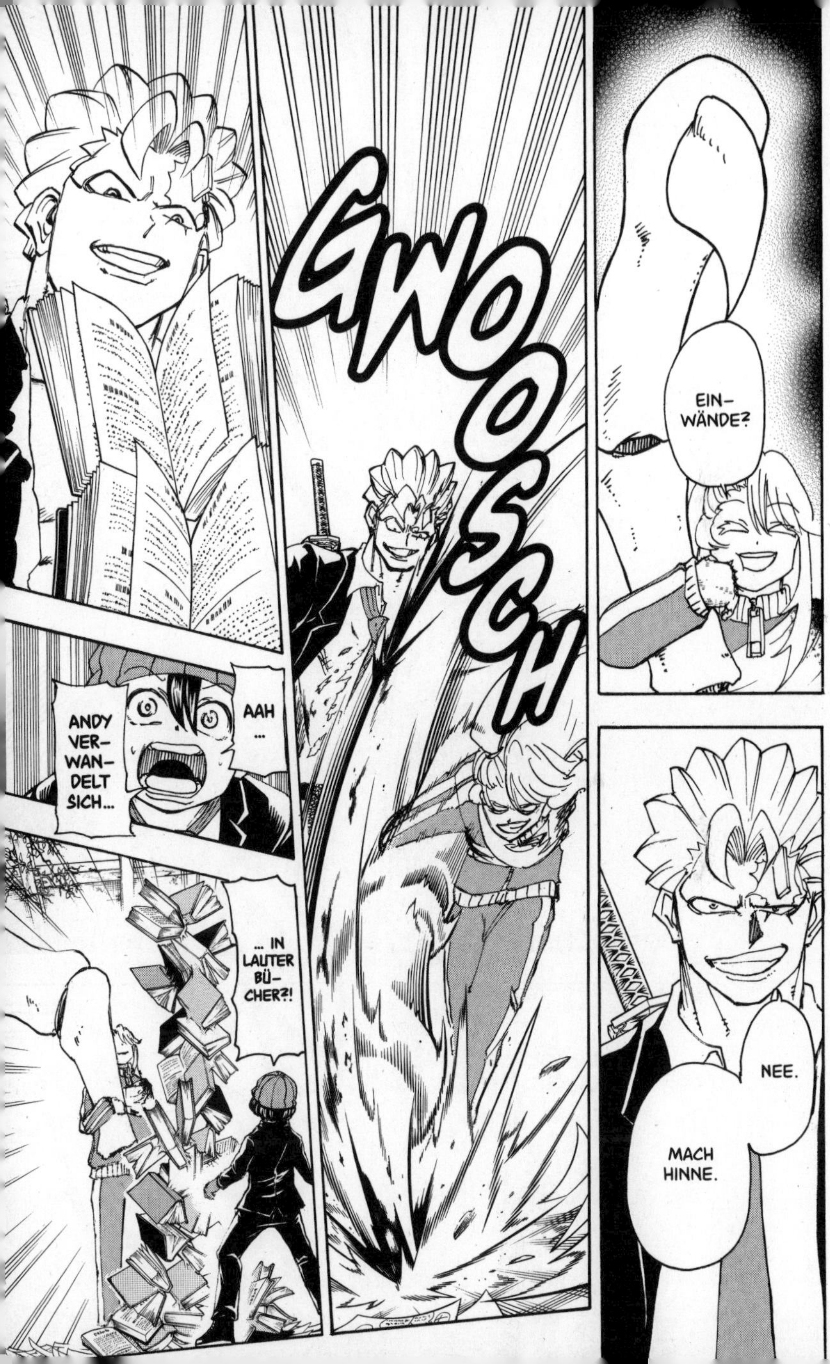
EIN-WÄNDE?
NEE.
MACH HINNE.
GWOOSCH
AAH ...
ANDY VER-WAN-DELT SICH...
... IN LAUTER BÜ-CHER?!

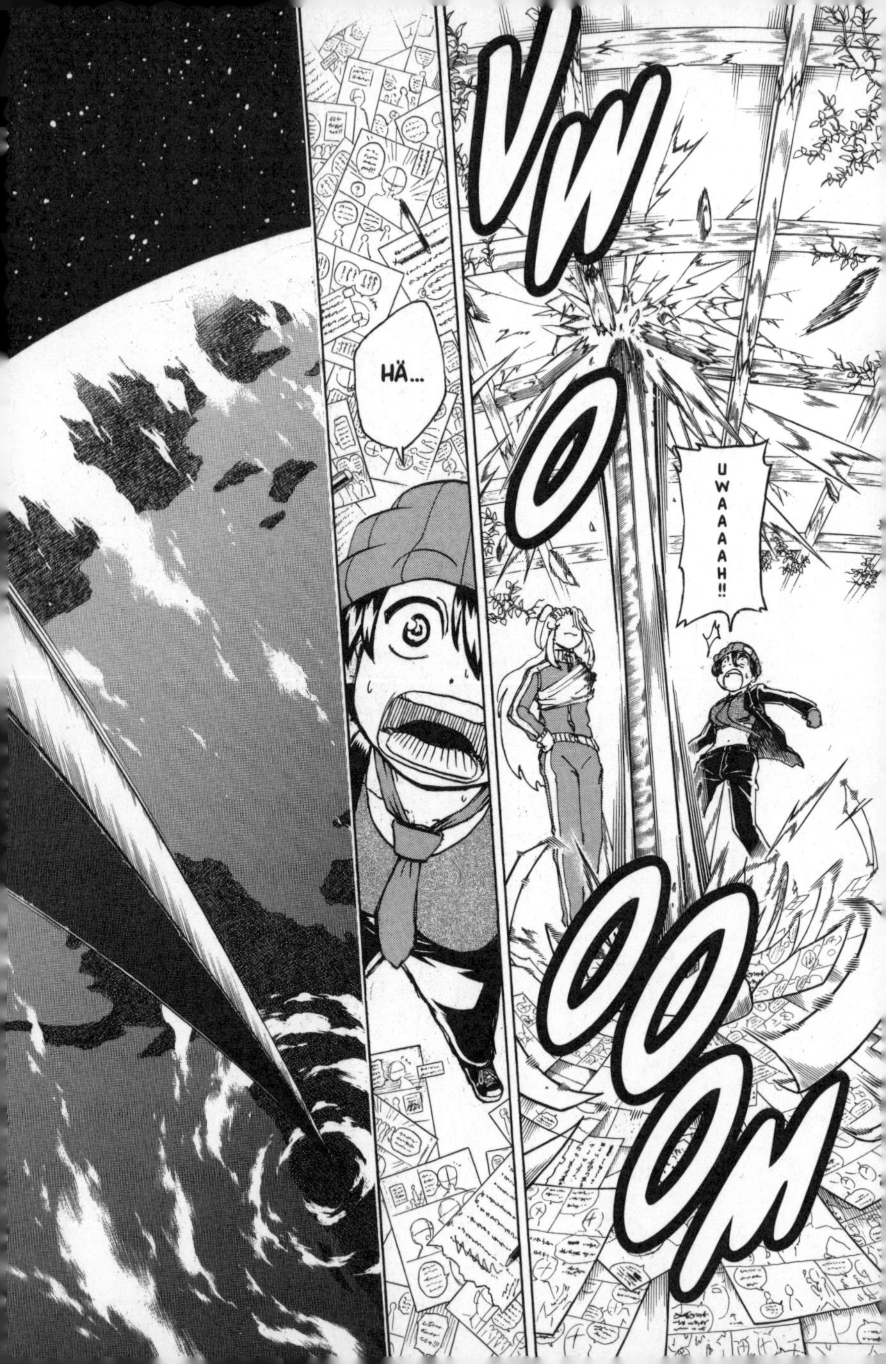
UWAAAAAH!!
HÄ...

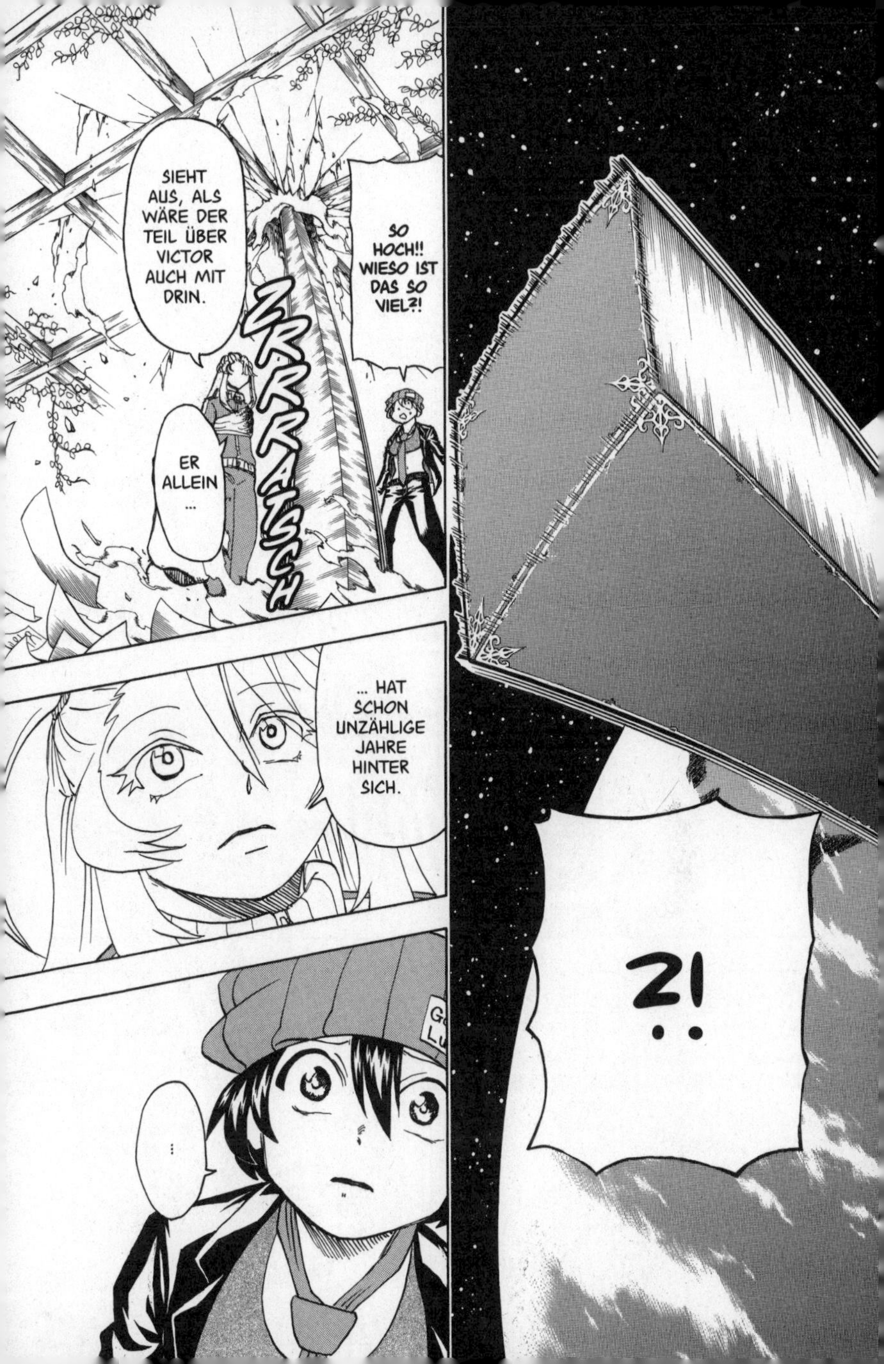

SO HOCH!! WIESO IST DAS SO VIEL?!
SIEHT AUS, ALS WÄRE DER TEIL ÜBER VICTOR AUCH MIT DRIN.
ZRRRATSCH
ER ALLEIN ...
... HAT SCHON UNZÄHLIGE JAHRE HINTER SICH.
...
?!

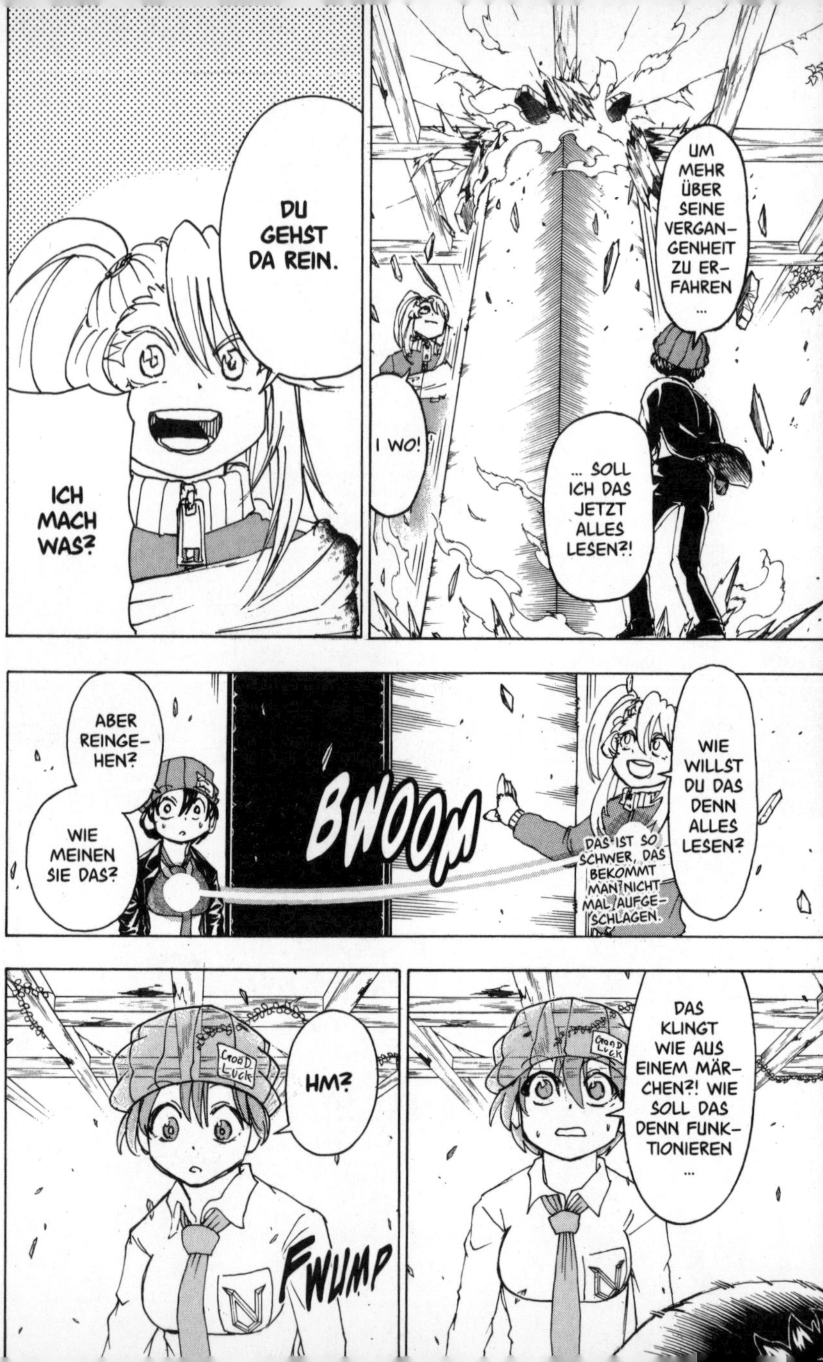
UM MEHR ÜBER SEINE VERGANGENHEIT ZU ERFAHREN …
… SOLL ICH DAS JETZT ALLES LESEN?!
I WO!
DU GEHST DA REIN.
ICH MACH WAS?
WIE WILLST DU DAS DENN ALLES LESEN?
DAS IST SO SCHWER, DAS BEKOMMT MAN NICHT MAL AUFGESCHLAGEN.
BWOOM
ABER REINGEHEN?
WIE MEINEN SIE DAS?
DAS KLINGT WIE AUS EINEM MÄRCHEN?! WIE SOLL DAS DENN FUNKTIONIEREN …
GOOD LUCK
HM?
GOOD LUCK
FWUMP

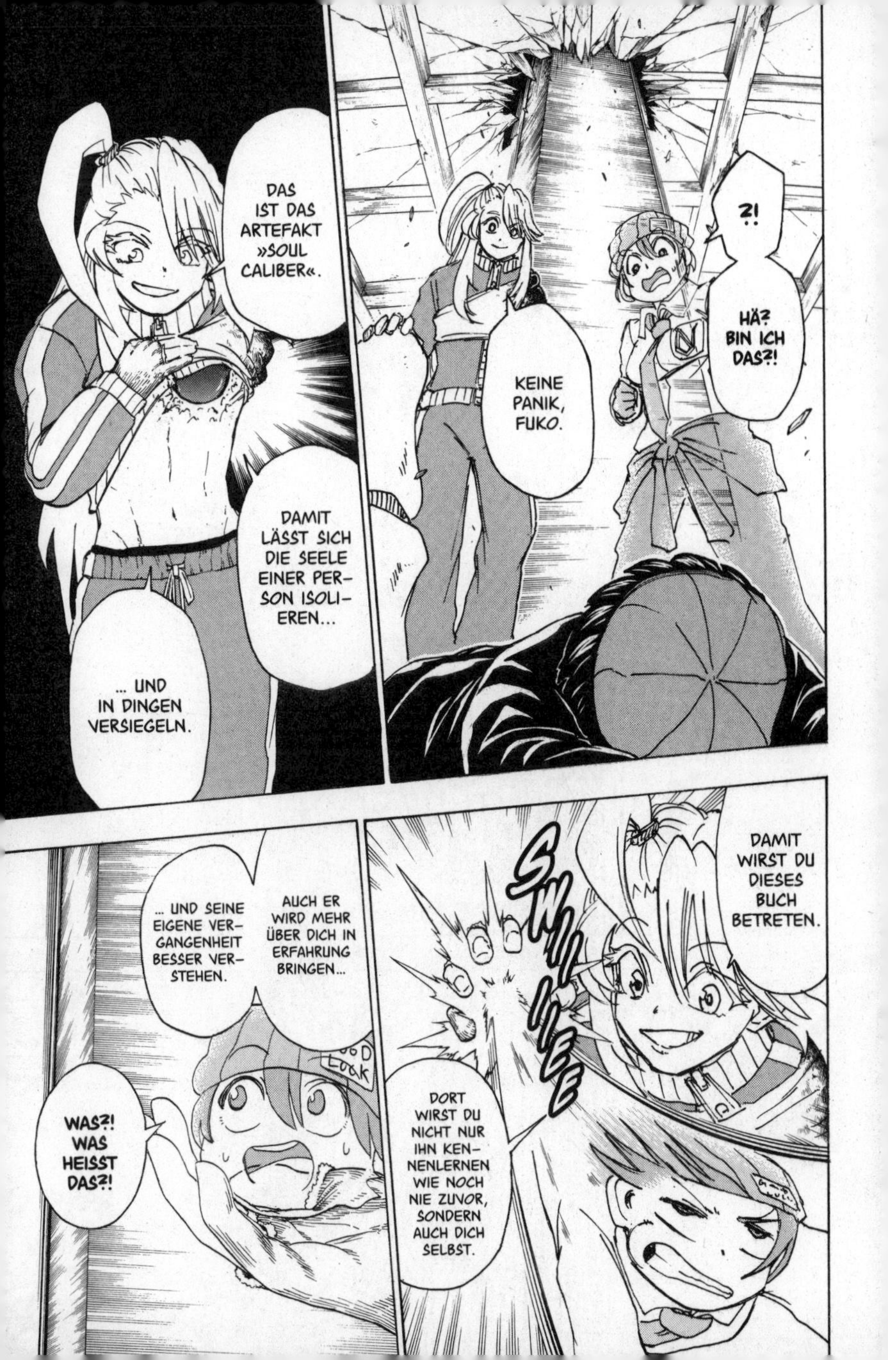
?!
HÄ? BIN ICH DAS?!
KEINE PANIK, FUKO.
DAS IST DAS ARTEFAKT »SOUL CALIBER«.
DAMIT LÄSST SICH DIE SEELE EINER PERSON ISOLIEREN...
... UND IN DINGEN VERSIEGELN.
DAMIT WIRST DU DIESES BUCH BETRETEN.
DORT WIRST DU NICHT NUR IHN KENNENLERNEN WIE NOCH NIE ZUVOR, SONDERN AUCH DICH SELBST.
AUCH ER WIRD MEHR ÜBER DICH IN ERFAHRUNG BRINGEN...
... UND SEINE EIGENE VERGANGENHEIT BESSER VERSTEHEN.
WAS?! WAS HEISST DAS?!

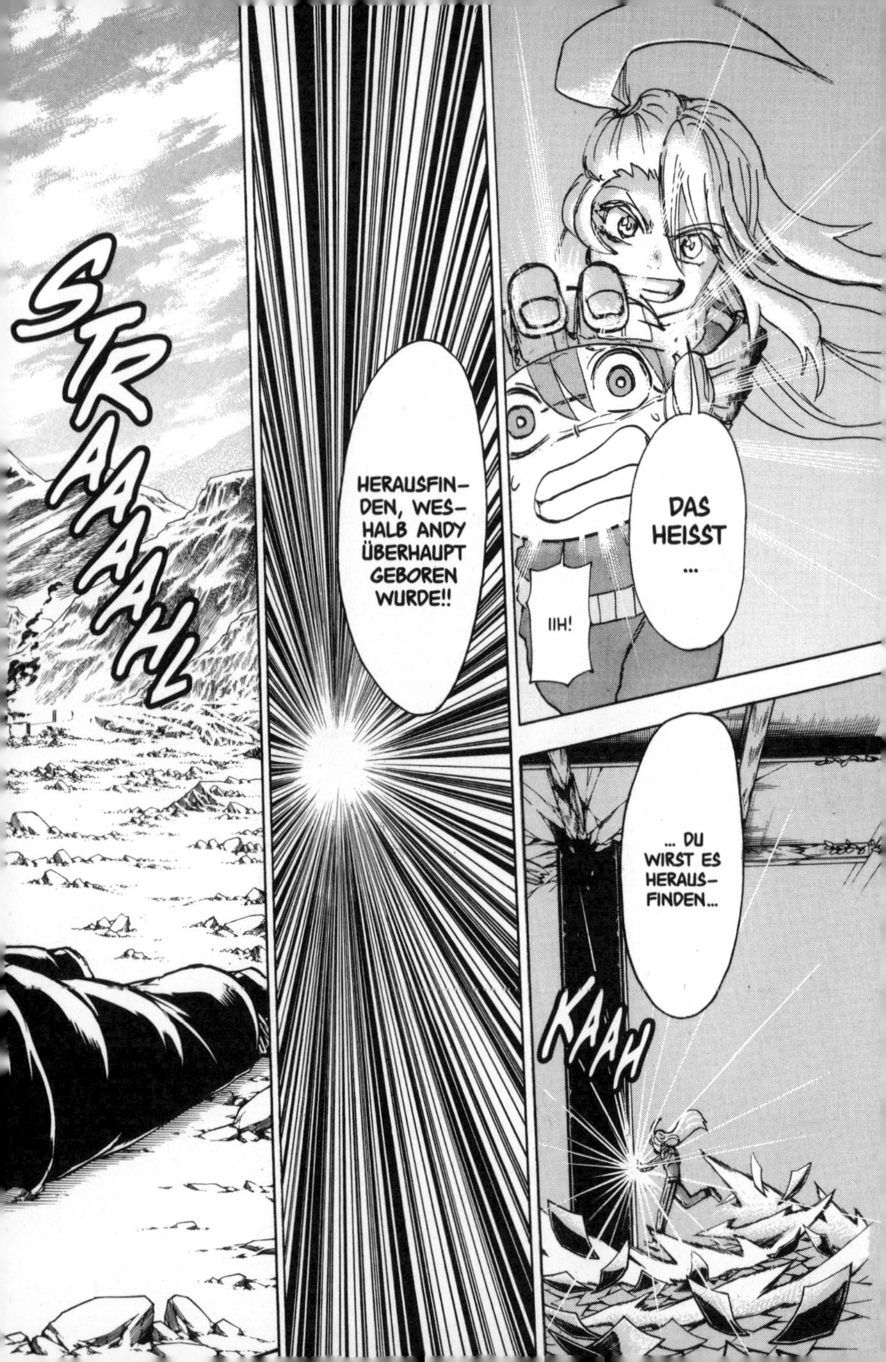
DAS HEISST ...
IIH!
... DU WIRST ES HERAUS-FINDEN...
KAAH
HERAUSFIN-DEN, WES-HALB ANDY ÜBERHAUPT GEBOREN WURDE!!
STRAAAAHL

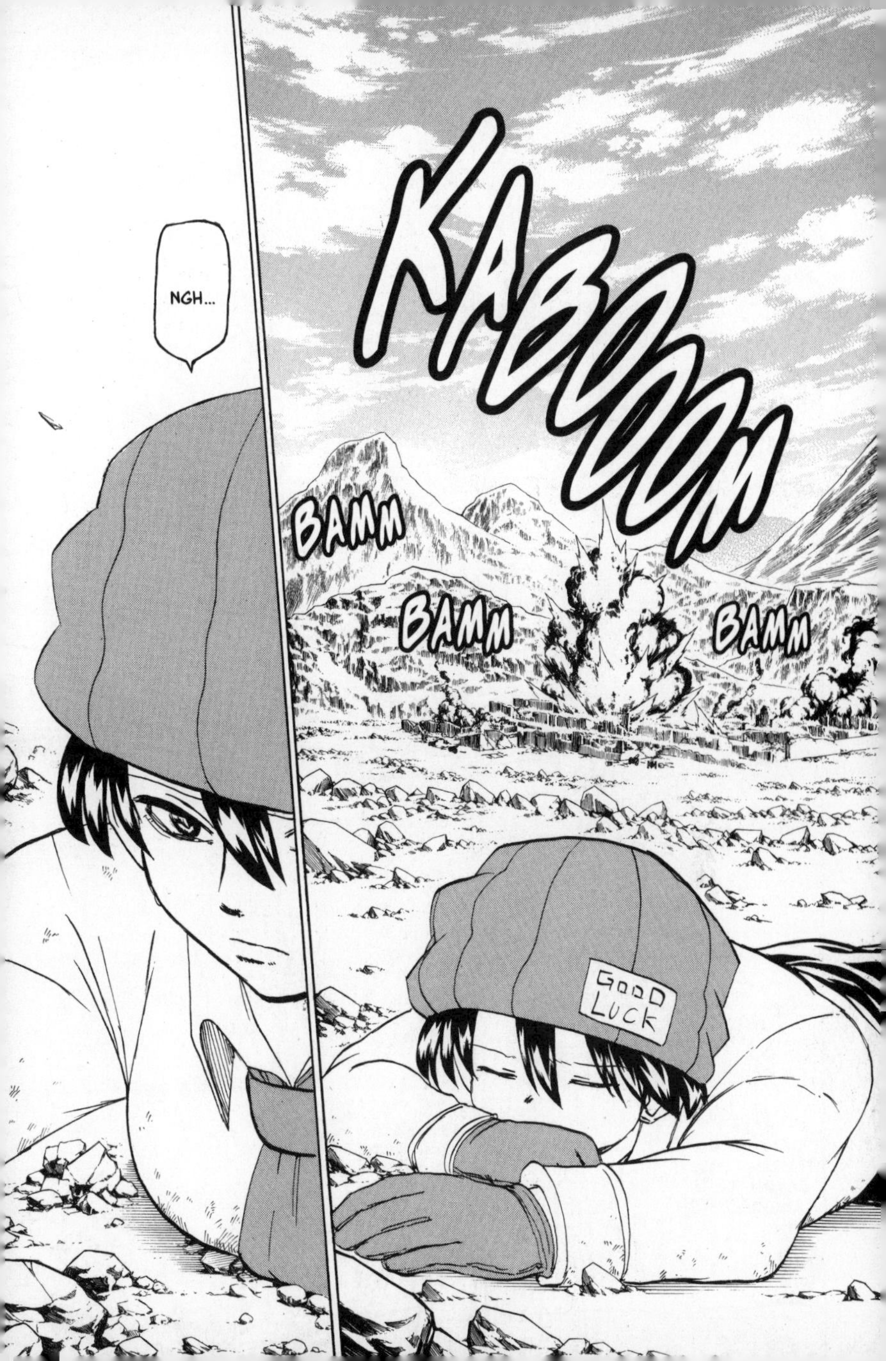

KABOOOM
BAMM
BAMM
BAMM
NGH...
GOOD LUCK

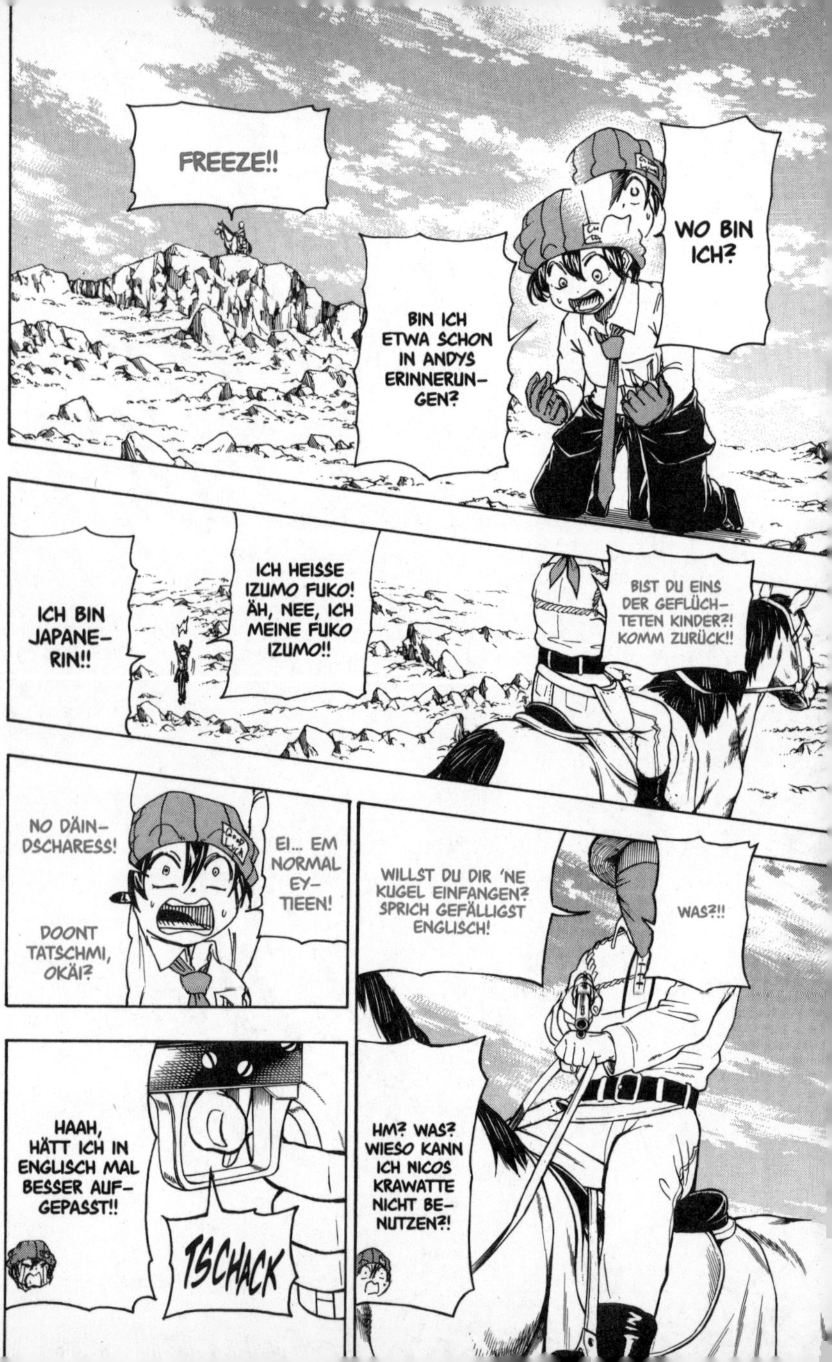
FREEZE!!
WO BIN ICH?
BIN ICH ETWA SCHON IN ANDYS ERINNERUN-GEN?
BIST DU EINS DER GEFLÜCH-TETEN KINDER?! KOMM ZURÜCK!!
ICH HEISSE IZUMO FUKO! ÄH, NEE, ICH MEINE FUKO IZUMO!!
ICH BIN JAPANE-RIN!!
WAS?!!
WILLST DU DIR 'NE KUGEL EINFANGEN? SPRICH GEFÄLLIGST ENGLISCH!
EI... EM NORMAL EY-TIEEN!
NO DÄIN-DSCHARESS!
DOONT TATSCHMI, OKÄI?
HM? WAS? WIESO KANN ICH NICOS KRAWATTE NICHT BE-NUTZEN?!
TSCHACK
HAAH, HÄTT ICH IN ENGLISCH MAL BESSER AUF-GEPASST!!

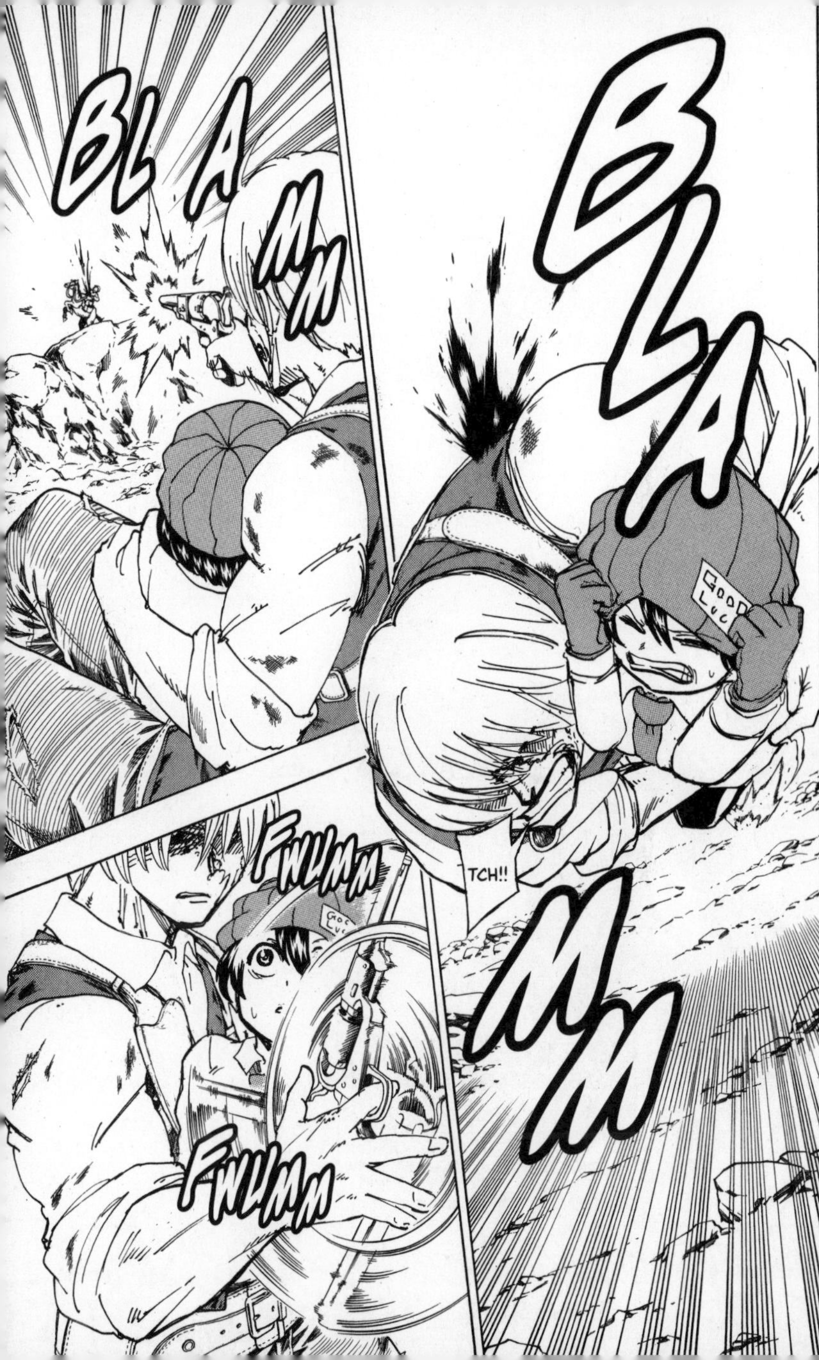
BLAMMM
TCH!!
BLAMMM
FWUMMM
FWUMMM

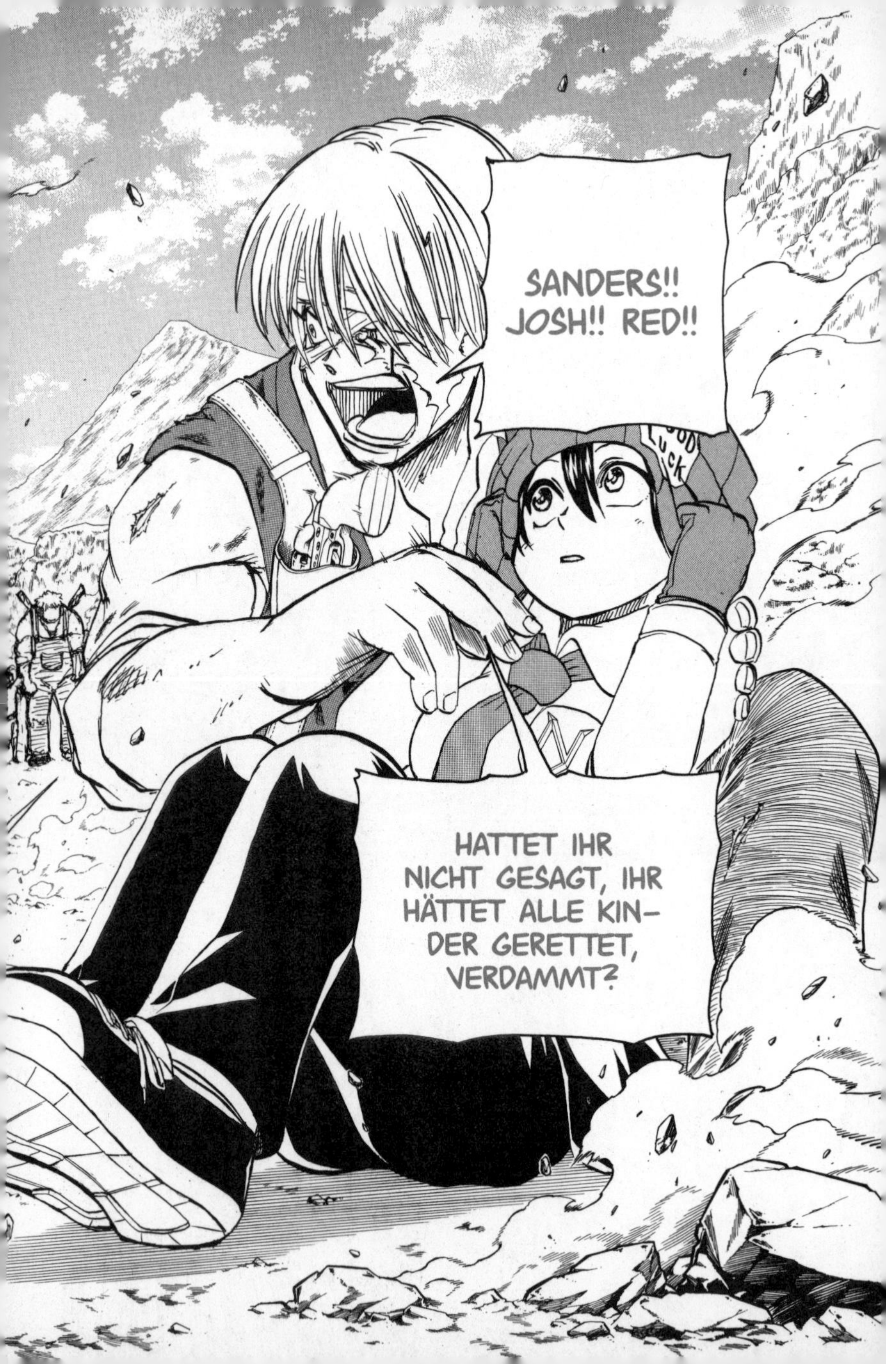
SANDERS!!
JOSH!! RED!!
HATTET IHR NICHT GESAGT, IHR HÄTTET ALLE KIN-DER GERETTET, VERDAMMT?

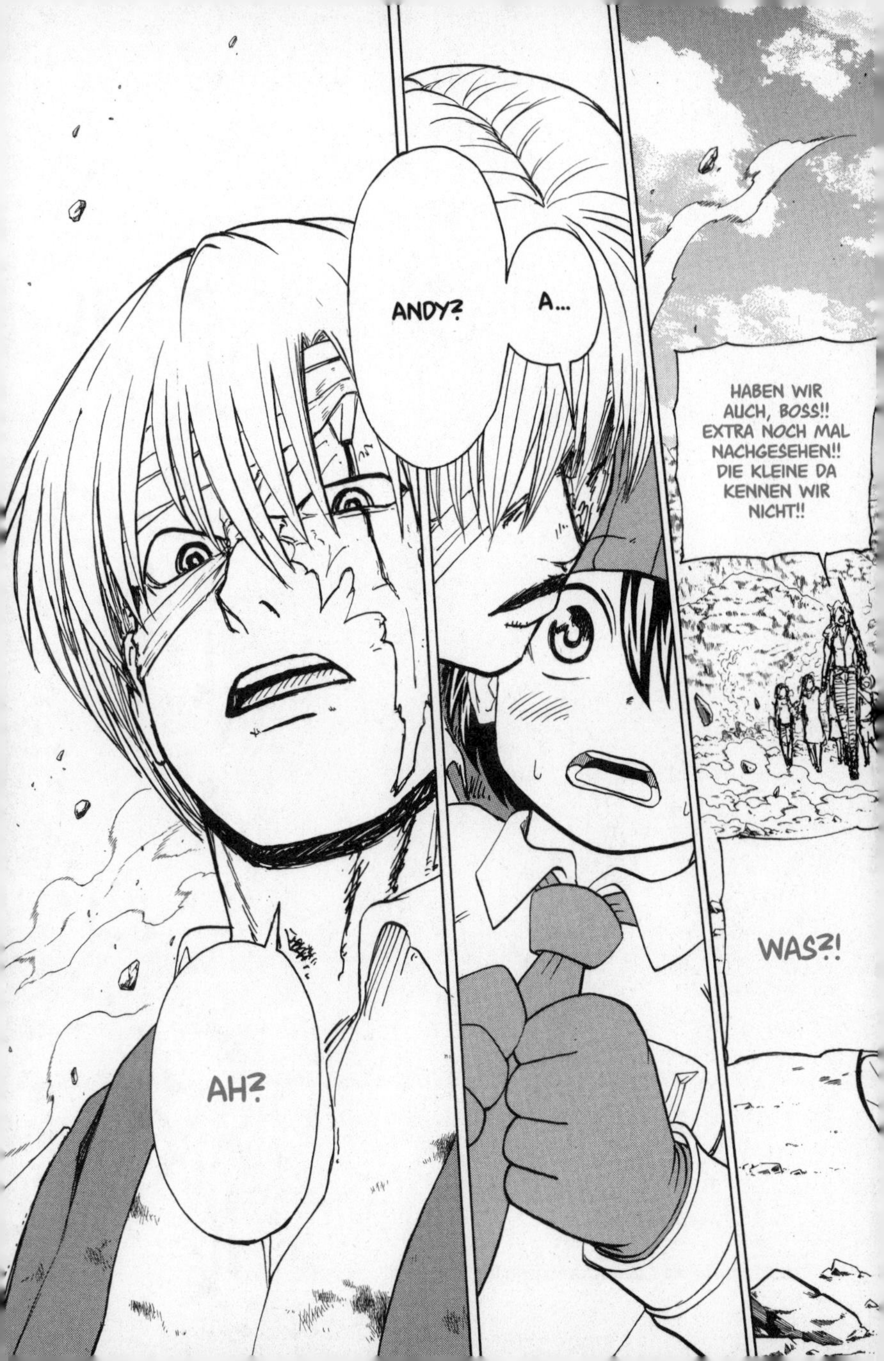
A...
ANDY?
HABEN WIR AUCH, BOSS!! EXTRA NOCH MAL NACHGESEHEN!! DIE KLEINE DA KENNEN WIR NICHT!!
WAS?!
AH?

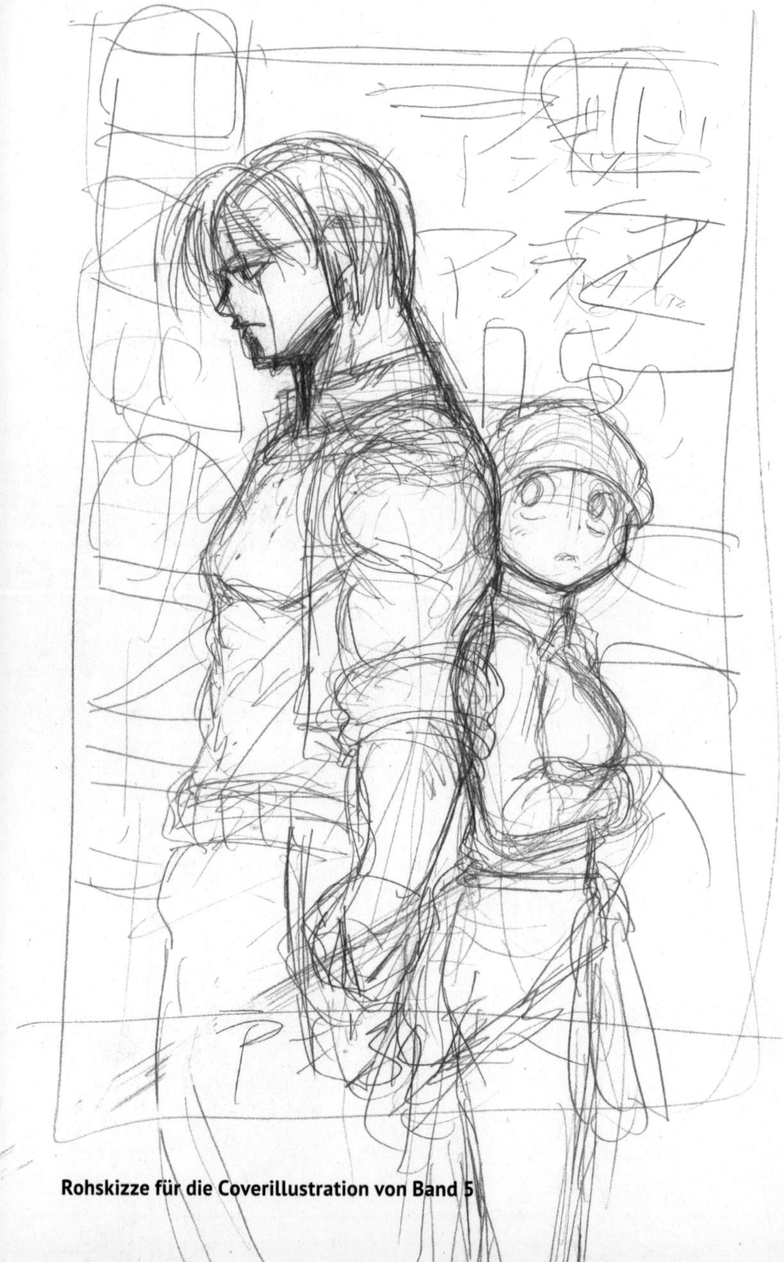

**Rohskizze für die Coverillustration von Band 5**

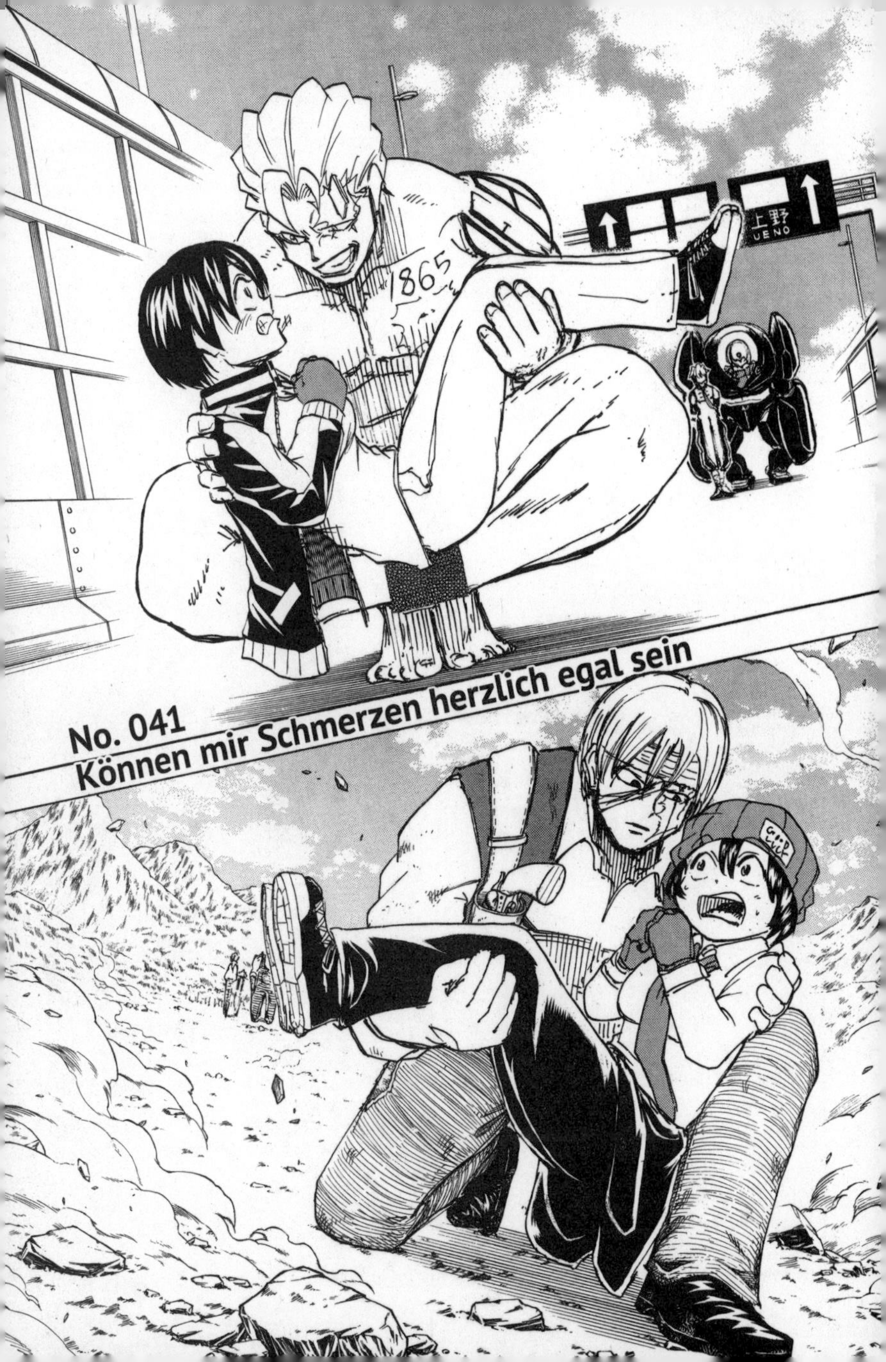

1865
上野
UENO
No. 041
Können mir Schmerzen herzlich egal sein

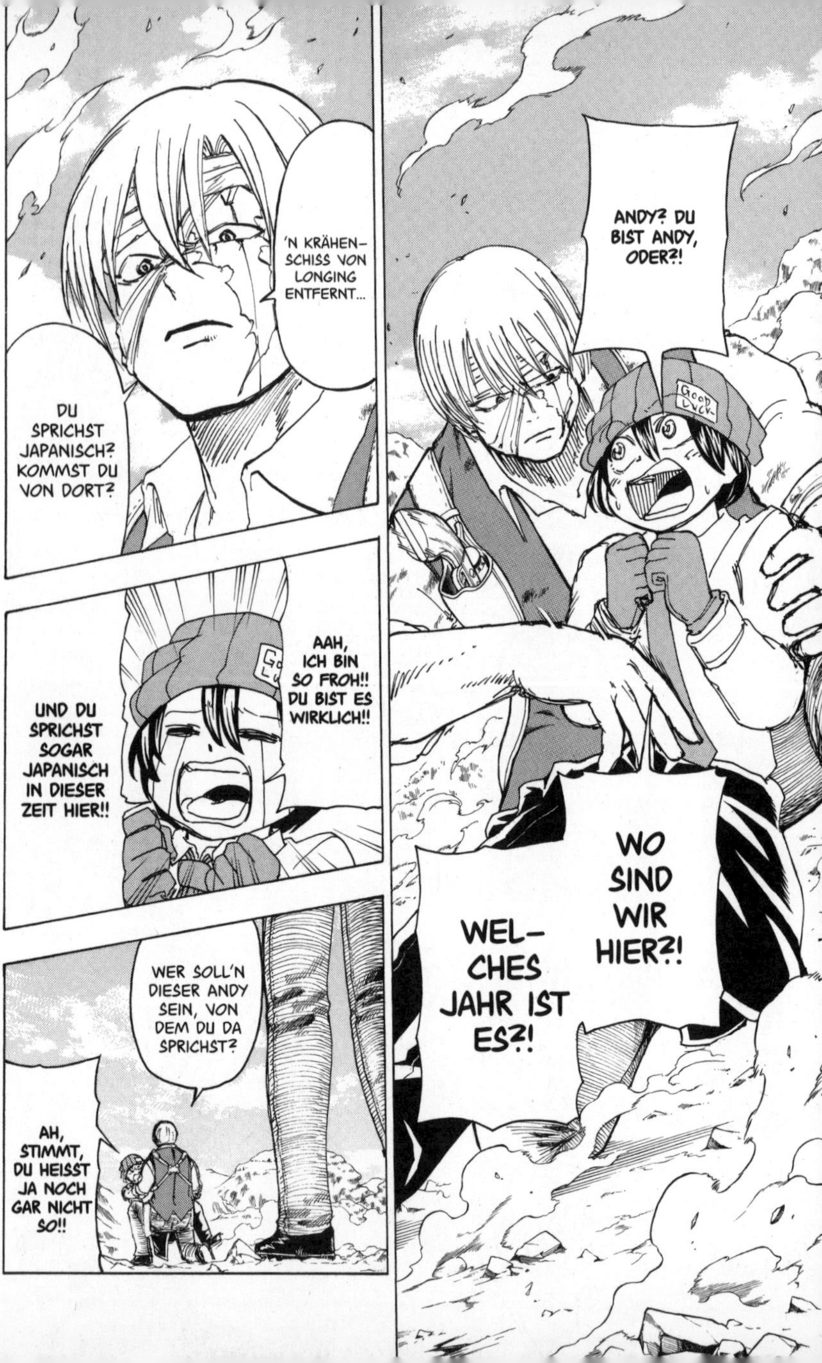
ANDY? DU BIST ANDY, ODER?!
WO SIND WIR HIER?!
WELCHES JAHR IST ES?!
'N KRÄHENSCHISS VON LONGING ENTFERNT...
DU SPRICHST JAPANISCH? KOMMST DU VON DORT?
AAH, ICH BIN SO FROH!! DU BIST ES WIRKLICH!!
UND DU SPRICHST SOGAR JAPANISCH IN DIESER ZEIT HIER!!
WER SOLL'N DIESER ANDY SEIN, VON DEM DU DA SPRICHST?
AH, STIMMT, DU HEISST JA NOCH GAR NICHT SO!!

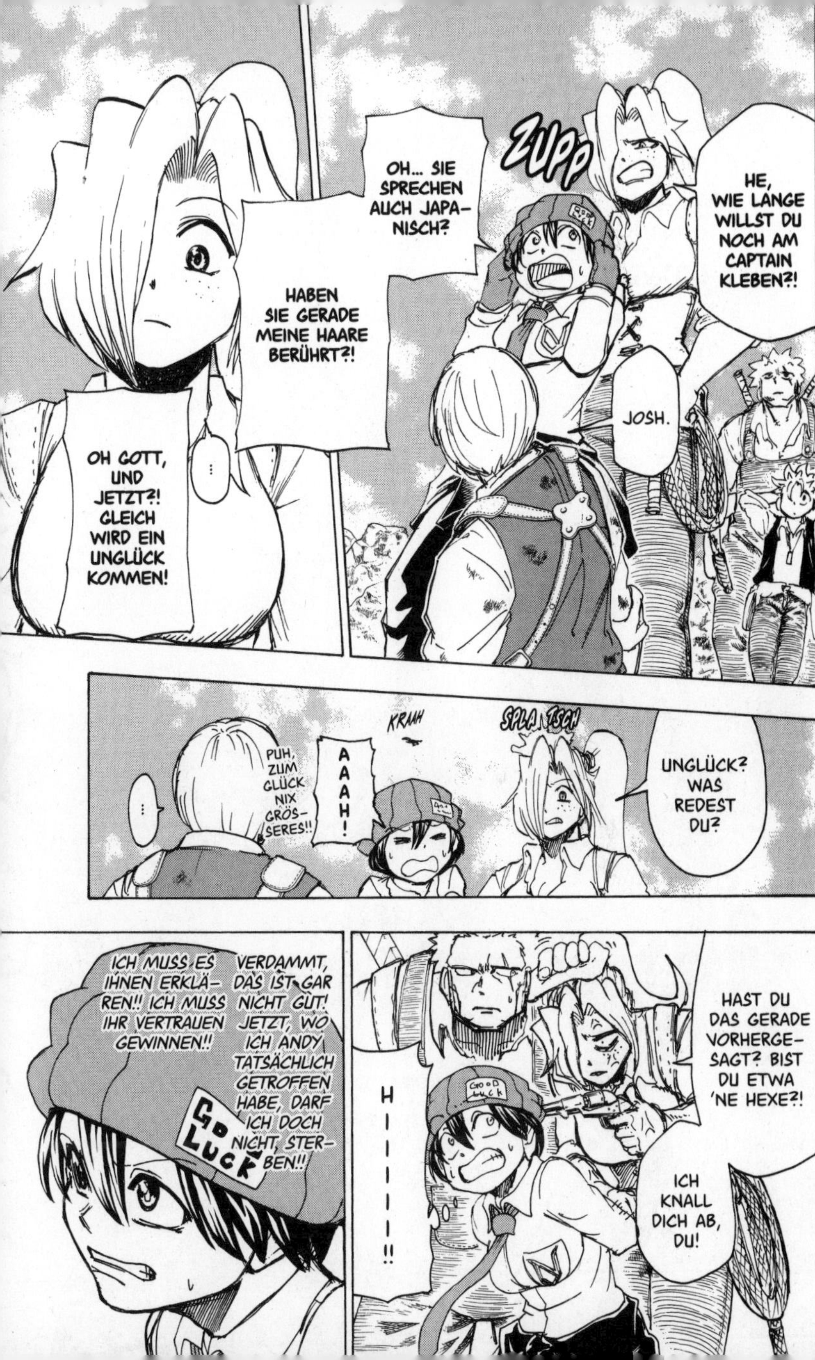

HE, WIE LANGE WILLST DU NOCH AM CAPTAIN KLEBEN?!
ZUPP
OH... SIE SPRECHEN AUCH JAPANISCH?
JOSH.
HABEN SIE GERADE MEINE HAARE BERÜHRT?!
...
OH GOTT, UND JETZT?! GLEICH WIRD EIN UNGLÜCK KOMMEN!
UNGLÜCK? WAS REDEST DU?
SPLATSCH
KRAAH
AAAAH!
PUH, ZUM GLÜCK NIX GRÖSSERES!!
...
HAST DU DAS GERADE VORHERGESAGT? BIST DU ETWA 'NE HEXE?!
ICH KNALL DICH AB, DU!
HI-!!
VERDAMMT, DAS IST GAR NICHT GUT! JETZT, WO ICH ANDY TATSÄCHLICH GETROFFEN HABE, DARF ICH DOCH NICHT STERBEN!!
ICH MUSS ES IHNEN ERKLÄREN!! ICH MUSS IHR VERTRAUEN GEWINNEN!!
GOOD LUCK

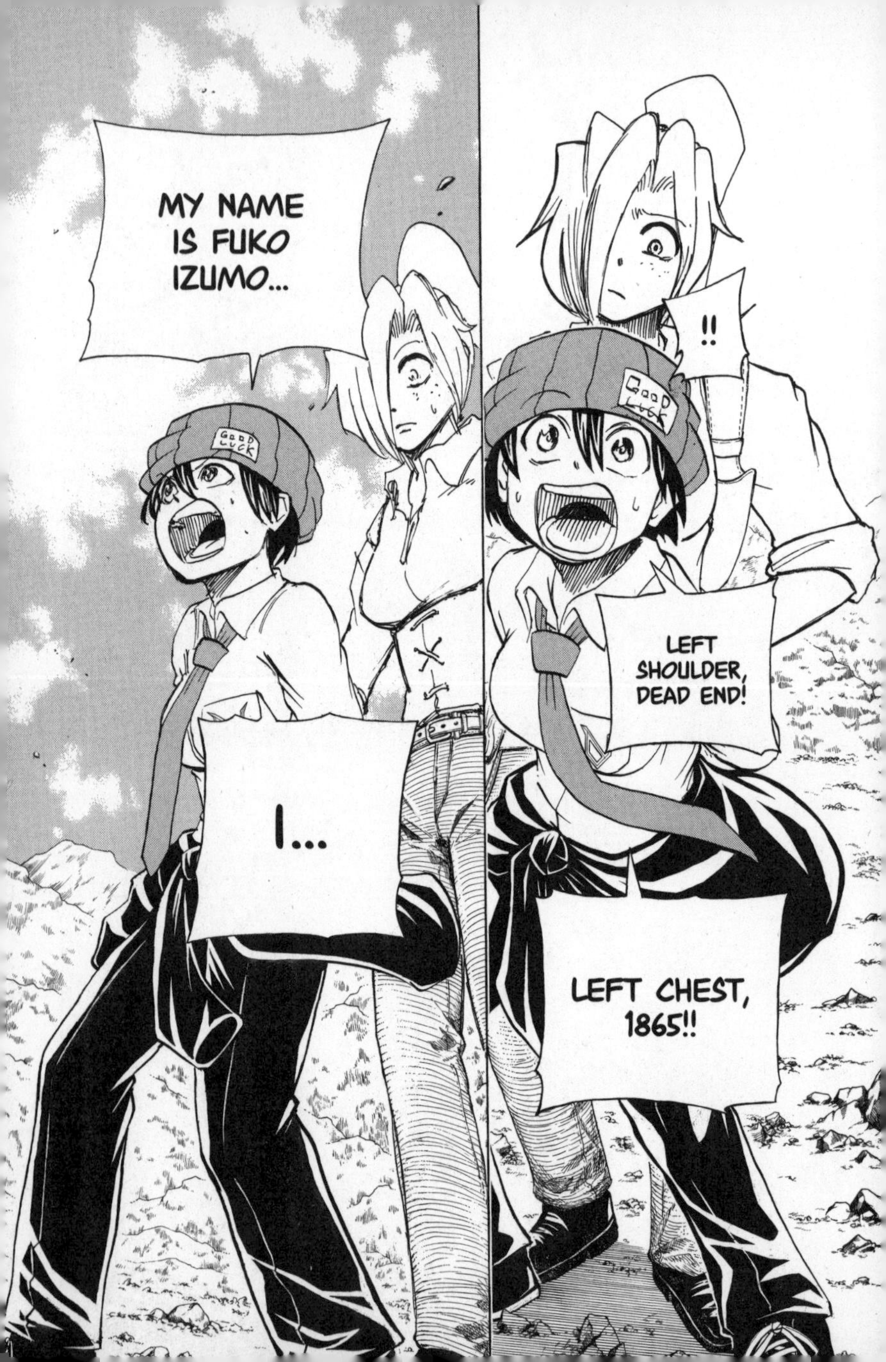
MY NAME IS FUKO IZUMO...
I...
!!
LEFT SHOULDER, DEAD END!
LEFT CHEST, 1865!!
GOOD LUCK
GOOD LUCK

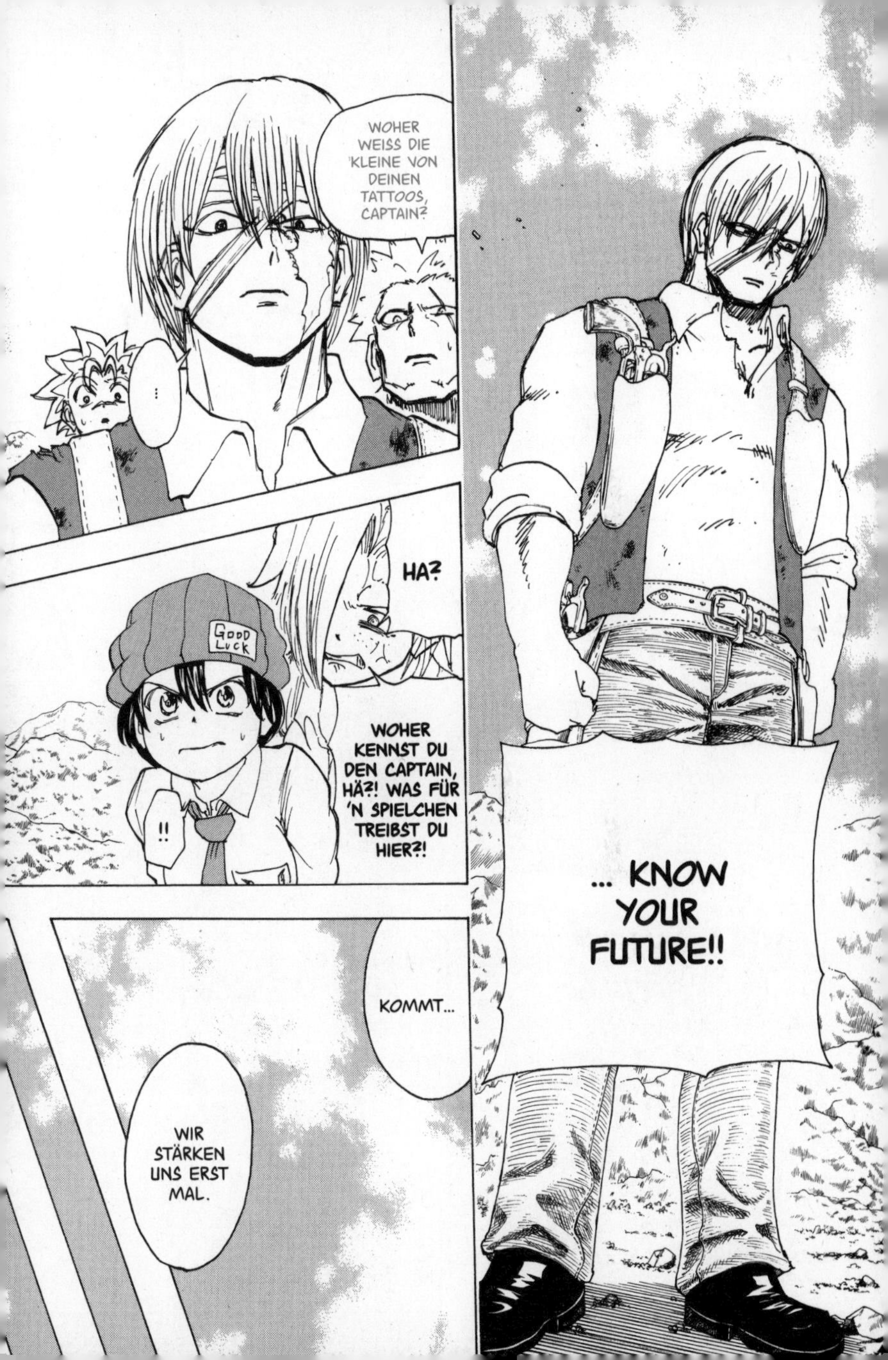

... KNOW YOUR FUTURE!!
WOHER WEISS DIE KLEINE VON DEINEN TATTOOS, CAPTAIN?
...
HA?
WOHER KENNST DU DEN CAPTAIN, HÄ?! WAS FÜR 'N SPIELCHEN TREIBST DU HIER?!
!!
KOMMT...
WIR STÄRKEN UNS ERST MAL.

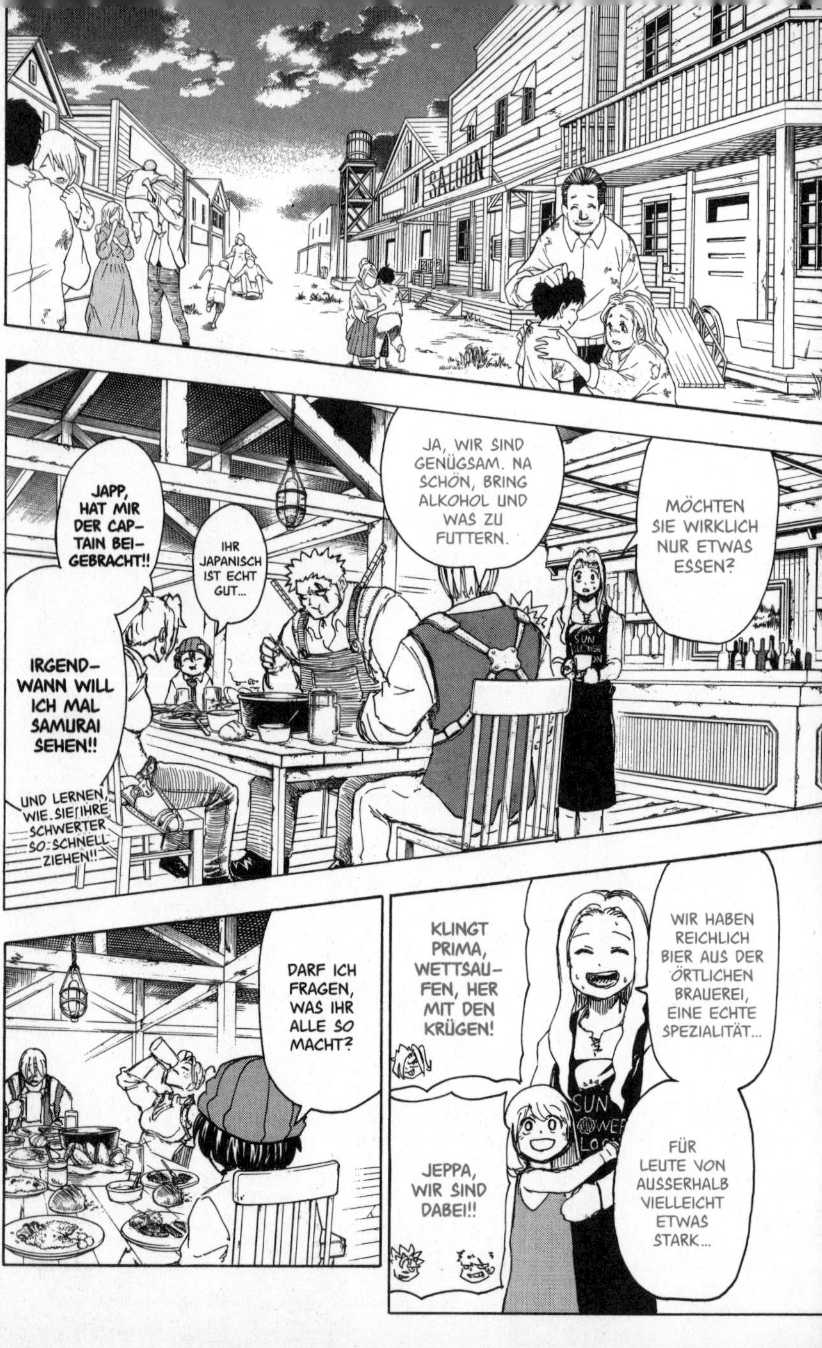
SALOON
MÖCHTEN SIE WIRKLICH NUR ETWAS ESSEN?
JA, WIR SIND GENÜGSAM. NA SCHÖN, BRING ALKOHOL UND WAS ZU FUTTERN.
IHR JAPANISCH IST ECHT GUT...
JAPP, HAT MIR DER CAPTAIN BEIGEBRACHT!!
IRGENDWANN WILL ICH MAL SAMURAI SEHEN!!
UND LERNEN, WIE SIE IHRE SCHWERTER SO SCHNELL ZIEHEN!!
WIR HABEN REICHLICH BIER AUS DER ÖRTLICHEN BRAUEREI, EINE ECHTE SPEZIALITÄT...
FÜR LEUTE VON AUSSERHALB VIELLEICHT ETWAS STARK...
KLINGT PRIMA, WETTSAUFEN, HER MIT DEN KRÜGEN!
JEPPA, WIR SIND DABEI!!
DARF ICH FRAGEN, WAS IHR ALLE SO MACHT?

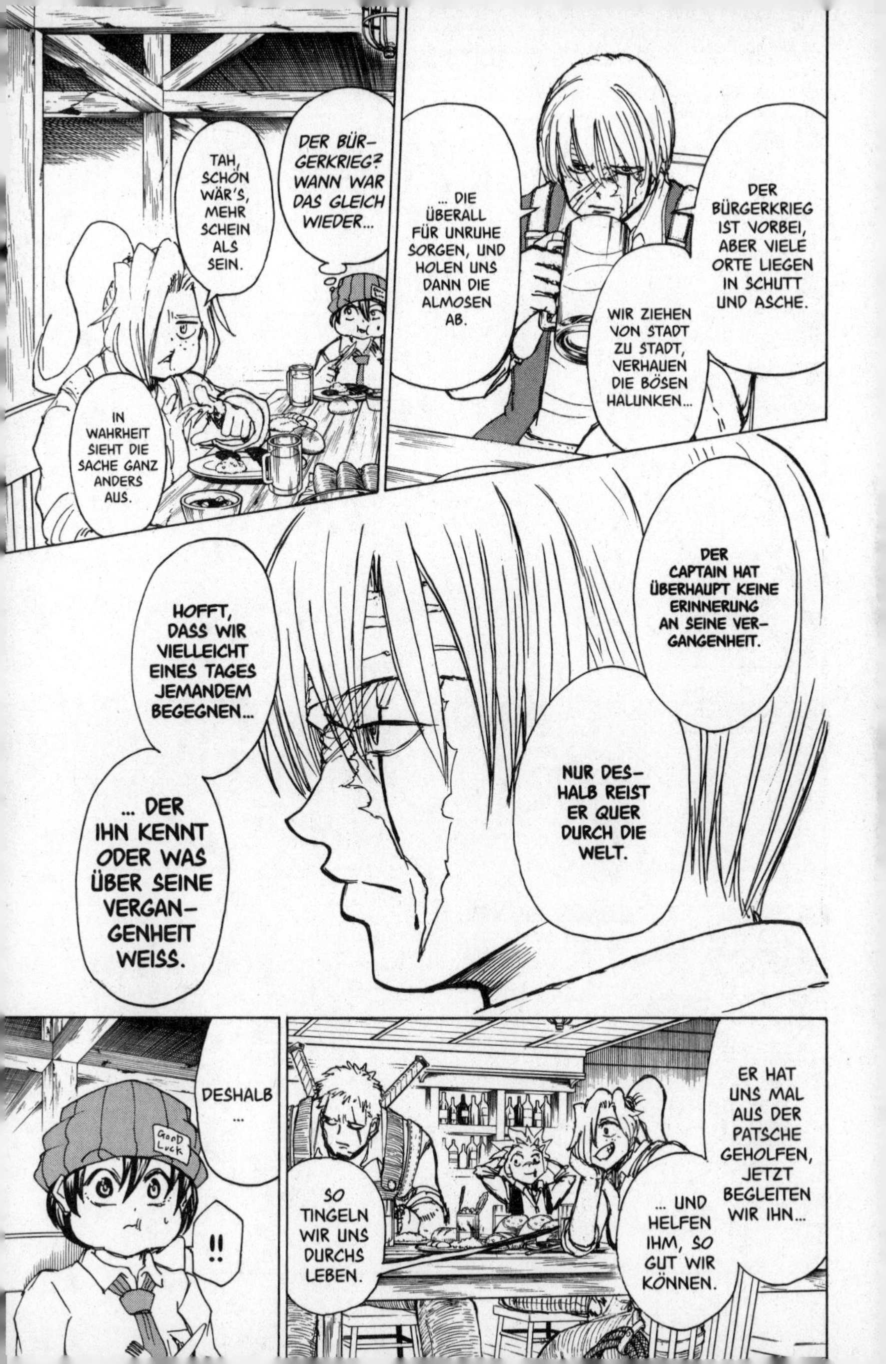
DER BÜRGERKRIEG IST VORBEI, ABER VIELE ORTE LIEGEN IN SCHUTT UND ASCHE.
WIR ZIEHEN VON STADT ZU STADT, VERHAUEN DIE BÖSEN HALUNKEN...
... DIE ÜBERALL FÜR UNRUHE SORGEN, UND HOLEN UNS DANN DIE ALMOSEN AB.
DER BÜRGERKRIEG? WANN WAR DAS GLEICH WIEDER...
TAH, SCHÖN WÄR'S, MEHR SCHEIN ALS SEIN.
IN WAHRHEIT SIEHT DIE SACHE GANZ ANDERS AUS.
DER CAPTAIN HAT ÜBERHAUPT KEINE ERINNERUNG AN SEINE VERGANGENHEIT.
NUR DESHALB REIST ER QUER DURCH DIE WELT.
HOFFT, DASS WIR VIELLEICHT EINES TAGES JEMANDEM BEGEGNEN...
... DER IHN KENNT ODER WAS ÜBER SEINE VERGANGENHEIT WEISS.
ER HAT UNS MAL AUS DER PATSCHE GEHOLFEN, JETZT BEGLEITEN WIR IHN...
... UND HELFEN IHM, SO GUT WIR KÖNNEN.
SO TINGELN WIR UNS DURCHS LEBEN.
DESHALB ...
!!
GooD Luck

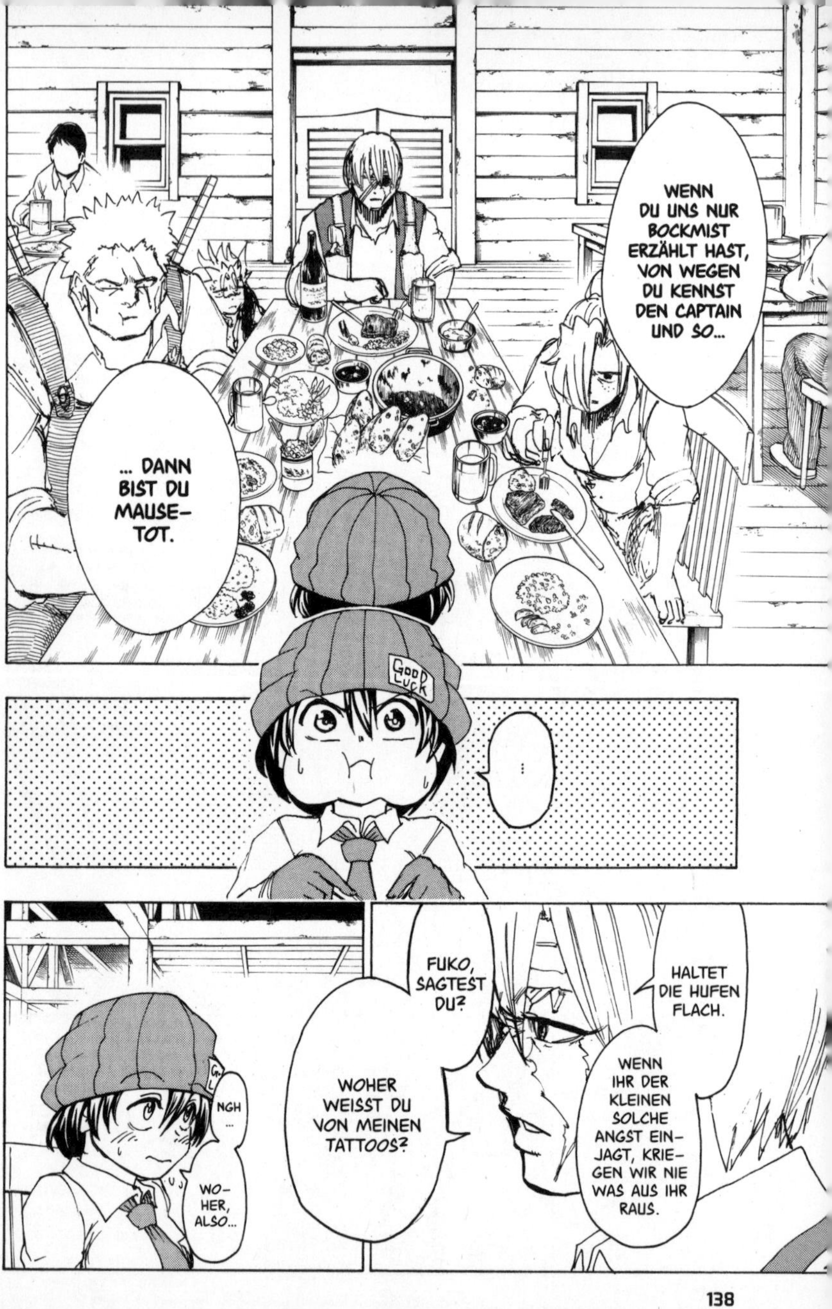
WENN DU UNS NUR BOCKMIST ERZÄHLT HAST, VON WEGEN DU KENNST DEN CAPTAIN UND SO...
... DANN BIST DU MAUSE-TOT.
GOOD LUCK
...
HALTET DIE HUFEN FLACH.
WENN IHR DER KLEINEN SOLCHE ANGST EIN-JAGT, KRIEGEN WIR NIE WAS AUS IHR RAUS.
FUKO, SAGTEST DU?
WOHER WEISST DU VON MEINEN TATTOOS?
NGH ...
WO-HER, ALSO...

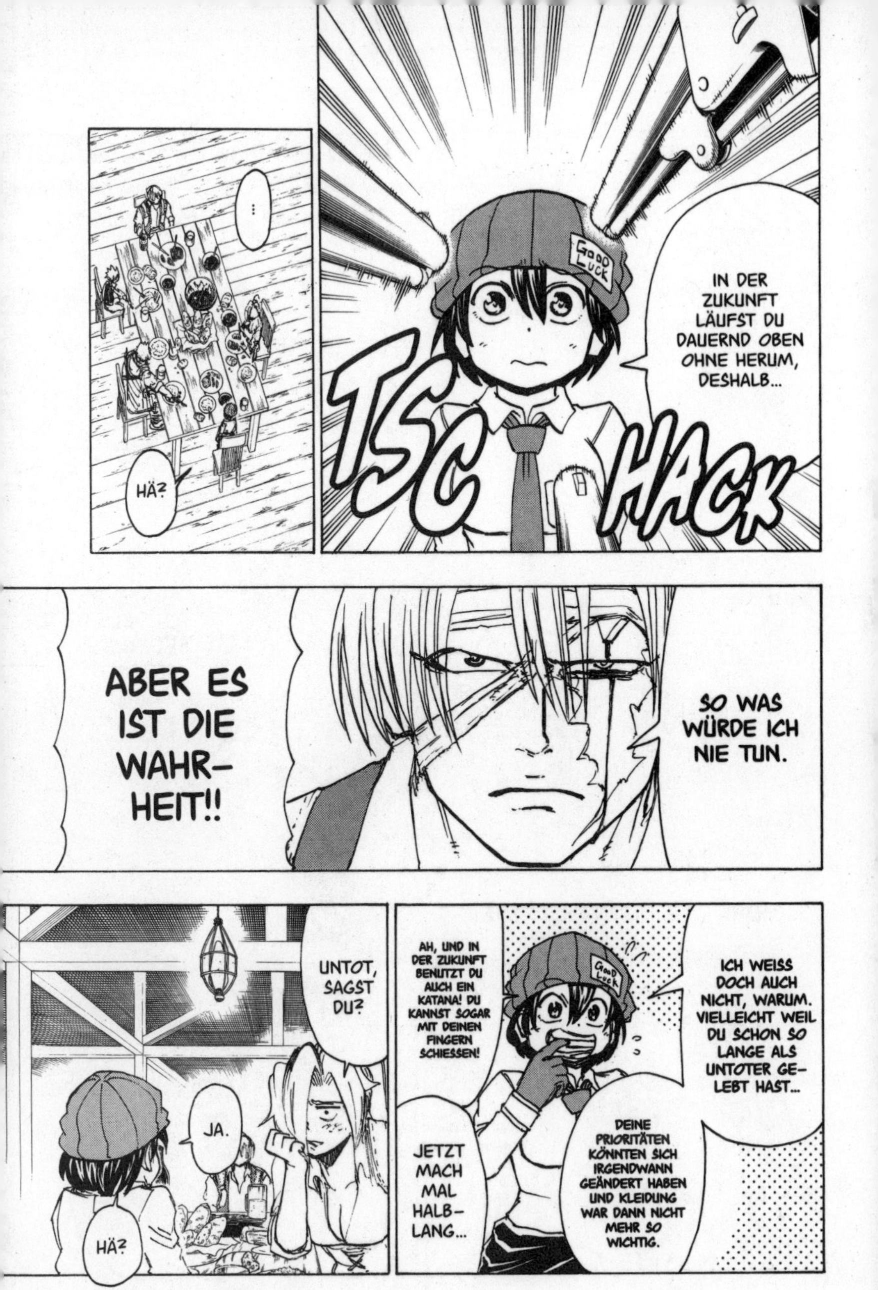
IN DER ZUKUNFT LÄUFST DU DAUERND OBEN OHNE HERUM, DESHALB...
TSC
HACK
...
HÄ?
SO WAS WÜRDE ICH NIE TUN.
ABER ES IST DIE WAHR-HEIT!!
ICH WEISS DOCH AUCH NICHT, WARUM. VIELLEICHT WEIL DU SCHON SO LANGE ALS UNTOTER GE-LEBT HAST...
DEINE PRIORITÄTEN KÖNNTEN SICH IRGENDWANN GEÄNDERT HABEN UND KLEIDUNG WAR DANN NICHT MEHR SO WICHTIG.
AH, UND IN DER ZUKUNFT BENUTZT DU AUCH EIN KATANA! DU KANNST SOGAR MIT DEINEN FINGERN SCHIESSEN!
JETZT MACH MAL HALB-LANG...
UNTOT, SAGST DU?
JA.
HÄ?

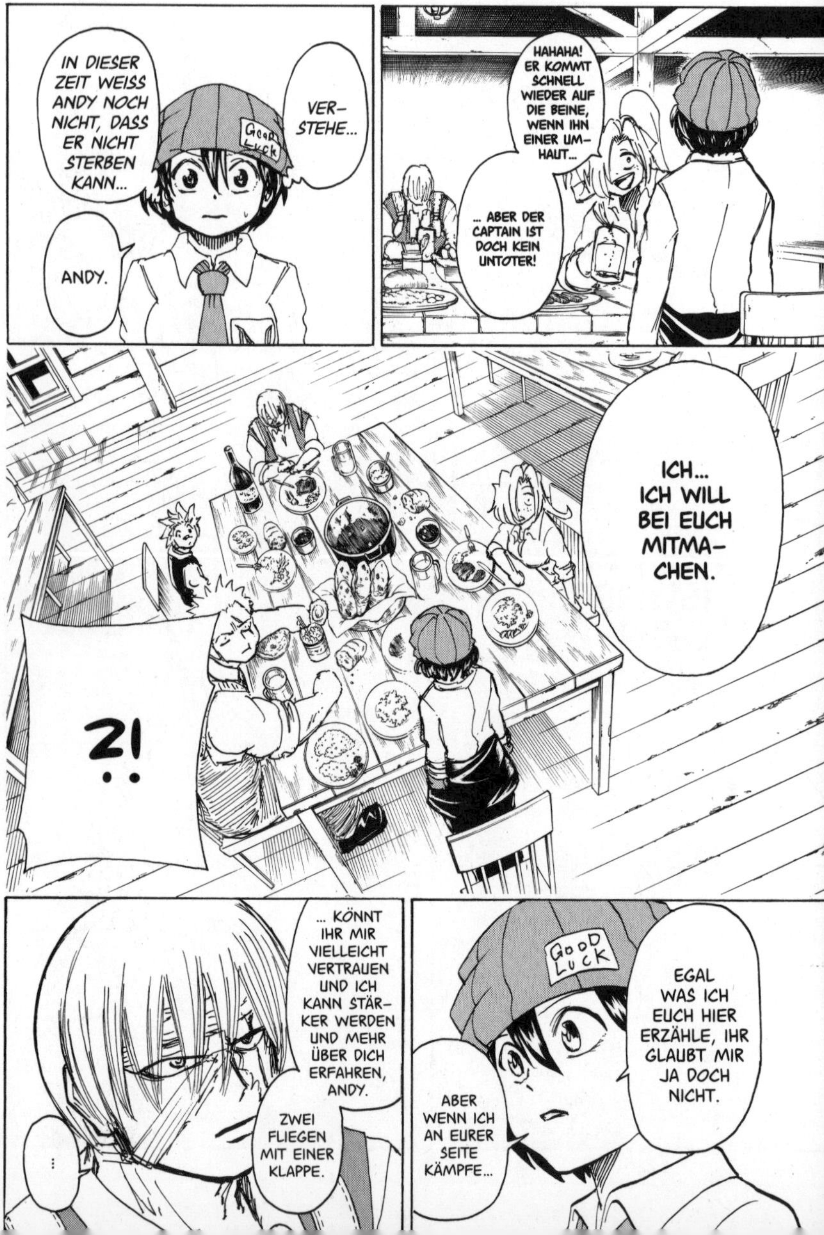
HAHAHA! ER KOMMT SCHNELL WIEDER AUF DIE BEINE, WENN IHN EINER UMHAUT...
... ABER DER CAPTAIN IST DOCH KEIN UNTOTER!
VER-STEHE...
IN DIESER ZEIT WEISS ANDY NOCH NICHT, DASS ER NICHT STERBEN KANN...
GOOD LUCK
ANDY.
ICH... ICH WILL BEI EUCH MITMA-CHEN.
?!
GOOD LUCK
EGAL WAS ICH EUCH HIER ERZÄHLE, IHR GLAUBT MIR JA DOCH NICHT.
ABER WENN ICH AN EURER SEITE KÄMPFE...
... KÖNNT IHR MIR VIELLEICHT VERTRAUEN UND ICH KANN STÄR-KER WERDEN UND MEHR ÜBER DICH ERFAHREN, ANDY.
ZWEI FLIEGEN MIT EINER KLAPPE.
...

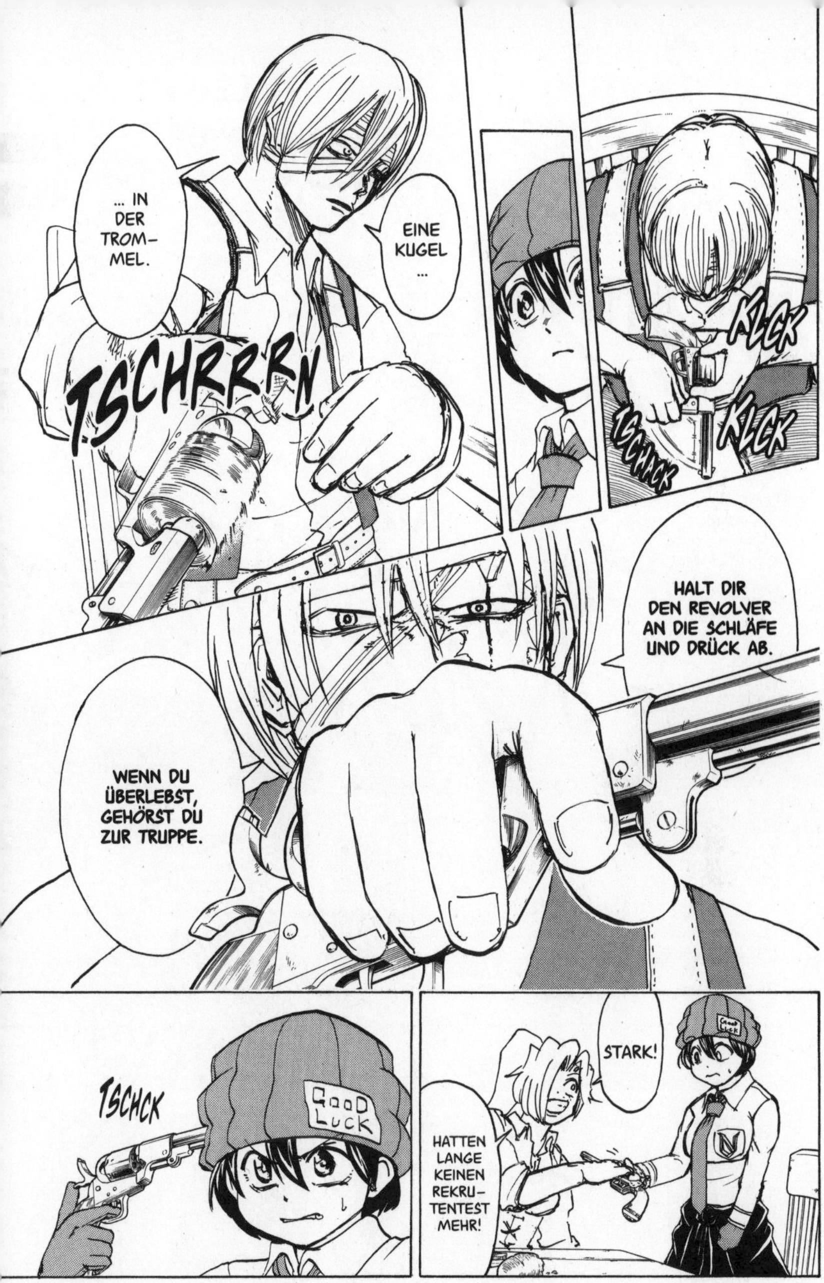
KLCK
KLCK
TSCHACK
EINE KUGEL ...
... IN DER TROM-MEL.
TSCHRRRN
HALT DIR DEN REVOLVER AN DIE SCHLÄFE UND DRÜCK AB.
WENN DU ÜBERLEBST, GEHÖRST DU ZUR TRUPPE.
STARK!
HATTEN LANGE KEINEN REKRU-TENTEST MEHR!
GOOD LUCK
TSCHCK

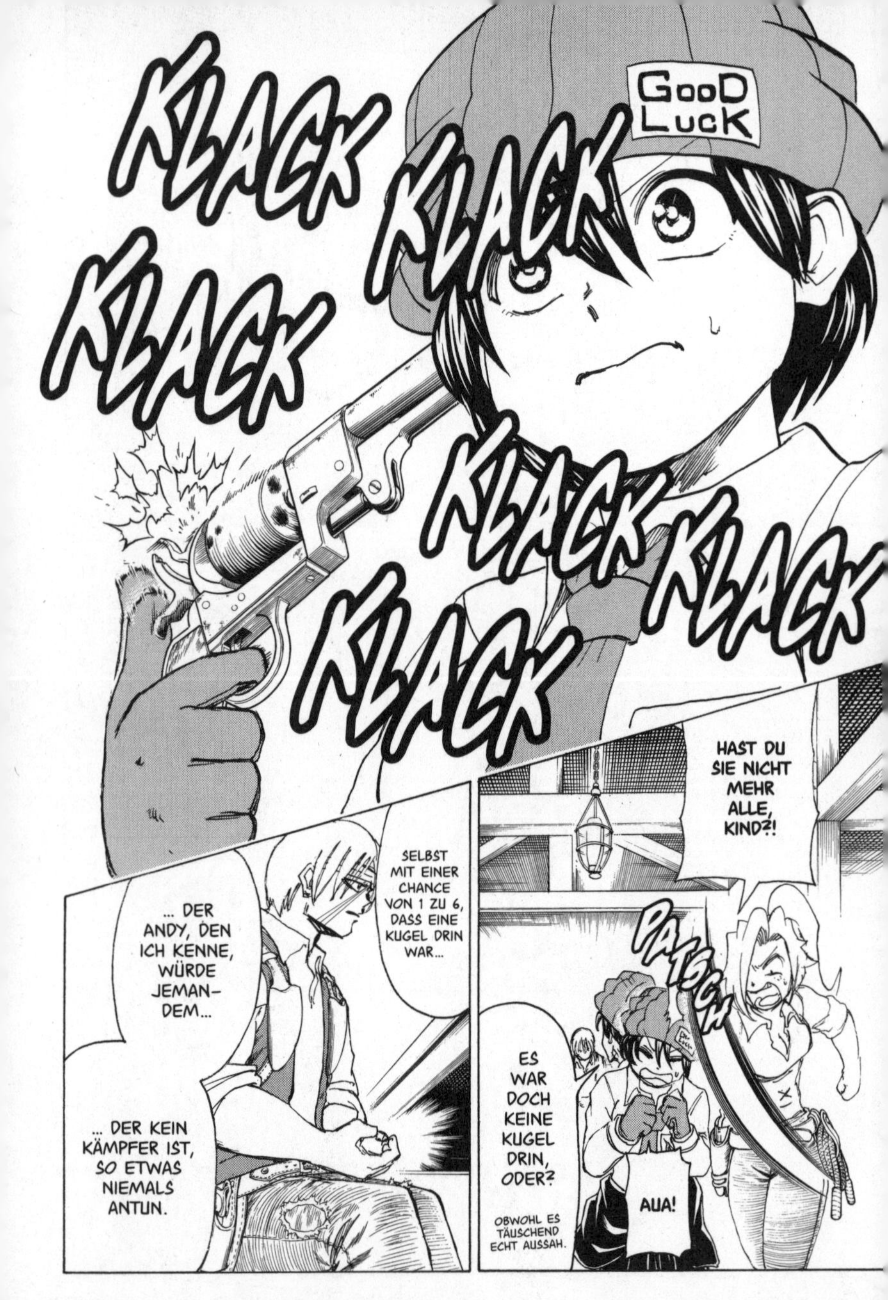
GOOD LUCK
KLACK
KLACK
KLACK
KLACK
KLACK
KLACK
HAST DU SIE NICHT MEHR ALLE, KIND?!
PATSCH
AUA!
ES WAR DOCH KEINE KUGEL DRIN, ODER?
OBWOHL ES TÄUSCHEND ECHT AUSSAH.
SELBST MIT EINER CHANCE VON 1 ZU 6, DASS EINE KUGEL DRIN WAR...
... DER ANDY, DEN ICH KENNE, WÜRDE JEMAN-DEM...
... DER KEIN KÄMPFER IST, SO ETWAS NIEMALS ANTUN.

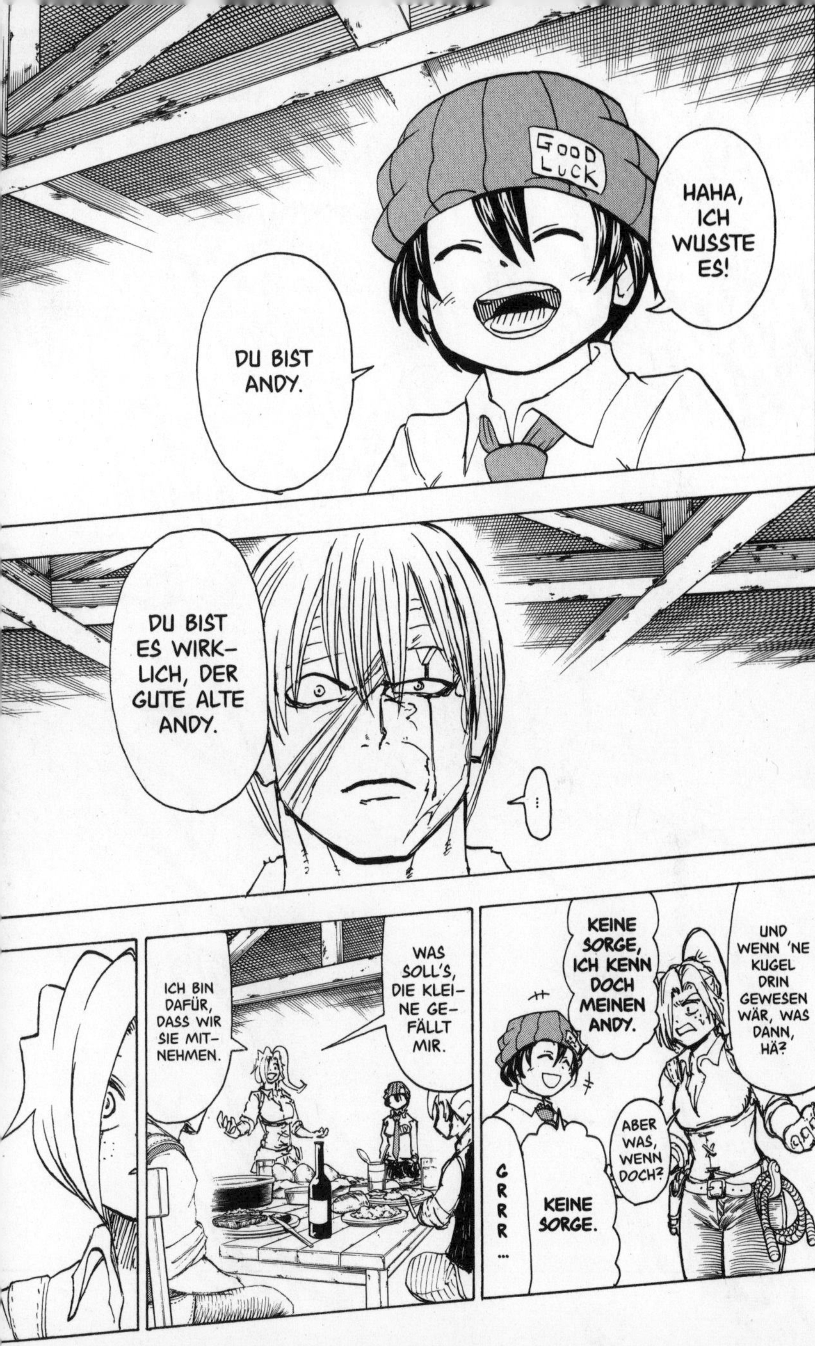
HAHA, ICH WUSSTE ES!
DU BIST ANDY.
DU BIST ES WIRK-LICH, DER GUTE ALTE ANDY.
…
UND WENN 'NE KUGEL DRIN GEWESEN WÄR, WAS DANN, HÄ?
KEINE SORGE, ICH KENN DOCH MEINEN ANDY.
ABER WAS, WENN DOCH?
KEINE SORGE.
GRRR …
WAS SOLL'S, DIE KLEI-NE GE-FÄLLT MIR.
ICH BIN DAFÜR, DASS WIR SIE MIT-NEHMEN.

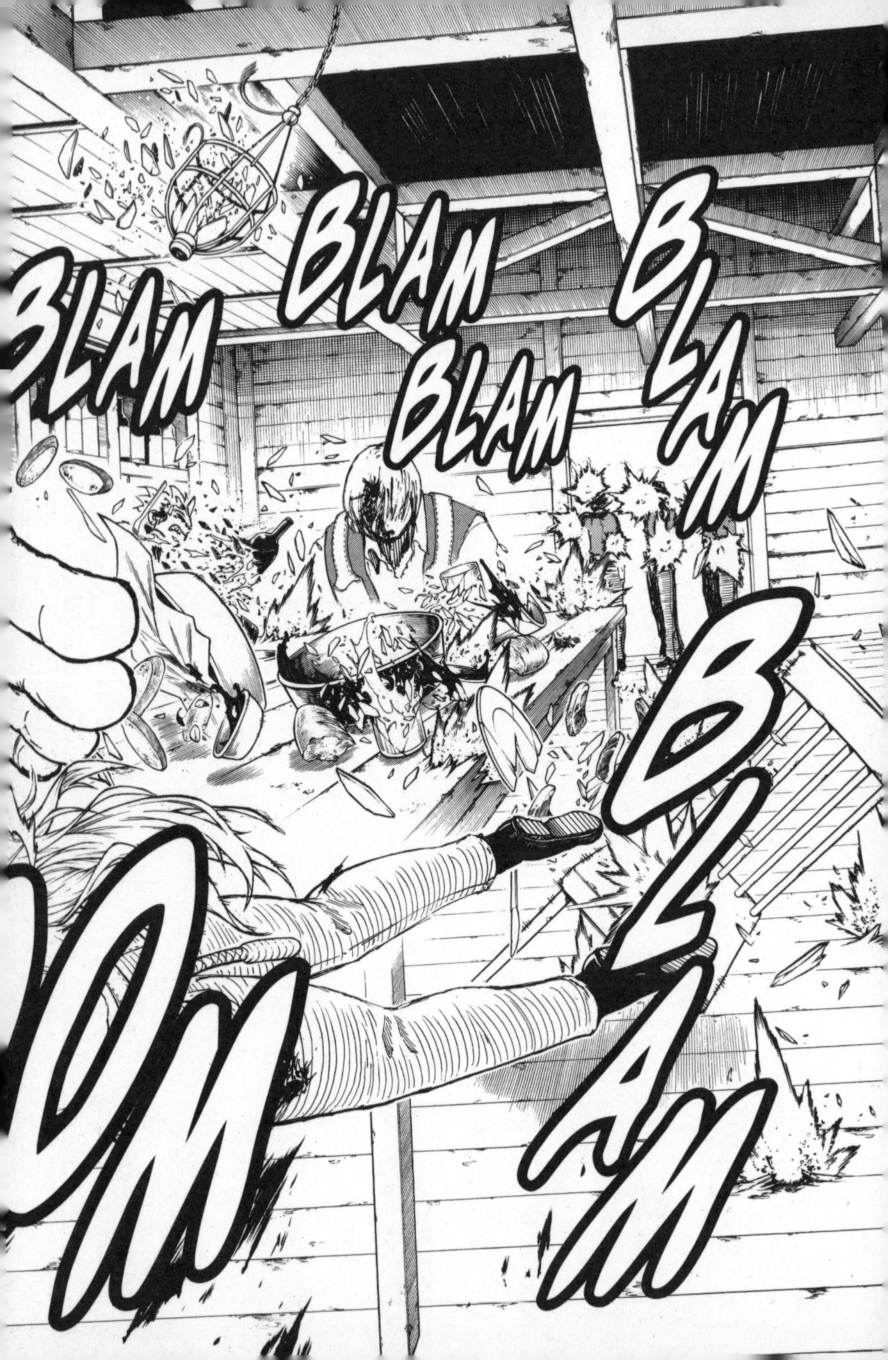
BLAM
BLAM
BLAM
BLAM
BLAM

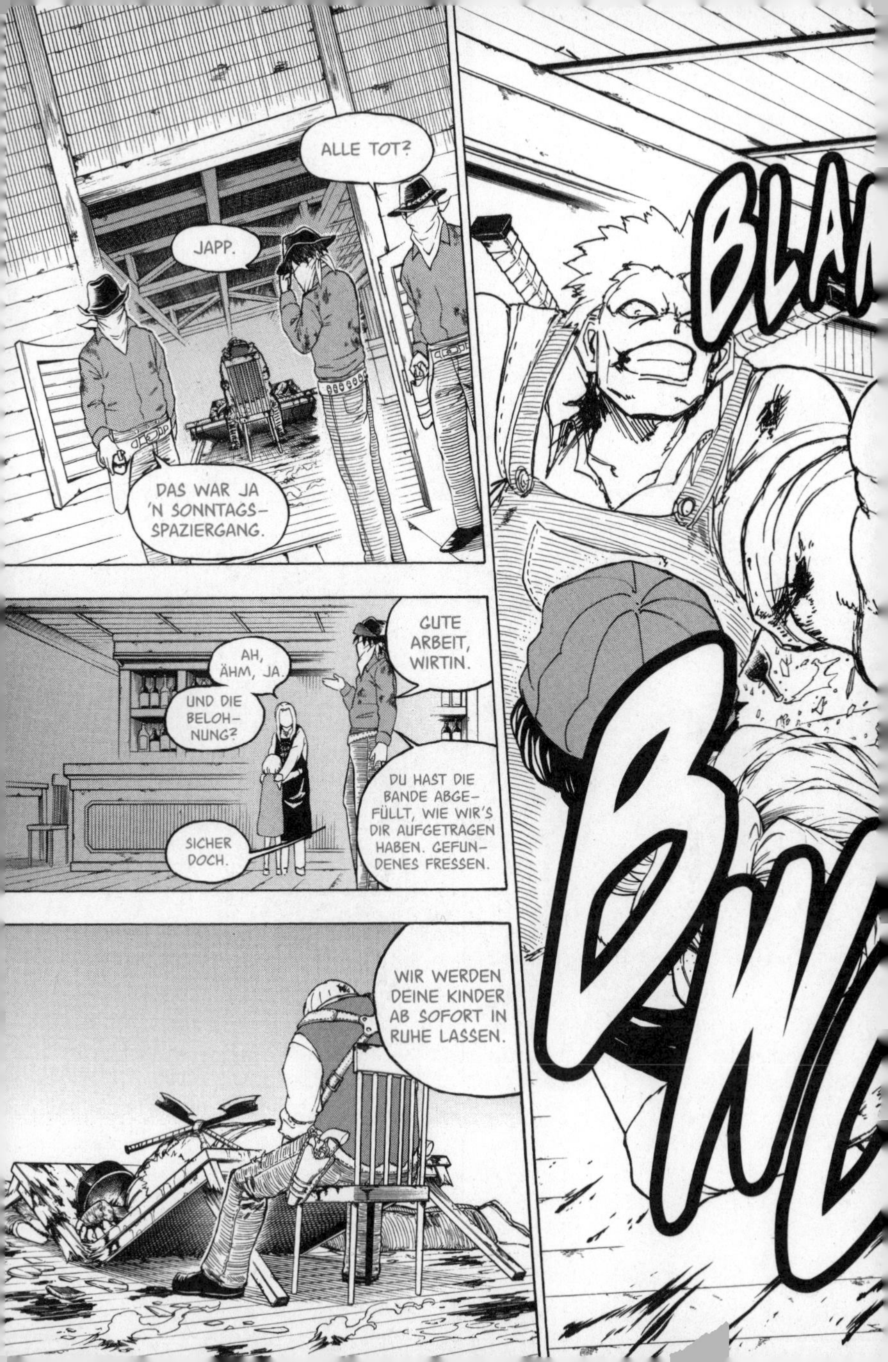
ALLE TOT?
JAPP.
DAS WAR JA 'N SONNTAGS-SPAZIERGANG.
GUTE ARBEIT, WIRTIN.
AH, ÄHM, JA.
UND DIE BELOHNUNG?
DU HAST DIE BANDE ABGEFÜLLT, WIE WIR'S DIR AUFGETRAGEN HABEN. GEFUNDENES FRESSEN.
SICHER DOCH.
WIR WERDEN DEINE KINDER AB SOFORT IN RUHE LASSEN.
BLAM
BLAM

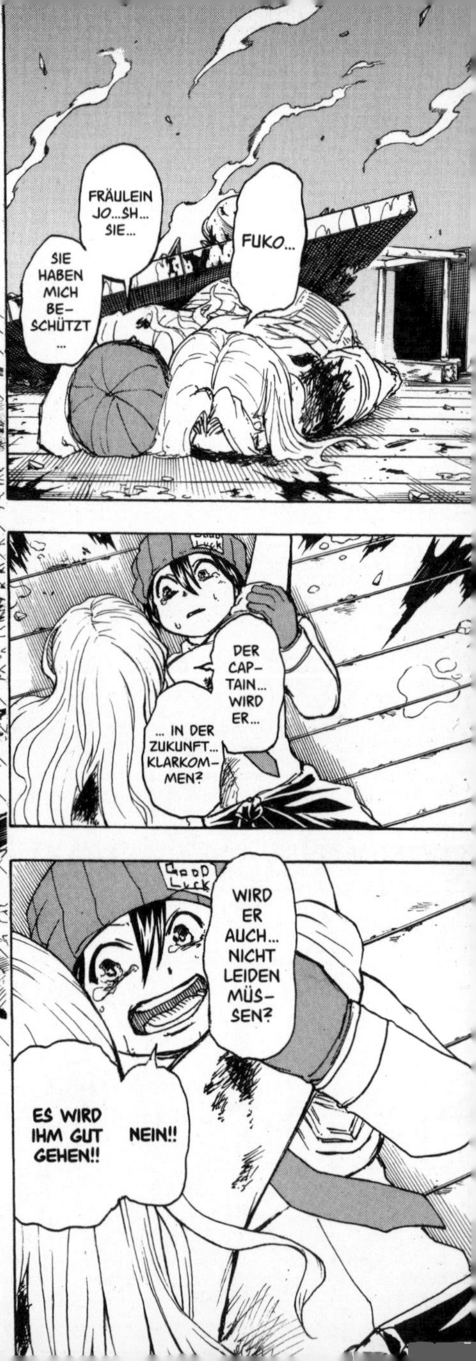
FUKO...
FRÄULEIN JO...SH... SIE...
SIE HABEN MICH BE-SCHÜTZT ...
DER CAP-TAIN... WIRD ER...
... IN DER ZUKUNFT... KLARKOMMEN?
WIRD ER AUCH... NICHT LEIDEN MÜS-SEN?
NEIN!!
ES WIRD IHM GUT GEHEN!!

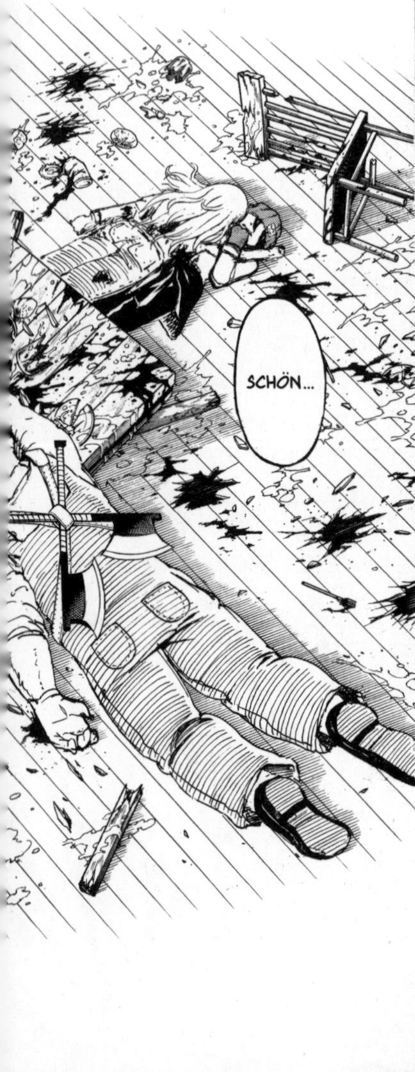
SCHÖN...

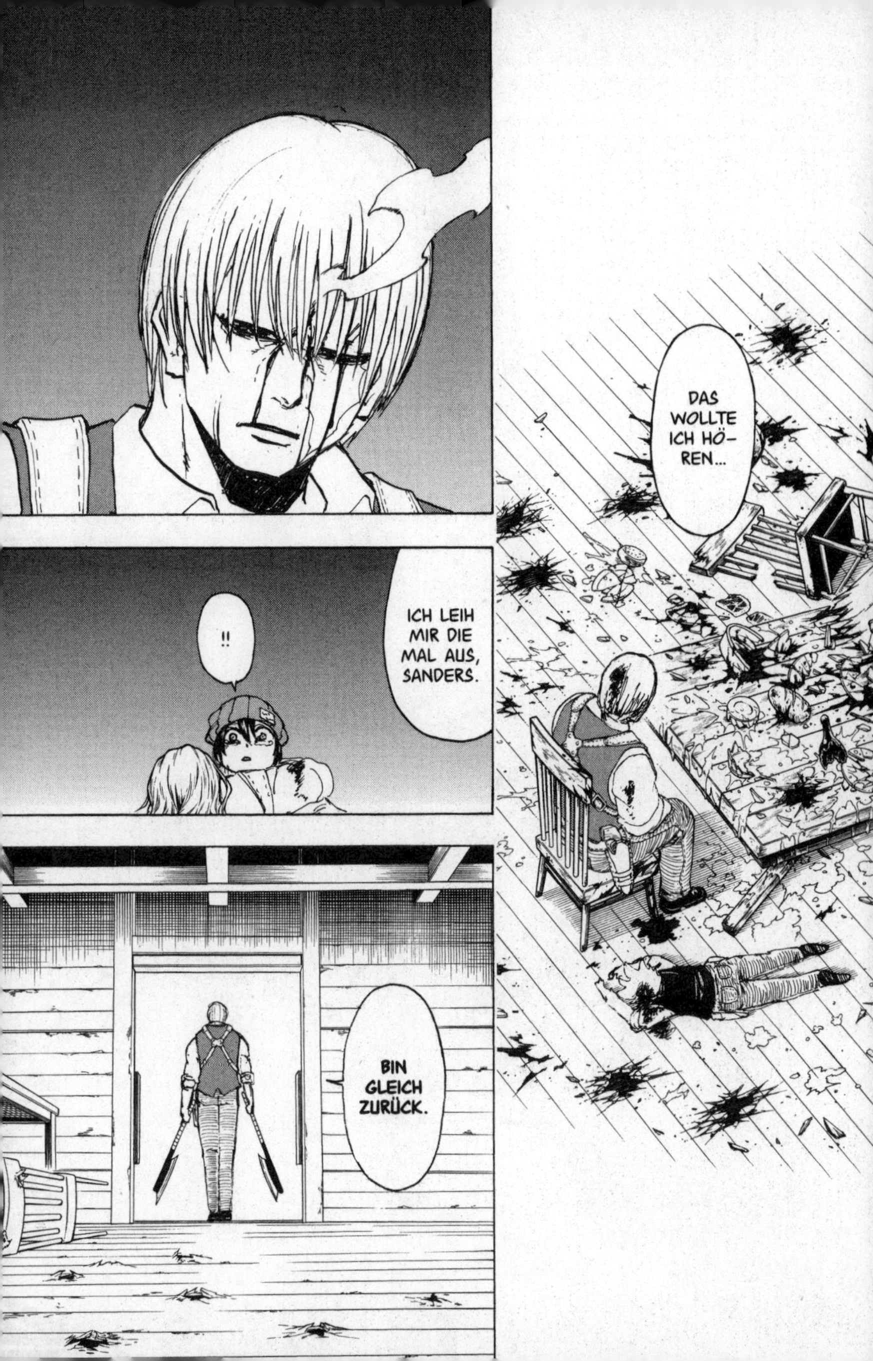
DAS WOLLTE ICH HÖREN...
ICH LEIH MIR DIE MAL AUS, SANDERS.
!!
BIN GLEICH ZURÜCK.

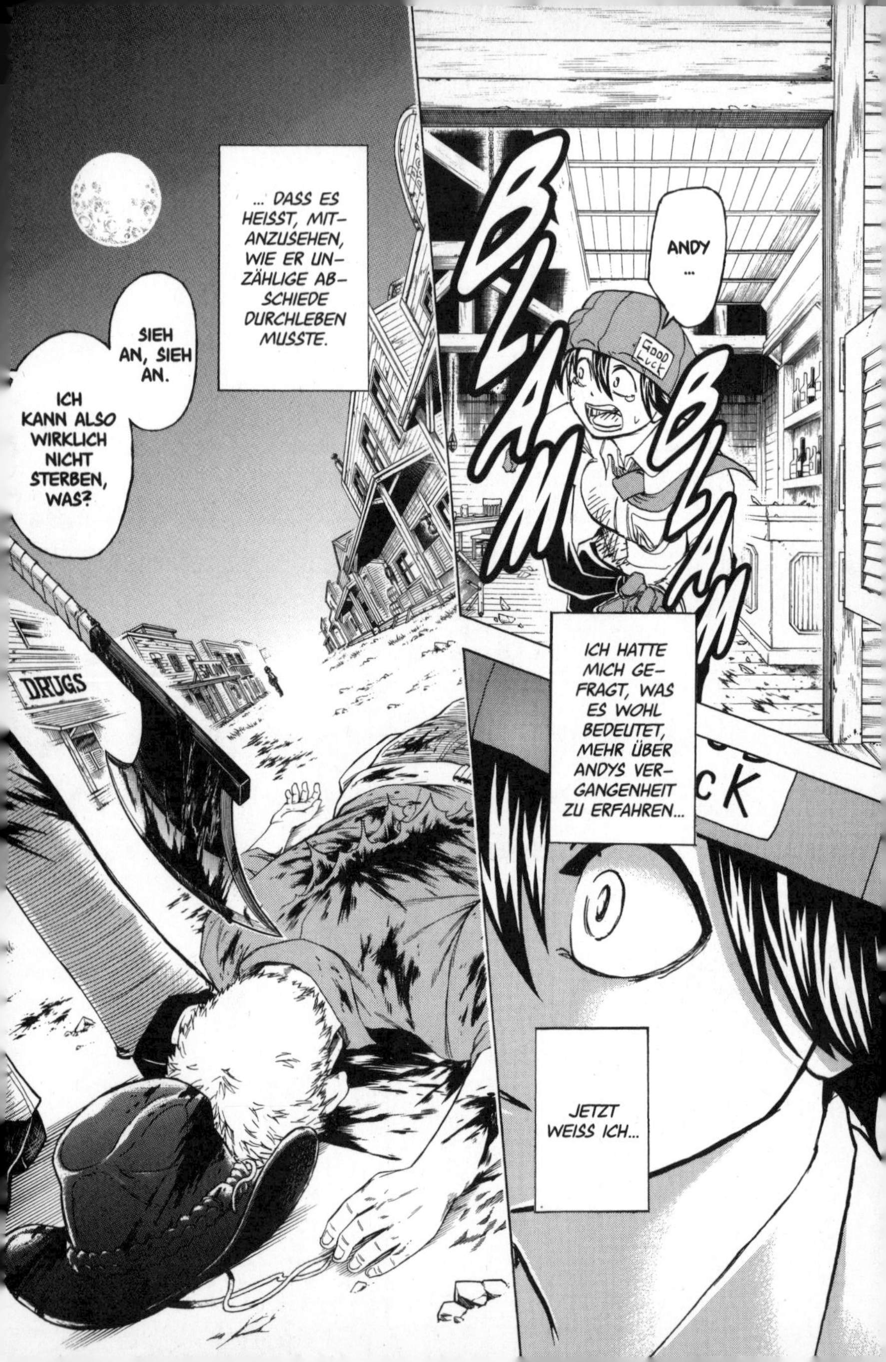
ANDY ...
BLAM
BLAM
GOOD LUCK
ICH HATTE MICH GEFRAGT, WAS ES WOHL BEDEUTET, MEHR ÜBER ANDYS VERGANGENHEIT ZU ERFAHREN...
JETZT WEISS ICH...
... DASS ES HEISST, MITANZUSEHEN, WIE ER UNZÄHLIGE ABSCHIEDE DURCHLEBEN MUSSTE.
SIEH AN, SIEH AN.
ICH KANN ALSO WIRKLICH NICHT STERBEN, WAS?
DRUGS

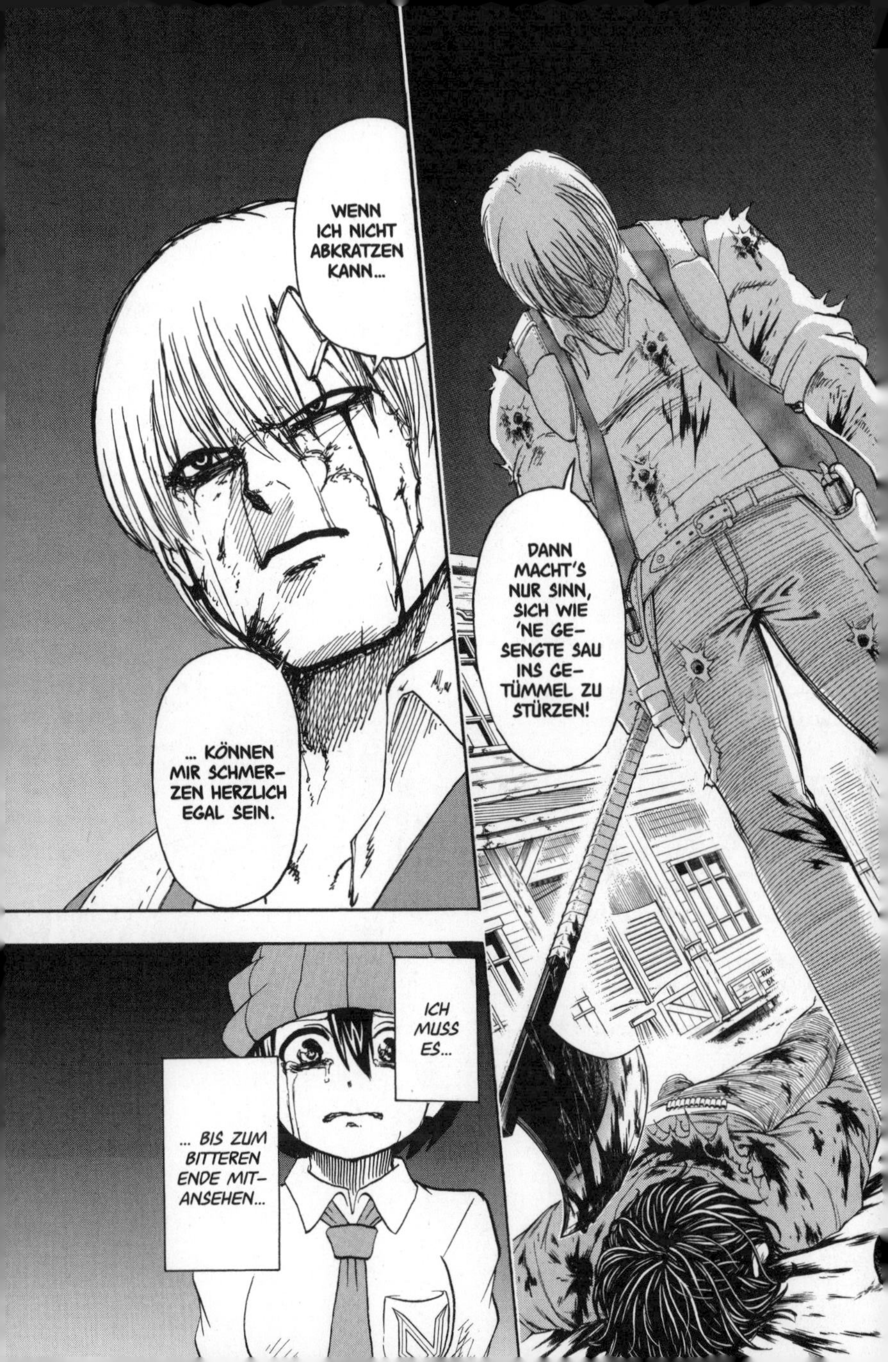
WENN ICH NICHT ABKRATZEN KANN...
DANN MACHT'S NUR SINN, SICH WIE 'NE GESENGTE SAU INS GETÜMMEL ZU STÜRZEN!
... KÖNNEN MIR SCHMERZEN HERZLICH EGAL SEIN.
ICH MUSS ES...
... BIS ZUM BITTEREN ENDE MITANSEHEN...

# Andys bunter Haufen #1

## JOSH

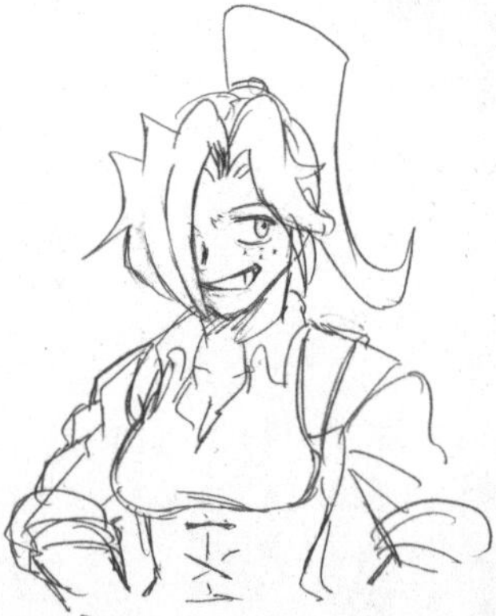

ALTER: 20
GRÖSSE: ETWA 1,70 M
GEWICHT: EIN GEHEIMNIS
HOBBIES: PEITSCHEN SAMMELN, SANDERS NECKEN
BESONDERE FÄHIGKEITEN: TRINKWETTBEWERBE
WAS SIE MAG: ALKOHOL, DEN CAPTAIN

## SANDERS

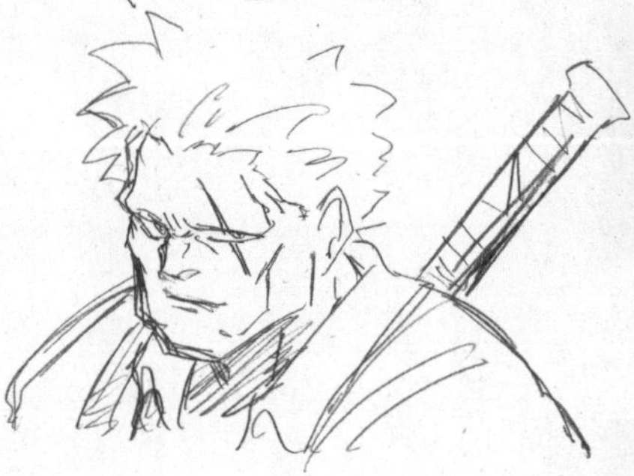

ALTER: 28
GRÖSSE: ETWA 2,10 M
GEWICHT: WEISS ER NICHT
HOBBIES: ÄXTE SAMMELN, KOCHEN
BESONDERE FÄHIGKEITEN: FRESSWETTBEWERBE
WAS ER MAG: LECKERES ESSEN, DEN CAPTAIN

## RED

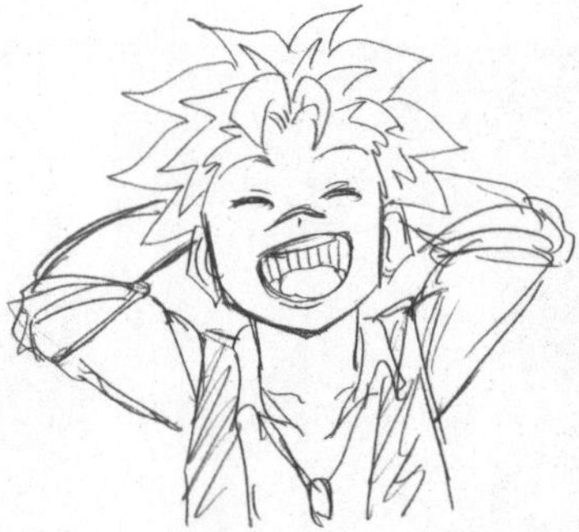

ALTER: 15
GRÖSSE: ETWA 1,50 M
GEWICHT: KEIN PEIL
HOBBIES: FLINTEN SAMMELN, FRAUEN AUFGABELN
BESONDERE FÄHIGKEITEN: SCHNELLSCHIESS-WETTBEWERBE
WAS ER MAG: MONETEN, DEN CAPTAIN

# No. 42 Solange wir uns erinnern

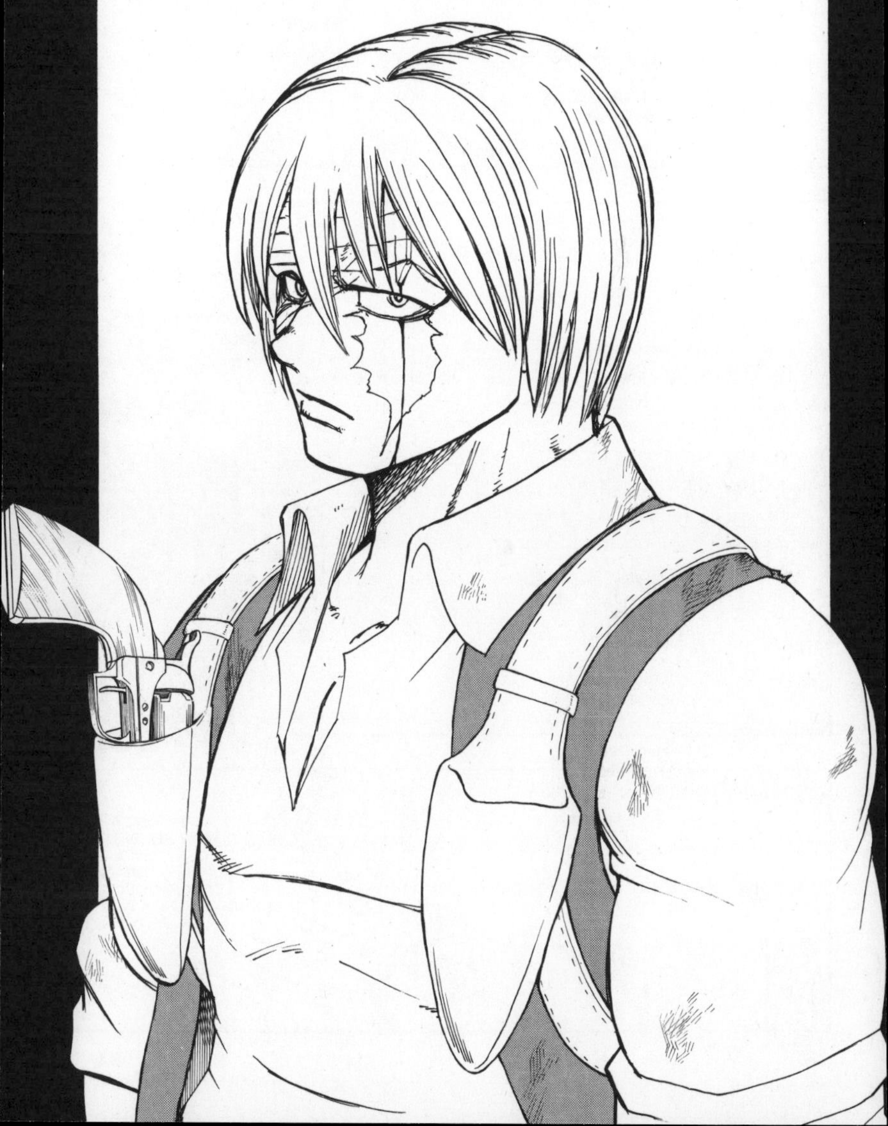

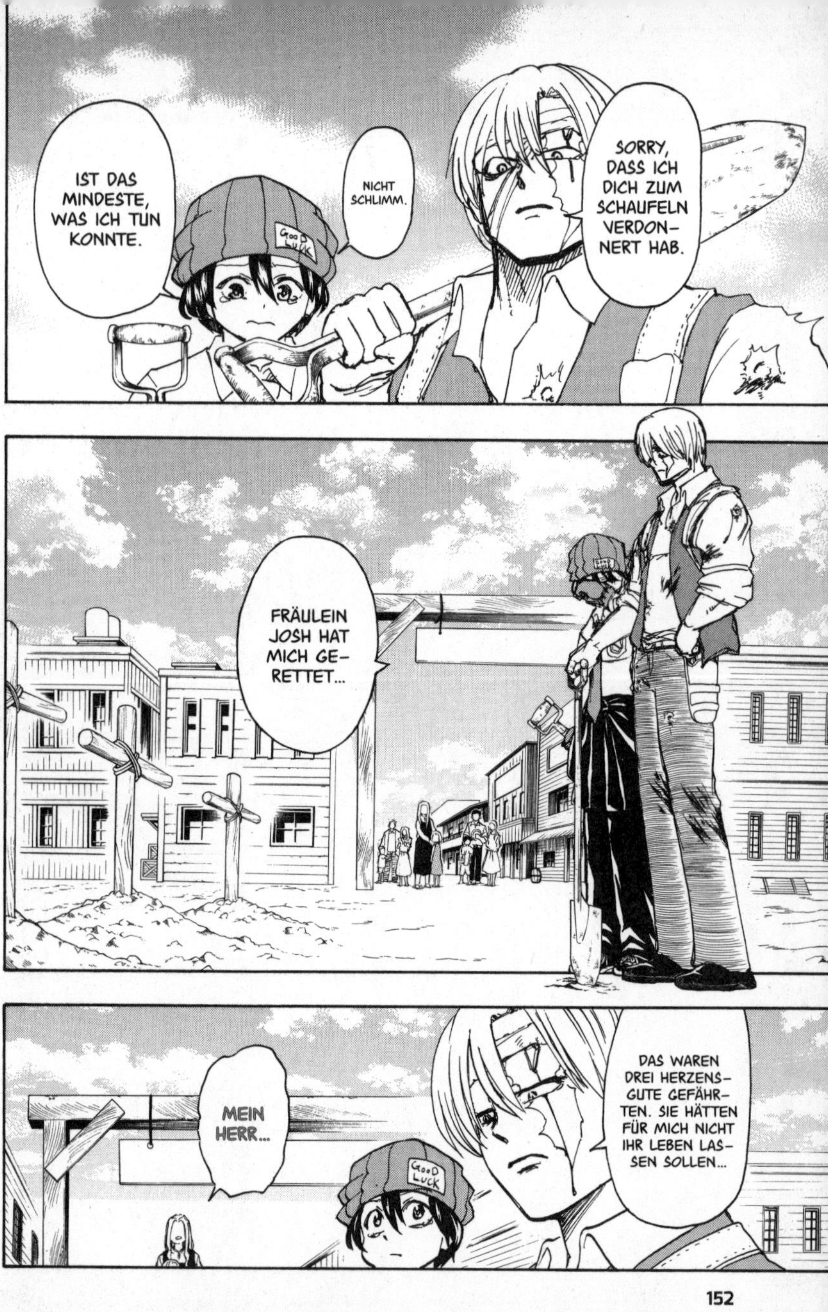
SORRY, DASS ICH DICH ZUM SCHAUFELN VERDONNERT HAB.
NICHT SCHLIMM.
IST DAS MINDESTE, WAS ICH TUN KONNTE.
FRÄULEIN JOSH HAT MICH GERETTET...
DAS WAREN DREI HERZENSGUTE GEFÄHRTEN. SIE HÄTTEN FÜR MICH NICHT IHR LEBEN LASSEN SOLLEN...
MEIN HERR...

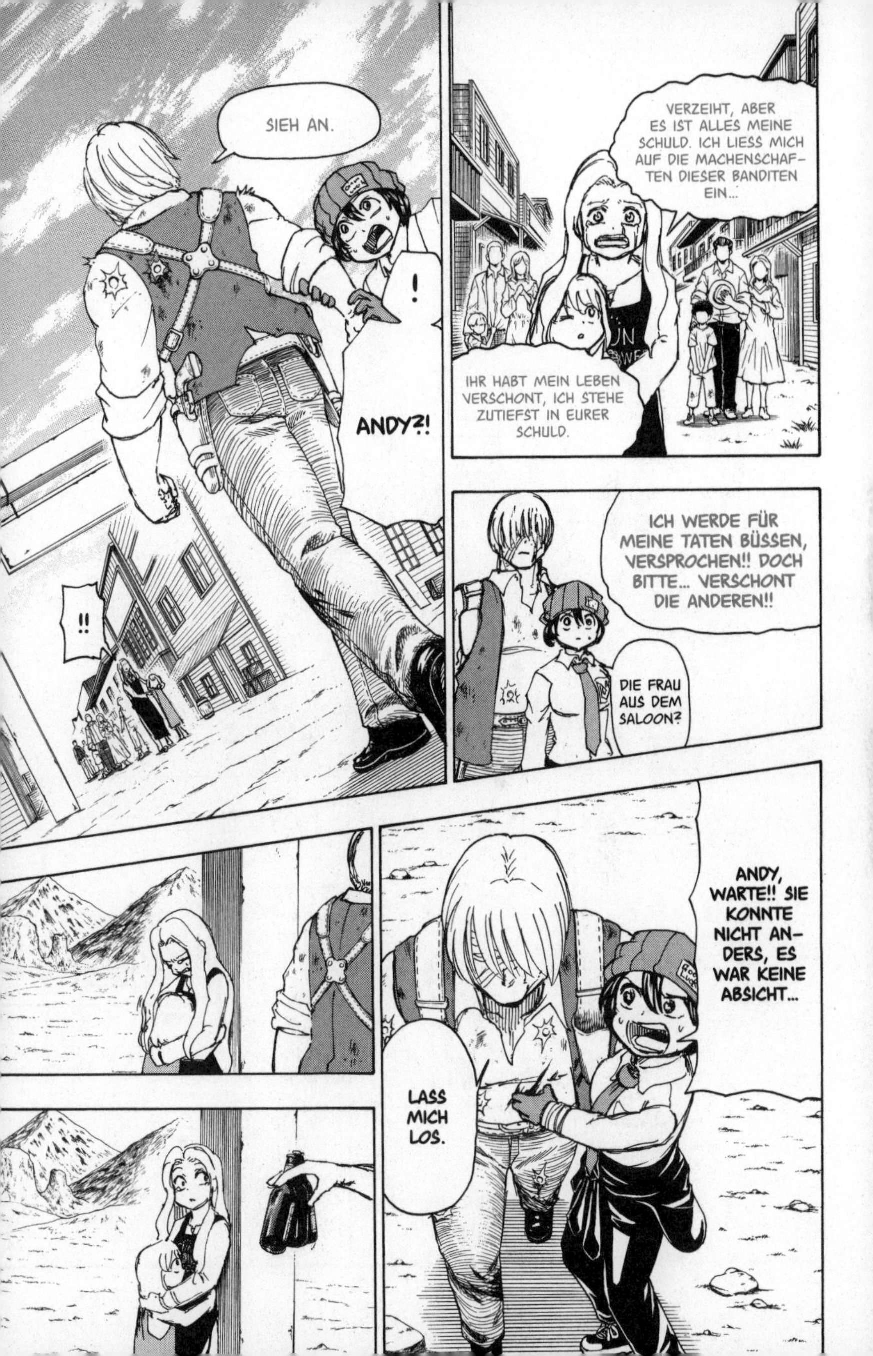
SIEH AN.
!
ANDY?!
!!
VERZEIHT, ABER ES IST ALLES MEINE SCHULD. ICH LIESS MICH AUF DIE MACHENSCHAFTEN DIESER BANDITEN EIN...
IHR HABT MEIN LEBEN VERSCHONT, ICH STEHE ZUTIEFST IN EURER SCHULD.
ICH WERDE FÜR MEINE TATEN BÜSSEN, VERSPROCHEN!! DOCH BITTE... VERSCHONT DIE ANDEREN!!
DIE FRAU AUS DEM SALOON?
ANDY, WARTE!! SIE KONNTE NICHT ANDERS, ES WAR KEINE ABSICHT...
LASS MICH LOS.

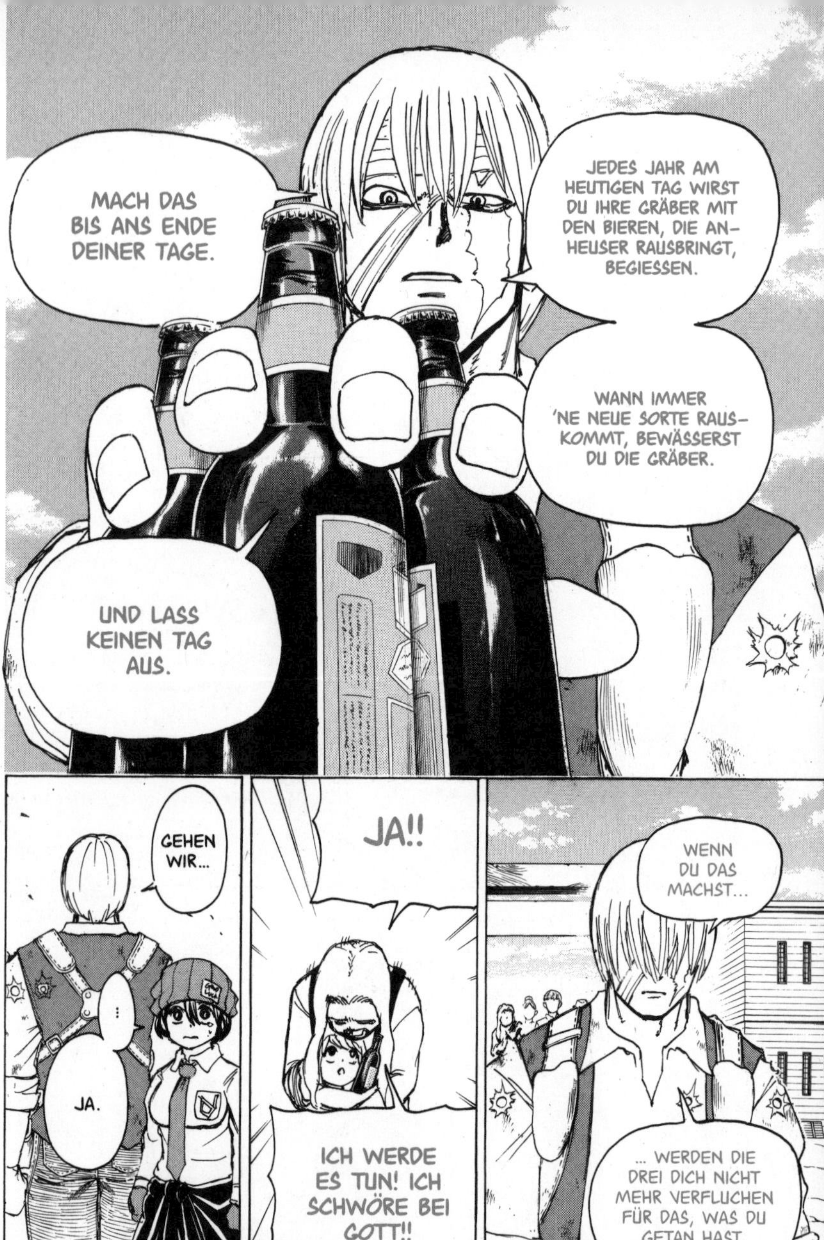
JEDES JAHR AM HEUTIGEN TAG WIRST DU IHRE GRÄBER MIT DEN BIEREN, DIE ANHEUSER RAUSBRINGT, BEGIESSEN.
WANN IMMER 'NE NEUE SORTE RAUSKOMMT, BEWÄSSERST DU DIE GRÄBER.
MACH DAS BIS ANS ENDE DEINER TAGE.
UND LASS KEINEN TAG AUS.
WENN DU DAS MACHST...
... WERDEN DIE DREI DICH NICHT MEHR VERFLUCHEN FÜR DAS, WAS DU GETAN HAST.
JA!!
ICH WERDE ES TUN! ICH SCHWÖRE BEI GOTT!!
GEHEN WIR...
...
JA.

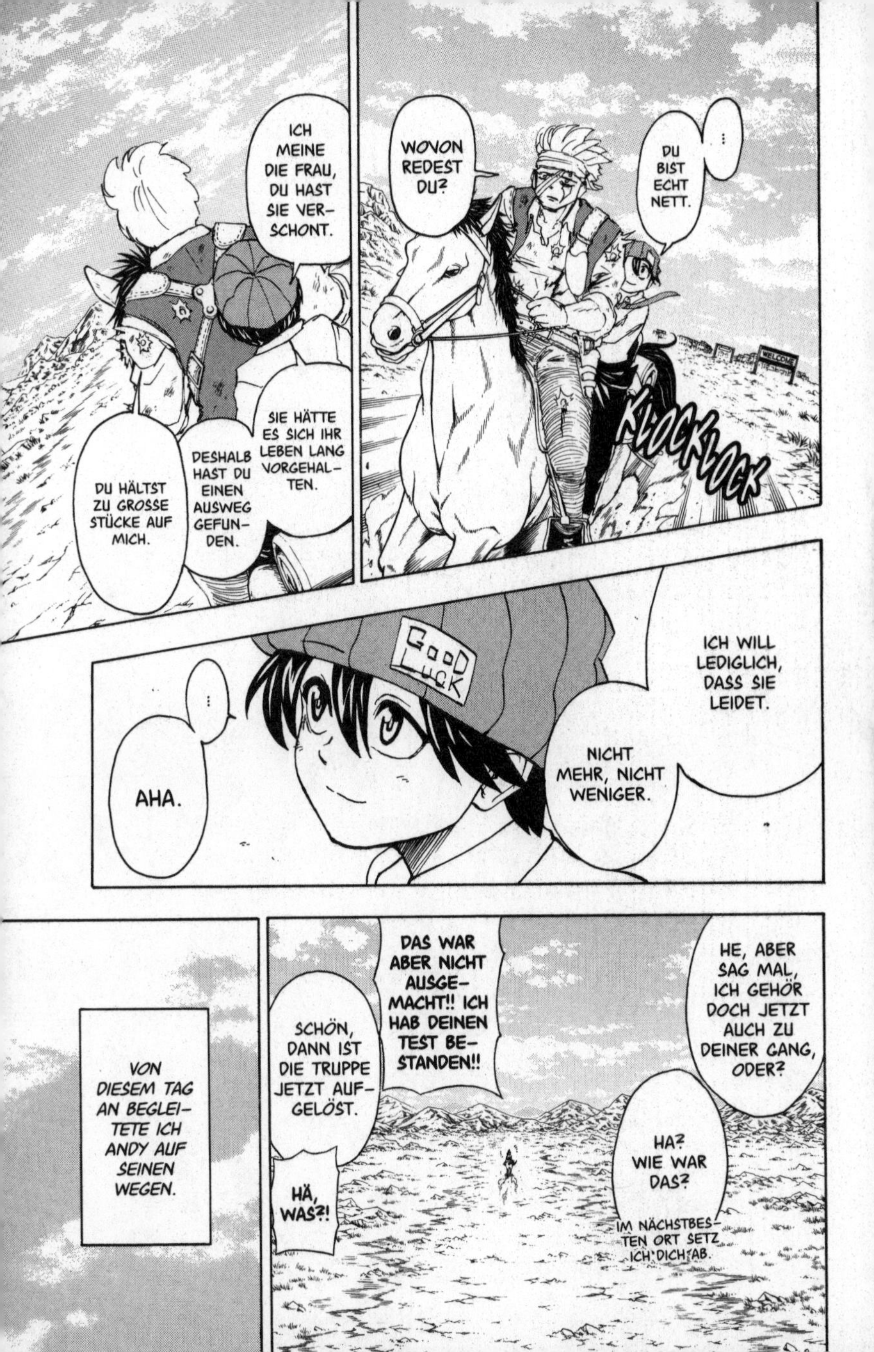
…
DU BIST ECHT NETT.
WOVON REDEST DU?
WELCOME
KLOCK KLOCK
ICH MEINE DIE FRAU, DU HAST SIE VER-SCHONT.
SIE HÄTTE ES SICH IHR LEBEN LANG VORGEHAL-TEN.
DESHALB HAST DU EINEN AUSWEG GEFUN-DEN.
DU HÄLTST ZU GROSSE STÜCKE AUF MICH.
ICH WILL LEDIGLICH, DASS SIE LEIDET.
NICHT MEHR, NICHT WENIGER.
GOOD LUCK
…
AHA.
HE, ABER SAG MAL, ICH GEHÖR DOCH JETZT AUCH ZU DEINER GANG, ODER?
HA? WIE WAR DAS?
IM NÄCHSTBES-TEN ORT SETZ ICH DICH AB.
DAS WAR ABER NICHT AUSGE-MACHT!! ICH HAB DEINEN TEST BE-STANDEN!!
SCHÖN, DANN IST DIE TRUPPE JETZT AUF-GELÖST.
HÄ, WAS?!
VON DIESEM TAG AN BEGLEI-TETE ICH ANDY AUF SEINEN WEGEN.

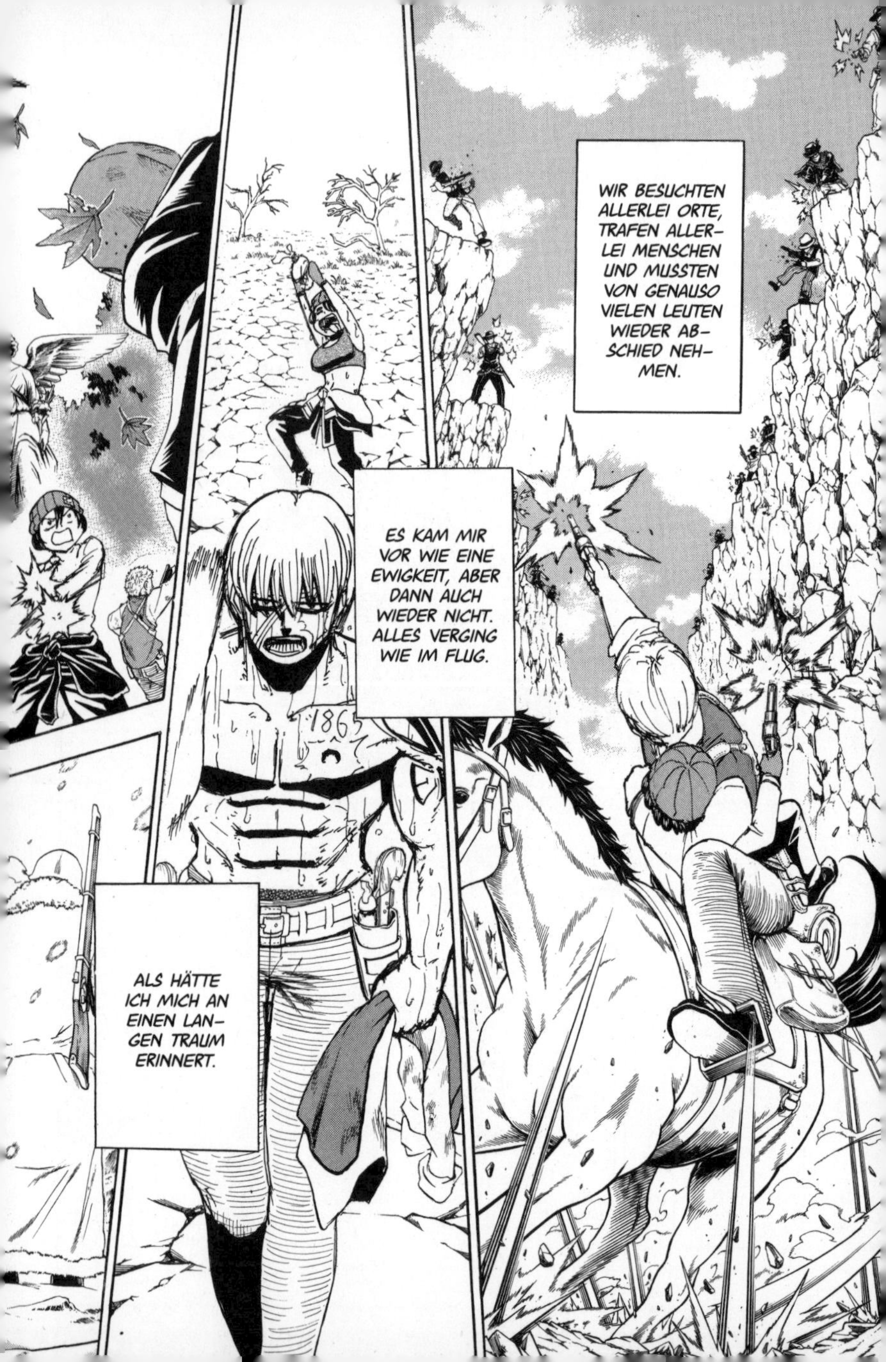
WIR BESUCHTEN ALLERLEI ORTE, TRAFEN ALLER-LEI MENSCHEN UND MUSSTEN VON GENAUSO VIELEN LEUTEN WIEDER AB-SCHIED NEH-MEN.
ES KAM MIR VOR WIE EINE EWIGKEIT, ABER DANN AUCH WIEDER NICHT. ALLES VERGING WIE IM FLUG.
ALS HÄTTE ICH MICH AN EINEN LAN-GEN TRAUM ERINNERT.

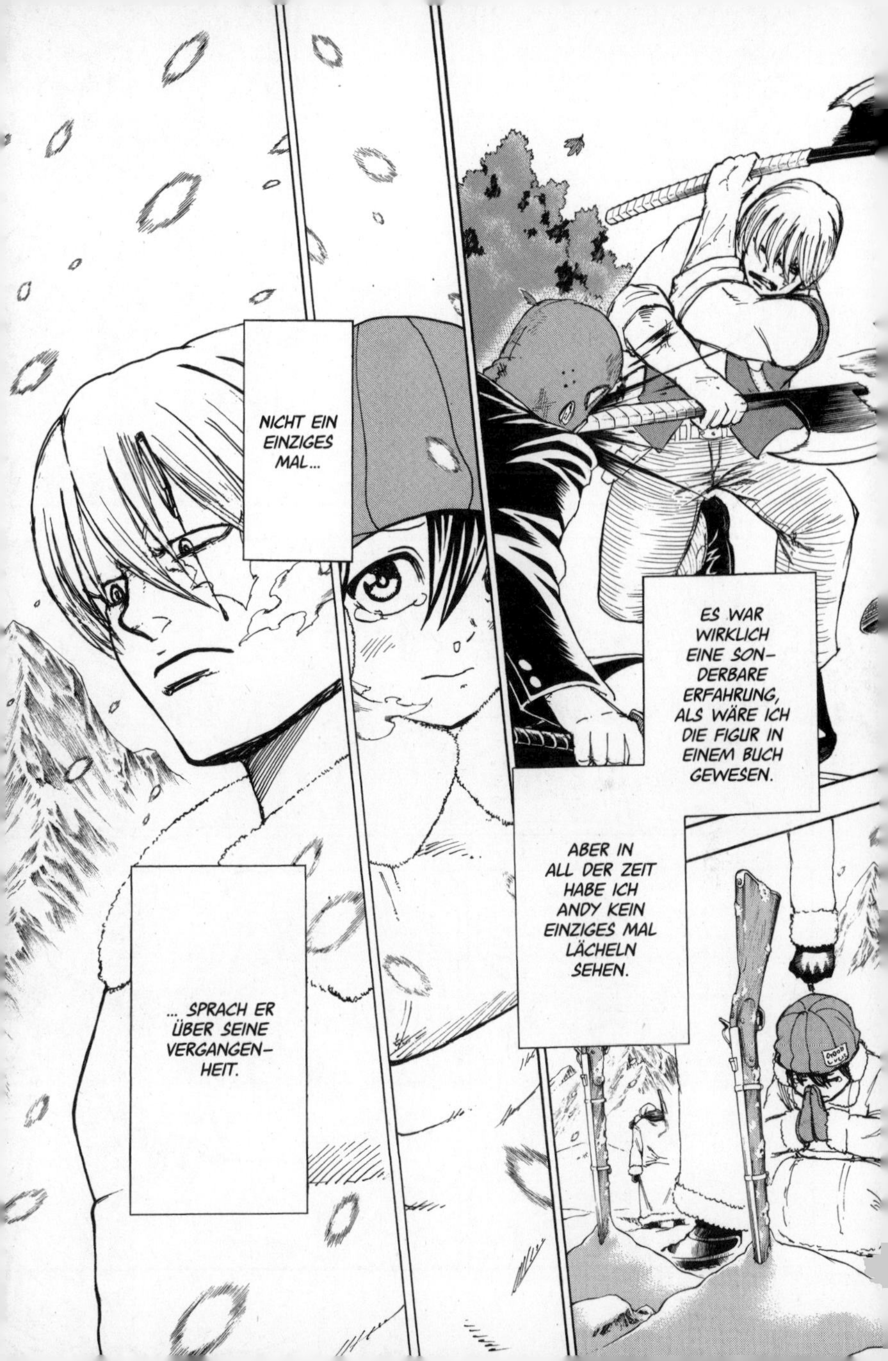
ES WAR WIRKLICH EINE SONDERBARE ERFAHRUNG, ALS WÄRE ICH DIE FIGUR IN EINEM BUCH GEWESEN.
ABER IN ALL DER ZEIT HABE ICH ANDY KEIN EINZIGES MAL LÄCHELN SEHEN.
NICHT EIN EINZIGES MAL...
... SPRACH ER ÜBER SEINE VERGANGENHEIT.

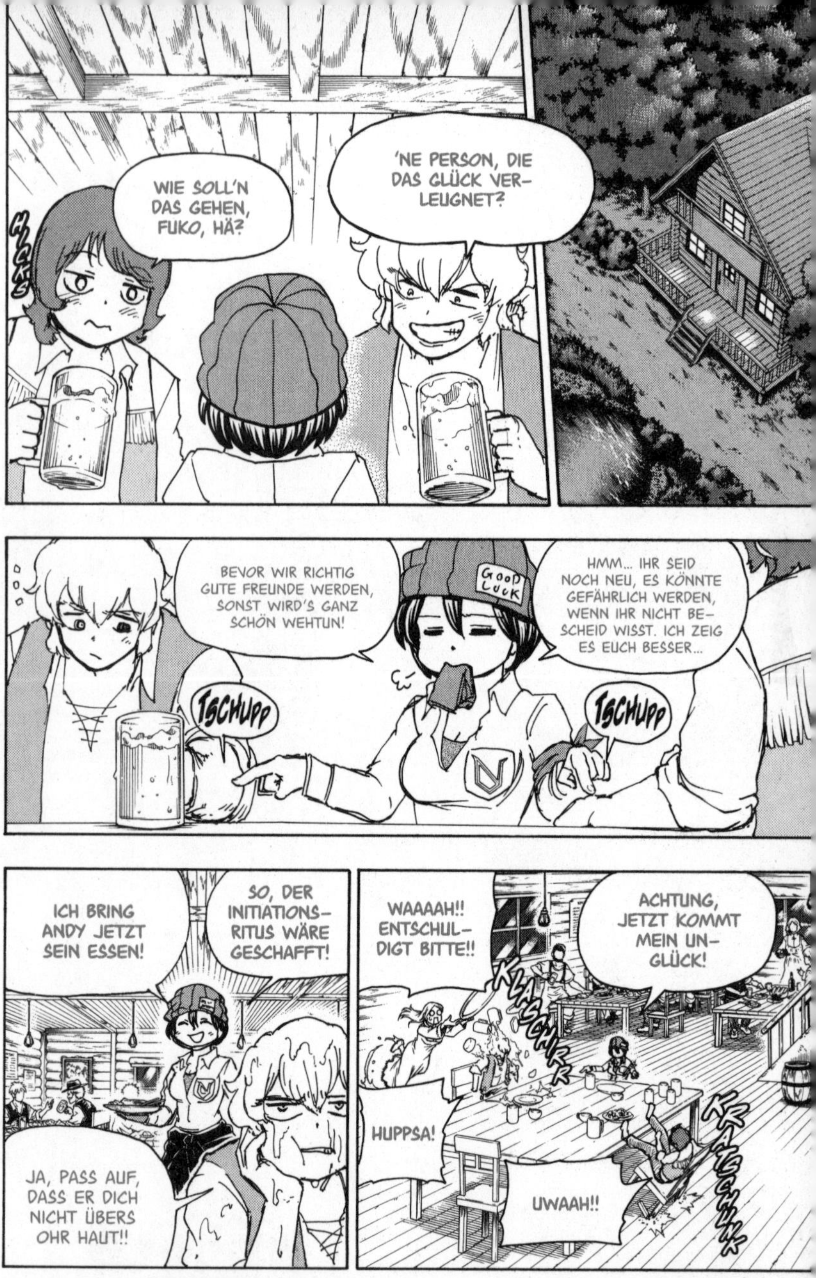
'NE PERSON, DIE DAS GLÜCK VERLEUGNET?
WIE SOLL'N DAS GEHEN, FUKO, HÄ?
HICKS
HMM... IHR SEID NOCH NEU, ES KÖNNTE GEFÄHRLICH WERDEN, WENN IHR NICHT BESCHEID WISST. ICH ZEIG ES EUCH BESSER...
BEVOR WIR RICHTIG GUTE FREUNDE WERDEN, SONST WIRD'S GANZ SCHÖN WEHTUN!
GOOD LUCK
TSCHUPP
TSCHUPP
ACHTUNG, JETZT KOMMT MEIN UNGLÜCK!
WAAAAH!! ENTSCHULDIGT BITTE!!
KLASCHRR
HUPPSA!
UWAAH!!
KRATSCHUNK
SO, DER INITIATIONSRITUS WÄRE GESCHAFFT!
ICH BRING ANDY JETZT SEIN ESSEN!
JA, PASS AUF, DASS ER DICH NICHT ÜBERS OHR HAUT!!

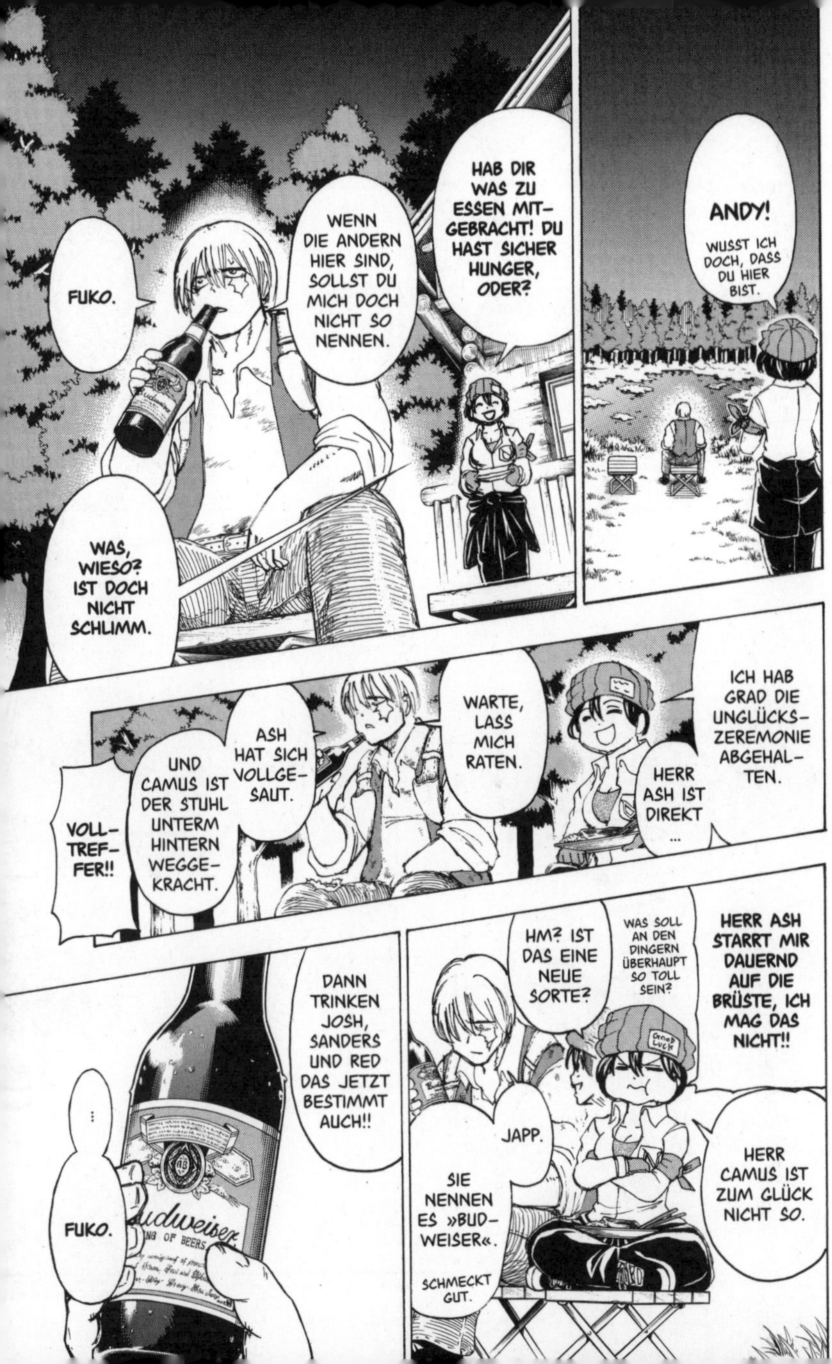
ANDY!
WUSST ICH DOCH, DASS DU HIER BIST.
HAB DIR WAS ZU ESSEN MITGEBRACHT! DU HAST SICHER HUNGER, ODER?
WENN DIE ANDERN HIER SIND, SOLLST DU MICH DOCH NICHT SO NENNEN.
FUKO.
WAS, WIESO? IST DOCH NICHT SCHLIMM.
ICH HAB GRAD DIE UNGLÜCKSZEREMONIE ABGEHALTEN.
HERR ASH IST DIREKT ...
WARTE, LASS MICH RATEN.
ASH HAT SICH VOLLGESAUT.
UND CAMUS IST DER STUHL UNTERM HINTERN WEGGEKRACHT.
VOLLTREFFER!!
HERR ASH STARRT MIR DAUERND AUF DIE BRÜSTE, ICH MAG DAS NICHT!!
HERR CAMUS IST ZUM GLÜCK NICHT SO.
WAS SOLL AN DEN DINGERN ÜBERHAUPT SO TOLL SEIN?
HM? IST DAS EINE NEUE SORTE?
JAPP.
SIE NENNEN ES »BUDWEISER«.
SCHMECKT GUT.
DANN TRINKEN JOSH, SANDERS UND RED DAS JETZT BESTIMMT AUCH!!
...
FUKO.

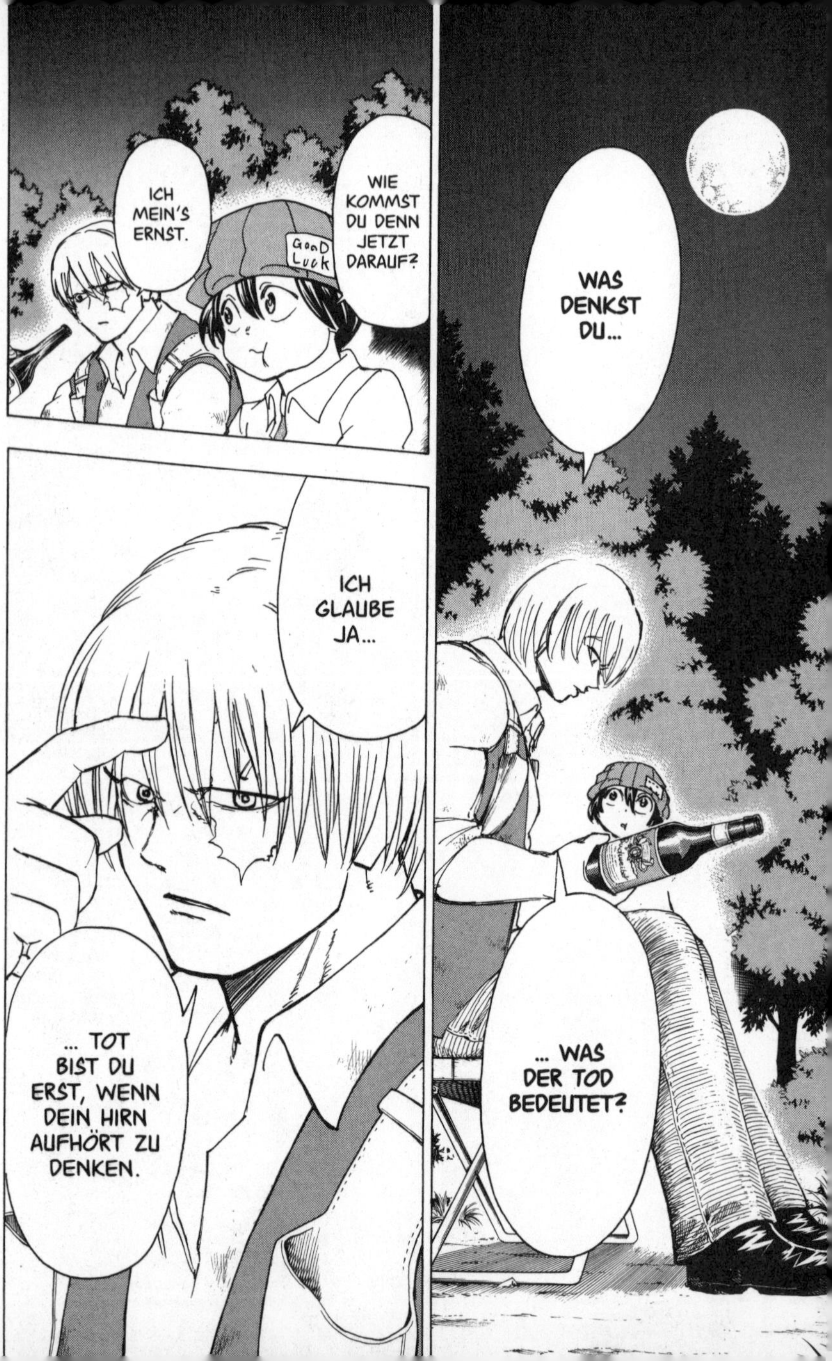
WAS DENKST DU...
... WAS DER TOD BEDEUTET?
WIE KOMMST DU DENN JETZT DARAUF?
GOOD LUCK
ICH MEIN'S ERNST.
ICH GLAUBE JA...
... TOT BIST DU ERST, WENN DEIN HIRN AUFHÖRT ZU DENKEN.

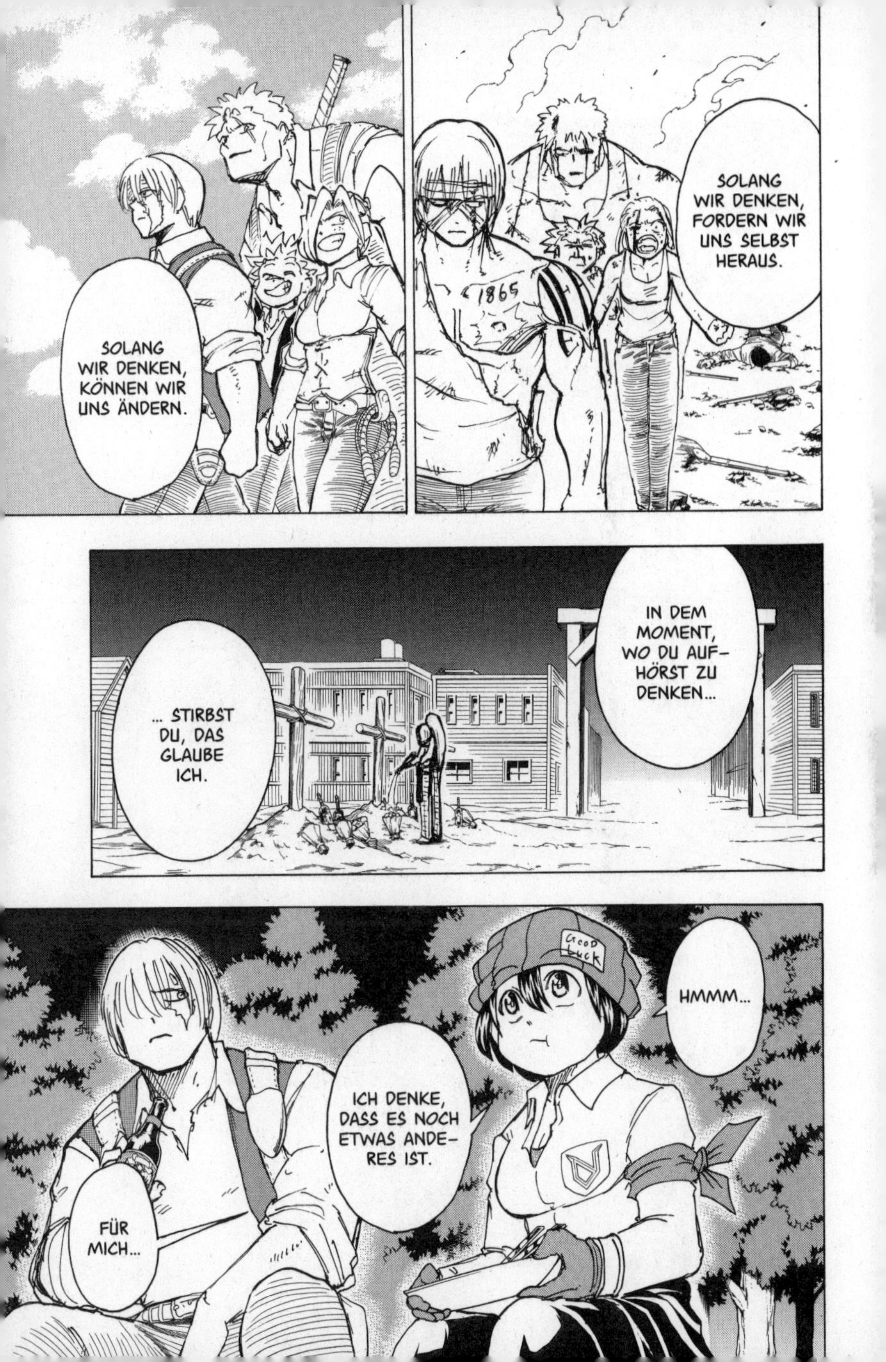
SOLANG WIR DENKEN, FORDERN WIR UNS SELBST HERAUS.
1865
SOLANG WIR DENKEN, KÖNNEN WIR UNS ÄNDERN.
IN DEM MOMENT, WO DU AUFHÖRST ZU DENKEN...
... STIRBST DU, DAS GLAUBE ICH.
HMMM...
GOOD LUCK
ICH DENKE, DASS ES NOCH ETWAS ANDERES IST.
FÜR MICH...

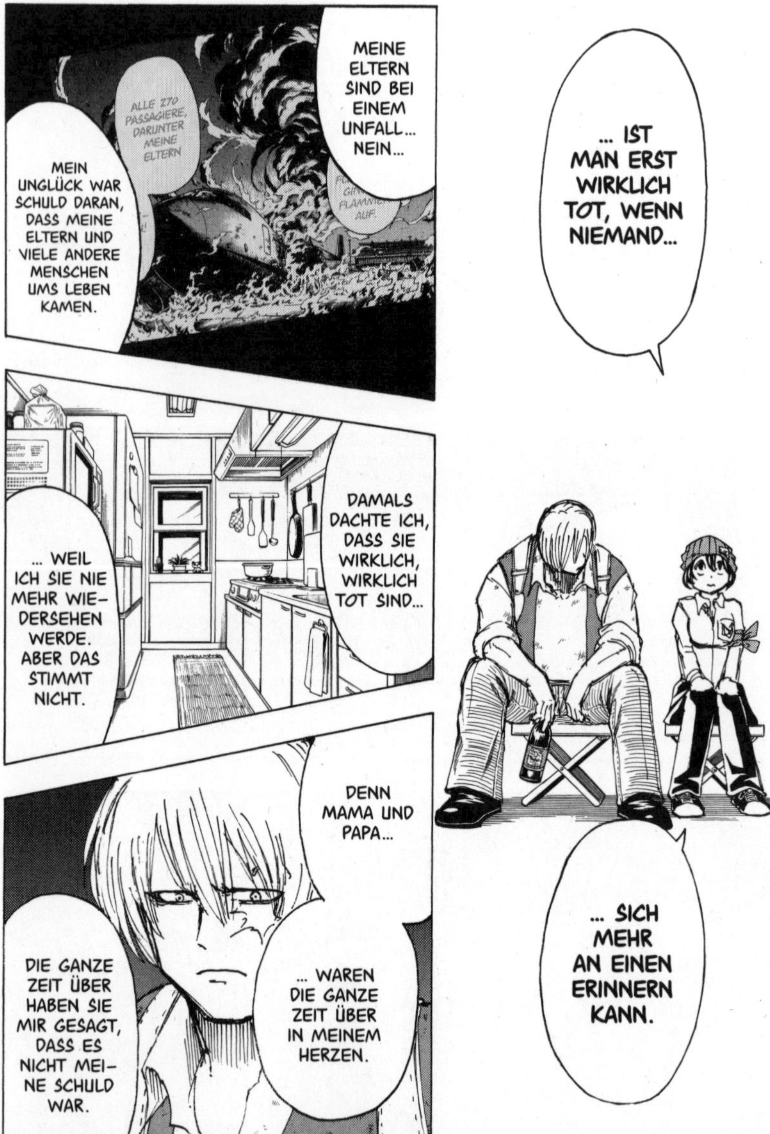
... IST MAN ERST WIRKLICH TOT, WENN NIEMAND...
... SICH MEHR AN EINEN ERINNERN KANN.
MEINE ELTERN SIND BEI EINEM UNFALL... NEIN...
ALLE 270 PASSAGIERE, DARUNTER MEINE ELTERN
MEIN UNGLÜCK WAR SCHULD DARAN, DASS MEINE ELTERN UND VIELE ANDERE MENSCHEN UMS LEBEN KAMEN.
DAMALS DACHTE ICH, DASS SIE WIRKLICH, WIRKLICH TOT SIND...
... WEIL ICH SIE NIE MEHR WIEDERSEHEN WERDE. ABER DAS STIMMT NICHT.
DENN MAMA UND PAPA...
... WAREN DIE GANZE ZEIT ÜBER IN MEINEM HERZEN.
DIE GANZE ZEIT ÜBER HABEN SIE MIR GESAGT, DASS ES NICHT MEINE SCHULD WAR.

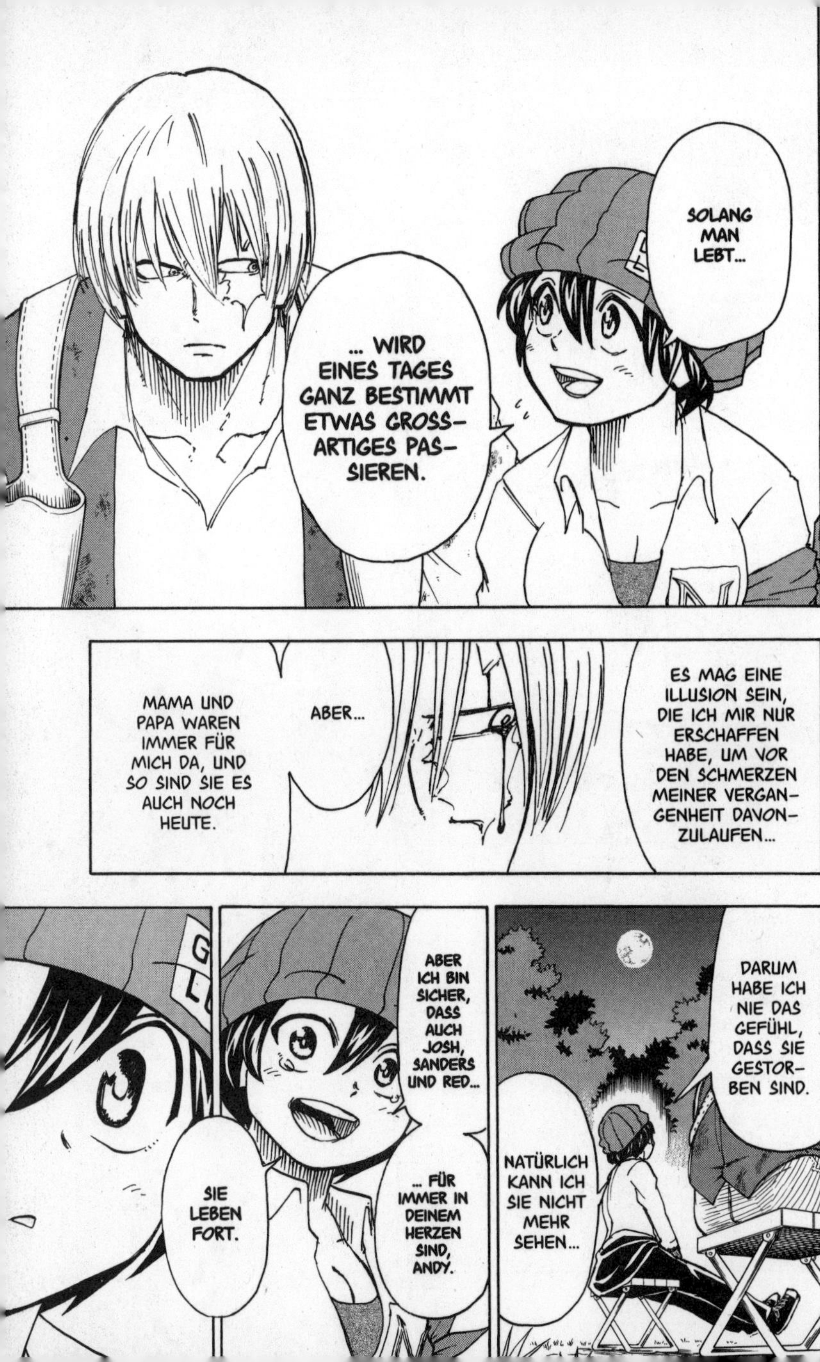
SOLANG MAN LEBT...
... WIRD EINES TAGES GANZ BESTIMMT ETWAS GROSS-ARTIGES PAS-SIEREN.
ES MAG EINE ILLUSION SEIN, DIE ICH MIR NUR ERSCHAFFEN HABE, UM VOR DEN SCHMERZEN MEINER VERGAN-GENHEIT DAVON-ZULAUFEN...
ABER...
MAMA UND PAPA WAREN IMMER FÜR MICH DA, UND SO SIND SIE ES AUCH NOCH HEUTE.
DARUM HABE ICH NIE DAS GEFÜHL, DASS SIE GESTOR-BEN SIND.
NATÜRLICH KANN ICH SIE NICHT MEHR SEHEN...
ABER ICH BIN SICHER, DASS AUCH JOSH, SANDERS UND RED...
... FÜR IMMER IN DEINEM HERZEN SIND, ANDY.
SIE LEBEN FORT.

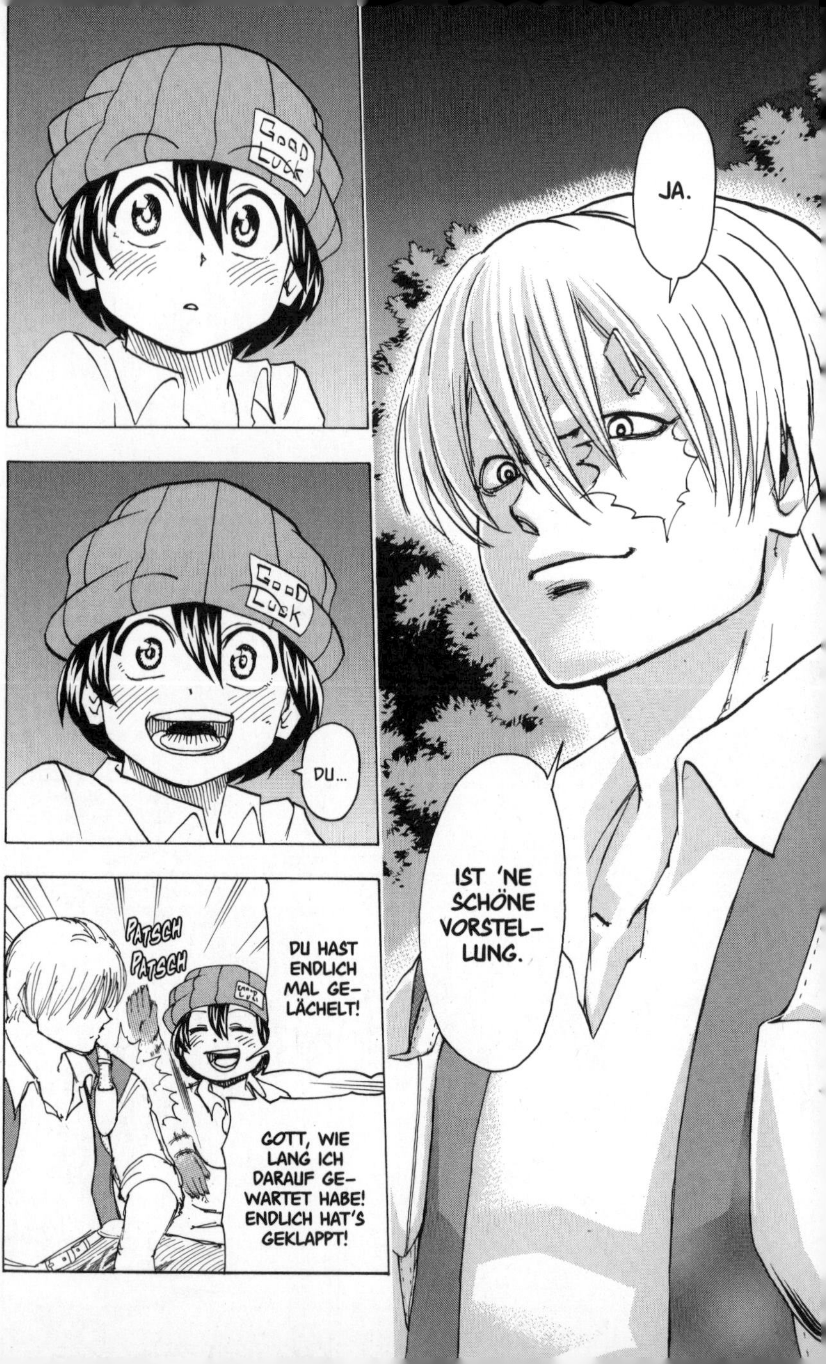
JA.
IST 'NE SCHÖNE VORSTEL-LUNG.
GOOD LUCK
GOOD LUCK
DU...
PATSCH PATSCH
DU HAST ENDLICH MAL GE-LÄCHELT!
GOTT, WIE LANG ICH DARAUF GE-WARTET HABE! ENDLICH HAT'S GEKLAPPT!

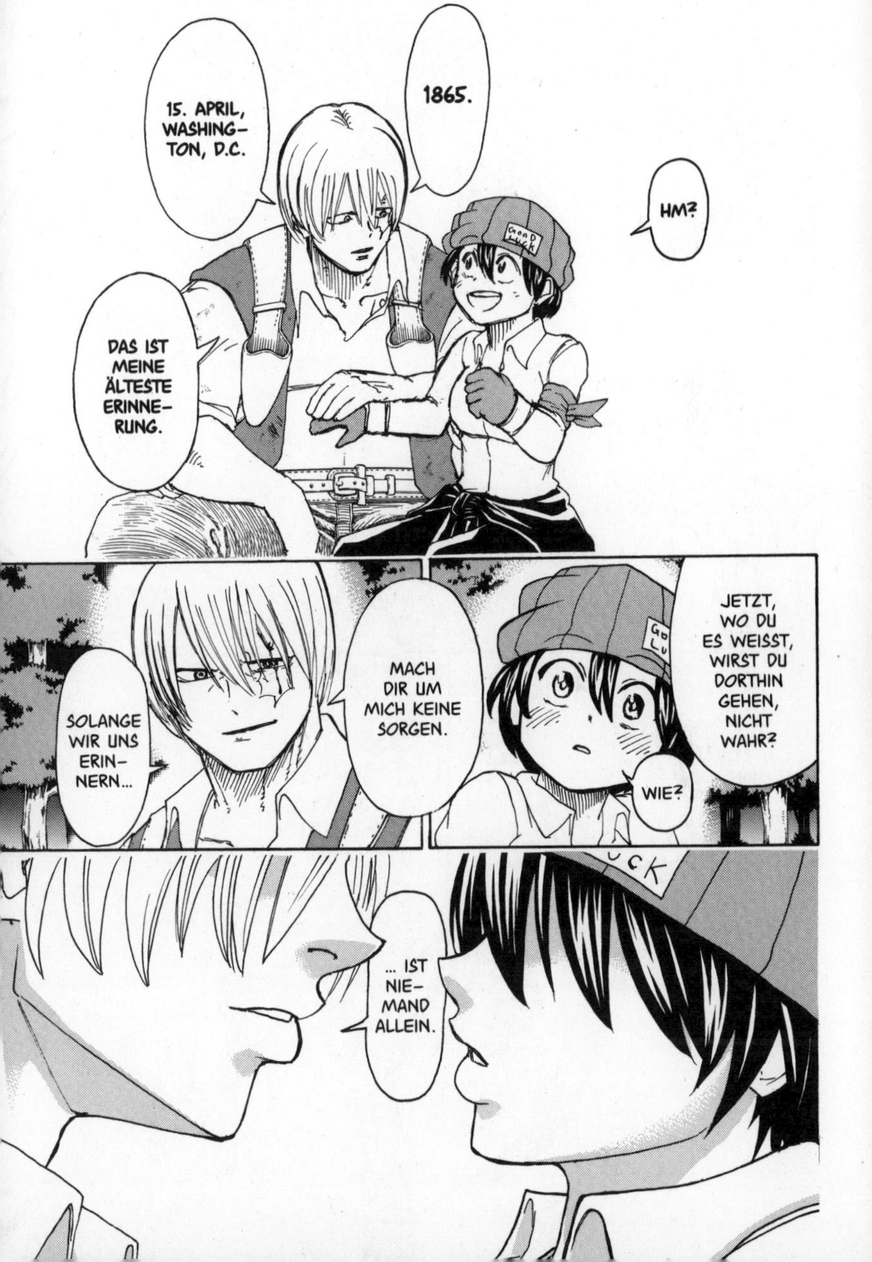
1865.
15. APRIL, WASHINGTON, D.C.
HM?
DAS IST MEINE ÄLTESTE ERINNERUNG.
JETZT, WO DU ES WEISST, WIRST DU DORTHIN GEHEN, NICHT WAHR?
WIE?
MACH DIR UM MICH KEINE SORGEN.
SOLANGE WIR UNS ERINNERN...
... IST NIEMAND ALLEIN.

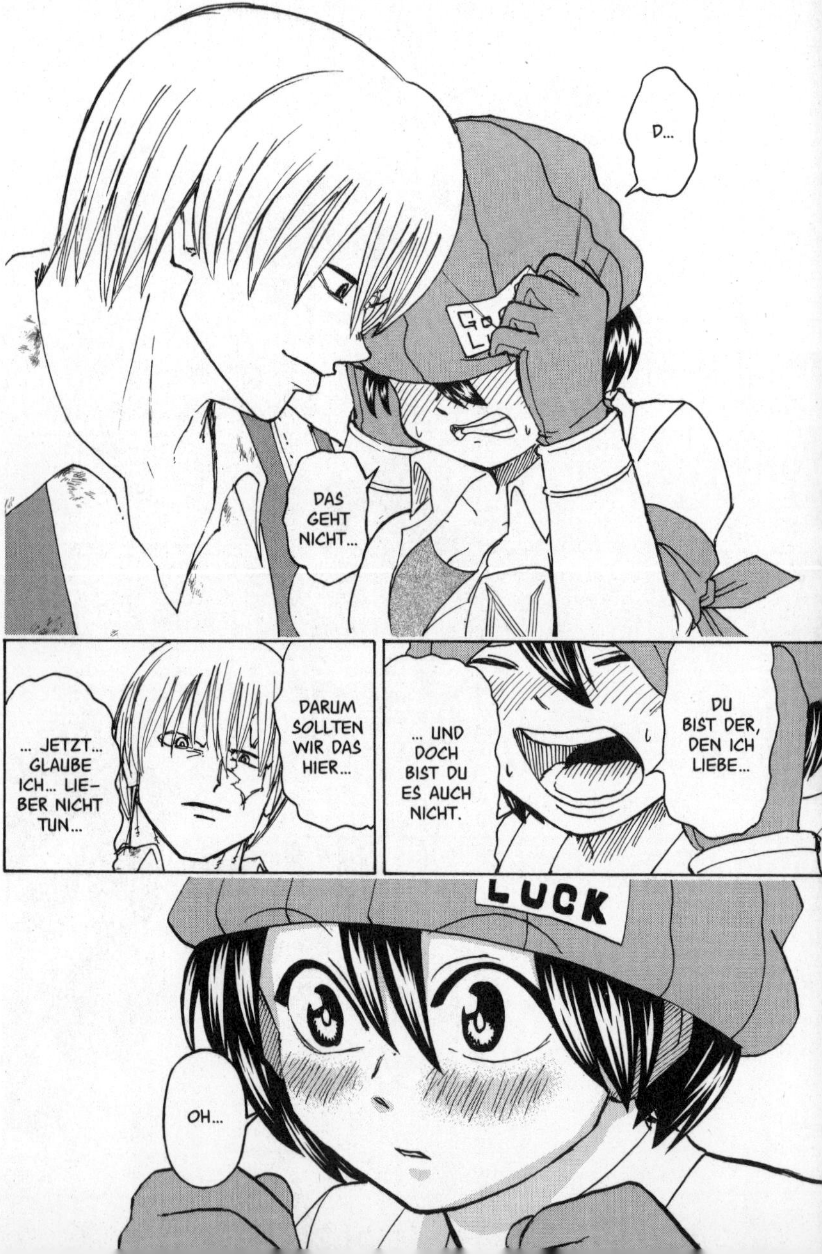
D...
DAS GEHT NICHT...
DU BIST DER, DEN ICH LIEBE...
... UND DOCH BIST DU ES AUCH NICHT.
DARUM SOLLTEN WIR DAS HIER...
... JETZT... GLAUBE ICH... LIE-BER NICHT TUN...
LUCK
OH...

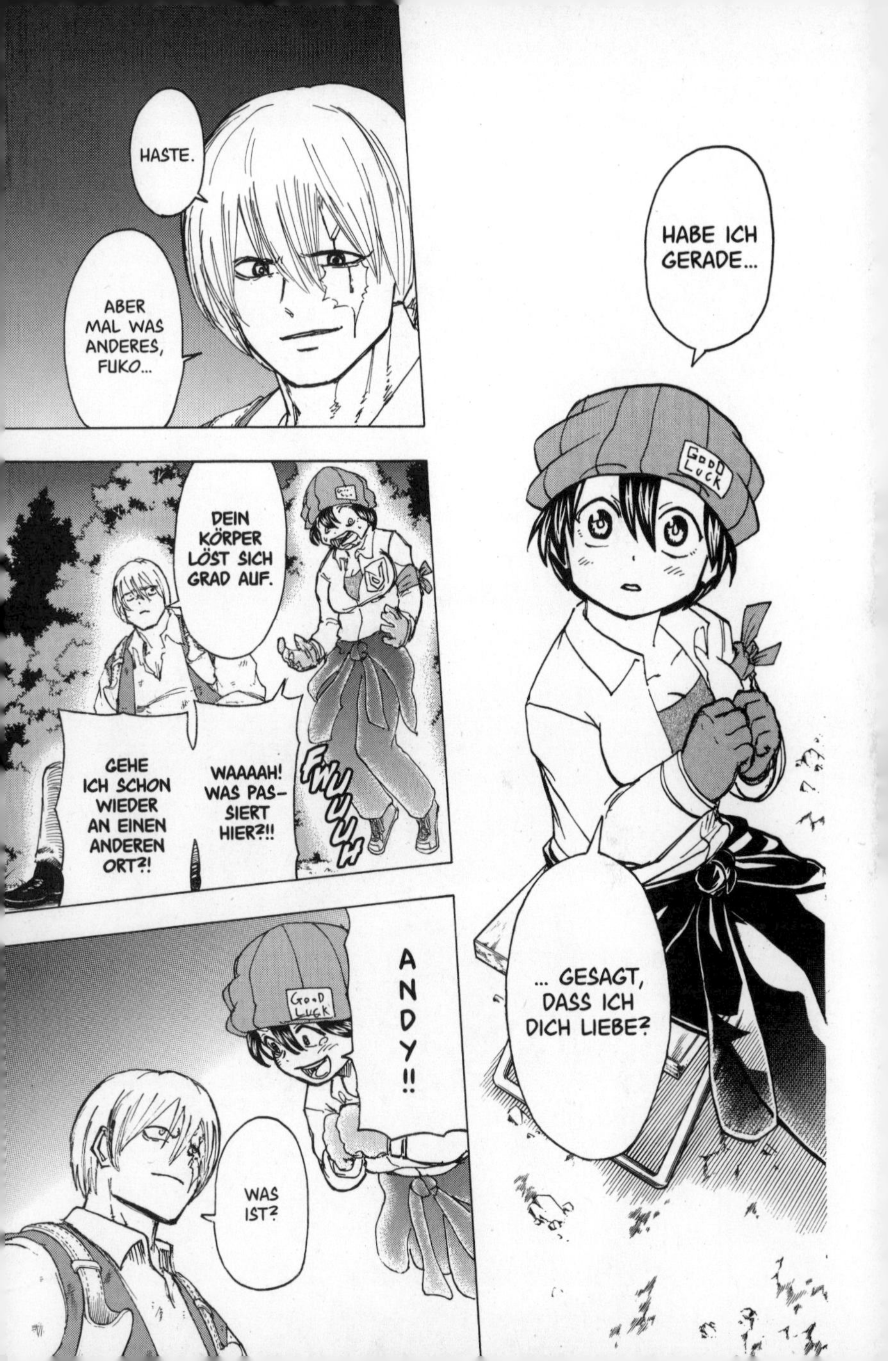
HABE ICH GERADE...
... GESAGT, DASS ICH DICH LIEBE?
HASTE.
ABER MAL WAS ANDERES, FUKO...
DEIN KÖRPER LÖST SICH GRAD AUF.
FWUUUH
WAAAAH! WAS PASSIERT HIER?!!
GEHE ICH SCHON WIEDER AN EINEN ANDEREN ORT?!
ANDY!!
WAS IST?

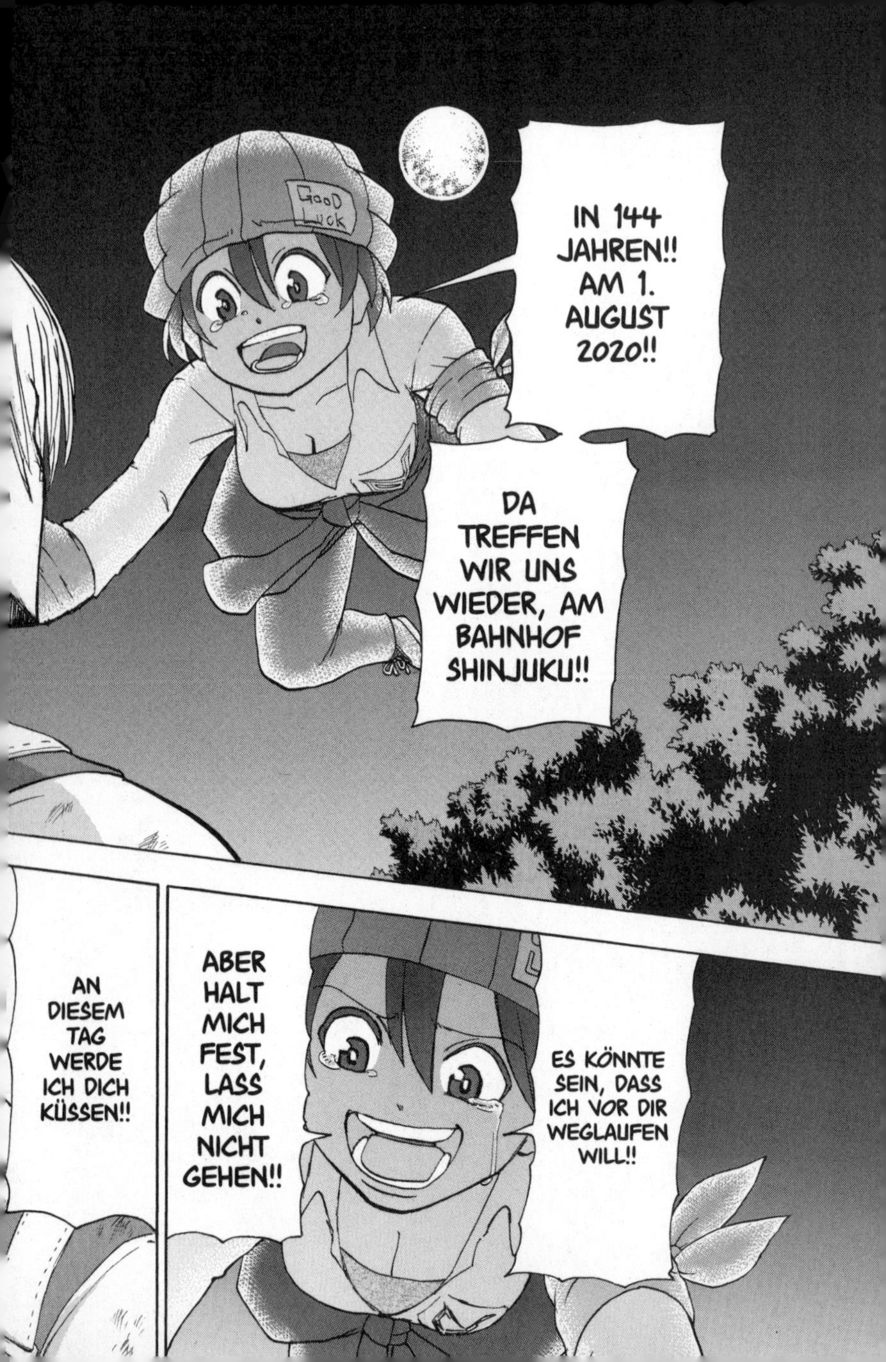

IN 144 JAHREN!! AM 1. AUGUST 2020!!
DA TREFFEN WIR UNS WIEDER, AM BAHNHOF SHINJUKU!!
ES KÖNNTE SEIN, DASS ICH VOR DIR WEGLAUFEN WILL!!
ABER HALT MICH FEST, LASS MICH NICHT GEHEN!!
AN DIESEM TAG WERDE ICH DICH KÜSSEN!!
GOOD LUCK

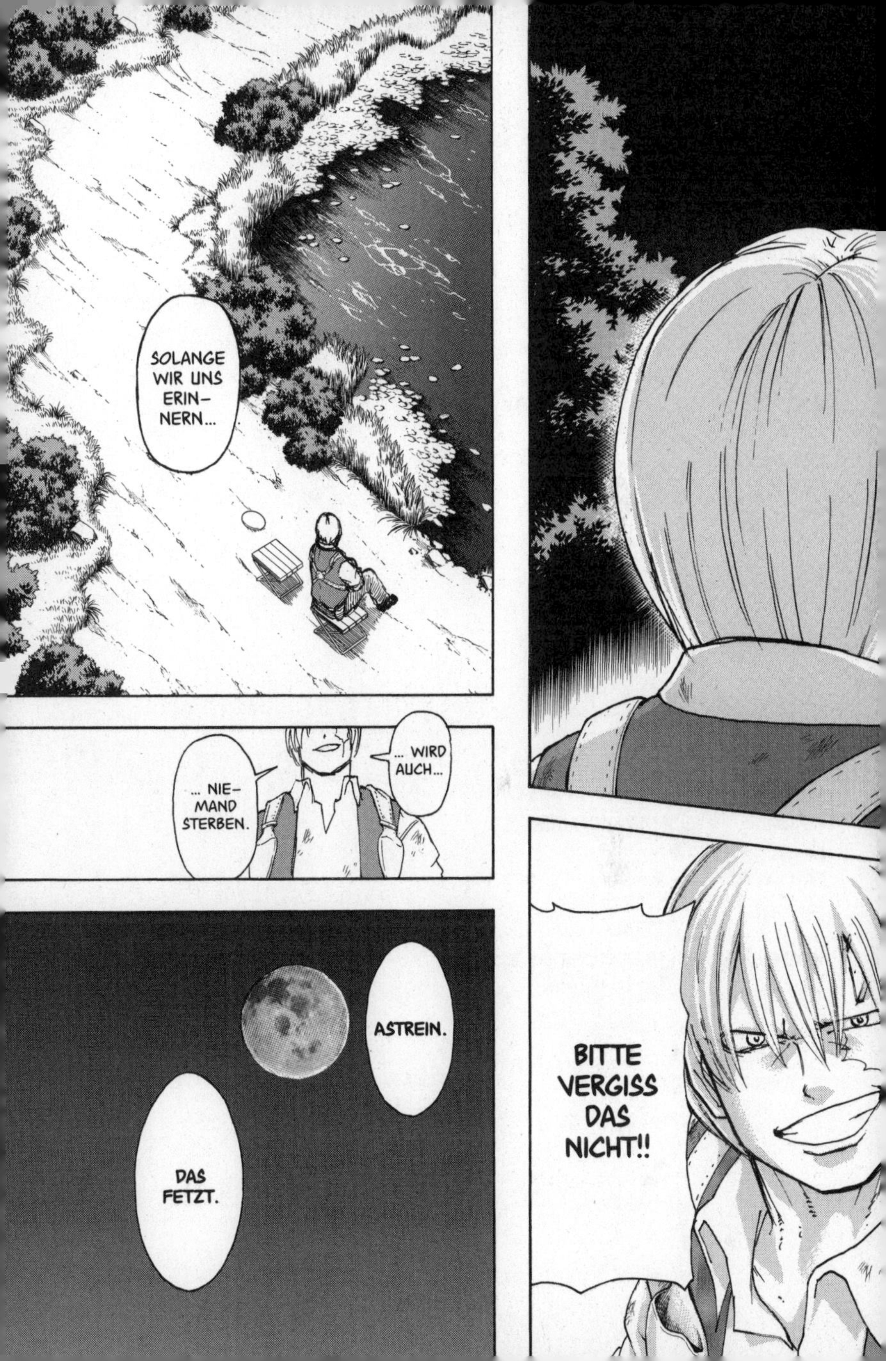
SOLANGE WIR UNS ERINNERN…
… WIRD AUCH…
… NIEMAND STERBEN.
BITTE VERGISS DAS NICHT!!
ASTREIN.
DAS FETZT.

# ANDYS BUNTER HAUFEN #2

## CAMUS

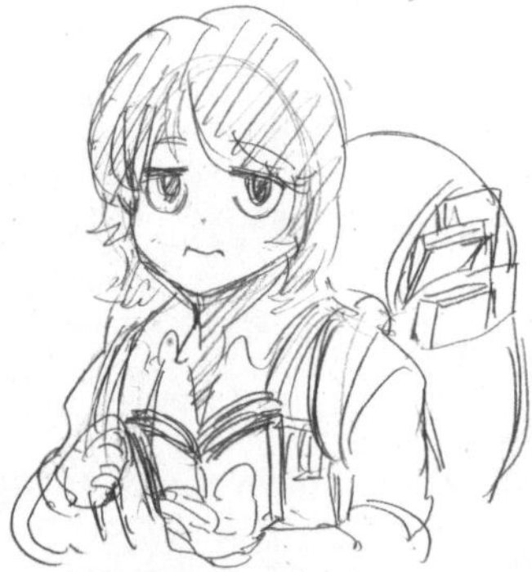

| | |
|---|---|
| ALTER: | 20 |
| GRÖSSE: | 1,68 M |
| GEWICHT: | NICHT SO SCHWER WIE ASH |
| HOBBIES: | SAMMELT BÜCHER ÜBER PHYSIK |
| BESONDERE FÄHIGKEITEN: | KOPFRECHEN-WETTBEWERBE |
| WAS ER MAG: | ZAHLEN, DEN CAPTAIN |

## ASH

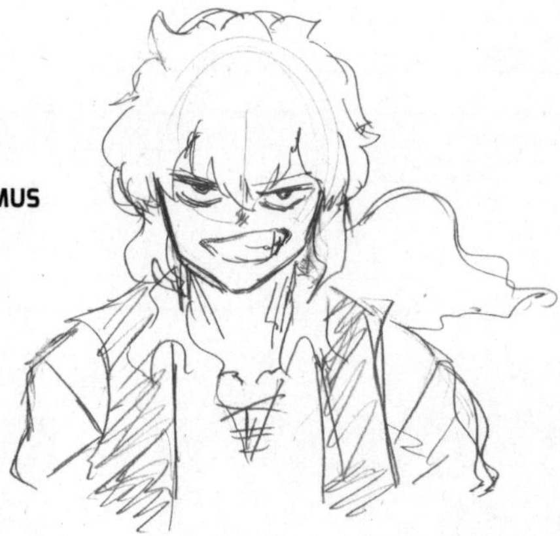

| | |
|---|---|
| ALTER: | 20 |
| GRÖSSE: | 1,70 M |
| GEWICHT: | SCHWERER ALS CAMUS |
| HOBBIES: | KRAFTTRAINING |
| BESONDERE FÄHIGKEITEN: | RINGKÄMPFE UND WETTKAMPF-PRÜGELEIEN |
| WAS ER MAG: | FLEISCHGERICHTE, DEN CAPTAIN |

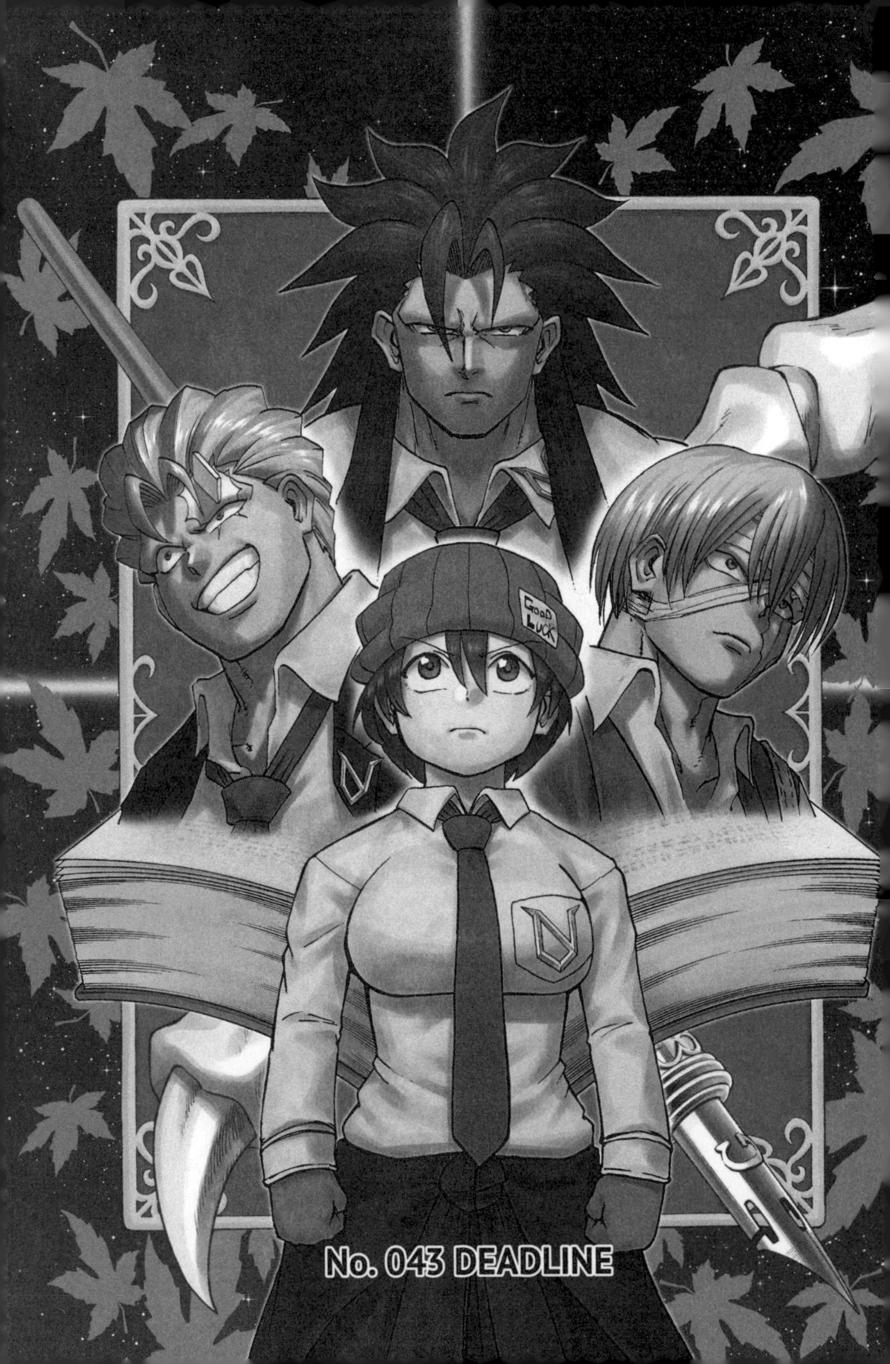
GOOD LUCK
No. 043 DEADLINE

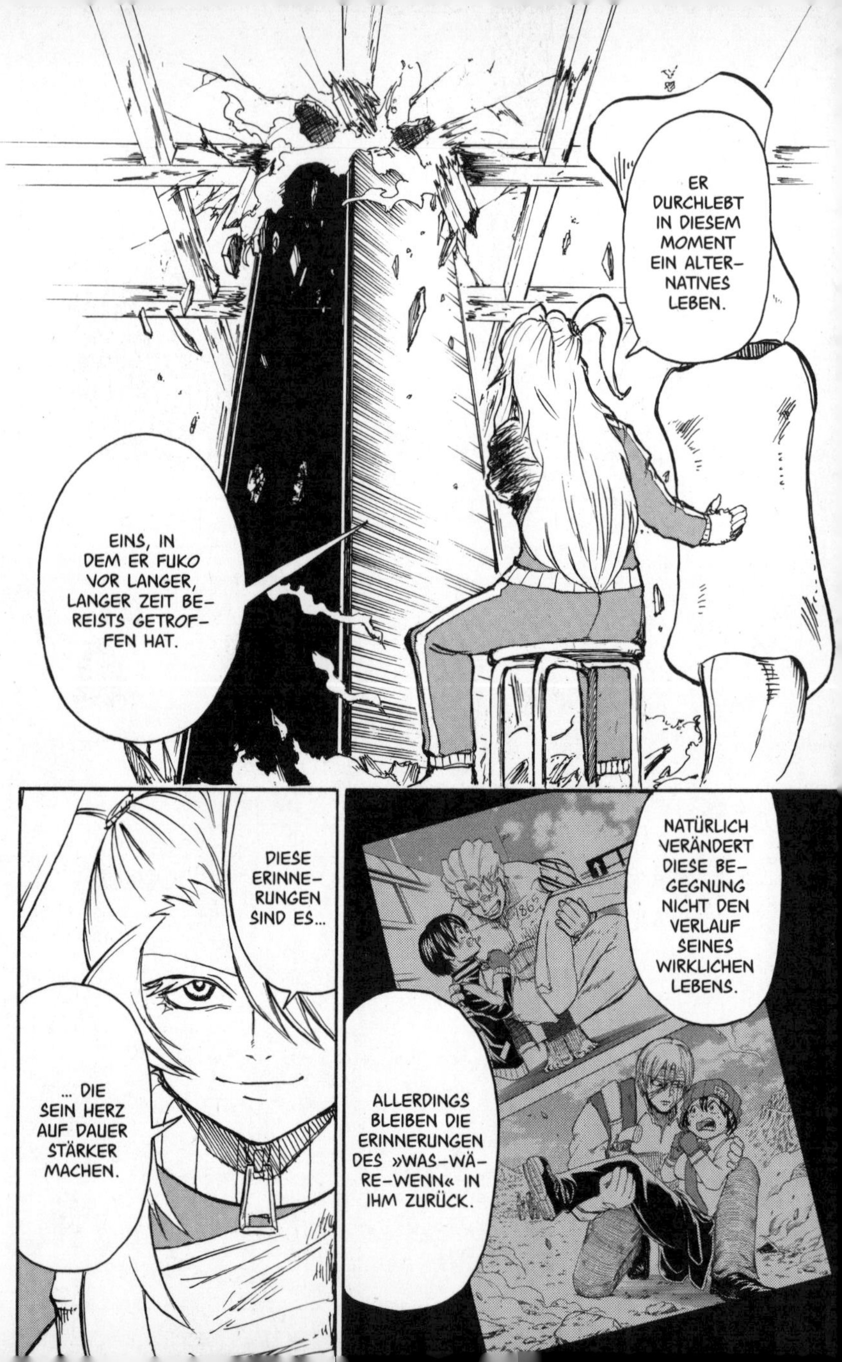
ER DURCHLEBT IN DIESEM MOMENT EIN ALTERNATIVES LEBEN.
EINS, IN DEM ER FUKO VOR LANGER, LANGER ZEIT BEREISTS GETROFFEN HAT.
NATÜRLICH VERÄNDERT DIESE BEGEGNUNG NICHT DEN VERLAUF SEINES WIRKLICHEN LEBENS.
ALLERDINGS BLEIBEN DIE ERINNERUNGEN DES »WAS-WÄRE-WENN« IN IHM ZURÜCK.
DIESE ERINNERUNGEN SIND ES...
... DIE SEIN HERZ AUF DAUER STÄRKER MACHEN.

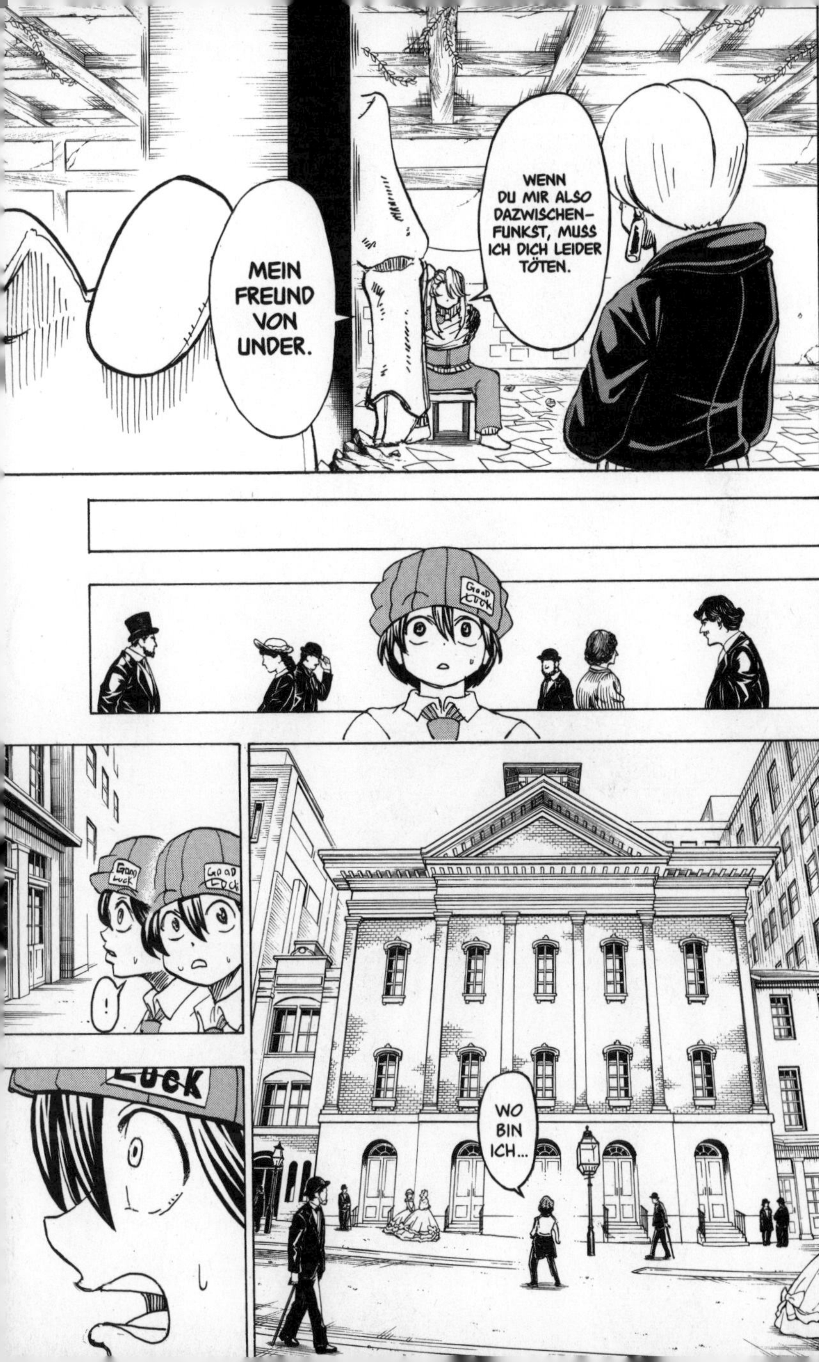
WENN DU MIR ALSO DAZWISCHEN-FUNKST, MUSS ICH DICH LEIDER TÖTEN.
MEIN FREUND VON UNDER.
GOOD LUCK
!
WO BIN ICH…

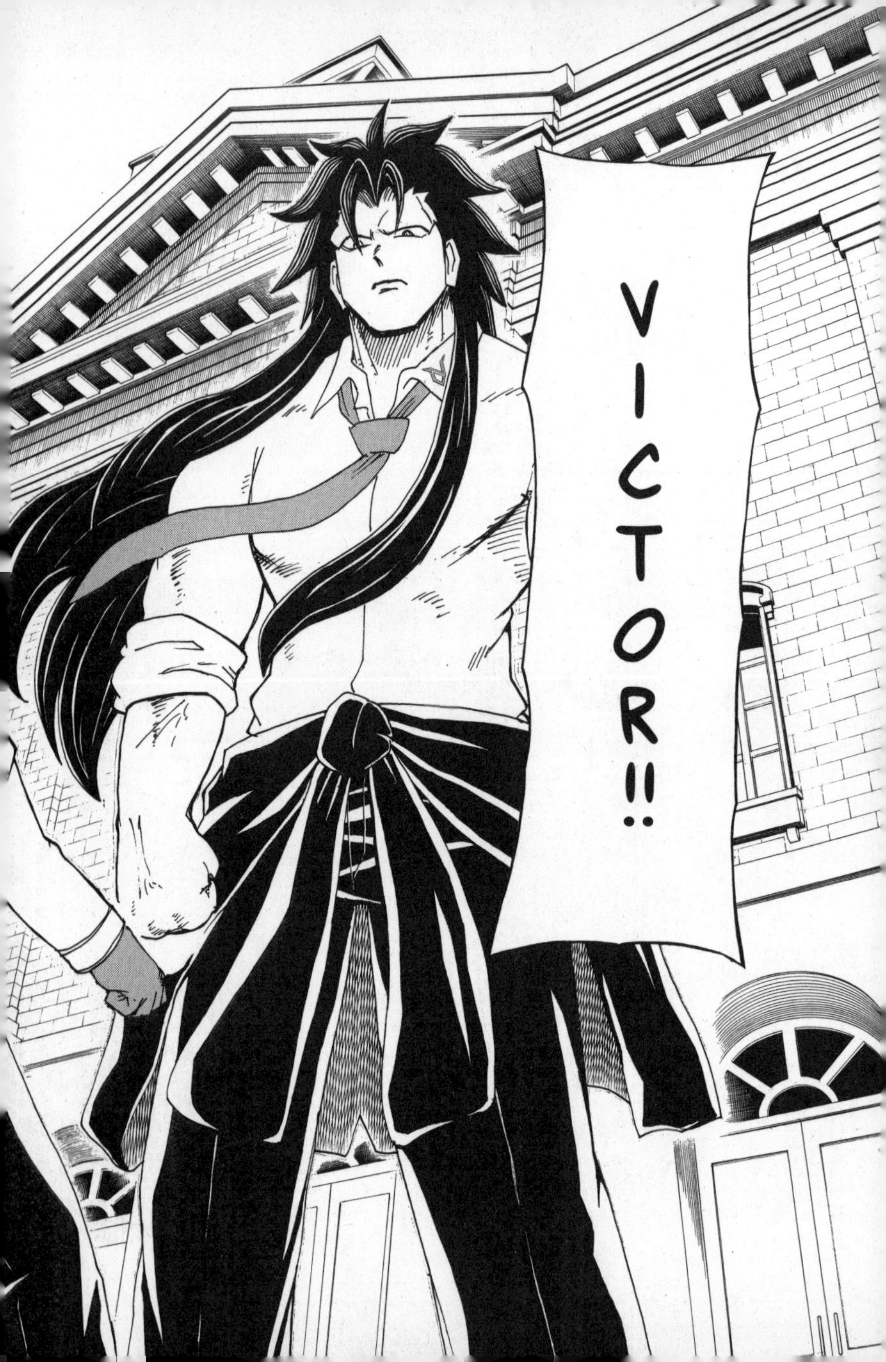
VICTOR!!

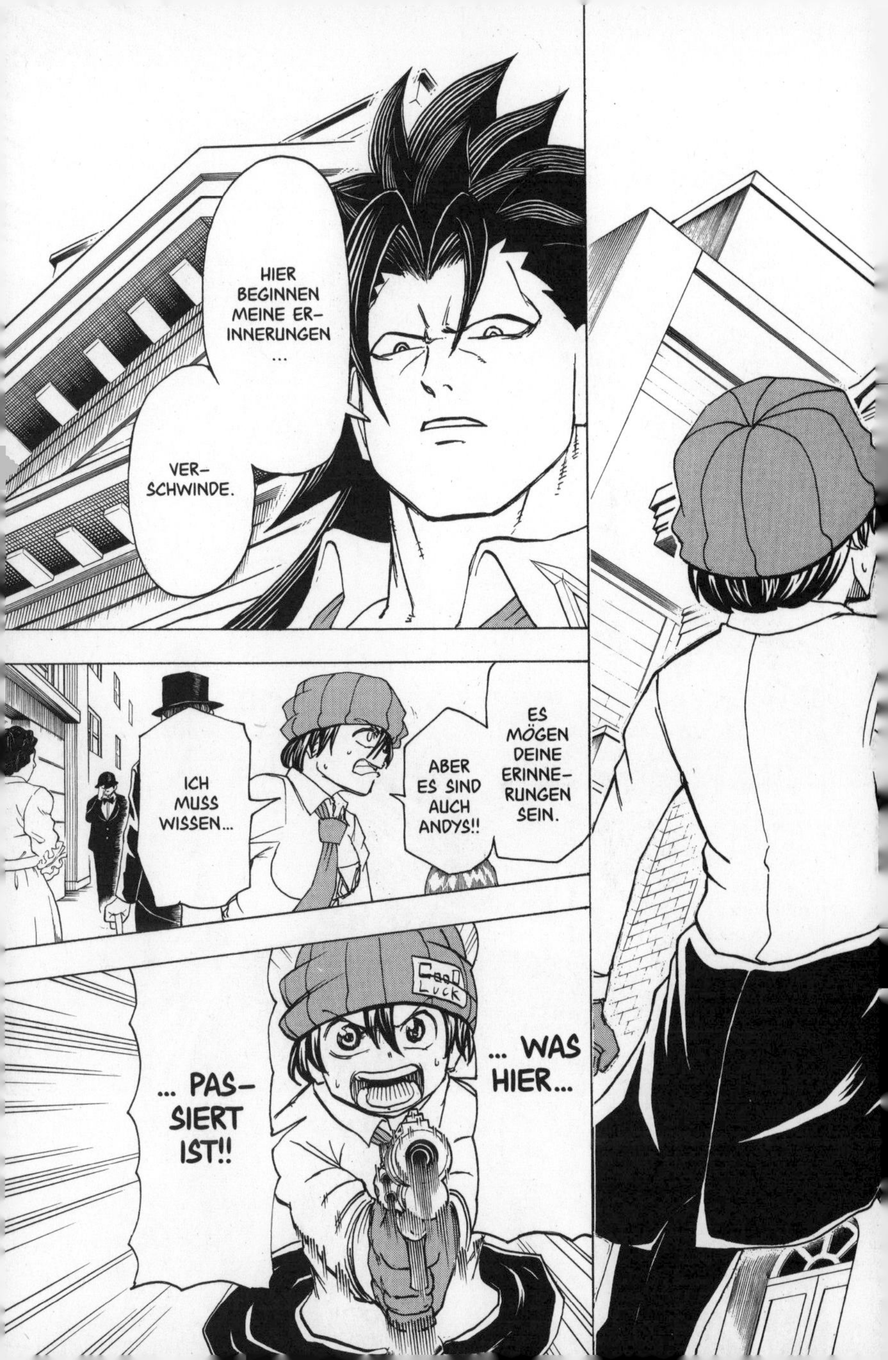
HIER BEGINNEN MEINE ER-INNERUNGEN ...
VER-SCHWINDE.
ES MÖGEN DEINE ERINNE-RUNGEN SEIN.
ABER ES SIND AUCH ANDYS!!
ICH MUSS WISSEN...
Good Luck
... WAS HIER...
... PAS-SIERT IST!!

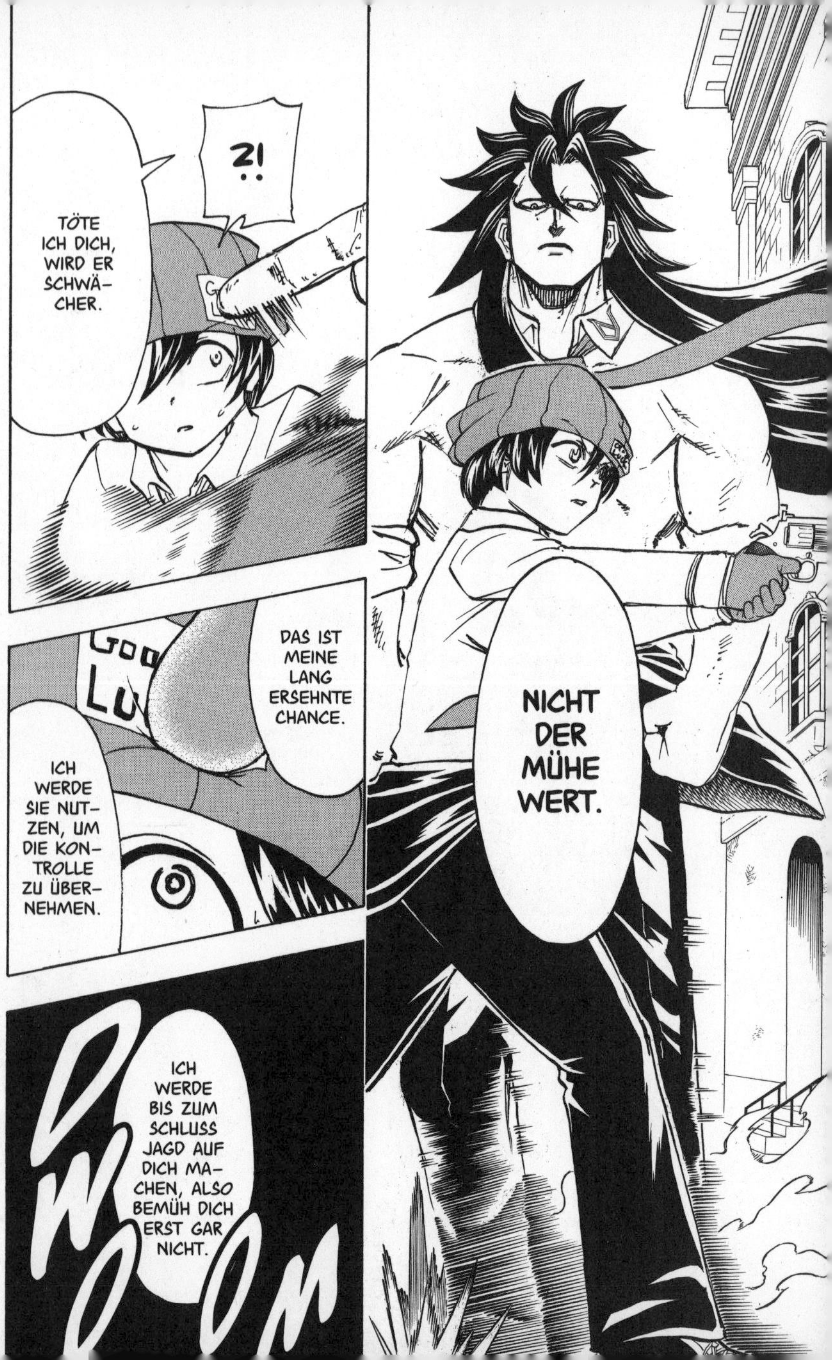
NICHT DER MÜHE WERT.
Z!
TÖTE ICH DICH, WIRD ER SCHWÄCHER.
DAS IST MEINE LANG ERSEHNTE CHANCE.
ICH WERDE SIE NUTZEN, UM DIE KONTROLLE ZU ÜBERNEHMEN.
ICH WERDE BIS ZUM SCHLUSS JAGD AUF DICH MACHEN, ALSO BEMÜH DICH ERST GAR NICHT.

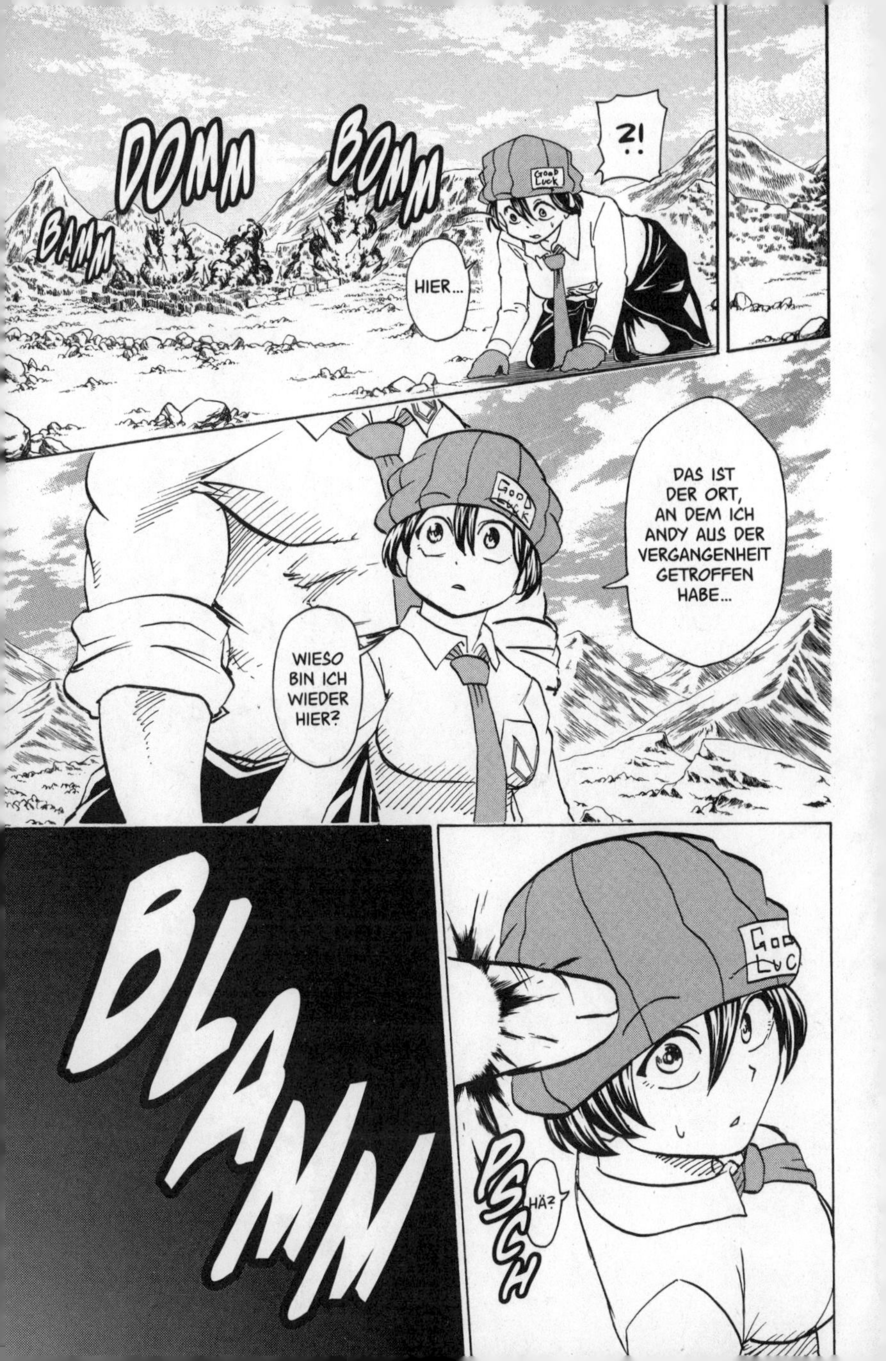
Z!
HIER...
BOMM
DOMM
BAMM
DAS IST DER ORT, AN DEM ICH ANDY AUS DER VERGANGENHEIT GETROFFEN HABE...
WIESO BIN ICH WIEDER HIER?
HÄ?
PSCH
BLAMM

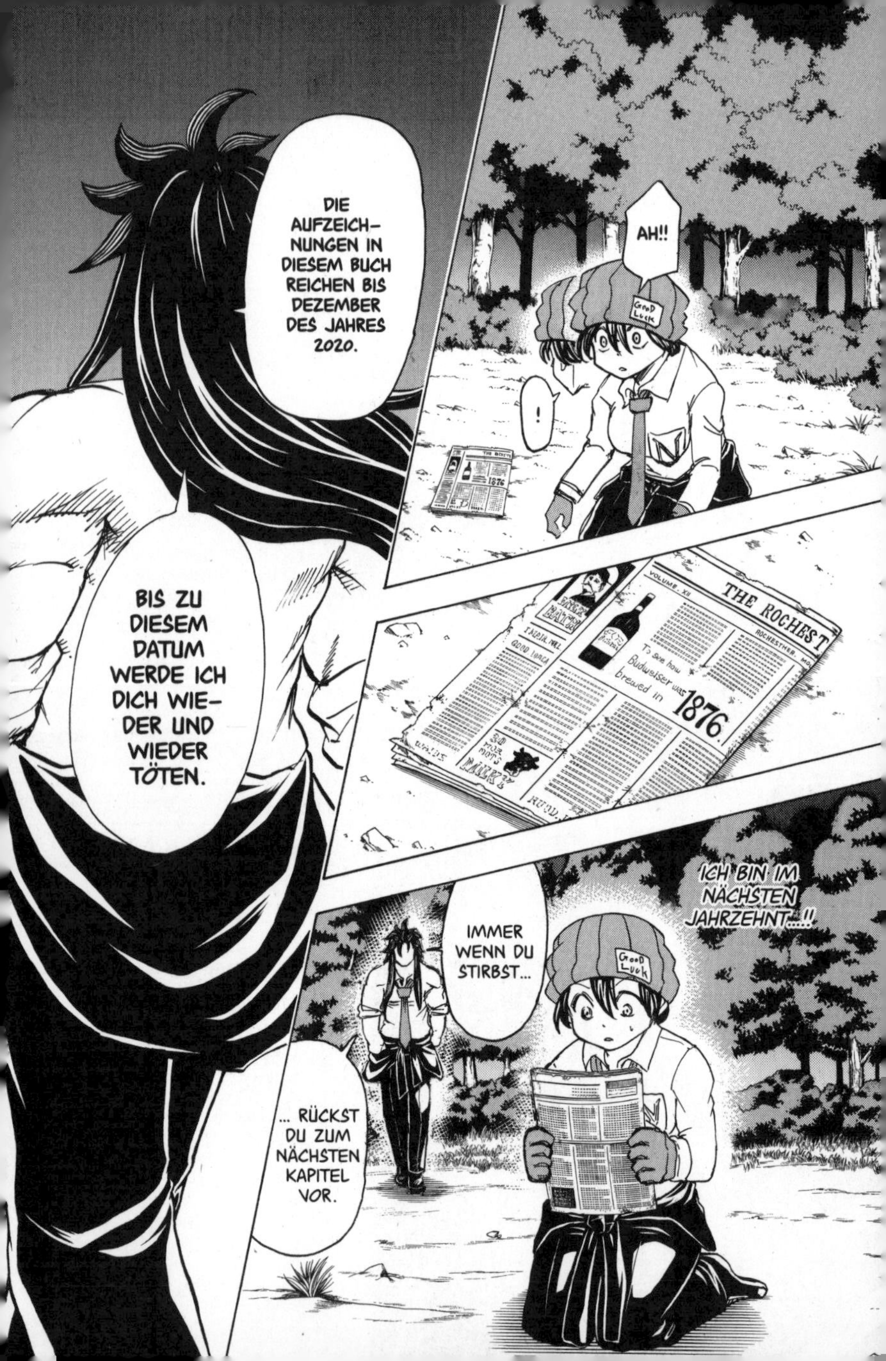

AH!!
!
THE ROCHEST
To see how Budweiser was brewed in 1876.
ICH BIN IM NÄCHSTEN JAHRZEHNT...!!
DIE AUFZEICHNUNGEN IN DIESEM BUCH REICHEN BIS DEZEMBER DES JAHRES 2020.
BIS ZU DIESEM DATUM WERDE ICH DICH WIEDER UND WIEDER TÖTEN.
IMMER WENN DU STIRBST...
... RÜCKST DU ZUM NÄCHSTEN KAPITEL VOR.

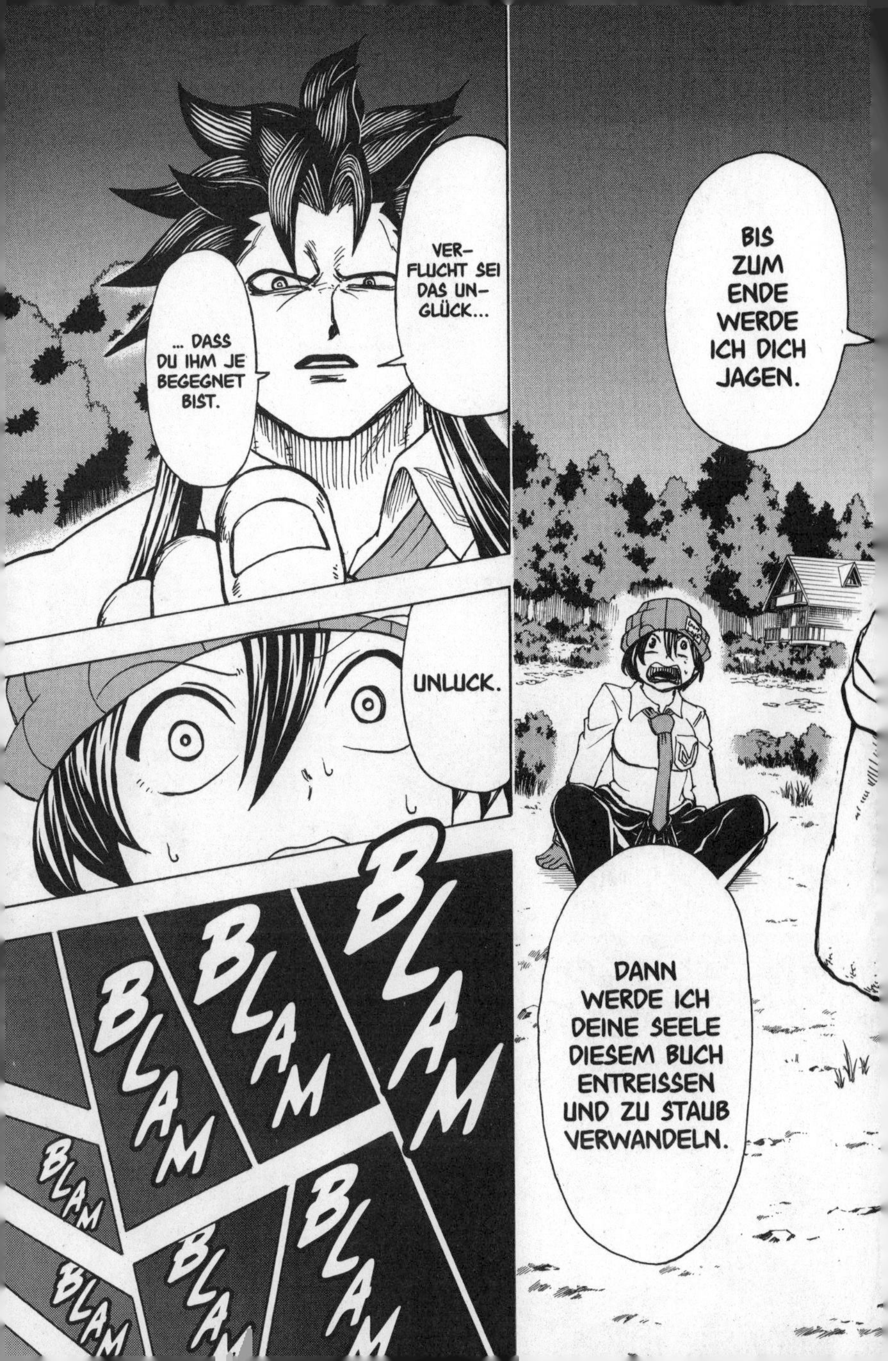
BIS ZUM ENDE WERDE ICH DICH JAGEN.
DANN WERDE ICH DEINE SEELE DIESEM BUCH ENTREISSEN UND ZU STAUB VERWANDELN.
VER-FLUCHT SEI DAS UN-GLÜCK...
... DASS DU IHM JE BEGEGNET BIST.
UNLUCK.
BLAM BLAM BLAM BLAM BLAM BLAM BLAM BLAM

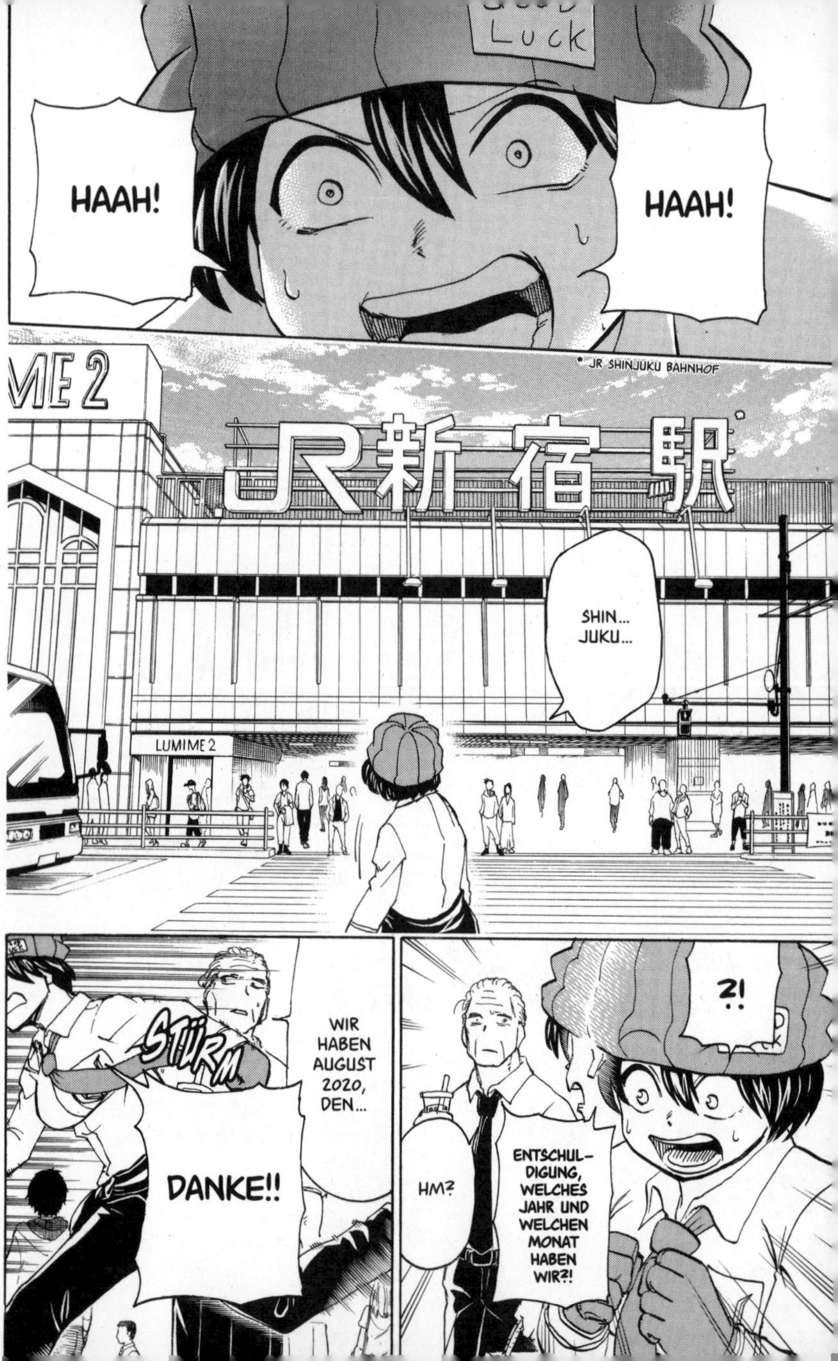
Luck
HAAH!
HAAH!
ME 2
JR新宿駅
JR SHINJUKU BAHNHOF
SHIN... JUKU...
LUMIME 2
?!
ENTSCHULDIGUNG, WELCHES JAHR UND WELCHEN MONAT HABEN WIR?!
HM?
WIR HABEN AUGUST 2020, DEN...
STÜRM
DANKE!!

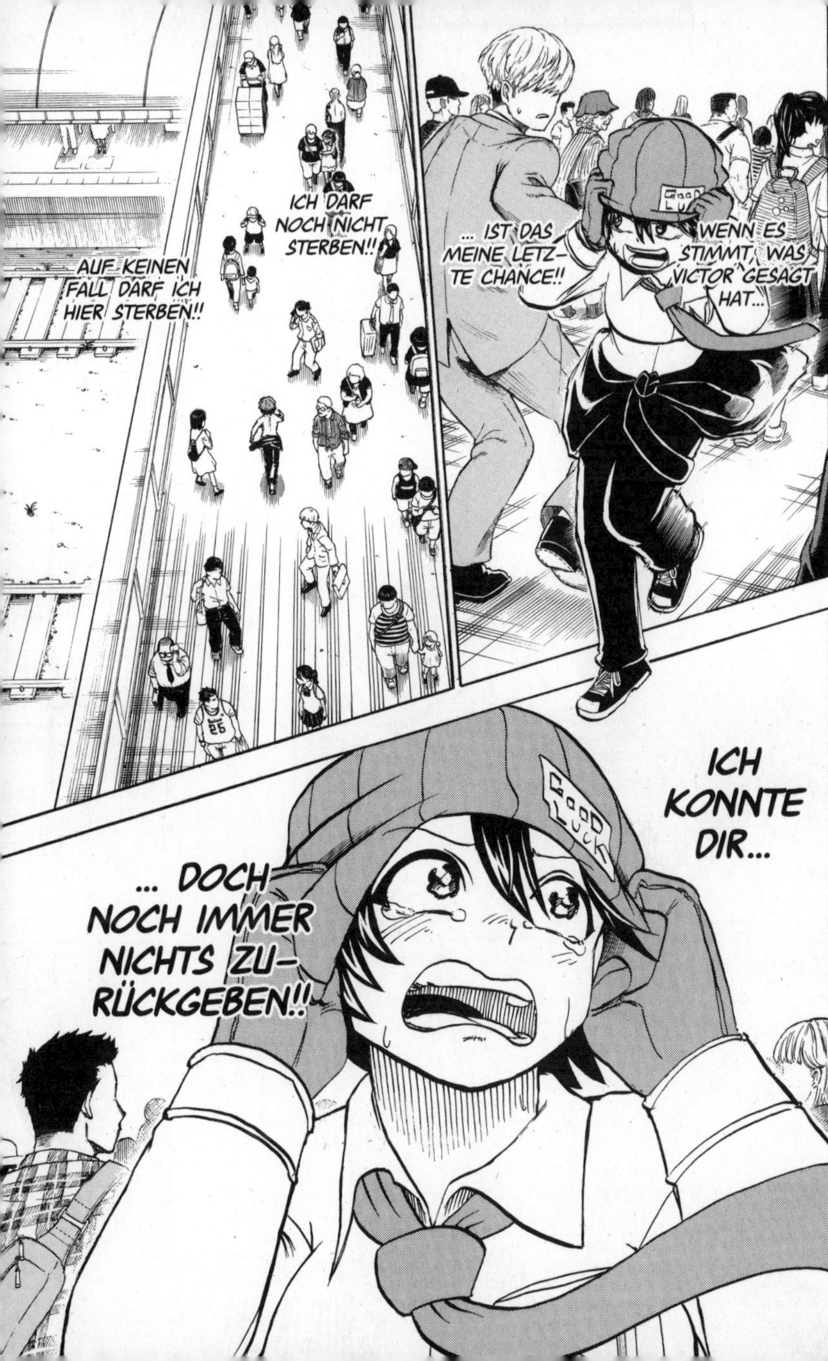
WENN ES STIMMT, WAS VICTOR GESAGT HAT...
... IST DAS MEINE LETZ-TE CHANCE!!
GOOD LUCK
ICH DARF NOCH NICHT STERBEN!!
AUF KEINEN FALL DARF ICH HIER STERBEN!!
ICH KONNTE DIR...
... DOCH NOCH IMMER NICHTS ZU-RÜCKGEBEN!!
GOOD LUCK

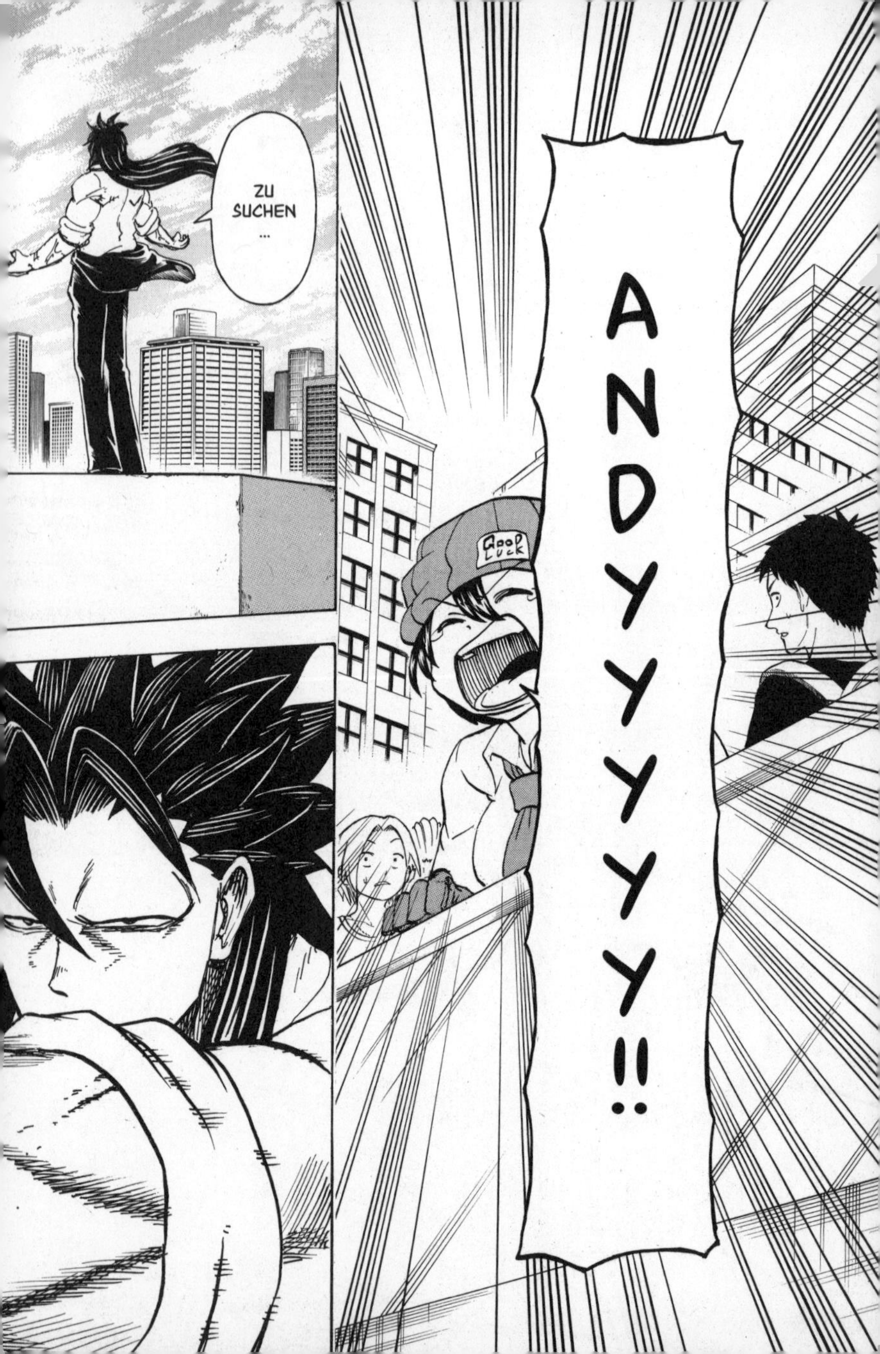
ZU
SUCHEN
...
GOOD LUCK
ANDYYYYY!!

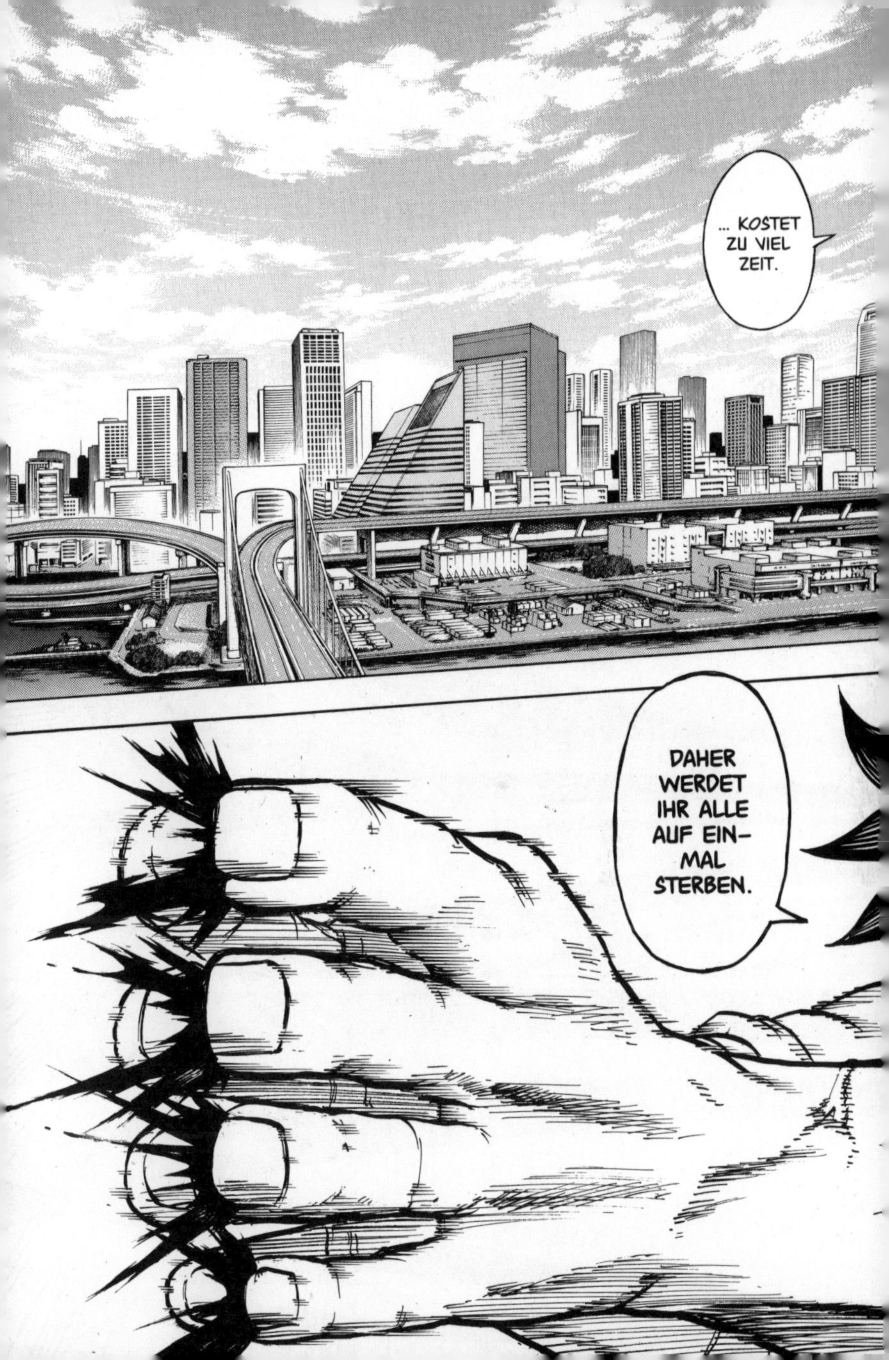
... KOSTET ZU VIEL ZEIT.
DAHER WERDET IHR ALLE AUF EIN-MAL STERBEN.

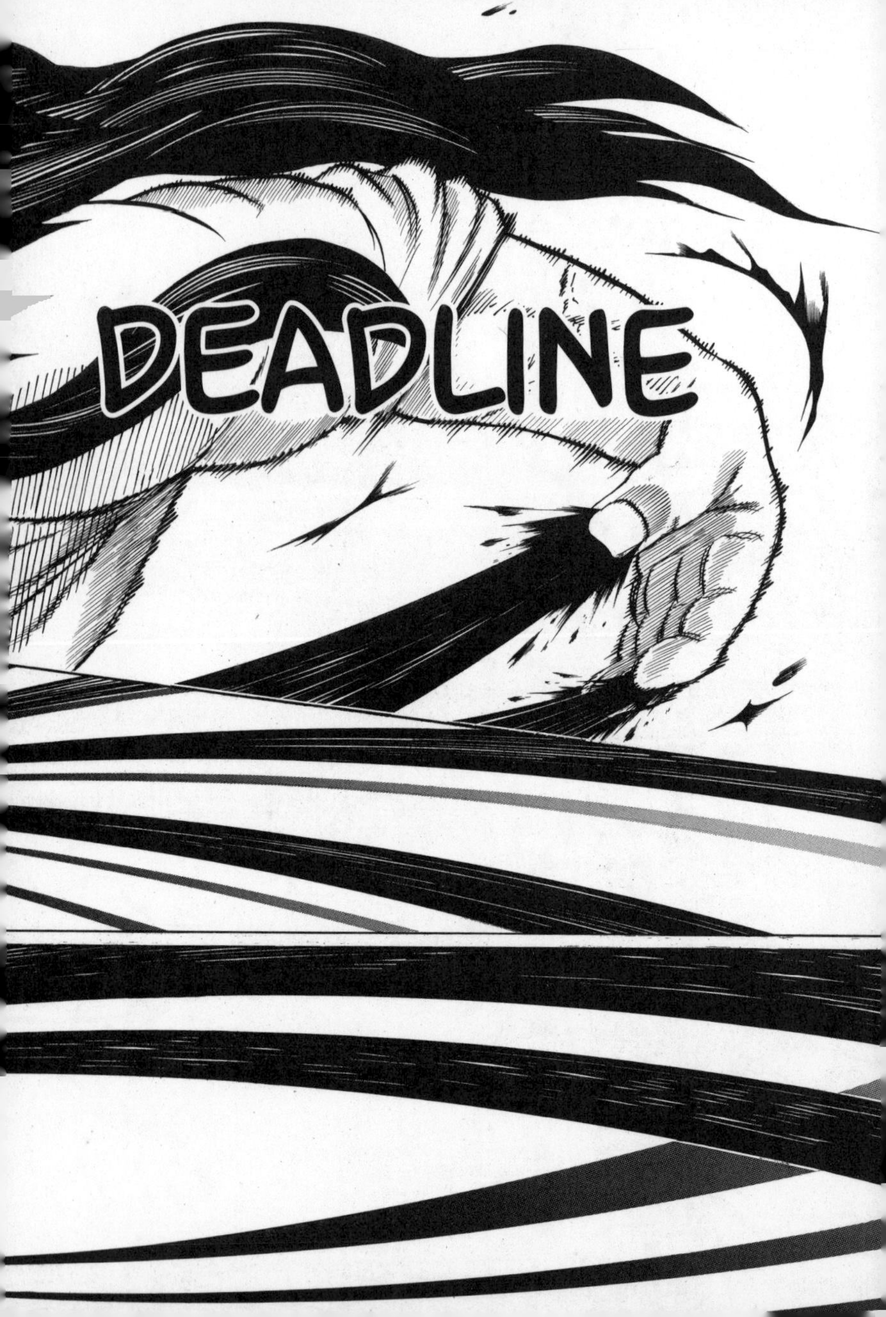
DEADLINE

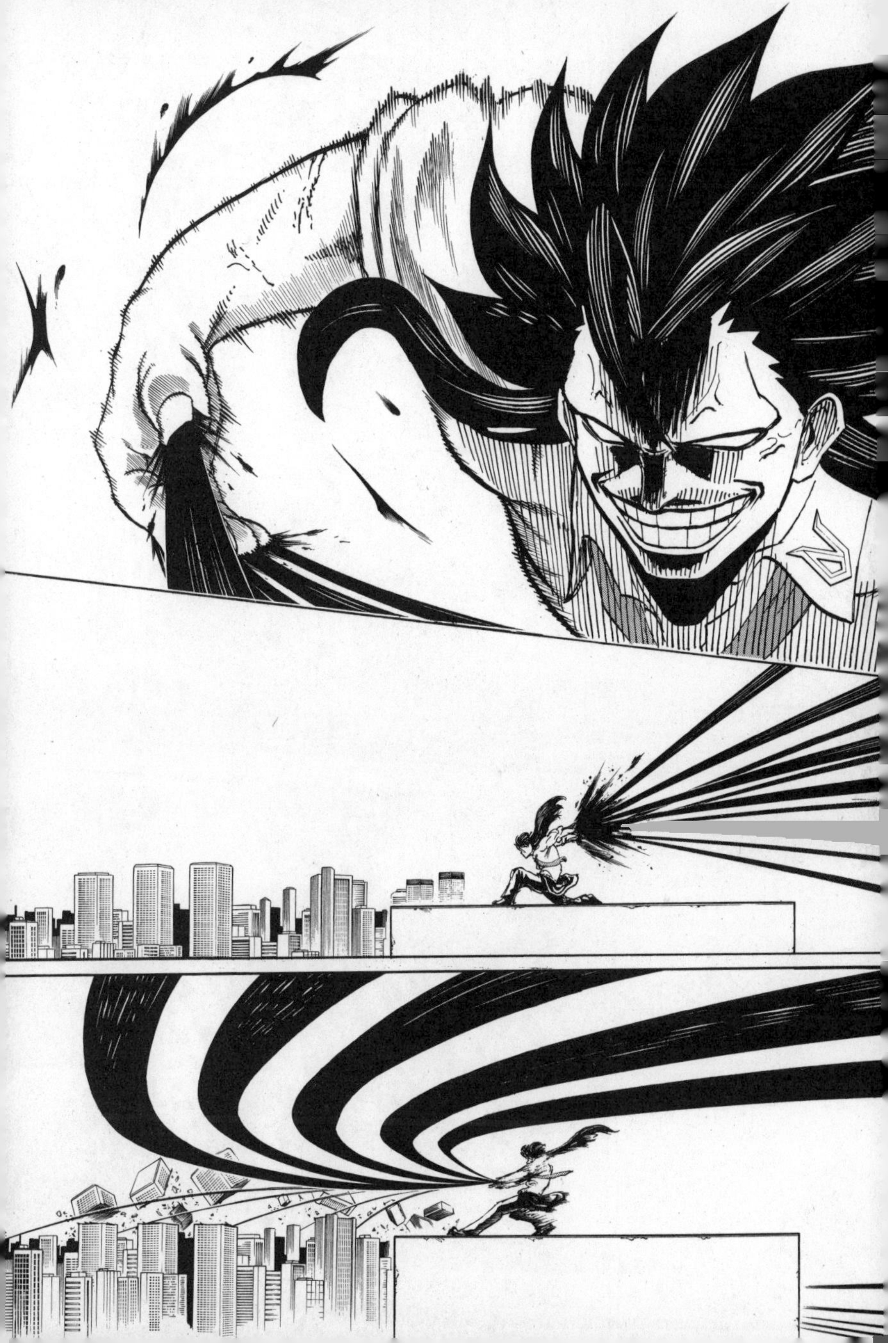

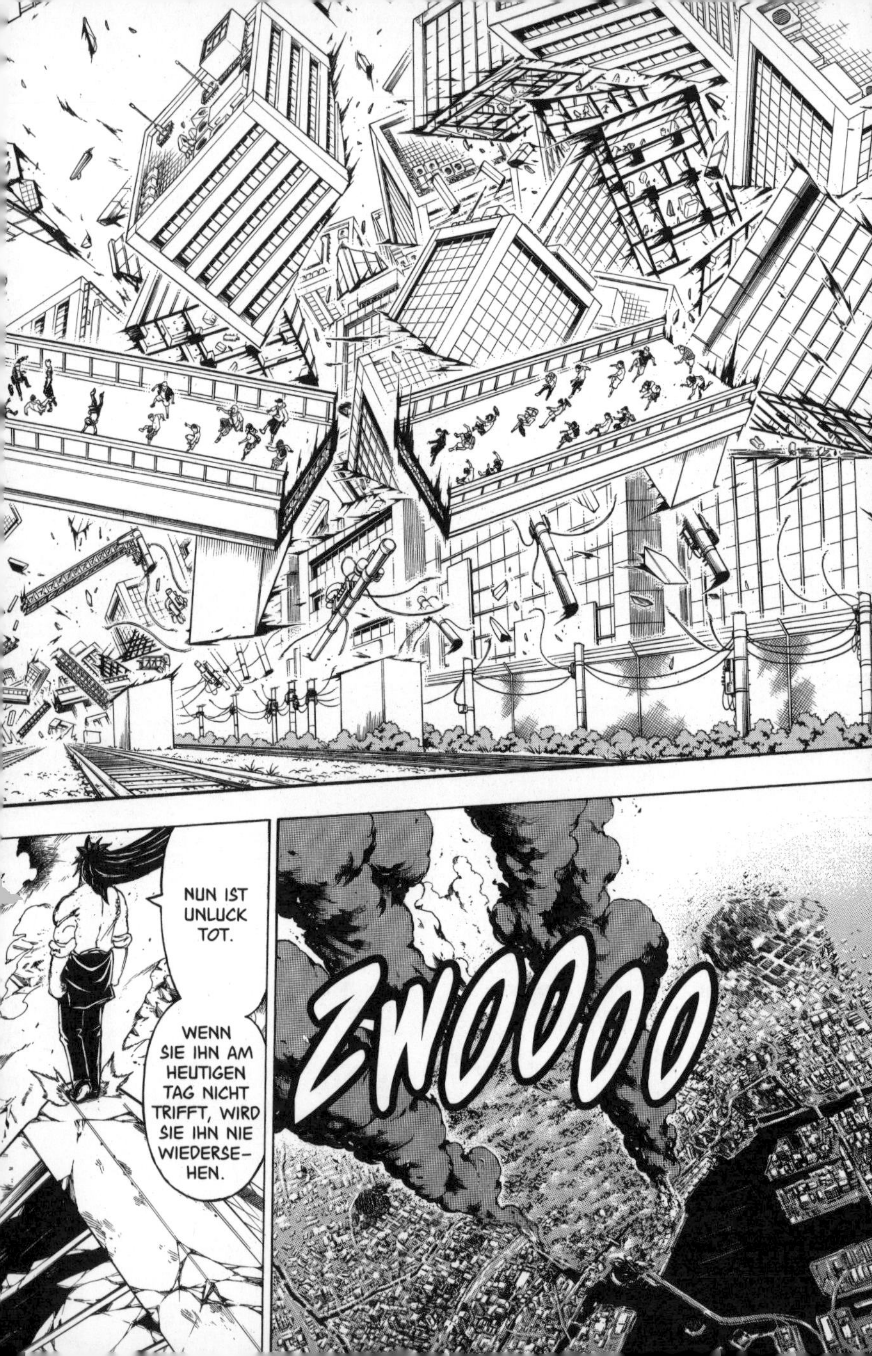
ZWOOOO
NUN IST UNLUCK TOT.
WENN SIE IHN AM HEUTIGEN TAG NICHT TRIFFT, WIRD SIE IHN NIE WIEDERSE-HEN.

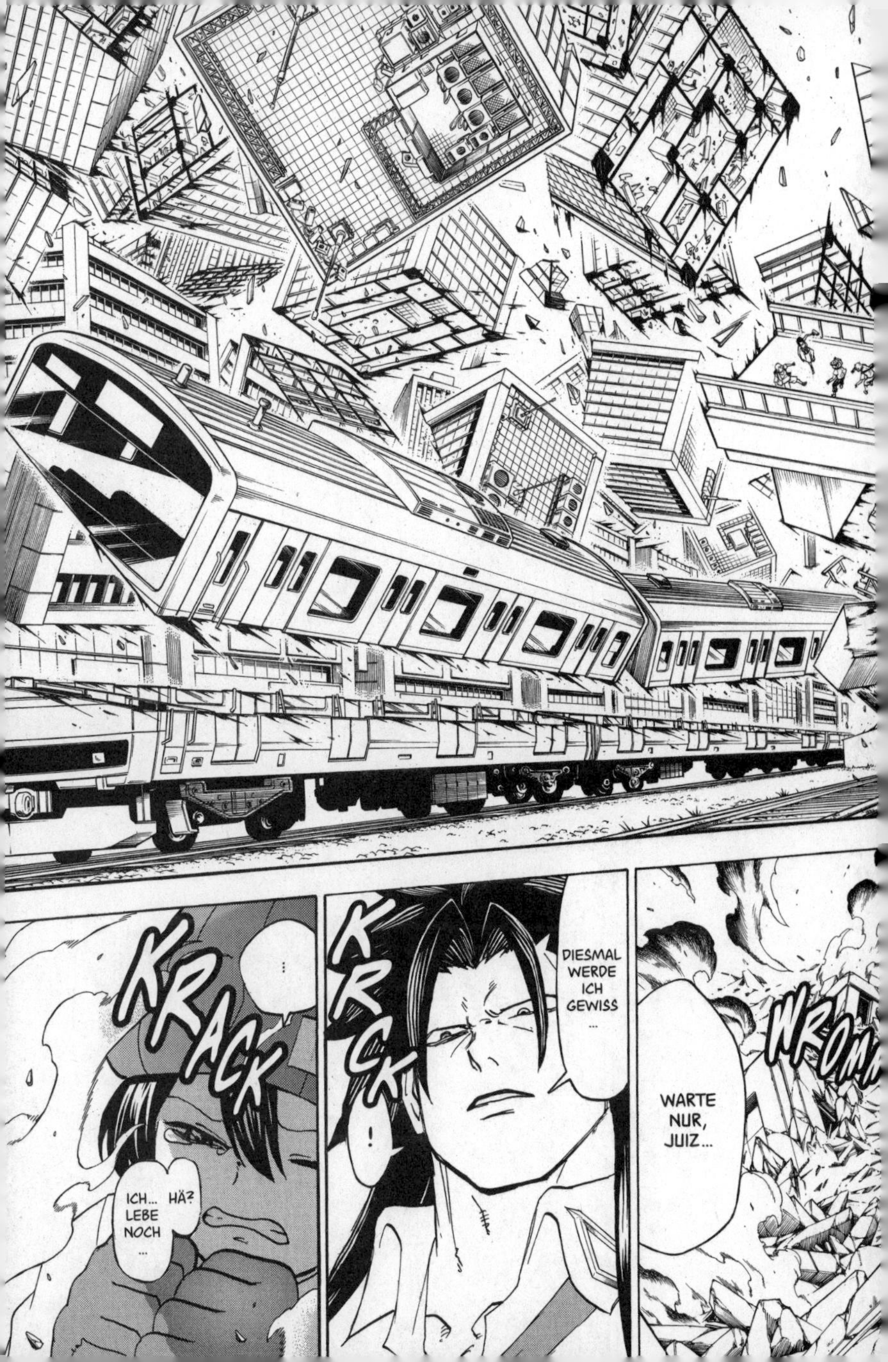
WROM
WARTE NUR, JUIZ...
DIESMAL WERDE ICH GEWISS ...
KRCK
!
KRACK
...
HÄ?
ICH... LEBE NOCH ...

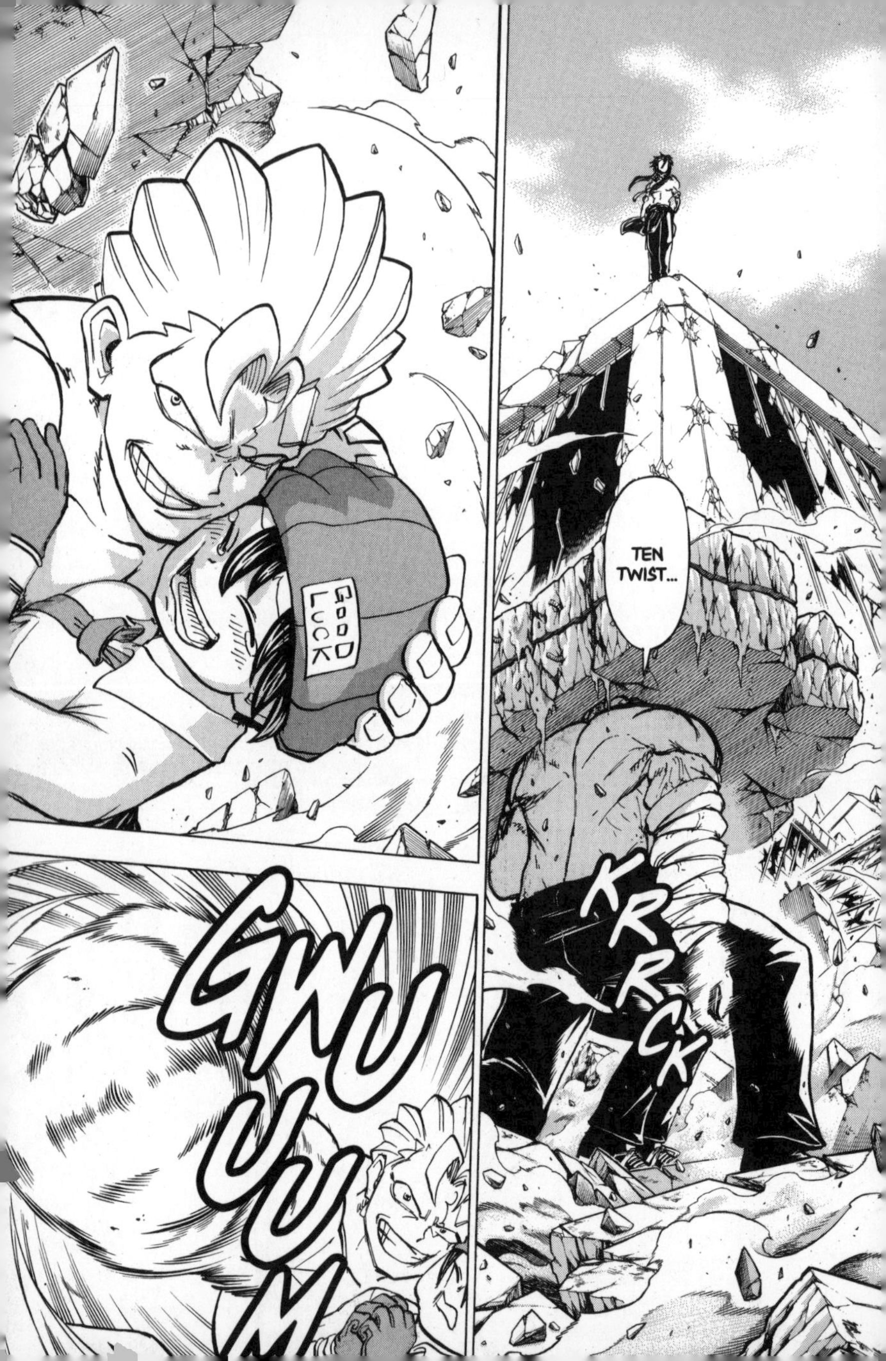
TEN TWIST...
KRRRCK
GOOD LUCK
GWUUUUM

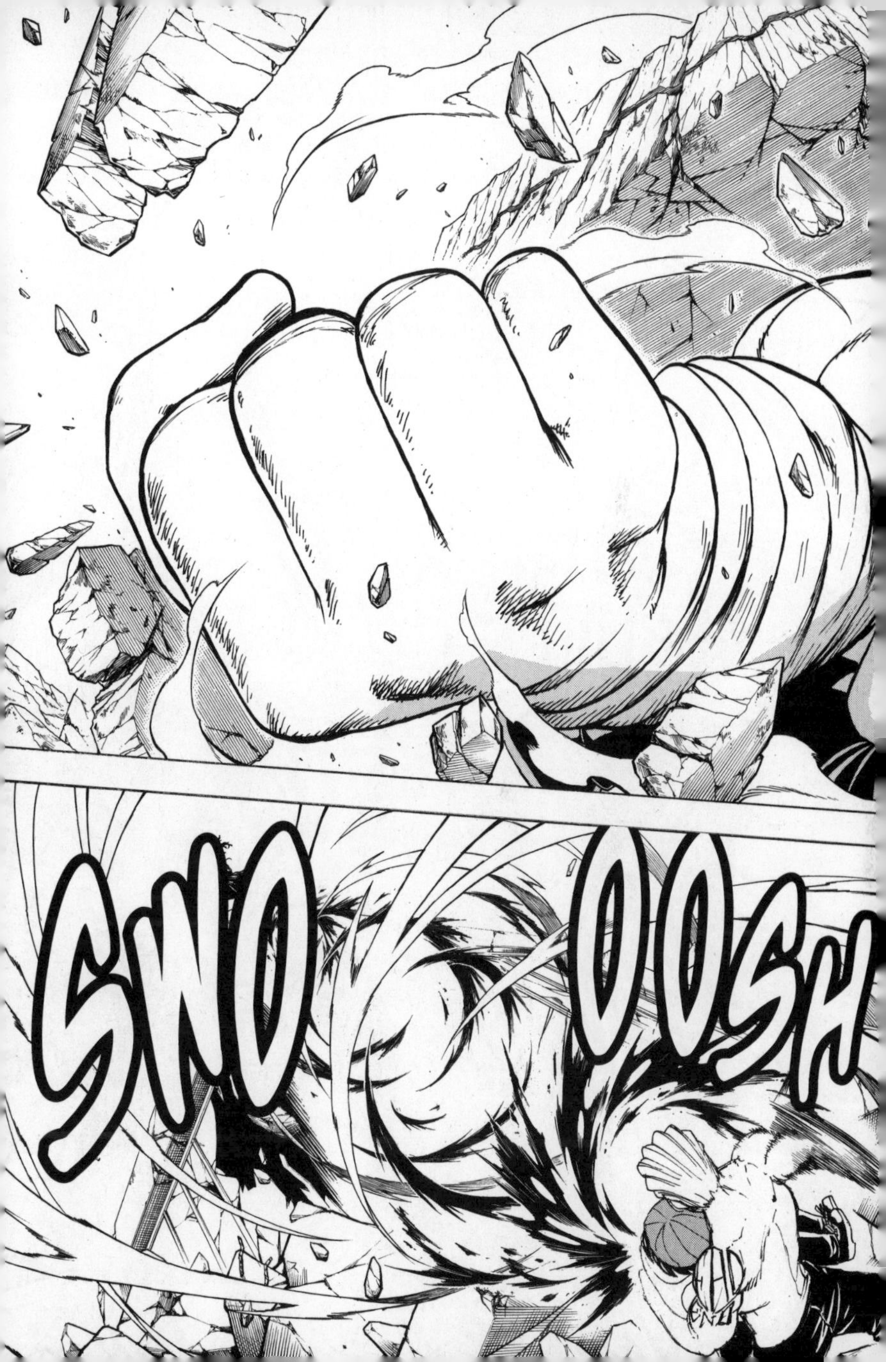
SWOOOSH

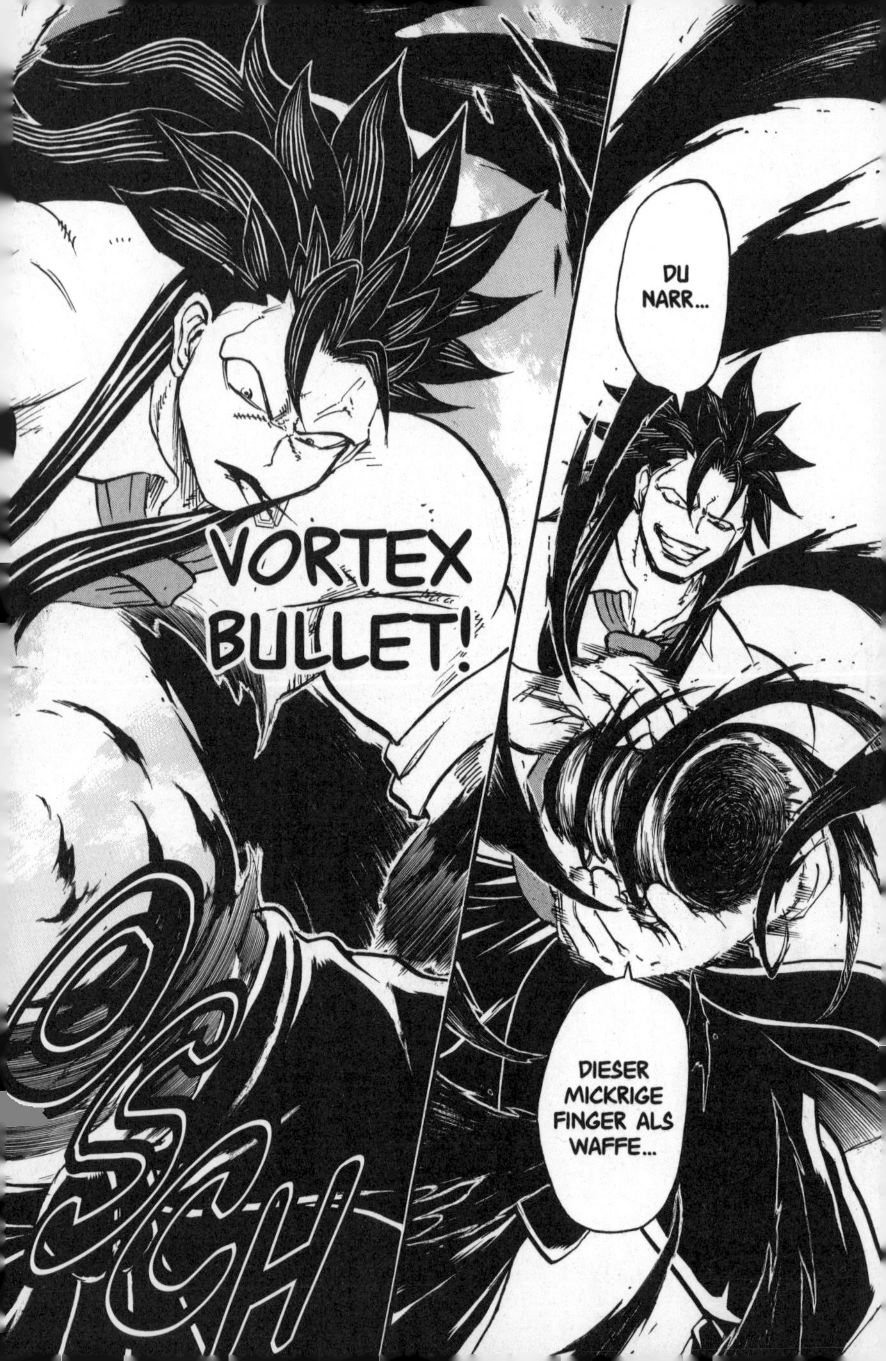
DU NARR...
DIESER MICKRIGE FINGER ALS WAFFE...
....
VORTEX BULLET!

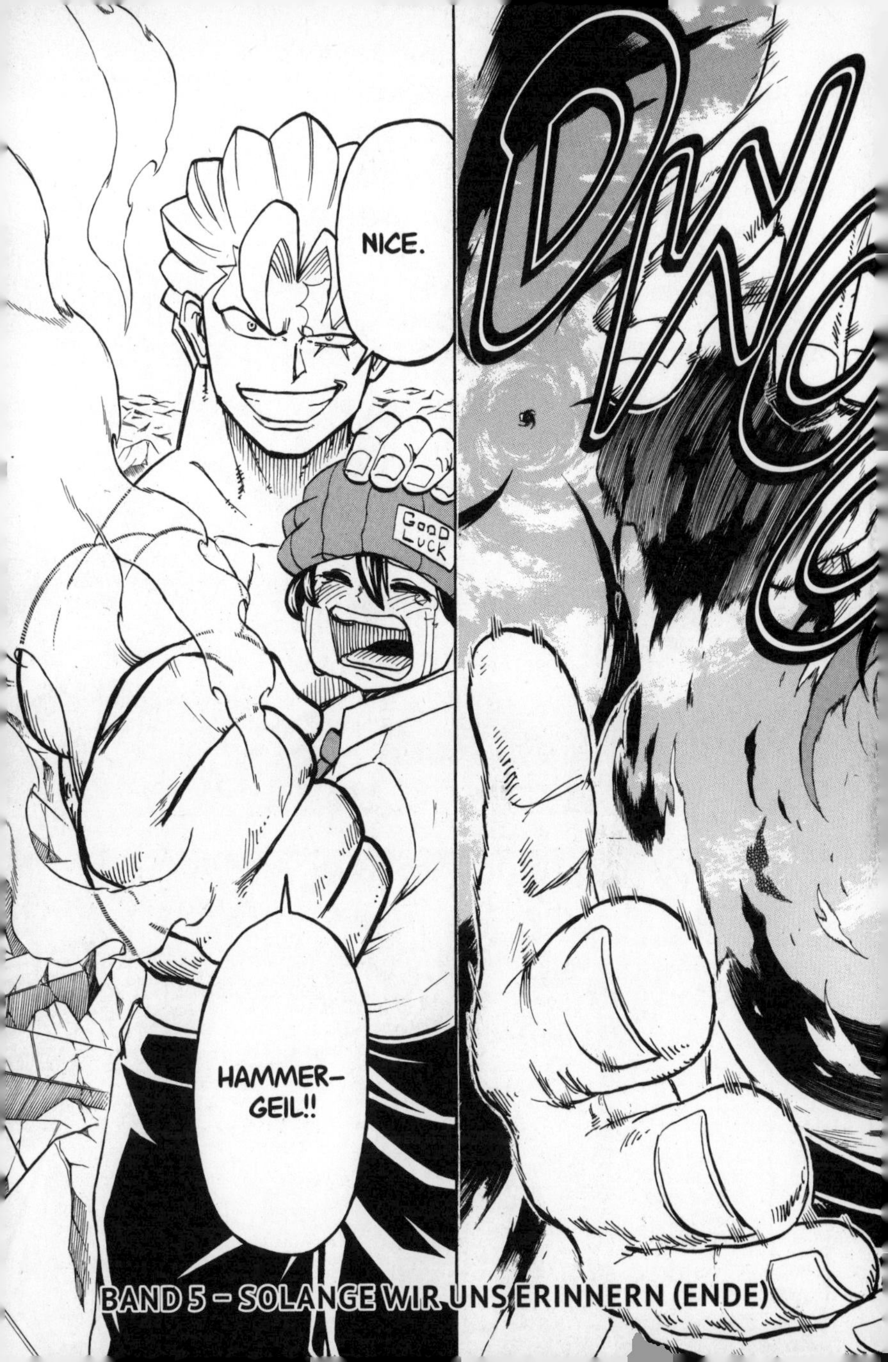
NICE.
GOOD LUCK
HAMMER-GEIL!!
BAND 5 – SOLANGE WIR UNS ERINNERN (ENDE)

# Undead Unluck – Bonuskapitel

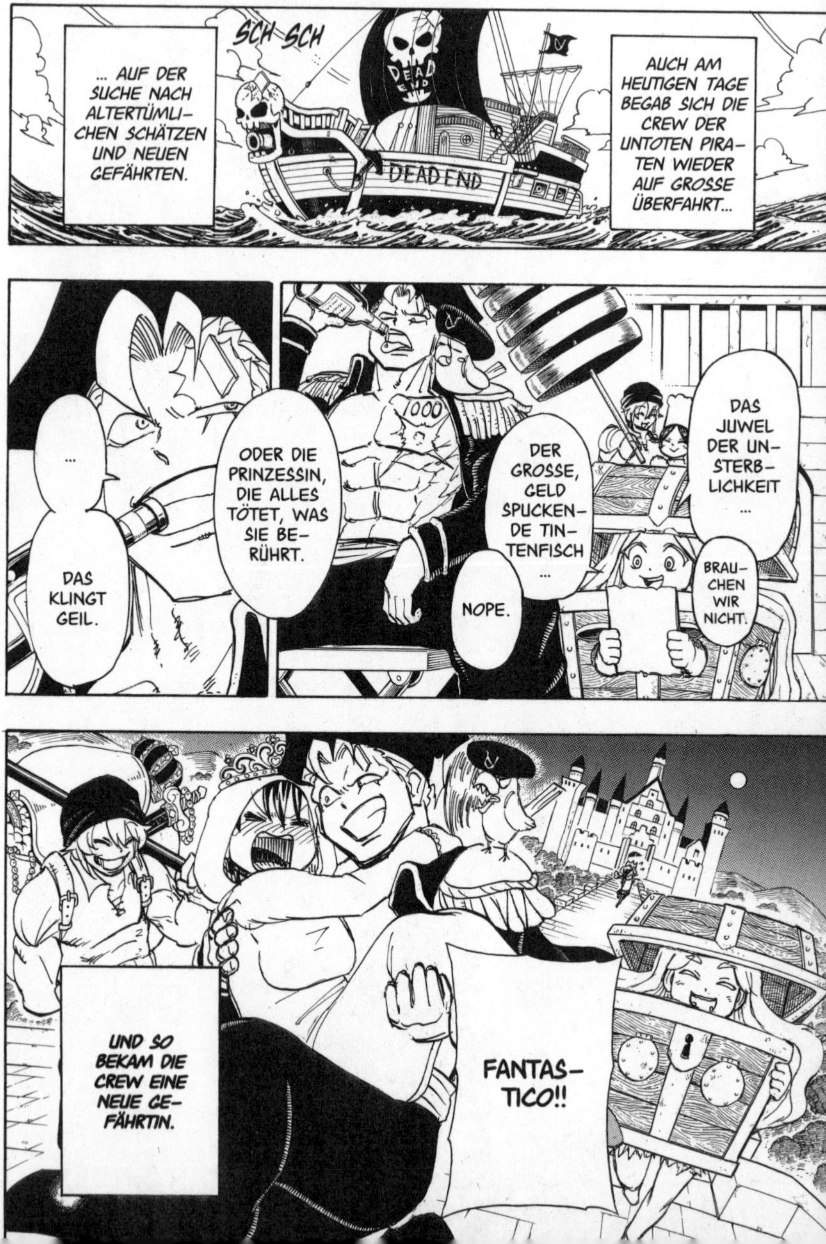

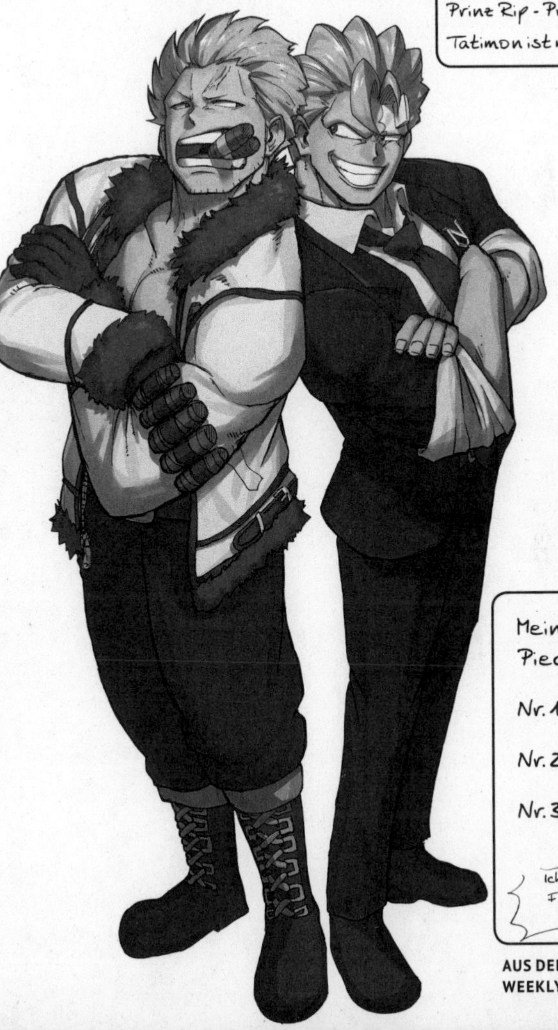

Es treten auf: folgende Manga-Figuren, in Andenken an das 1000. One-Piece-Kapitel:

Der Käpt'n Andy - Gina, der Papagei

Kombattant Shen - Köchin Mui

Gaimon Tatjana (Tatimon)

Prinz Rip - Prinzessin Fuko

Tatimon ist mir am liebsten

Meine Top 3 One-Piece-Charaktere

Nr. 1: Smoker

Nr. 2: Sir Crocodile

Nr. 3: Shiryuu

Ich mag vor allem die Figuren, die Zigarre rauchen!!

**AUS DER DOPPELAUSGABE DER WEEKLY JUMP 5 UND 6 (2021)**

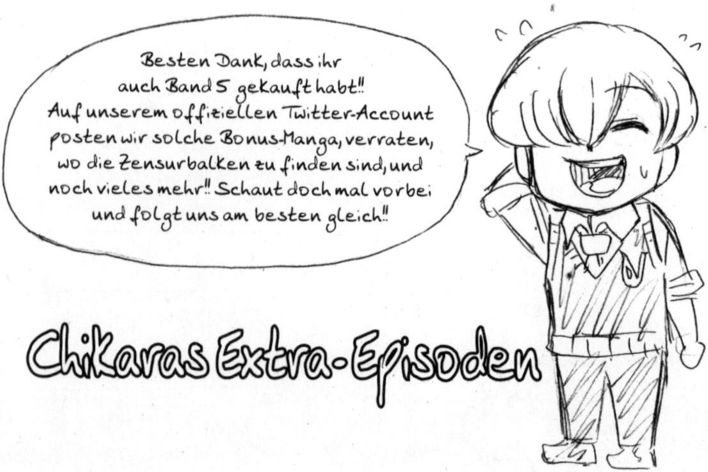


# Chikaras Extra-Episoden

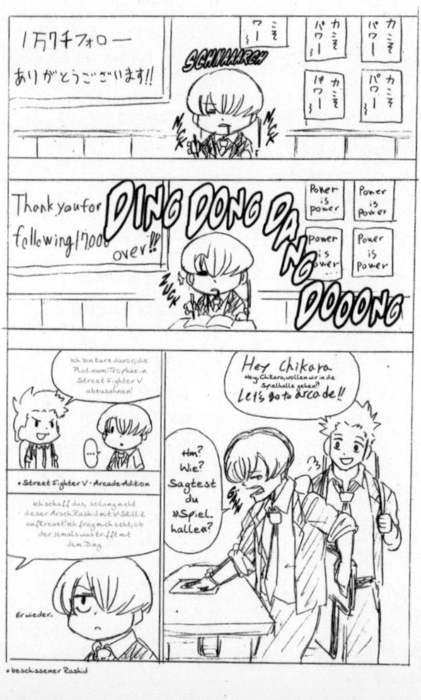


via Twitter: @undeadunluck_of

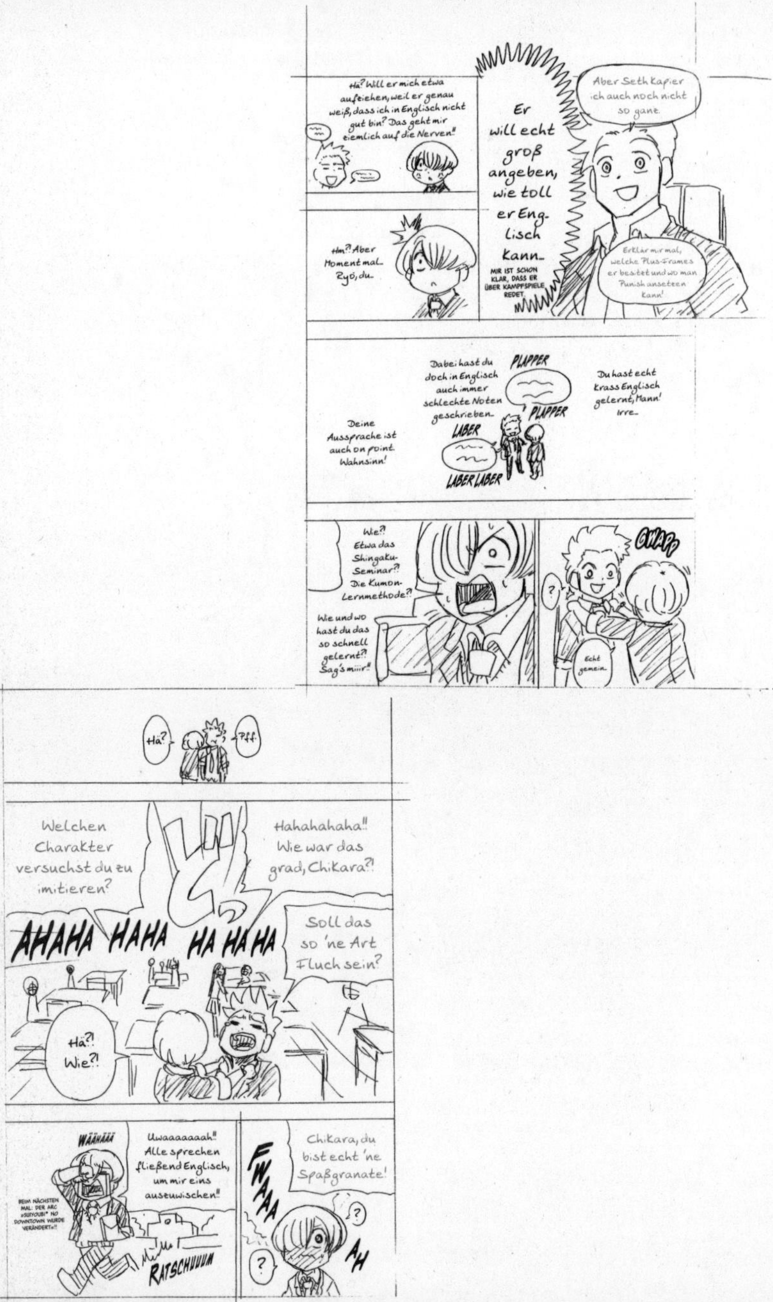


* SUIYOUBI (JAP.) = MITTWOCH

# Der Arc »Suiyoubi no Downtown wurde verändert«

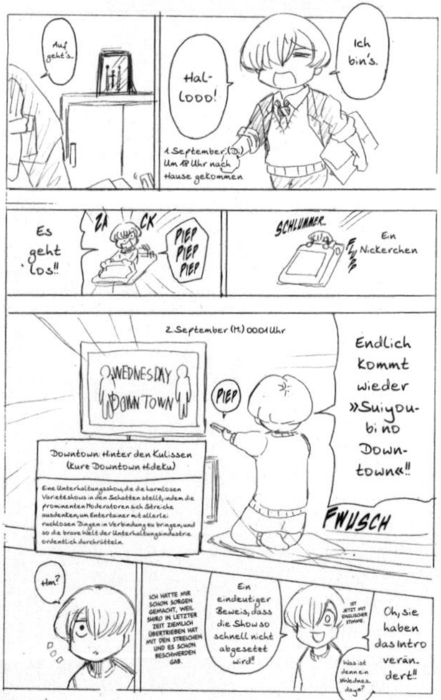


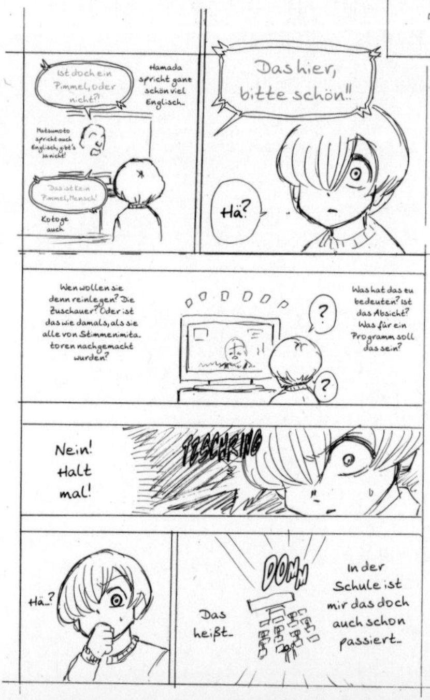

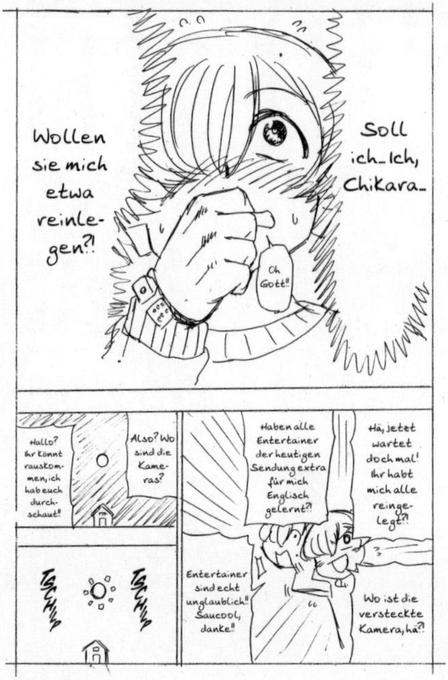
Soll ich… Ich, Chikara…
Oh Gott!!
Wollen sie mich etwa reinlegen?!
Hä, jetzt wartet doch mal! Ihr habt mich alle reingelegt?!
Haben alle Entertainer der heutigen Sendung extra für mich Englisch gelernt?!
Wo ist die versteckte Kamera, hä?!
Entertainer sind echt unglaublich!! Saucool, danke!!
Also? Wo sind die Kameras?
Hallo? Ihr könnt rauskommen, ich hab euch durchschaut!!
TSCHILP
TSCHILP

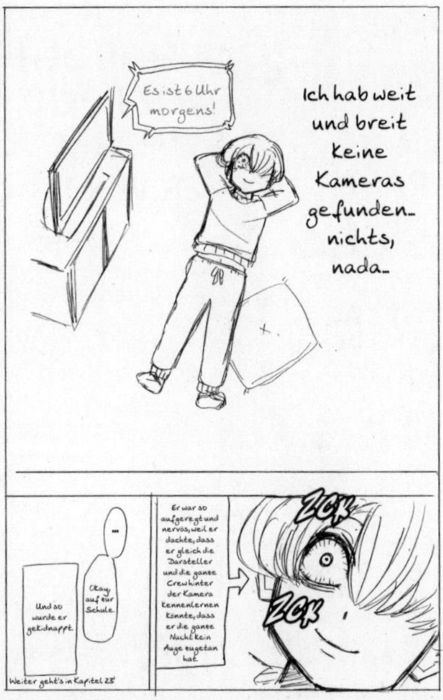
Ich hab weit und breit keine Kameras gefunden… nichts, nada…
Es ist 6 Uhr morgens!
ZCK
ZCK
Er war so aufgeregt und nervös, weil er dachte, dass er gleich die Darsteller und die ganze Crew hinter der Kamera kennenlernen könnte, dass er die ganze Nacht kein Auge zugetan hat.
…
Okay, auf zur Schule.
Und so wurde er gekidnappt.
Weiter geht's in Kapitel 23

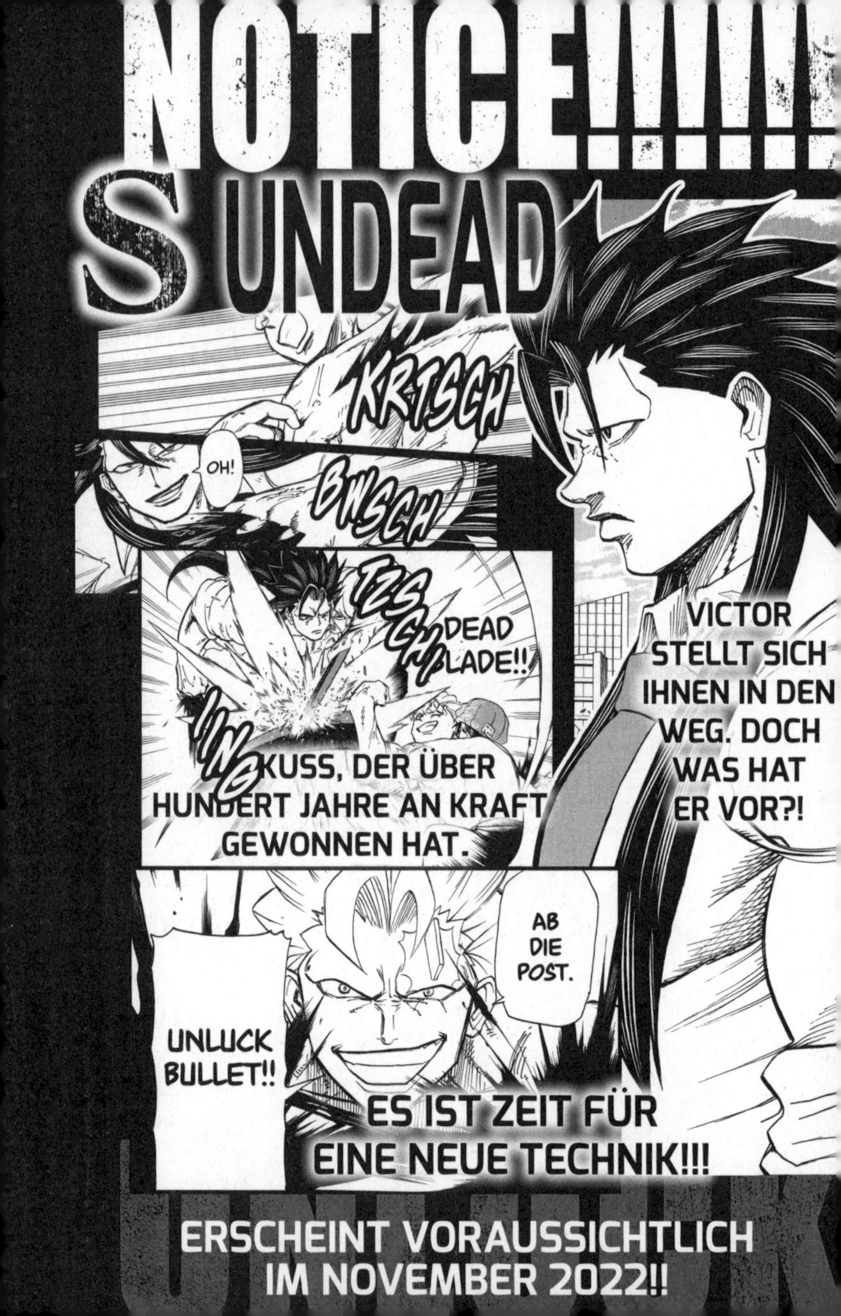

NOTICE!!!!!
S UNDEAD
KRISCH
OH!
BWSCH
TZSCH
DEAD BLADE!!
ZING
KUSS, DER ÜBER HUNDERT JAHRE AN KRAFT GEWONNEN HAT.
VICTOR STELLT SICH IHNEN IN DEN WEG. DOCH WAS HAT ER VOR?!
AB DIE POST.
UNLUCK BULLET!!
ES IST ZEIT FÜR EINE NEUE TECHNIK!!!
UNLUCK
ERSCHEINT VORAUSSICHTLICH IM NOVEMBER 2022!!

# UNDEAD UNLUCK
## VORSCHAU AUF DEN NÄCHSTEN BAND

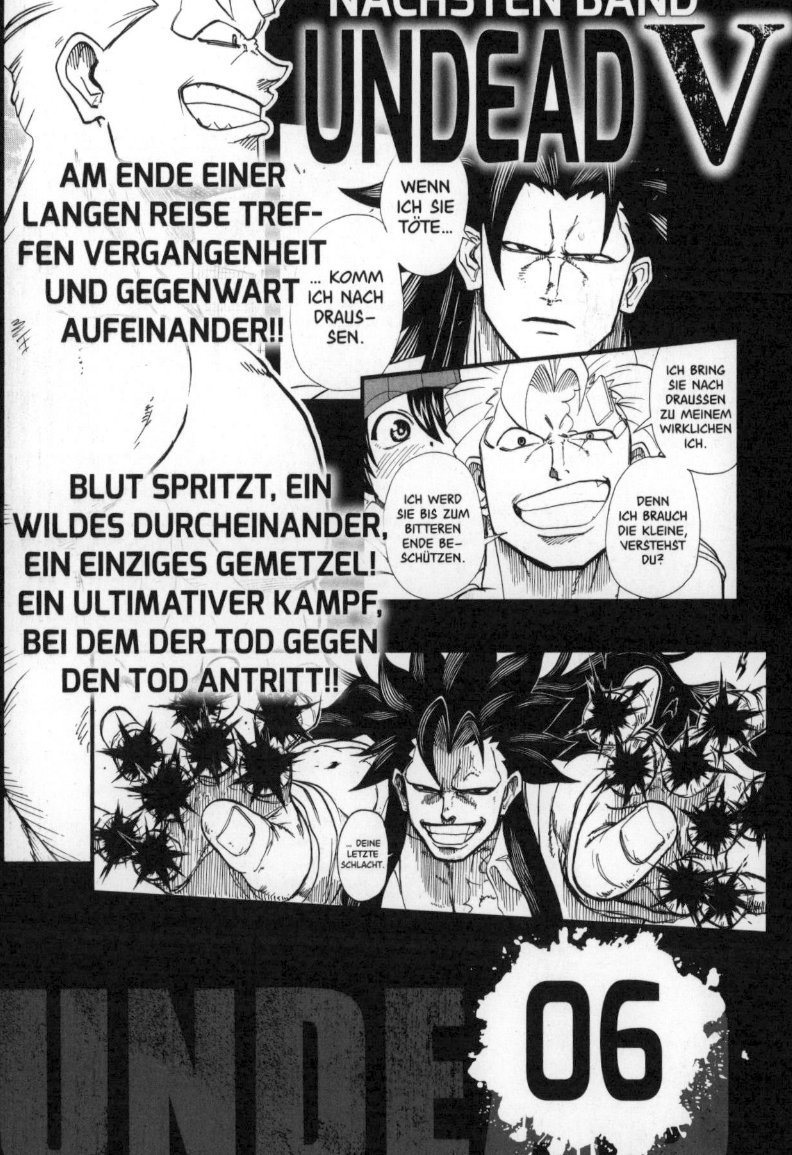

# CARLSEN MANGA! CHECKLIST

**BARFUSS DURCH HIROSHIMA**

von Keiji Nakazawa
€ 12,00 (D) / € 12,40 (A)
O **Band 2**
€ 14,00 (D) / € 14,40 (A)
O **Band 1, 3 bis 4**

**BARRAGE**

von Kohei Horikoshi
€ 6,99 (D) / € 7,20 (A)
O **Band 1 bis 2**
In 2 Bänden abgeschlossen

**BATTLE ANGEL ALITA – PERFECT EDITION**

von Yukito Kishiro
€ 19,99 (D) / € 20,60 (A)
O **Band 1 bis 3**
€ 24,99 (D) / € 25,70 (A)
O **Band 4**
In 4 Bänden abgeschlossen
€ 29,99 (D) / € 30,90 (A)
O **Band 4 im Schuber**
€ 89,99 (D) / € 92,60 (A)
O **Band 1-4 im Schuber**

**BATTLE ANGEL ALITA – LAST ORDER PERFECT EDITION**

von Yukito Kishiro
€ 14,99 (D) / € 15,50 (A)
O **1 bis 3, 5 bis 9**
€ 19,99 (D) / € 20,60 (A)
O **Band 10**
O **Band 11** 06/21
O **Band 12** 09/21
€ 16,99 (D) / € 17,50 (A)
O **Band 4**
In 12 Bänden abgeschlossen
€ 25,00 (D) / € 25,70 (A)
O **Band 12 im Schuber mit Extra** 09/21
€ 90,00 (D) / € 92,60 (A)
O **Bände 1 bis 6 im Schuber mit Extra**
€ 99,00 (D) / € 103,20 (A)
O **Bände 7 bis 12 im Schuber mit Extra** 09/21

**BATTLE ANGEL ALITA – MARS CHRONICLE**

von Yukito Kishiro
€ 6,95 (D) / € 7,20 (A)
O **Band 1 bis 3, 5-6**
O **Band 7** 07/21
€ 10,00 (D) / € 10,30 (A)
O **Band 4**
Bislang 6 Bände in Japan

**ATTACK ON TITAN – DELUXE**

von Hajime Isayama
€ 25,00 (D) / € 25,70 (A)
O **Band 1 bis 8**

**ATTACK ON TITAN – INSIDE**

von Hajime Isayama
€ 12,90 (D) / € 13,30 (A)
O **Einzelband**

**ATTACK ON TITAN – LOST GIRLS**

von Isayama, Seko & Fuji
€ 6,99 (D) / € 7,20 (A)
O **Band 1 & 2**
In 2 Bänden abgeschlossen

**ATTACK ON TITAN – LOST GIRLS** (Nippon Novel)

von Hiroshi Seko
€ 9,95 (D) / € 10,30 (A)
O **Einzelband**

**ATTACK ON TITAN – NO REGRETS**

von Hajime Isayama
€ 6,95 (D) / € 7,20 (A)
O **Band 1 & 2**
In 2 Bänden abgeschlossen

**ATTACK ON TITAN – NO REGRETS FULL COLOR EDITION**

von Hajime Isayama
€ 14,99 (D) / € 15,50 (A)
O **Band 1 & 2**
In 2 Bänden abgeschlossen

**ATTACK ON TITAN – OUTSIDE**

von Hajime Isayama
€ 12,90 (D) / € 13,30 (A)
O **Einzelband**

**ATTACK ON TITAN – SHORT PLAY**

von Isayama & hounori
€ 8,99 (D) / € 9,30 (A)
O **Einzelband**

**ANONYMOUS NOISE**

von Ryoko Fukuyama
€ 5,00 (D) / € 6,20 (A)
O **Band 1**
€ 6,99 (D) / € 7,20 (A)
O **Band 2 bis 17**
O **Band 18** 06/21
In 18 Bänden abgeschlossen

**ARTE**

von Kei Ohkubo
€ 10,00 (D) / € 10,30 (A)
O **Band 1 bis 6**
O **Band 7** 07/21
O **Band 8** 09/21
Bislang 13 Bände in Japan

**ASSASSINATION CLASSROOM**

von Yusei Matsui
€ 6,50 (D) / € 6,70 (A)
O **Band 1 bis 21**
In 21 Bänden abgeschlossen

**ATTACK ON TITAN**

von Hajime Isayama
€ 6,95 (D) / € 7,20 (A)
O **Band 1 bis 32**
O **Band 33** 09/21
In 34 Bänden abgeschlossen
€ 36,00 (D) / € 37,10 (A)
O **Bände 1-5 im Schuber**
O **Bände 6-10 im Schuber**
O **Bände 11-15 im Schuber**
O **Bände 16-20 im Schuber**
O **Bände 21-25 im Schuber**
O **Bände 26-30 im Schuber**

**ATTACK ON TITAN – ANSWERS**

von Hajime Isayama
€ 12,90 (D) / € 13,30 (A)
O **Einzelband**

**ATTACK ON TITAN – BEFORE THE FALL**

von Hajime Isayama
€ 6,95 (D) / € 7,20 (A)
O **Band 1 bis 17**
In 17 Bänden abgeschlossen

**ATTACK ON TITAN CHARACTER GUIDE**

von Hajime Isayama
€ 12,90 (D) / € 13,30 (A)
O **Einzelband**

**12 JAHRE**

von Nao Maita
€ 5,99 (D) / € 6,20 (A)
O **Band 1 bis 14**
€ 6,99 (D) / € 7,20 (A)
O **Band 15** 08/21
In 20 Bänden abgeschlossen

**ABE SADA**

von Kazuo Kamimura
€ 14,99 (D) / € 15,50 (A)
O **Band 1 & 2**
In 2 Bänden abgeschlossen

**ACID TOWN**

von Kyugo
€ 7,95 (D) / € 8,20 (A))
O **Band 6**
Bislang 6 Bände in Japan

**AKIRA – ORIGINAL EDITION**

von Katsuhiro Otomo
€ 19,90 (D) / € 20,50 (A)
O **Band 1 bis 3**
€ 22,90 (D) / € 23,60 (A)
O **Band 4 bis 6**
In 6 Bänden abgeschlossen

**ALICE IN MURDERLAND**

von Kaori Yuki
€ 7,95 (D) / € 8,20 (A)
O **Band 1 bis 11**
In 11 Bänden abgeschlossen

**ALISIK**

von Helge Vogt & Hubertus Rufledt
€ 8,99 (D) / € 9,30 (A)
O **Band 1**
€ 7,99 (D) / € 8,30 (A)
O **Band 2 bis 4**
In 4 Bänden abgeschlossen

**ALPHA² – NEUEDITION**

von Kamineo & Kamoi
€ 14,00 (D) / € 14,40 (A)
O **Einzelband**

**ALPI - THE SOUL SENDER**

von Rona
€ 7,00 (D) / € 7,20 (A)
O **Band 1** 07/21
Bislang 4 Bände in Japan

# CARLSEN MANGA! CHECKLIST

### DOUBT GESAMTAUSGABE
von Yoshiki Tonogai
€ 30,00 (D) / € 30,90 (A)
O **Sammelschuber** 07/21

### DRAGON BALL
von Akira Toriyama
€ 6,50 (D) / € 6,70 (A)
O **Band 1 bis 42**
In 42 Bänden abgeschlossen

### DRAGON BALL MASSIV
von Akira Toriyama
€ 5,00 (D) / € 5,20 (A)
O **Band 1**
€ 10,00 (D) / € 10,30 (A)
O **Band 2 bis 11**
O **Band 12** 07/21
O **Band 13** 09/21

### DRAGON BALL SD
von Akira Toriyama (Original Story) & Naho Ohishi
€ 7,95 (D) / € 8,20 (A)
O **Band 1 bis 6**
Bislang 7 Bände in Japan

### DRAGON BALL SIDE STORIES
von Akira Toriyama & dragongarow LEE
€ 5,00 (D) / € 5,20 (A)
O **Yamchu**

### DRAGON BALL SUPER
von Toriyama & Toyotarou
€ 6,50 (D) / € 6,70 (A)
O **Band 1 bis 11**
O **Band 12** 06/21
€ 9,99 (D) / € 10,30 (A)
O **Band 5 im Schuber**
O **Band 10 im Schuber**
€ 29,99 (D) / € 30,90 (A)
O **Bände 1-5 im Schuber**
O **Bände 6-10 im Schuber**
Bislang 14 Bände in Japan

### DREAMIN' SUN
von Ichigo Takano
€ 6,99 (D) / € 7,20 (A)
O **Band 1 bis 9**
€ 8,99 (D) / € 9,20 (A)
O **Band 10**
In 10 Bänden abgeschlossen

### COYOTE
von Ranmaru Zariya
€ 7,99 (D) / € 8,30 (A)
O **Band 1 bis 3**
Bislang 3 Bände in Japan

### CROSS ACCOUNT
von Tsunehiro Date
€ 6,99 (D) / € 7,20 (A)
O **Band 1 bis 4**
In 4 Bänden abgeschlossen

### DEAD COMPANY
von Yoshiki Tonogai
€ 7,00 (D) / € 7,20 (A)
O **Band 1** 07/21
In 3 Bänden abgeschlossen

### DEFENSE DEVIL
von Youn In-Wan & Yang Kyung-Il
€ 5,95 (D) / € 6,20 (A)
O **Band 1 bis 10**
In 10 Bänden abgeschlossen

### DEPTH OF FIELD
von Enjo
€ 8,00 (D) / € 8,30 (A)
O **Band 1 & 2**
In 2 Bänden abgeschlossen

### DEVILS & REALIST
von Utako Yukihiro & Madoka Takadono
€ 6,95 (D) / € 7,20 (A)
O **Band 11 bis 13**
€ 7,95 (D) / € 8,20 (A)
O **Band 14**
€ 8,95 (D) / € 9,20 (A)
O **Band 15**
In 15 Bänden abgeschlossen

### DIALOGE MIT MIR SELBST
von Kabi Nagata
€ 18,00 (D) / € 18,50 (A)
O **Band 1 b& 2**
In 2 Bänden abgeschlossen

### DIE STADT DER BESONDEREN KINDER
von Ransom Riggs & Cassandra Jean
€ 14,90 (D) / € 15,40 (A)
O **Einzelband**

### BLACK LAGOON
von Rei Hiroe
€ 6,95 (D) / € 7,20 (A)
O **Band 4**
€ 7,95 (D) / € 8,20 (A)
O **Band 1-3, 5-8, 10-11**
€ 8,95 (D) / € 9,20 (A)
O **Band 9**
Bislang 11 Bände in Japan

### BLOOM INTO YOU
von Nio Naketani
€ 6,99 (D) / € 7,20 (A)
O **Band 1 bis 7**
€ 7,99 (D) / € 8,30 (A)
O **Band 8**
In 8 Bänden abgeschlossen

### BLUE FLAG
von Kaito
€ 7,99 (D) / € 8,30 (A)
O **Band 1 bis 7**
In 7 Bänden abgeschlossen

### BLUE GIANT
von Shinichi Ishizuka
€ 8,00 (D) / € 8,30 (A)
O **Band 1** 09/21
In 10 Bänden abgeschlossen

### BLUE GIANT SUPREME
von Shinichi Ishizuka
€ 8,00 (D) / € 8,30 (A)
O **Band 1 bis 5**
O **Band 6** 08/21
In 11 Bänden abgeschlossen

### BORUTO – NARUTO THE NEXT GENERATION
von Kishimoto & Kodachi
€ 6,50 (D) / € 6,70 (A)
O **Band 1 bis 10**
O **Band 11** 07/21
Bislang 13 Bände in Japan

### BUDDHA
von Osamu Tezuka
€ 22,90 (D) / € 23,60 (A)
O **Band 1 bis 10**
In 10 Bänden abgeschlossen

### CHIISAKOBEE
von Minetaro Mochizuki
€ 14,90 (D) / € 15,40 (A)
O **Band 1 bis 4**
In 4 Bänden abgeschlossen

### BECOMING A GIRL ONE DAY
von Akane Ogura
€ 5,99 (D) / € 6,20 (A)
O **Band 1 bis 4**
In 4 Bänden abgeschlossen

### BECOMING A GIRL ONE DAY – ANOTHER
von Akane Ogura
€ 5,99 (D) / € 6,20 (A)
O **Band 1 bis 4**
In 4 Bänden abgeschlossen

### BILLY BAT
von Naoki Urasawa & Takashi Nagasaki
€ 8,95 (D) / € 9,20 (A)
O **Band 4-7, 12-16**
€ 12,00 (D) / € 12,40 (A)
O **Band 1-3, 8-11, 17-20**
In 20 Bänden abgeschlossen

### BL IS MAGIC!
von Oroken
€ 9,99 (D) / € 10,30 (A)
O **Band 1 bis 3**
In 4 Bänden abgeschlossen
O **BL is magic! Special: Extra Spells** 08/21

### BL METAMORPHOSEN – GEHEIMNIS EINER FREUNDSCHAFT
von Kaori Tsurutani
€ 8,00 (D)/ € 8,30 (A)
O **Band 1 bis 3**
O **Band 4** 09/21
In 5 Bänden abgeschlossen

### BLACK BUTLER
von Yana Toboso
€ 6,95 (D) / € 7,20 (A)
O **Band 1 bis 29**
O **Band 30** 07/21
€ 10,00 (D)/ € 10,30 (A)
O **Band 30 Limitierte Ausgabe mit Extra** 07/21
€ 14,90 (D) / € 15,40 (A)
O **Character Guide**
Bislang 29 Bände in Japan

# CARLSEN MANGA! CHECKLIST

**GELIEBTER AFFE**

von Yoshihiro Tatsumi
€ 19,90 (D) / € 20,50 (A)
O **Einzelband**

**GHOSTLY THINGS**

von Ushio Shirotori
€ 7,00 (D) / € 7,20 (A)
O **Band 1**
O **Band 2** 07/21
In 4 Bänden abgeschlossen

**HARU x KIYO**

von Akira Ozaki
€ 5,00 (D) / € 5,20 (A)
O **Band 1**
€ 7,00 (D)/ €7,20 (A)
O **Band 2 bis 9**
In 9 Bänden abgeschlossen

**HE'S MY VAMPIRE**

von Aya Shouoto
€ 6,95 (D) / € 7,20 (A)
O **Band 1 bis 10**
In 10 Bänden abgeschlossen

**HITOTSUBANA**

von Minami
€ 8,00 (D) / € 8,30 (A)
O **Band 1 bis 7**
In 7 Bänden abgeschlossen

**HOW TO DRAW MANGA**

von Hikaru Hayashi u. a.
€ 9,95 (D) / € 10,30 (A)
O **Manga-Charaktere in Bewegung**
€ 16,90 (D) / € 17,40 (A)
O **Ninja und Samurai**
€ 17,90 (D) / € 18,40 (A)
O **Manga-Figuren entwickeln**
€ 19,90 (D) / € 20,50 (A)
O **Manga-Skizzen zeichnen**
O **Character Design – Tipps und Tricks**
O **Manga aus der richtigen Perspektive**
O **Oberflächen und Strukturen**
O **Manga-Figuren in ihrer Umwelt**
O **Perfekte Proportionen im Manga**
O **Grundlagen der Manga-Kunst**
€ 24,90 (D) / € 25,60 (A)
O **Kolorieren mit Copic-Stiften**
O **Kolorieren mit Aquarellbuntstiften**

**FOLGE DEN WOLKEN NACH NORD-NORDWEST**

von Aki Irie
€ 12,00 (D) / € 12,40 (A)
O **Band 1 bis 4**
Bislang 5 Bände in Japan

**FOOD WARS – SHOKUGEKI NO SOMA**

von Tsukuda & Saeki
€ 6,99 (D) / € 7,20 (A)
O **Band 1 bis 31**
O **Band 32** 06/21
O **Band 33** 08/21
In 36 Bänden abgeschlossen
€ 69,90 (D) / € 71,80 (A)
O **Bände 1-10 im Schuber**
O **Bände 11-20 im Schuber**
O **Bände 21-30 im Schuber**

**FRUIT BASKET PEARLS**

von Natuski Takaya
€ 11,00 (D) / € 11,40 (A)
O **Band 1**
O **Band 2** 06/21
O **Band 3** 08/21
In 12 Bänden abgeschlossen

**GAMMA DRACONIS**

von Eldo Yoshimizu
& Benoist Simmat
€ 16,00 (D) / € 16,50 (A)
O **Einzelband** 07/21

**GANGSTA.**

von Kohske
€ 7,95 (D) / € 8,20 (A)
O **Band 1 bis 8**
Bislang 8 Bände in Japan

**GANGSTA: CURSED.**

von Kohske & Kamo
€ 7,99 (D) / € 8,30 (A)
O **Band 1 bis 5**
Bislang 5 Bände in Japan

**GEGEN DEN STROM**

von Yoshihiro Tatsumi
€ 44,00 (D) / € 44,60 (A)
O **Einzelband**

**FAIRY TAIL+**

von Hiro Mashima
€ 8,95 (D) / € 9,20 (A)
O **Einzelband**

**FAIRY TAIL – HAPPY'S ADVENTURE**

von Hiro Mashima
& Kenshiro Sakamoto
€ 7,00 (D) / € 7,20 (A)
O **Band 1 bis 4**
O **Band 5** 08/21
In 8 Bänden abgeschlossen

**FAIRY TAIL S**

von Hiro Mashima
€ 6,99 (D) / € 7,20 (A)
O **Band 1 & 2**
In 2 Bänden abgeschlossen

**FAIRY TAIL SIDE STORIES**

von Hiro Mashima
& Kyota Shibano
€ 6,99 (D) / € 7,20 (A)
O **Band 1 bis 3**
In 3 Bänden abgeschlossen

**FAIRY TALE BATTLE ROYALE**

von Soraho Ina
€ 7,00 (D) / € 7,20 (A)
O **Band 1 bis 4**
Bislang 4 Bände in Japan

**FINAL FANTASY – LOST STRANGER**

von Hazuki Minase &
Itsuki Kameya
€ 12,99 (D) / € 13,40 (A)
O **Band 1 bis 5**
Bislang 6 Bände in Japan

**FINAL FANTASY – OFFICIAL MEMORIAL ULTIMANIA BOOK**

von Takatoshi Shiozawa
€ 39,99 (D) / € 41,20 (A)
O **VII - IX**
In 3 Bänden abgeschlossen

**FOCUS 10**

von Martina Peters
€ 6,99 (D) / € 7,20 (A)
O **Band 1 bis 9**
O **Band 10** 09/21
In 10 Bänden abgeschlossen

**DR. STONE**

von Inagaki & BOICHI
€ 7,00 (D) / € 7,20 (A)
O **Band 1 bis 11**
O **Band 12** 06/21
O **Band 13** 08/21
Bislang 19 Bände in Japan

**DR. STONE REBOOT: BYAKUYA**

von Inagaki & BOICHI
€ 7,00 (D) / € 7,20 (A)
O **Einzelband** 07/21

**EDENS ZERO**

von Hiro Mashima
€ 7,00 (D)/ €7,20 (A)
O **Band 1 bis 9**
O **Band 10** 07/21
€ 10,00 (D) / € 10,30 (A)
O **Band 7 - limitierte Ausgabe**
Bislang 13 Bände in Japan

**EXISTENZEN UND ANDERE ABGRÜNDE**

von Yoshihiro Tatsumi
€ 19,90 (D) / € 20,50 (A)
O **Einzelband**

**FAIRY GIRLS**

von Hiro Mashima
€ 6,99 (D) / € 7,20 (A)
O **Band 1 bis 4**
In 4 Bänden abgeschlossen

**FAIRY TAIL**

von Hiro Mashima
€ 6,50 (D) / € 6,70 (A)
O **Band 1 bis 63**
€ 9,99 (D) / € 10,30 (A)
O **Band 60 limitiert**
In 63 Bänden abgeschlossen

**FAIRY TAIL ARTBOOKS**

von Hiro Mashima
€ 19,95 (D) / € 20,60 (A)
O **Fantasia**
O **Harvest**

**FAIRY TAIL – 100 YEARS QUEST**

von Hiro Mashima
& Atsuo Ueda
€ 7,00 (D) / € 7,20 (A)
O **Band 1 bis 5**
O **Band 6** 06/21
O **Band 7** 09/21
Bislang 10 Bände in Japan

# CARLSEN MANGA! CHECKLIST

**LIBERI-PROJEKT, DAS**

von Tamasaburo
€ 6,95 (D) / € 7,20 (A)
**O Band 1 bis 3**
In 3 Bänden abgeschlossen

**LIEBHABER, DER**

von Kan Takahama
€ 22,00 (D) / € 22,70 (A)
**O Einzelband**

**LITTLE WITCH ACADEMIA**

von Sato & Yoshinari
€ 6,99 (D) / € 7,20 (A)
**O Band 1 bis 3**
In 3 Bänden abgeschlossen

**LIQUOR & CIGARETTE**

von Ranmaru Zariya
€ 8,00 (D) / € 8,30 (A)
**O Einzelband**

**LUDWIG REVOLUTION GESAMTAUSGABE**

von Kaori Yuki
€ 30,00 (D) / € 30,90 (A)
**O Sammelschuber** 09/21

**LUPUS IN FABULA**

von Kamineo
€ 7,95 (D) / € 8,20 (A)
**O Band 1 bis 3**
In 3 Bänden abgeschlossen

**MACHIMAHO – MAGICAL GIRL BY ACCIDENT**

von Souryu
€ 7,99 (D) / € 8,30 (A)
**O Band 1 bis 7**
**O Band 8** 07/21
Bislang 9 Bände in Japan

**MAGUS OF THE LIBRARY**

von Mitsu Izumi
€ 12,00 (D) / € 12,40 (A)
**O Band 1 & 4**
€ 14,00 (D) / € 14,40 (A)
**O Band 2**
€ 16,00 (D) / € 16,50 (A)
**O Band 3**
Bislang 5 Bände in Japan

**KAMISAMA DARLING**

von Kyoko Aiba
€ 6,99 (D) / € 7,20 (A)
**O Band 1 bis 8**
In 8 Bänden abgeschlossen

**KATSURA & TORIYAMA SHORT STORIES**

von Akira Toriyama
& Masakazu Katsura
€ 6,95 (D) / € 7,20 (A)
**O Einzelband**

**KILLING BITES**

von Shinya Murata
& Kazasa Sumita
€ 7,95 (D) / € 8,20 (A)
**O Band 1-3, 5-14**
€ 10,00 (D) / € 10,30 (A)
**O Band 4**
Bislang 17 Bände in Japan

**KIMI NI NARE – FINDE DICH SELBST**

von Ichigo Takano
€ 7,00 (D) / € 7,20 (A)
**O Einzelband** 07/21

**KLEINE KATZE CHI**

von Konami Kanata
€ 9,95 (D) / € 10,30 (A)
**O Band 1 bis 11**
€ 12,00 (D) / € 12,40 (A)
**O Band 12**
In 12 Bänden abgeschlossen

**KOROSENSEI QUEST!**

von Yusei Matsui &
Kizuku Watanabe
€ 6,50 (D) / € 6,70 (A)
**O Band 1 bis 5**
In 5 Bänden abgeschlossen

**LADY SNOWBLOOD** (NEUEDITION)

von Kazuo Koike
& Kazuo Kamimura
€ 19,99 (D) / € 20,60 (A)
**O Band 1 & 2**
€ 16,99 (D) / € 17,50 (A)
**O Band 3**
In 3 Bänden abgeschlossen

**LETZTE REISE DER SCHMETTERLINGE, DIE**

von Kan Takahama
€ 14,90 (D) / € 15,40 (A)
**O Einzelband**

**IM – GREAT PRIEST IMHOTEP**

von Makoto Morishita
€ 6,99 (D) / € 7,20 (A)
**O Band 1 bis 10**
€ 7,99 (D) / € 8,30 (A)
**O Band 11**
In 11 Bänden abgeschlossen

**IN THIS CORNER OF THE WORLD**

von Fumiyo Kouno
€ 12,99 (D) / € 13,40 (A)
**O Band 1 bis 3**
In 3 Bänden abgeschlossen

**ITO, JUNJI**

von Shinya Murata
& Kazasa Sumita
€ 24,00 (D) / € 24,70 (A)
**O Gyo Deluxe**
**O Shiver** 07/21
€ 28,00 (D) / € 28,80 (A)
**O Uzumaki Deluxe**

**JAPANISCH FÜR MANGA-FANS**

von Thora Kerner
& Jin Baron
€ 16,00 (D) / € 16,50 (A)
**O Sammelband**

**JUDGE**

von Yoshiki Tonogai
€ 7,95 (D) / € 8,20 (A)
**O Band 1 bis 5**
€ 8,95 (D) / € 9,20 (A)
**O Band 6**
In 6 Bänden abgeschlossen

**JUMPING**

von Asahi Tsutsui
€ 7,00 (D) / € 7,20 (A)
**O Band 1 bis 4**
In 4 Bänden abgeschlossen

**JUNJO ROMANTICA**

von Shungiku Nakamura
€ 6,95 (D) / € 7,20 (A)
**O Band 9, 11-12, 19-22**
**O Band 23** 06/21
€ 10,00 (D) / € 10,30 (A)
**O Band 1-8, 10,13-18**
Bislang 25 Bände in Japan

**H.P. LOVECRAFT**

von Gou Tanabe
€ 12,00 (D) / € 12,40 (A)
**O H.P. Lovecrafts Die Farbe aus dem All**
**O H.P. Lovecrafts Der Hund und andere Geschichten**
**O H.P. Lovecrafts Der leuchtende Trapezoeder**
€ 18,00 (D) / € 18,50 (A)
**O H.P. Lovecrafts Berge des Wahnsinns Band 1 bis 2**
**O H.P. Lovecrafts Cthulhus Ruf** 08/21
€ 22,00 (D) / € 22,70 (A)
**O H.P. Lovecrafts Der Schatten aus der Zeit**

**HUNTER X HUNTER**

von Yoshihiro Togashi
€ 6,95 (D) / € 7,20 (A)
**O Band 1 bis 36**
Bislang 36 Bände in Japan

**I AM SHERLOCK**

von TAKATA & Io
€ 7,00 (D)/ € 7,20 (A)
**O Band 1 bis 4**
In 4 Bänden abgeschlossen

**I HAD THAT SAME DREAM AGAIN**

von Yoru Sumino &
Izumi Kirihara
€ 7,00 (D) / € 7,20 (A)
**O Band 1 bis 3**
In 3 Bänden abgeschlossen

**I HEAR THE SUNSPOT**

von Yuki Fumino
€ 7,99 (D) / € 8,30 (A)
**O Band 1**
€ 9,99 (D) / € 10,30 (A)
**O Band 2**
Bisher 2 Bände in Japan

**I HEAR THE SUNSPOT – LIMIT**

von Yuki Fumino
€ 7,99 (D) / € 8,30 (A)
**O Band 1**
€ 8,99 (D) / € 9,30 (A)
**O Band 2**
€ 9,99 (D) / € 10,30 (A)
**O Band 3** 07/21
In 3 Bänden abgeschlossen

# CARLSEN MANGA! CHECKLIST

**NARUTO MASSIV**

von Masashi Kishimoto
€ 5,00 (D) / € 5,20 (A)
O **Band 1**
€ 9,99 (D) / € 10,30 (A)
O **Band 2 bis 24**
In 24 Bänden abgeschlossen

**NARUTO – THE MOVIE**

von Masashi Kishimoto
€ 7,95 (D) / € 8,20 (A)
O **Geheimmission im Land des ewigen Schnees Band 1 & 2**
O **Die Legende des Steins Gelel Band 1 & 2**
O **Sondermission im Land des Mondes 1 & 2**

**NARUTO – THE MOVIE: SHIPPUDEN**

von Masashi Kishimoto
€ 12,95 (D) / € 13,40 (A)
O **Naruto - The Movie: Shippuden**
O **Naruto - The Movie: Shippuden-Fesseln**
O **Naruto - The Movie: Shippuden - Die Erben des Willens des Feuers**
O **Naruto - The Movie: Shippuden - Lost Tower**

**NEON GENESIS EVANGELION**

von Gainax & Yoshiyuki Sadamoto
€ 6,95 (D) / € 7,20 (A)
O **Band 1 bis 14**
In 14 Bänden abgeschlossen

**NO EXIT**

von Haruhi Seta
€ 6,99 (D) / € 7,20 (A)
O **Band 1 bis 13**
In 14 Bänden abgeschlossen

**OKITENEMURU**

von Hitori Renda
€ 7,99 (D) / € 8,20 (A)
O **Band 9**
In 9 Bänden abgeschlossen

**OLD BOY**

von Tsuchiya Garon & Minegishi Nobuaki
€ 12,00 (D) / € 12,40 (A)
O **Band 1 bis 4**
In 4 Bänden abgeschlossen

**MURCIÉLAGO**

von Yoshimura Kana
€ 7,99 (D) / € 8,30 (A)
O **Band 1 bis 14**
O **Band 15** 06/21
Bislang 17 Bände in Japan

**MY HERO ACADEMIA**

von Kohei Horikoshi
€ 6,99 (D) / € 7,20 (A)
O **Band 1 bis 27**
O **Band 28** 08/21
Bislang 30 Bände in Japan
€ 10,00 (D) / € 10,30 (A)
O **My Hero Academia - Ultra Archive**
€ 12,99 (D) / € 13,40 (A)
O **My Hero Academia - Ultra Analysis**

**MY HERO ACADEMIA SMASH**

von Kohei Horikoshi & Hirofumi Neda
€ 5,00 (D) / € 5,20 (A)
O **Band 1 bis 5**
Bislang 5 Bände in Japan

**MY HERO ACADEMIA TEAM UP MISSION**

von Kohei Horikoshi & Yoko Akiyama
€ 7,00 (D) / € 7,20 (A)
O **Band 1**
Bisher 2 Bände in Japan

**MY ROOMMATE IS A CAT**

von Tsunami Minatsuki & Asu Futatsuya
€ 7,00 (D) / € 7,20 (A)
O **Band 1 bis 4**
O **Band 5** 06/21
O **Band 6** 09/21
Bislang 7 Bände in Japan

**MY SECRET WHICH I CANNOT TELL YOU**

von Kyoko Aiba
€ 6,99 (D) / € 7,20 (A)
O **Einzelband**

**NARUTO**

von Masashi Kishimoto
€ 6,50 (D) / € 6,70 (A)
O **Band 1 bis 72**
In 72 Bänden abgeschlossen
O **Der siebte Hokage und der scharlachrote Frühling**

**MERMAID PRINCE**

von Kaori Ozaki
€ 8,00 (D) / € 8,30 (A)
O **Einzelband**

**MOB PSYCHO 100**

von ONE
€ 6,66 (D) / € 6,90 (A)
O **Band 1 bis 15**
€ 7,77 (D) / € 8,00 (A)
O **Band 16**
In 16 Bänden abgeschlossen

**MONSTER – PERFECT EDITION**

von Naoki Urasawa
€ 20,00 (D) / € 20,60 (A)
O **Band 1 bis 8**
€ 24,00 (D) / € 24,70 (A)
O **Band 9** 08/21
In 9 Bänden abgeschlossen

**MORIARTY THE PATRIOT**

von Takeuchi & Miyoshi
€ 9,99 (D) / € 10,30 (A)
O **Band 1 bis 9**
O **Band 10** 06/21
O **Band 11** 08/21
Bislang 13 Bände in Japan
€ 16,00 (D) / € 16,50 (A)
O **Band 10 mit Extra – limitierte Auflage** 06/21
€ 99,00 (D) / € 101,80 (A)
O **Band 1 bis 10 im Sammelschuber – limitierte Auflage** 06/21

**MOTHER'S SPIRIT**

von Enzo
€ 7,99 (D) / € 8,30 (A)
O **Band 1 & 2**
Bislang 2 Bände in Japan

**MOTOKARE RETRY**

von En Hanaya
€ 6,99 (D) / € 7,20 (A)
O **Band 1 bis 7**
In 7 Bänden abgeschlossen

**MOVING FORWARD**

von Nagamu Nanaji
€ 5,00 (D) / € 5,20 (A)
O **Band 1**
€ 7,00 (D) / € 7,20 (A)
O **Band 2 bis 7**
O **Band 8** 08/21
In 11 Bänden abgeschlossen

**MAID-SAMA**

von Hiro Fujiwara
€ 5,95 (D) / € 6,20 (A)
O **Band 1 bis 18**
In 18 Bänden abgeschlossen
O **Maid-sama Marriage**

**MANGA LOVE STORY**

von Katsu Aki
€ 6,95 (D) / € 7,20 (A)
O **Band 70 bis 76**
Bislang 81 Bände in Japan

**MANGA-ZEICHENSTUDIO**

von Kaneda Koubou u.a.
€ 19,90 (D) / € 20,50 (A)
O **Hände und Füße**
O **Gesichter und Emotionen**
O **Manga Master Book**
O **Mädchen in coolen Posen**
O **Emotionen und Mimik ausdrucksstark zeichnen**
O **Manga Basics**
O **Figuren & Hintergründe**
€ 20,00 (D) / € 20,60 (A)
O **Charmante Charaktere**
€ 24,90 (D) / € 25,60 (A)
O **Spannende Geschichten erzählen**

**MANN MEINES BRUDERS, DER**

von Gengoroh Tagame
€ 10,00 (D) / € 10,30 (A)
O **Band 1 bis 4**
In 4 Bänden abgeschlossen

**MASHIMA HERO'S**

von Hiro Mashima
€ 7,00 (D) / € 7,20 (A)
O **Einzelband**
€ 10,00 (D) / € 10,30 (A)
O **Einzelband Limitierte Edition**

**MEINE LESBISCHE ERFAHRUNG MIT EINSAMKEIT**

von Kabi Nagata
€ 15,00 (D) / € 15,50 (A)
O **Einzelband**

**MELANCHOLISCHER MORGEN, EIN**

von Shoko Hidaka
€ 9,95 (D) / € 10,30 (A)
O **Band 8**
In 8 Bänden abgeschlossen

# CARLSEN MANGA! CHECKLIST

**ROSEN BLOOD**
von Kachiru Ichizue
€ 10,00 (D) / € 10,30 (A)
O **Band 1**
O **Band 2** 07/21
Bisher 3 Bände in Japan

**RYUKO**
von Eldo Yoshimizu
€ 14,99 (D) / € 15,50 (A)
O **Band 1 & 2**
In 2 Bänden abgeschlossen

**SACRIFICE TO THE KING OF BEASTS**
von Yu Tomofuji
€ 6,99 (D) / € 7,20 (A)
O **Band 1 bis 11**
O **Band 12** 06/21
O **Band 13** 09/21
In 15 Bänden abgeschlossen

**SAKURA – I WANT TO EAT YOUR PANCREAS**
von Yoru Sumino
€ 7,99 (D) / € 8,20 (A)
O **Band 1 & 2**
In 2 Bänden abgeschlossen

**SAKURA DREAMS BUCH UND TERMIN-KALENDER 2022**
von Melanie Schober
€ 10,00 (D) / € 10,10 (A)
O **Kalender** 06/21

**SAMURAI8**
von Masashi Kishimoto & Akira Okubo
€ 7,00 (D) / € 7,20 (A)
O **Band 1 bis 5**
In 5 Bänden abgeschlossen

**SANTA MARIA HEARTLAND**
von Rise Torio
€ 8,50 (D) / € 8,80 (A)
O **Einzelband**

**SARABA, YOKI HI – SOLANGE WIR ZUSAMMEN SIND**
von Yuki Akaneda
€ 7,00 (D) / € 7,20 (A)
O **Band 1**
O **Band 2** 08/21
Bisher 6 Bände in Japan

**PLUTO: URASAWA X TEZUKA**
von Tezuka, Urasawa & Nagasaki
€ 14,90 (D) / € 15,30 (A)
O **Band 1-3, 6-7**
€ 12,90 (D) / € 13,30 (A)
O **Band 4-5**
€ 16,90 (D) / € 17,40 (A)
O **Band 8**
In 8 Bänden abgeschlossen

**POISON CITY**
von Tetsuya Tsutsui
€ 7,99 (D) / € 8,30 (A)
O **Band 1 & 2**
In 2 Bänden abgeschlossen

**PONE – POSUKA DEMIZU ARTBOOK**
von Posuka Demizu
€ 20,00 (D) / € 20,60 (A)
O **Artbook**

**Q (KU)**
von Tatsuya Shihira
€ 7,99 (D) / € 8,30 (A)
O **Band 1 bis 3**
€ 8,99 (D) / € 9,30 (A)
O **Band 4**
In 4 Bänden abgeschlossen

**REAKTOR 1F – EIN BERICHT AUS FUKUSHIMA**
von Kazuto Tatsuta
€ 12,99 (D) / € 13,40 (A)
O **Band 1 bis 3**
In 3 Bänden abgeschlossen

**RENTAL GIRLFRIEND**
von Reiji Miyajima
€ 7,00 (D) / € 7,20 (A)
O **Band 1 bis 8**
O **Band 9** 07/21
O **Band 10** 09/21
Bislang 16 Bände in Japan

**REQUIEM OF THE ROSE KING**
von Aya Kanno
€ 9,99 (D) / € 10,30 (A)
O **Band 1 bis 12**
O **Band 13** 08/21
Bislang 14 Bände in Japan

**OUR SUMMER HOLIDAY**
von Kaori Ozaki
€ 7,99 (D) / € 8,30 (A)
O **Einzelband**

**OVERLORD**
von Maruyama & Miyama
€ 6,99 (D) / 7,20 (A)
O **Band 1 bis 12**
€ 7,99 (D) / € 8,30 (A)
O **Band 13**
O **Band 14** 09/21
Bislang 15 Bände in Japan

**OVERLORD Official Comic À La Carte Anthology**
von Kugane Maruyama, diverse
€ 7,00 (D) / € 7,20 (A)
O **Band 1 bis 3**
Bislang 3 Bände in Japan

**PANDORAHEARTS**
von Jun Mochizuki
€ 6,95 (D) / € 7,20 (A)
O **Band 1, 5-6, 10-15, 17, 19**
€ 7,95 (D) / € 8,20 (A)
O **Band 18**
€ 8,95 (D) / € 9,20 (A)
O **Band 22**
€ 10,00 (D) / € 10,30 (A)
O **Band 2-4, 7-9, 16, 20-21, 23**
€ 14,00 (D) / € 14,40 (A)
O **Band 24**
In 24 Bänden abgeschlossen

**PERSONAL PARADISE NEUEDITION**
von Melanie Schober
€ 6,99 (D) / € 7,20 (A)
O **Band 1 bis 7**
O **Brave Brother 1.0 lim. Ausgabe mit Schuber**

**PLEASE LOVE ME**
von Aya Nakahara
€ 5,00 (D) / € 5,20 (A)
O **Band 1**
€ 7,00 (D) / € 7,20 (A)
O **Band 2 bis 8**
O **Band 9** 06/21
O **Band 10** 09/21
In 10 Bänden abgeschlossen

**ONE PIECE**
von Eiichiro Oda
€ 6,50 (D) / € 6,70 (A)
O **Band 1 bis 97**
O **Band 98** 09/21
Bislang 99 Bände in Japan

**ONE PIECE: FLUCH DES HEILIGEN SCHWERTS**
von Eiichiro Oda
€ 7,95 (D) / € 8,20 (A)
O **Band 1 & 2**
In 2 Bänden abgeschlossen

**ONE PIECE PARTY**
von Andoh & Oda
€ 6,50 (D) / € 6,70 (A)
O **Band 1 bis 6**
Bislang 6 Bände in Japan

**ONE PIECE – SANJIS LECKERE PIRATENREZEPTE**
von Eiichiro Oda
€ 24,90 (D) / € 25,60 (A)
O **Kochbuch**

**ONE PIECE QUIZ BOOK**
von Eiichiro Oda
€ 14,00 (D) / € 14,40 (A)
O **Einzelband**

**ONE PIECE Z**
von Eiichiro Oda
€ 9,95 (D) / € 10,20 (A)
O **Band 1 & 2**
In 2 Bänden abgeschlossen

**ONE WEEK FRIENDS**
von Matcha Hazuki
€ 6,99 (D) / € 7,20 (A)
O **Band 1 bis 7**
In 7 Bänden abgeschlossen

**OPUS**
von Satoshi Kon
€ 14,90 (D) / € 15,40 (A)
O **Band 1 & 2**
In 2 Bänden abgeschlossen

**ORANGE**
von Ichigo Takano
€ 7,99 (D) / € 8,30 (A)
O **Band 1 bis 6**
Bislang 6 Bände in Japan

# CARLSEN MANGA! CHECKLIST

### SUPER DRAGON BALL HEROES UNIVERSE MISSION

von Yoshitaka Nagayama
€ 6,50 (D) / € 6,70 (A)
**O Band 1**
**O Band 2** 08/21
Bislang 2 Bände in Japan

### TAKANE UND HANA

von Yuki Shiwasu
€ 5,00 (D) / € 5,20 (A)
**O Band 1**
€ 6,99 (D) / € 7,20 (A)
**O Band 2 bis 14**
**O Band 15** 07/21
In 18 Bänden abgeschlossen

### TANIGUCHI, JIRO

von Jiro Taniguchi
€ 12,90 (D) / € 13,30 (A)
**O Der Gourmet 2**
€ 14,90 (D) / € 15,40 (A)
**O Der Gourmet**
€ 16,00 (D) / € 16,50 (A)
**O Der Kartograph**
**O Die Schrift des Windes**
€ 16,90 (D) / € 17,40 (A)
**O Ihr Name war Tomoji**
€ 20,00 (D) / € 20,60 (A)
**O Im Jahrtausendwald**
€ 22,00 (D) / € 22,70 (A)
**O Unruhige Geister und stille Gefährten**
€ 25,00 (D) / € 25,70 (A)
**O Der spazierende Mann (erw. Neuausgabe)**
€ 28,00 (D) / € 28,80 (A)
**O Der Himmel ist blau, die Erde ist weiß – Gesamtausgabe**

### TEMPEST CURSE

von Martina Peters
€ 6,95 (D) / € 7,20 (A)
**O Band 1 bis 3**
In 3 Bänden abeschlossen

### THE ART OF SPLATOON

von Nintendo
€ 40,00 (D) / € 41,20 (A)
**O Artbook**

### THE BOOK OF LIST - GRIMM'S MAGICAL ITEMS

von Izuco Fujiya
€ 6,95 (D) / € 7,20 (A)
**O Band 1 bis 5**
€ 8,95 (D) / € 9,20 (A)
**O Band 6**
In 6 Bänden abeschlossen

### SOUL EATER MASSIV

von Atsushi Ohkubo
€ 5,00 (D) / € 5,20 (A)
**O Band 1**
€ 8,00 (D) / € 8,30 (A)
**O Band 2 bis 4**
**O Band 5** 06/21
**O Band 6** 08/21
In 12 Bänden abgeschlossen

### SOUL EATER GUIDE BOOK

von Atsushi Ohkubo
€ 8,95 (D) / € 9,20 (A)
**O Einzelband**

### SOUL EATER SOUL ART

von Atsushi Ohkubo
€ 24,90 (D) / € 25,60 (A)
**O Band 2**

### SPLATOON

von Sankichi Hinodeya
€ 6,99 (D) / € 7,20 (A)
**O Band 1 bis 10**
**O Band 11** 07/21
Bislang 13 Bände in Japan

### STILLE WASSER

von Kan Takahama
€ 16,90 (D) / € 17,40 (A)
**O Einzelband**

### SUNNY

von Taiyo Matsumoto
€ 16,00 (D) / € 16,50 (A)
**O Band 1 & 2**
**O Band 3** 07/21
In 6 Bänden abgeschlossen

### SÜSSE KATZE CHI: CHI'S SWEET ADVENTURES

von Konami Kanata & Kinoko Natsume
€ 8,00 (D) / € 8,30 (A)
**O Band 1 bis 4**
In 4 Bänden abgeschlossen

### SUPER DRAGON BALL HEROES

von Yoshitaka Nagayama
€ 6,50 (D) / € 6,70 (A)
**O Band 1 bis 3**
Bislang 3 Bände in Japan

### SHERLOCK

von Jay, Gatiss & Moffat
€ 12,99 (D) / € 13,40 (A)
**O Band 1, 2 und 4**
€ 14,99 (D) / € 15,50 (A)
**O Band 3**
€ 39,99 (D) / € 41,20 (A)
**O Band 1 bis 3 im Schuber**
Bislang 4 Bände in Japan

### SHIBA – EIN HUND ZUM VERLIEBEN

von Mayumi Muroyama
€ 7,00 (D) / € 7,20 (A)
**O Einzelband**

### SHIKIGAMI

von Yasaiko Midorihana
€ 10,00 (D) / € 10,30 (A)
**O Einzelband**

### SKETCH EVERY DAY

von Simone Grünewald
€ 20,00 (D) / € 20,60 (A)
**O Zeichenbuch**

### SKIP BEAT!

von Yoshiki Nakamura
€ 6,95 (D) / € 7,20 (A)
**O Band 1-8, 10-17, 19-21, 24-33, 35-37, 41-45**
€ 8,00 (D) / € 8,30 (A)
**O Band 9, 18, 22-23, 34, 38-40**
Bislang 45 Bände in Japan

### SKULL PARTY

von Melanie Schober
€ 6,95 (D) / € 7,20 (A)
**O Band 1 bis 4**
In 4 Bänden abgeschlossen

### SNACK WORLD

von Level-5, & sho.t
€ 7,00 (D) / € 7,20 (A)
**O Band 1 & 2**
In 2 Bänden abgeschlossen

### SOUL EATER

von Atsushi Ohkubo
€ 6,50 (D) / € 6,70 (A)
**O Band 2, 4, 6-11, 13-18 & 24**
€ 7,95 (D) / € 8,20 (A)
**O Band 25**
In 25 Bänden abgeschlossen

### SCHATTENARIE

von Zofia Garden & Anne Delseit
€ 6,95 (D) / € 7,20 (A)
**O Band 1 & 2**
In 2 Bänden abgeschlossen

### SCHNEEBALLEN

von Inga Steinmetz
€ 12,00 (D) / € 12,40 (A)
**O Schneeballens Fall**
€ 14,00 (D) / € 14,40 (A)
**O Schneeballen – Verliebt in Japan**

### SCHOKOHEXE, DIE

von Rino Mizuho
€ 6,50 (D) / € 6,70 (A)
**O Band 1-3, 5-7, 10-17**
**O Band 18** 07/21
€ 10,00 (D) / € 10,30 (A)
**O Band 4, 8-9**
Bislang 20 Bände in Japan

### SEARCH AND DESTROY

von Osamu Tezuka & Atsushi Kaneko
€ 15,00 (D) / € 15,50 (A)
**O Band 1 & 2**
€ 18,00 (D) / € 18,50 (A)
**O Band 3** 09/21
In 3 Bänden abgeschlossen

### SEKAIICHI HATSUKOI

von Shungiku Nakamura
€ 6,95 (D) / € 7,20 (A)
**O Band 1, 3, 8-12**
€ 10,00 (D) / € 10,30 (A)
**O Band 2-7**
€ 6,95 (D / € 7,20 (A)
**O Band 13** 06/21
Bislang 15 Bände in Japan

### SEVEN DEADLY SINS

von Suzuki Nakaba
€ 6,50 (D) / € 6,70 (A)
**O Band 1 bis 37**
**O Band 38** 07/21
**O Band 39** 09/21
In 41 Bänden abgeschlossen

# CARLSEN MANGA! CHECKLIST

**YAMADA-KUN AND THE SEVEN WITCHES**

von Miki Yoshikawa
€ 5,95 (D) / € 6,20 (A)
O **Band 1-5, 7-8, 10-17, 19-28**
€ 10,00 (D) / € 10,30 (A)
O **Band 6, 9, 18**
In 28 Bänden abgeschlossen

**YOKOHAMA STATION FABLE**

von Gonbe Shinkawa & Yuba Isukari
€ 8,00 (D) / € 8,30 (A)
O **Band 1** 06/21
In 3 Bänden abgeschlossen

**YUNAS REISE ZUM ICH ODER MY SEX CHANGE EXPERIENCEE**

von Yuna Hirasawa
€ 10,00 (D) / € 10,30 (A)
O **Einzelband** 08/21

**ZWEI ESPRESSO**

von Kan Takahama
€ 12,90 (D) / € 13,30 (A)
O **Einzelband**

**ZOMBIE 100 - BUCKET LIST OF DEAD**

von Makoto Yukimura
€ 7,00 (D) / € 7,20 (A)
O **Band 1**
O **Band 2** 08/21
Bisher 7 Bände in Japan

**VIGILANTE – MY HERO ACADEMIA ILLEGALS**

von Horikoshi, Furuhashi & Court
€ 6,99 (D) / € 7,20 (A)
O **Band 1 bis 8**
O **Band 9** 06/21
Bislang 11 Bände in Japan

**VINLAND SAGA**

von Makoto Yukimura
€ 7,95 (D) / € 8,20 (A)
O **Band 1 bis 23**
O **Band 24** 09/21
Bislang 25 Bände in Japan

**WALKINDER, DIE**

von Abi Umeda
€ 6,99 (D) / € 7,20 (A)
O **Band 1 bis 14**
O **Band 15** 07/21
Bislang 18 Bände in Japan

**WEEKLY SHONEN HITMAN**

von Kouji Seo
€ 7,00 (D) / € 7,20 (A)
O **Band 1 bis 3**
O **Band 4** 06/21
O **Band 5** 08/21
Bislang 13 Bände in Japan

**WER BIST DU ZUR BLAUEN STUNDE**

von Yuhki Kamatani
€ 10,00 (D) / € 10,30 (A)
O **Band 1 bis 3**
€ 12,00 (D) / € 12,40 (A)
O **Band 4**
In 4 Bänden abgeschlossen

**WET MOON**

von Atsushi Kaneko
€ 19,90 (D) / € 20,50 (A)
O **Band 1 & 2**
€ 24,90 (D) / € 25,60 (A)
O **Band 3**
In 3 Bänden abgeschlossen

**YAKUZA GOES HAUSMANN**

von Kousuke Oono
€ 7,50 (D) / € 7,80 (A)
O **Band 1 bis 4**
O **Band 5** 06/21
Bislang 6 Bände in Japan

**3/11 – TAGEBUCH NACH FUKUSHIMA**

von Yuko Ichimura & Tim Rittmann
€ 12,90 (D) / € 13,30 (A)
O **Einzelband**

**TO THE ABANDONED SACRED BEASTS**

von Maybe
€ 6,99 (D) / € 7,20 (A)
O **Band 1 bis 9**
€ 7,99 (D) / € 8,30 (A)
O **Band 10**
O **Band 11** 09/21
Bislang 12 Bände in Japan

**TORIYAMA SHORT STORIES**

von Akira Toriyama
€ 5,95 (D) / € 6,20 (A)
O **Band 2 bis 4, 7**
€ 6,95 (D) / € 7,20 (A)
O **Band 6**
€ 7,95 (D) / € 8,20 (A)
O **Band 5**
Bislang 8 Bände in Japan

**TRIAGE X**

von Shouji Sato
€ 6,95 (D) / € 7,20 (A)
O **Band 1 bis 5**
€ 7,95 (D) / € 8,20 (A)
O **Band 6 bis 20**
O **Band 21** 09/21
Bislang 22 Bände in Japan

**UNLUCKY YOUNG MEN**

von Fujiwara & Otsuka
€ 19,90 (D) / € 20,50 (A)
O **Band 1 & 2**
In 2 Bänden abgeschlossen

**UNSERE FARBEN**

von Gengoroh Tagame
€ 10,00 (D) / € 10,30 (A)
O **Band 1 & 2**
O **Band 3** 06/21
In 3 Bänden abgeschlossen

**VAMPIRE KNIGHT – MEMORIES**

von Matsuri Hino
€ 6,99 (D) / € 7,20 (A)
O **Band 1 bis 5**
Bislang 6 Bände in Japan

**THE CASE STUDY OF VANITAS**

von Jun Mochizuki
€ 7,99 (D) / € 8,30 (A)
O **Band 1 bis 8**
Bislang 9 Bände in Japan

**THE DEMON PRINCE**

von Aya Shouoto
€ 6,95 (D) / € 7,20 (A)
O **Band 1 bis 16**
In 16 Bänden abgeschlossen

**THE GOLDEN SHEEP**

von Kaori Ozaki
€(D) 8,00 / €(A) 8,30
O **Band 1 bis 3**
In 3 Bänden abgeschlossen

**THE HEROIC LEGEND OF ARSLAN**

von Yoshiki Tanaka
€ 6,99 (D) / € 7,20 (A)
O **Band 1 bis 12**
O **Band 13** 09/21
Bislang 13 Bände in Japan
€ 7,50 (D) / € 7,80 (A)
O **Doppelpack 1+2**

**THE KILLER INSIDE**

von Hajime Inoryu & Shota Ito
€ 7,50 (D) / € 7,80 (A)
O **Band 1** 08/21
Bislang 9 Bände in Japan

**THE PROMISED NEVERLAND**

von Shirai & Demizu
€ 6,99 (D) / € 7,20 (A)
O **Band 1 bis 17**
O **Band 18** 06/21
O **Band 19** 09/21
In 20 Bänden abgeschlossen

**THE ROYAL TUTOR**

von Higasa Akai
€ 6,99 (D) / € 7,20 (A)
O **Band 1 bis 13**
O **Band 14** 09/21
Bislang 16 Bände in Japan
€ 7,50 (D) / € 7,80 (A)
O **Doppelpack 1+2**

# HALT!

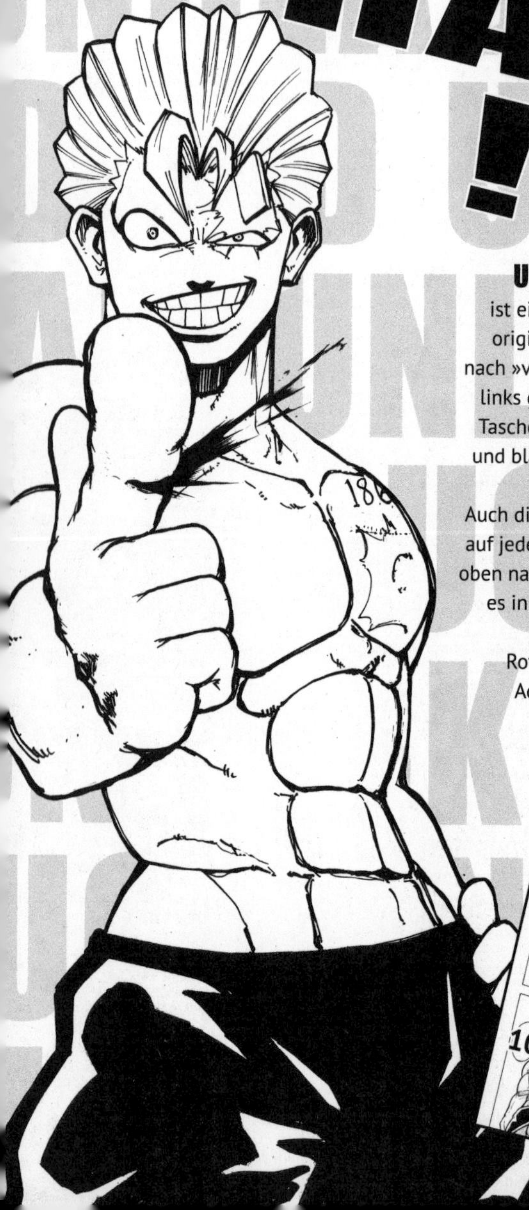

**UNDEAD UNLUCK**
ist eine japanische Serie, die originalgetreu von »hinten« nach »vorne« und von rechts nach links gelesen wird! Schlagt das Taschenbuch also »hinten« auf und blättert Seite für Seite nach »vorne« weiter!
Auch die Bilder und Sprechblasen auf jeder Seite werden von rechts oben nach links unten gelesen, wie es in der Grafik gezeigt wird!

Rotes Mützchen auf und Action auf Full Power!

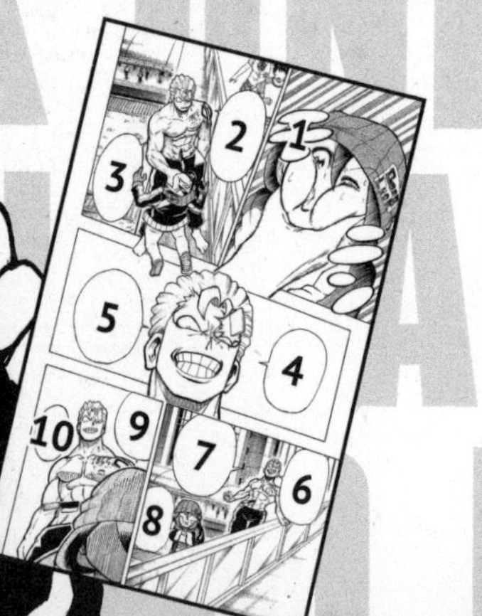